AF884133

गणित एवं फलित ज्योतिषशास्त्र के दोनों ही पक्षों में 'लग्न' का बड़ा महत्त्व है। ज्योतिष में लग्न को 'बीज' कहा गया है। इसी पर फलित ज्योतिष का सारा भवन, विशाल वटवृक्ष खड़ा है। ज्योतिष में गणित की समस्या तो कम्प्यूटर ने समाप्त कर दी परन्तु फलादेश की विकटता ज्यों की त्यों मौजूद है। बिना सही फलादेश के ज्योतिष की स्थिति निर्गन्ध पुष्प के समान है कई बार विद्वान् व्यक्ति भी, व्यावसायिक पण्डित भी जन्मकुण्डली पर शास्त्रीय फलादेश करने से घबराते हैं, कतराते हैं। अतः इस कमी को दूर करने के लिए प्रस्तुत पुस्तक का लेखन प्रत्येक लग्न के हिसाब से अलग-अलग पुस्तकें लिख कर किया जा रहा है। ताकि फलित ज्योतिष क्षेत्र में एक नया मार्ग प्रशस्त हो सके।

अपनी जन्मपत्री स्वयं पढ़ें

मीन लग्नफल
सम्पूर्ण परिचय

लेखक

डॉ. भोजराज द्विवेदी

एम. ए. पीएच. डी. (ज्योतिष), डी. लिट् काठमांडू (नेपाल)
भारत के राष्ट्रपति द्वारा सम्मानित, लब्ध स्वर्ण पदक प्राप्त
जोधपुर

सह सम्पादक

पं. रमेश द्विवेदी

डायमंड बुक्स

ISBN : 81-288-0623-8

प्रकाशक : **डायमंड पॉकेट बुक्स (प्रा.) लि.**
X-30, ओखला इंडस्ट्रियल एरिया, फेज-II
नई दिल्ली-110020

फोन : 011-41611861
फैक्स : 011-41611866
ई-मेल : sales@diamondpublication.com
वेबसाइट : www.dpb.in
संस्करण : 2022
टाइप सेटिंग : टाइम्स ग्राफिक्स, दिल्ली-44
मुद्रक : आदर्श प्रिंटर्स, शाहदरा, दिल्ली - 32

MEEN LAGANPHAL SAMPOORNA PARICHAY

By- Dr. Bhojraj Dwivedi

अनुक्रमणिका

पुस्तक परिचय

गणित एवं फलित ज्योतिषशास्त्र के दोनों ही पक्षों में 'लग्न' का बड़ा महत्त्व है। ज्योतिष में लग्न को **'बीज'** कहा है। इसी पर फलित ज्योतिष का सारा भवन, विशाल वटवृक्ष खड़ा है। ज्योतिष में गणित की समस्या को कम्प्यूटर ने समाप्त कर दिया परन्तु फलादेश की विकटता ज्यों की त्यों मौजूद है। बिना सही फलादेश के ज्योतिष की स्थिति निर्गन्ध पुष्प के समान है। कई बाद विद्वान् व्यक्ति भी, व्यावसायिक पण्डित भी, जन्मकुण्डली पर शास्त्रीय फलादेश करने से घबराते हैं, कतराते हैं। अतः इस कमी को दूर करने के लिए प्रस्तुत पुस्तक का लेखन प्रत्येक लग्न के हिसाब से अलग-अलग पुस्तकें लिख कर किया जा रहा है। ताकि फलित ज्योतिष क्षेत्र में एक नया मार्ग प्रशस्त हो सकें।

इस पुस्तक को लिखने का प्रयोजन फलादेश की दुनिया में एक बृहद् शोध कार्य है। प्रत्येक लग्न में एक-एक ग्रह को भिन्न-भिन्न भावों में घुमाया गया है। लग्न बारह है, ग्रह नौ हैं, फलतः 12 × 9 = 108 प्रकार की ग्रह-स्थितियां एक लग्न में बनीं। बारह लग्नों में 108 × 12 = 1296 प्रकार की ग्रह-स्थितियां बनी। प्रत्येक ग्रह की दृष्टियों को तीर द्वारा चित्रित कर, उनके फलादेशों पर भी व्यापक प्रकाश, इन पुस्तकों में डाला गया है। निश्चय ही यह बृहत् स्तरीय शोधकार्य है। जिसका ज्योतिष की दुनिया में नितान्त अभाव था।

एक और बड़ा कार्य जो ज्योतिष की दुनिया में आज तक नहीं हुआ वह है–**'संयुक्त दो ग्रहों की युति पर फलादेश।'** वैसे तो साधारण वाक्य दो ग्रह, तीन ग्रह, चतुष्ग्रह, पंचग्रह युति पर मिलते हैं पर ये युतियां कौन-सी राशि में हैं? किस लग्न में हैं? और कहां किस भाव (घर) में हैं? इस पर कोई विचार कहीं भी नहीं किया गया!!! फलतः ज्योतिष का फलादेश कच्चा-का-कच्चा ही रह गया। इस पुस्तक की सबसे प्रमुख विशेषता यह है कि प्रत्येक लग्न में चलायमान ग्रह की अन्य दूसरे ग्रह की युति होने पर, उस पर भी विचार किया गया है। इस प्रकार से 108 ग्रह स्थितियों को पुनः नौ ग्रहों की भिन्न-भिन्न युति से जोड़ा जाये तो एक लग्न में 972 प्रकार की **द्वि-ग्रह स्थितियां बनेंगी तथा बारह लग्न में 972 × 12 = 11664**

प्रकार की द्वि-ग्रह युतियां बनेंगी। ग्यारह हजार छः सौ चौसठ प्रकार की द्विग्रह युतियों पर फलादेश, ज्योतिष की दुनिया में पहली बार लिखा गया है। इसलिए फलादेश की दुनियां में ये पुस्तकें मील का पत्थर साबित होंगी। यही कारण है इन किताबों का जोरदार स्वागत सर्वत्र हो रहा है।

एक छोटा-सा उदाहरण हम **'गजकेसरी योग'**, **'बुधादित्य योग'** अथवा **'चंद्रमंगललक्ष्मी योग'** का ले सकते हैं। क्या गुरु+चन्द्र की युति से बना गजकेसरी योग सदैव एक-सा ही फल देगा? ज्योतिष की संख्यात्मक गणित एवं फलित से जुड़ी दोनों ही विधियां इसका नकारात्मक उत्तर देगीं!!! गजकेसरी योग का फल किसी भी हालत में सदैव एक-सा नहीं होगा? गजकेसरी योग की बारह लग्नों में बारह प्रकार की स्थितियां, अर्थात् कुल 144 प्रकार की स्थितियां बनेगी। अकेला गजकेसरी योग 144 प्रकार का होगा और सबके फलादेश भी अलग-अलग प्रकार के होंगे। गजकेसरी योग की सर्वोत्तम स्थिति **'मीनलग्न'** या **'कर्कलग्न'** के प्रथम स्थान में होती है। इसकी निकृष्टतम स्थिति **'तुलालग्न'**, **'मकरलग्न'** या **'कुम्भलग्न'** में देखी जा सकती है। यदि **मकरलग्न में गजकेसरी योग** छठे स्थान या आठवें स्थान में है तो जातक की पत्नी दूसरों के साथ भाग जायेगी। जातक का पराक्रम भंग होगा क्योंकि पराक्रमेश व खर्न्वेश होकर गुरु छठे, आठवें एवं सप्तमेश होकर चन्द्रमा छठे-आठवें होने से गृहस्थ सुख भंग हो जायेगा। अतः यदि प्रबुद्ध पाठक ने फलादेश के इस सूक्ष्म भेद को नहीं जाना तो मुझे खेद है कि उन्होंने फलादेश की सत्यता, सार्थकता व उपादेयता को नहीं पहचाना। मैंने पाराशर लाईट प्रोग्राम (ज्योतिष सॉफ्टवेयर) में इसी प्रकार के सभी योगों का समावेश किया है। जिसका अब तक ज्योतिष की दुनिया में नितान्त अभाव था।

'मेषलग्न' एव **'कर्कलग्न'** की पुस्तकें अक्टूबर में तथा **'वृषलग्न'** एवं **'तुलालग्न'** नवम्बर 2003 में प्रकाशित होकर सर्वत्र वितरित हो चुकी हैं। जिसका ज्योतिष की दुनिया में जोरदार स्वागत हुआ। अब यह 'मीनलग्न' की पुस्तक पाठकों के हाथों में सौंपते हुए अत्यन्त हर्ष का अनुभव हो रहा है। मीनलग्न में मां आनन्दमयी, सन्त तुकाराम, स्वामीरामतीर्थ परमहंस, विश्वकवि रवीन्द्रनाथ टैगोर, पूर्वगृहमंत्री बूटासिंह, मुख्यमंत्री भजनलाल, राजकुमारी मार्गरेट, राजनेता बाबू जगजीवनराम, रोबर्ट कैनेडी, किंग जार्ज पंचम, सुधाकर राव नायक, आइजन हावर जैसे व्यक्तित्व इस लग्न में हुए। मीनलग्न की इस हिन्दी पुस्तक का अंग्रेजी व गुजराती संस्कारण भी शीघ्र प्रकाशित होगा। मीनलग्न की स्त्री जातक पर हम अलग से पुस्तक लिखकर अलग प्रकार के फलादेश देने का प्रयास कर रहे हैं।

इस पुस्तक की सबसे बड़ी विशेषता अंशात्मक फलादेश है। लग्न की Zero Degree से लेकर तीस (30°) अंशों तक के भिन्न-भिन्न फलादेश की नई तकनीक का प्रयोग विश्व में पहली बार हुआ है। यह प्रयोग 18 विभिन्न आयामों में प्रस्तुत

किया गया है। जरूरी नहीं है कि यह फलादेश सत्य हों, फिर भी हमने शास्त्रीय धरातल के आधार पर कुछ नया करने का एक विनम्र प्रयास किया है। जिस पर अविरल अनुसंधान की आवश्यकता है।

एक और बड़ा फायदा इन पुस्तकों के माध्यम से ज्योतिष प्रेमियों को यह है कि संधिगत लग्न में प्राय: दो जन्मकुण्डलियों के बीच व्यक्ति दिग्भ्रमित हो जाता है? कई बार एक जातक की दो-तीन प्रकार की कुण्डलियों में भी व्यक्ति भ्रमित हो जाता है? किसे सही माने? ऐसा व्यक्ति प्राय: भिन्न-भिन्न ज्योतिषियों के पास जाता है और भिन्न-भिन्न बातों से, फलादेश से व्यक्ति पूर्णत: Confused हो जाता है। ऐसे में यह पुस्तक एक दीप शिखा का कार्य करेगी। आप प्रत्येक कुण्डली को लग्न के हिसाब से अलग-अलग भावों की ग्रहस्थिति-जन्य कसौटी पर कस कर देखें। आपको स्वत: ही सही रास्ता मिल जायेगा। आपको पता चल जायेगा कि आपकी सही जन्मकुण्डली, सही लग्न कौन-सा है? यदि आपको इस प्रकार के संकट से मुक्ति मिलती है तो हम समझेंगे कि हमारा परिश्रम सार्थक हो गया।

इस प्रकार के प्रयासों से आम, आदमी अपनी जन्मपत्री स्वयं पढ़कर एवं अपने इष्ट मित्रों की जन्मकुण्डली पर शास्त्रीय फलादेश कर सकता है। प्रत्येक दिन-रात में आकाश में बारह लग्नों का उदय होता है। एक लग्न लगभग दो घंटे का होता है। जन्म लग्न (जन्म समय) को लेकर जन्मपत्रिका के शास्त्रीय फलादेश को जानने व समझने की दिशा में उठाया गया, यह पहला कदम है। आशा है, ज्योतिष की दुनिया में इसका जोरदार स्वागत होगा। प्रबुद्ध पाठकों के लगातार आग्रह पर गणित व फलित ज्योतिष पर एक सारगर्भित सॉफ्टवेयर का प्रोग्राम **'सृष्टि' के नाम से भी बना रहे हैं जो अब तक के प्रचारित सभी सॉफ्टवेयर में अनुपम व अद्वितीय होगा। यदि प्रबुद्ध पाठकों का स्नेह अविरल सम्बल इसी प्रकार मिलता रहा, तो शीघ्र ही फलित ज्योतिष में नई क्रान्ति इस सॉफ्टवेयर के माध्यम से सम्पूर्ण संसार में आयेगी। पुस्तक के अन्त में दी गई 'दृष्टान्त लग्न कुण्डलियों' से इस पुस्तक का व्यावहारिक महत्त्व कई गुना बढ़ गया है। यह एक अकाट्य सत्य है कि अपने जन्म लग्न पर फलादेश करने में प्रत्येक ज्योतिष प्रेमी 'मास्टर' होता है। आपने इस पुस्तक के माध्यम से क्या पाया और आपके अनुभव के खजाने में और क्या अवशेष ज्ञान बचा है? इसको पुस्तक के अन्तिम दो खाली पृष्ठों में लिखे। अनुभवों को लिपिबद्ध करें और हमें भी अपने अनुभवों से परिचित कराएं। हमें आपके पत्रों की प्रतीक्षा रहेगी परन्तु टिकट लगा, पता टाइप किया हुआ जवाबी लिफाफा, पत्रोत्तर पाने की दिशा में आपका पहला सार्थक कदम होगा।**

डॉ. भोजराज द्विवेदी

लेखक परिचय

अंतर्राष्ट्रीय ख्याति प्राप्त वास्तुशास्त्री एवं ज्योतिषाचार्य डॉ. भोजराज द्विवेदी कालजयी समय के अनमोल हस्ताक्षर हैं। इन्टरनेशनल वास्तु एसोसिएशन के संस्थापक अध्यक्ष डॉ. भोजराज द्विवेदी की यशस्वी लेखनी से रचित ज्योतिष, वास्तुशास्त्र, हस्तरेखा, अंकविद्या, आकृति विज्ञान, यंत्र-तंत्र-मंत्र विज्ञान, कर्मकाण्ड व पौरोहित्य पर लगभग 250 से अधिक पुस्तकें देश-विदेश की अनेक भाषाओं में पढ़ी जाती हैं। फलित ज्योतिष के क्षेत्र में अज्ञातदर्शन (पाक्षिक) एवं श्रीचण्डमार्तण्ड (वार्षिक) के माध्यम से इनकी 3000 से अधिक राष्ट्रीय व अन्तर्राष्ट्रीय महत्त्व की भविष्यवाणियां पूर्व प्रकाशित होकर समय चक्र के साथ-साथ चलकर सत्य प्रमाणित हो चुकी हैं।

4 सितम्बर 1949 को "कर्कलग्न" के अन्तर्गत जन्में डॉ. भोजराज द्विवेदी सन् 1977 से अज्ञातदर्शन (पाक्षिक) एवं श्रीचण्डमार्तण्ड (वार्षिक) का नियमित प्रकाशन व सम्पादन 26 वर्षों से करते चले आ रहे हैं। डॉ. द्विवेदी को अनेक स्वर्णपदक व सैकड़ों मानद उपाधियां अनेक सम्मेलनों के माध्यम से प्राप्त हो चुकी हैं। इनकी संस्था के अन्तर्गत भारतीय प्राच्य विद्याओं पर अनेकों अन्तर्राष्ट्रीय व राष्ट्रीय सम्मेलन देश-विदेशों में हो चुके हैं तथा इनके द्वारा ज्योतिषशास्त्र, वास्तुशास्त्र, तंत्र-मंत्र, पौरोहित्य पर अनेक पाठ्यक्रम भी पत्राचार द्वारा चलाये जा रहे हैं। जिनकी शाखाएं देश-विदेश में फैल चुकी हैं तथा इनके द्वारा दीक्षित व शिक्षित हजारों शिष्य इन दिव्य विद्याओं का प्रचार-प्रसार कर रहे हैं। भारतीय प्राच्य विद्याओं के उत्थान में समर्पित भाव से जो काम डॉ. द्विवेदी कर रहे हैं, वह एक साधारण व्यक्ति द्वारा सम्भव नहीं है वे इक्कीसवीं शताब्दी के तंत्र-मंत्र, वास्तुशास्त्र व ज्योतिष जगत् के तेजस्वी सूर्य हैं तथा कालजयी समय के अनमोल हस्ताक्षर हैं, जो कि युग पुरुष के रूप में याद किए जाएंगे। इनसे जुड़ना इनकी संस्था का सदस्य बनना आम लोगों के लिए बहुत बड़े गौरव व सम्मान की बात है।

ज्योतिष शास्त्र की उपयोगिता एवं महत्त्व

नारदीयम् में सिद्धांत, संहिता व होरा इन तीन भागों में विभाजित ज्योतिष शास्त्र को वेदभगवान का निर्मल (पवित्र) नेत्र कहा है।[1] पाणिनि काल से ही ज्योतिष की गणना वेद के प्रमुख छः अंगों में की जाने लगी थी।[2]

'वेदांग ज्योतिष' नामक बहुचर्चित व प्राचीन ग्रंथ हमें प्राप्त होता है जिसके रचनाकार ने ज्योतिष को काल विधायक शास्त्र बतलाया है, साथ में कहा है कि जो ज्योतिष शास्त्र को जानता है वह यज्ञ को भी जानता है।[3] छः वेदागों में से ज्योतिष मयूर की शिखा व नाग की मणि के समान महत्त्व को धारण किए हुए वेदांगों में मूर्धन्य स्थान को प्राप्त है।[4]

कालज्ञान की महत्ता को स्वीकार करते हुए कालज्ञ, त्रिकालज्ञ, त्रिकालविद्, त्रिकालदर्शी व सर्वज्ञ शब्दों का प्रयोग ज्योतिष के लिए किया गया है।[5] स्वयं सायणाचार्य ने '**ऋग्वेदभाष्यभूमिका**' में लिखा है कि ज्योतिष का मुख्य प्रयोजन अनुष्ठेय यज्ञ के उचित काल का संशोधन है।[6] उदाहरणार्थ 'कृतिका नक्षत्र' में अग्नि का आधान करें।[7] कृतिका नक्षत्र में अग्नि का आधान ज्योतिष संबंधी ज्ञान के बिना

1, सिद्धांत संहिता होरा रूप स्कन्ध त्रयात्मकम्।
वेदस्य निर्मलं चक्षुर्ज्योतिः शास्त्रमकल्मषम्।। इति नारदीयम् (शब्दकल्पद्रुम) पृ. 550

2. छंदः पादौ तु वेदस्य हस्तो कल्पोऽथ पठ्यते।
ज्योतिषामयंन चक्षुर्निरुक्तं श्रोत्रमुच्चते।।–पाणिनी शिक्षा, श्लोक/41
मुहूर्त चिन्तामणि मोतीलाल बनारसीदास वाराणसी सन् 1972 (पृ. 7)

3. तस्मादिदं कालविधान शास्त्रं, यो ज्योतिषं वेद स वेद यज्ञम्–फ. ज्यो. वि. बृ. समीक्षा, पृ. 4

4. यथा शिखा मयूराणां नागानां मणयो यथा तद्वद्वेदांगशास्त्राणां ज्योतिषं मूर्धनि सस्थितम्
–इति वेदांग ज्योतिषम् 'शब्दकल्पद्रुम' (पृ. 550)

5. शब्द कल्पद्रुम, पृ. 655

6. वेद व्रतमीमांसक "ज्योतिषविवेक (पृ. 4) गुरुकुल सिंहपुरा, रोहतक सन् 1976

7. कृतिकास्वाग्निमाधीत–तैत्तरीय ब्राह्मण 1/1/2/1

संभव नहीं। इसी प्रकार से एकाष्टका में दीक्षा को प्राप्त होए, फाल्गुण पौर्णमास में दीक्षित होवे[1] इत्यादि अनेक श्रुति वचन मिलते हैं।

ज्योतिष के सम्यक् ज्ञान के बिना इन श्रुतिवाक्यों का समुचित पालन नहीं किया जा सकता अत: वेद के अध्ययन के साथ-साथ ज्योतिष को वेदांग बतलाकर ऋषियों ने ज्योतिष शास्त्र के अध्ययन पर पर्याप्त बल दिया।

ज्योतिष के ज्ञान की सबसे अधिक आवश्यकता कृषकों को पड़ती है क्योंकि वह जानना चाहता है कि पानी कब बरसेगा, खेतों में बीज कब बोना चाहिए? जमाना कैसे जाएगा? फसलें कैसी होंगी। वगैरा-वगैरा। हिन्दू षोडश-संस्कार एवं यज्ञ-हवन, निश्चित काल, मुहूर्त में ही किए जाते हैं। श्रुति कहती है।

ते असुरा अयज्ञा अदक्षिणा अनक्षत्राः।
यच्च किंचत् कुर्वत सतां कृत्यामेवा कुर्वत॥1॥[2]

अर्थात् वे यज्ञ जो करणीय हैं, वे कालानुसार (निश्चित मुहूर्त पर) न करने से देवरहित, दक्षिणा रहित, नक्षत्र रहित हो जाते हैं।

ज्योतिष से अत्यन्त स्वार्थिक अर्थ में अच् (अ) प्रत्यय–लगाकर ज्योतिष शब्द निष्पन्न हुआ। अच् प्रत्यय लगने से यह ज्योतिष शब्द पुल्लिंग में प्रयुक्त होता है।

द्युत् + इस् (इसिन्)
ज्युत + इस् =ज्योत् + इस्
ज्योतिस्

मेदिनी कोष के अनुसार ''ज्योतिष'' सकारान्त नपुंसक लिंग में 'नक्षत्र' अर्थ में तथा पुल्लिंग में अग्नि और प्रकाश अर्थ में प्रयुक्त होता है।

'ज्योतस्' में 'इनि' और 'ठक्' प्रत्यय लगा करके ज्योतिषी और ज्योतिषिक: तीनों शब्द व्युत्पन्न होते हैं। जो ज्योतिष शास्त्र का नियमित रूप से अध्ययन करें अथवा ज्योतिष शास्त्र का ज्ञाता हो वह ज्योतिषी, ज्योतिषिक, ज्यौतिषक, ज्योतिष शास्त्रज्ञ तथा दैवज्ञ कहलाता है।[3]

---

1. एकाष्टकामां दीक्षेरन् फाल्गुनीपूर्णमासे दीक्षेरन्–तैत्तरीय संहिता 6/4/8/1
2. फलित ज्योतिष विवेचनात्मक बृहत्पाराशर समीक्षा पृ. 4
3. ज्योतिषग्नौ दिवाकरे 'पुमान्नपुसंक–दृष्टौ स्यान्नक्षत्र प्रकाशयोः इति मेदिनीकोष–1929, पृ. सं. 536
4. हलायुध कोश हिन्दी समिति लखनऊ सन् 1967 (पृ. सं. 321)

शब्दकल्पद्रुम के अनुसार 'ज्योतिष' ज्योतिर्मय सूर्यादि ग्रहों की गति इत्यादि को लेकर लिखा गया वेदांग शास्त्र विशेष है। अमरकोष की टींका में व्याकरणाचार्य भरत ने ग्रहों की गणना, ग्रहण इत्यादि प्रतिपाद्य विषयों वाले शास्त्र को ज्योतिष कहा है।[1]

हलायुधकोष में ज्योतिष के लिए सांवत्सर, गणक, दैवज्ञ, ज्योतिषिक, ज्यौतिषिक ज्योतिषी, ज्यौतिषी, मौहूर्तिक सांवत्सरिक शब्दों का प्रयोग हुआ है।[2]

वाचस्पत्यम् के अनुसार सूर्यादि ग्रहों की गति को जानने वाले तथा ज्योतिषशास्त्र का विधिपूर्वक अध्ययन करने वाले व्यक्ति को 'ज्योतिर्विद्' कहा गया है।[3]

ज्योतिष की प्राचीनता

ज्योतिषशास्त्र कितना प्राचीन है, इसकी कोई निश्चित तिथि या सीमा स्थापित नहीं की जा सकती। यह बात निश्चित है कि जितना प्राचीन वेद है उतना ही प्राचीन ज्योतिषशास्त्र है। यद्यपि वेद कोई ज्योतिष की पुस्तक नहीं है तथापि ज्योतिष-सम्बन्धी अनेक गूढ़ तथ्यों व गणनाओं के बारे में विद्वानों में मत ऐक्यता का नितान्त अभाव है।

तारों का उदय-अस्त प्राचीन (वैदिक) काल में भी देखा जाता था। तैत्तिरीय ब्राह्मण एवं शतपथ ब्राह्मण में ऐसे अनेक संकेत व सूचनाएं मिलती हैं। लोकमान्य तिलक ने अपनी पुस्तक **'ओरायन'** के पृष्ठ 18 पर ऋग्वेद का काल ईसा पूर्व 4500 हजार वर्ष बताया है।[4] वहीं पं. रघुनन्दन शर्मा ने अपनी पुस्तक **'वैदिक-सम्पत्ति'** में मृगशिरा में हुए इसी वसन्तसम्पात को लेकर, तिलक महोदय की त्रुटियों का आकलन करते हुए अकाट्य तर्क के साथ प्रमाणपूर्वक कहा है कि ऋग्वेद काल ईसा से कम से कम 22,000 वर्ष प्राचीन है।[5]

भारतीय ज्योतिर्गणित एवं वेध-सिद्धांतों का क्रमबद्ध सबसे प्राचीन एवं प्रमाणिक परिचय हमें **'वेदांग ज्योतिष'** नामक ग्रन्थ में मिलता है।[6] यह ग्रन्थ सम्भवत: ईसापूर्व 1200 का है।

---

1. शब्द कल्पद्रुम खण्ड-2 मोतीलाल बनारसीदास सन् 1961 पृ. स. 550
2. हलायुध कोश, हिन्दी समिति लखनऊ 1966 पृ. सं. 703
3. वाचस्पत्यम् भाग 4, चौखम्बा सीरिज वाराणसी सन् 1962 पृ. 3162
4. भारतीय ज्योतिष का इतिहास, डॉ. गोरखप्रसाद (प्रकाशन 1974) उत्तर प्रदेश शासन लखनऊ, पृ. 10
5. वैदिक सम्पति पं. रघुनन्दन शर्मा (प्रकाशन 1930) सेठ शूरजी वल्लभ प्रकाशन, कच्छ केसल, बम्बई, पृ. 90
6. छन्दः पादौ तु वेदस्य हस्तौ कल्पोऽश पठ्यते,
ज्योतिषामयनं चक्षुर्निरुक्तं श्रोत्रमुच्चते।
शिक्षा घ्राणं तु वेदस्य मुखं व्याकरणं स्मृतम्,
तस्मात्सांगमधीत्यैव, ब्रह्म लोके महीयते।।–पाणिनीय शिक्षा, श्लोक 41-42

वस्तुत: फिर वे यज्ञ ही नहीं कहलाते।[1] इसलिए जो कुछ भी यज्ञादि (धार्मिक) कृत्य करना हो, उसे निर्दिष्ट कालानुसार ही करना चाहिए। कहा भी है–**यो ज्योतिषं वेद स वेद यज्ञान्।**[2]

अतीतानागते काले, दानहोमजपादिकम् ।
उषरे वापितं बीजं, तद्वद्भवति निष्फलम् ॥2॥[3]

इस प्रकार से यह सिद्ध है कि ज्योतिष के बिना कालज्ञान का अभाव रहता है। कालज्ञान के बिना समस्त श्रौत्, स्मार्त कर्म, गर्भाधान, जातकर्म, यज्ञोपवीत, विवाह इत्यादि संस्कार ऊसर जमीन में बोए गए बीज की भांति निष्फल हो जाते हैं। तिथि, वार, नक्षत्र, योग, करण के ज्ञान के बिना तालाब, कुंआ, बगीचा, देवालय-मन्दिर, श्राद्ध, पितृकर्म, व्रत-अनुष्ठान, व्यापार, गृहप्रवेश, प्रतिष्ठा इत्यादि कार्य नहीं हो सकते। अत: सभी वैदिक एवं लौकिक व्यवहारों की सार्थकता, सफलता के लिए ज्योतिष का ज्ञान अनिवार्य है।

अप्रत्यक्षाणि शास्त्राणि, विवादस्तेषु केवलम्।
प्रत्यक्षं ज्योतिषं शास्त्रं, चन्द्रार्कौ यत्र साक्षिणौ॥3॥[4]

संसार में जितने भी शास्त्र हैं वे केवल विवाद (शास्त्रार्थ) के विषय हैं, अप्रत्यक्ष हैं, परन्तु ज्योतिष विज्ञान ही प्रत्यक्ष शास्त्र है, जिसकी साक्षी सूर्य और चन्द्रमा घूम-घूम कर दे रहे हैं। सूर्य, चन्द्र-ग्रहण, प्रत्येक दिन का सूर्योदय, सूर्यास्त चन्द्रोदय, चन्द्रास्त, ग्रहों की शृंगोन्नति, वेध, गति, उदय-अस्त इस शास्त्र की सत्यता एवं सार्थकता का प्रत्यक्ष प्रमाण है।

ज्योतिश्चक्रे तु लोकस्य, सर्वस्योक्तं शुभाशुभम्।
ज्योतिर्ज्ञानं तु यो वेद, स याति परमां गतिम्॥4॥[5]

ज्योतिष चक्र ने संसार के लिए शुभ व अशुभ सारे काल बतलाए हैं। जो ज्योतिष के दिव्य ज्ञान को जानता है वह जन्म-मरण से मुक्त होकर परमगति (स्वर्गलोक) को प्राप्त करता है। संसार में ज्ञान-विज्ञान की जितनी भी विद्याएं हैं, वह मनुष्य को ईश्वर की ओर नहीं मोड़तीं, उसे परमगति का आश्वासन नहीं देतीं,

---

1. Vedic Chronology and Vedanga Jyotisa &(Pub. 1925) Messrs Tilak Bross, Gaikwar Wada, POONA CITY, page-3
2. ज्योतिर्निबन्ध-श्री शिवराज, (पृ. 1919), आनन्दाश्रम मुद्रणालय पूना, पृ. 1
3. ज्योतिर्निबन्ध श्लोक (2) पृ. 2
4. जातकसार दीप-चन्द्रशेखरन् (पृ. 5) मद्रास गवर्मेंट ओरियण्टल सीरिज, मद्रास
5. शब्दकल्पद्रुम, द्वितीय खण्ड, पृ. 550

पर ज्योतिष अपने अध्येता को परमगति (मोक्ष) प्राप्ति की गारन्टी देता है। यह क्या कम महत्त्व की बात है।

अर्थार्जने सहाय पुरुषाणामापदर्णवे पोतः।

यात्रा समये मन्त्री जातकमपहाय नास्त्यपरः॥5॥[1]

ज्योतिष एक ऐसा दिलचस्प विज्ञान है जो कि जीवन की अनजान राहों में मित्र व शुभचिन्तकों की लम्बी शृंखला खड़ी कर देता है। इसके अध्येता को समाज व राष्ट्र में भारी धन, यश व प्रतिष्ठा की प्राप्ति होती है।

जातक का ज्योतिषशास्त्र को छोड़कर कोई सच्चा मित्र मनुष्य का नहीं है। क्योंकि द्रव्योपार्जन में यह सहायता देता है, आपत्ति रूपी समुद्र में नौका का कार्य करता है तथा यात्रा काल में सुहृदय मित्र की तरह सही सम्मति देता है। जनसम्पर्क बनाता है। स्वयं वराहमिहिर कहते हैं कि देशकाल परिस्थिति को जानने वाला दैवज्ञ जो काम करता है, वह हजार हाथी और चार हजार घोड़े भी नहीं कर सकते।[2] यदि ज्योतिष न हो तो मुहूर्त, तिथि, नक्षत्र, ऋतु, अयन आदि सब विषय उलटपुलट हो जाए।[3] बृहत्संहिता की भूमिका में ही वराहमिहिर कहते हैं कि **दीपहीन रात्रि और सूर्य हीन आकाश की तरह ज्योतिषी से हीन राजा शोभित नहीं होता, वह जीवन के दुर्गम मार्ग में अंधे की तरह भटकता रहता है।[4] अतः जय, यश, श्री, भोग और मंगल की इच्छा रखने वाले राजपुरुष को सदैव विद्वान् व श्रेष्ठ ज्योतिषी को अपने पास रखना चाहिए।[5]**

ज्योतिषशास्त्र के साथ एक विडम्बना यह है कि यह शास्त्र जितना अधिक प्रचलित व प्रसिद्ध होता चला गया, अनधिकारी लोगों की संगत से यह शास्त्र उतना ही अधिक विवादास्पद होता चला गया। अनेक नास्तिकों, अनीश्वरवादी सज्जनों एवं कुतर्की विद्वानों ने अपने-अपने ढंग से ज्योतिष विद्या पर क्रूरतम कठोर प्रहार किए। सत्य की निरन्तर खोज में एवं अनवरत अनुसंधान परीक्षणों में संलग्न भारतीय ऋषियों ने अपने आपको तिल-तिल जलाकर, अपने प्राणों की आहुति देकर श्रुति परम्परा से इस दिव्य विद्या को जीवित रखा।

---

1. सुगम ज्योतिष-पं. देवीदत्त जोशी (प्रकाशन-1992) मोतीलाल बनारसीदास दिल्ली, पृ. 17
2. बृहत्संहिता सांवत्सर सूत्राध्याय 1/37
3. बृहत्संहिता सांवत्सर सूत्राध्याय 1/24
4. अप्रदीपा यथा रात्रिरनादित्यां यथा नभः।
   तथा सांवत्सरो राजा, भ्रमत्यन्ध इवाध्वनि।।-बृहत्संहिता, अ.1/24
5. बृहत्संहिता सांवत्सर सूत्राध्याय 1/26

ज्योतिष वस्तुतः सूचनाओं और सम्भावनाओं का शास्त्र है। इसके उपयोग व महत्त्व को सही ढंग से समझने पर मानव जीवन और अधिक सफल व सार्थक हो सकता है। मान लीजिए ज्योतिष गणना के अनुसार अष्टमी की शाम को आठ बजे समुद्र में ज्वारभाटा आएगा। आपको पता चला तो आप अपना जहाज समुद्र में नहीं उतारेंगे और करोड़ों रुपयों के जान व माल के नुकसान से बच जाएंगे यदि आपको पता नहीं है, तो बीच रास्ते में आप मारे जाएंगे। ज्योतिषी कहता है कि आज अमुक योग के कारण वर्षा होगी तो वर्षा तो होगी पर आपको पता है तो आप छाता तान कर चलेंगे, दुनिया अचानक बरसात के कारण तकलीफ में आ सकती है पर आपकी सावधानी से आप भीगेंगे नहीं।

ज्योतिष का उपयोग मनुष्य के दैनिक जीवन व दिनचर्या से जुड़ा हुआ है। मारक योग में ऑपरेशन या तेज गति का वाहन न चलाकर व्यक्ति दुर्घटना से बच सकता है। ज्योतिष अंधेरे में प्रकाश की तरह मनुष्य की सहायता करता है। ज्योतिष संकेत देता है कि समय खराब है सोने में हाथ डालेंगे, मिट्टी हो जाएगा, समय शुभ है तो मिट्टी में हाथ डालोगे, सोना हो जाएगी। मौसम विज्ञान की चेतावनी की तरह ज्योतिष का उपयोग किया जाना चाहिए क्योंकि घड़ी की सुई के साथ-साथ चल रहा मानव जीवन का प्रत्येक पल ज्योतिष से जुड़ा हुआ है। यह तो मानव मस्तिष्क एवं बुद्धि की विलक्षणता है कि आप किस विज्ञान से क्या व कितना ग्रहण कर पाते हैं।

सच तो यह है कठिनाई के क्षणों मे ज्योतिष विद्या मानवीय सभ्यता के लिए अमृत-तुल्य उपादेय है। घोर कठिनाई के क्षणों में, विपत्ति की घड़ियों में, या ऐसे समय में जब व्यक्ति के पुरुषार्थ एवं भौतिक संसाधनों का जोर नहीं चलता, तब व्यक्ति सीधा मन्दिर-मस्जिद या गिरजाघरों में, या फिर सीधा किसी ज्योतिषी की शरण में जाकर अपने दुःख दर्द की फरियाद करता है, प्रार्थनाएं करता है। मन्दिर-मस्जिद और गिरजाघरों में पड़े निर्जीव पत्थर तो बोलते नहीं, पर ईश्वर की वाणी ज्योतिषी के मुखारविन्द से प्रस्फुटित होती है। ऐसे में इष्ट सिद्ध ज्योतिषी की जिम्मेदारी और अधिक बढ़ जाती है। भारत में विद्वान ज्योतिषी हो और ब्राह्मण हो तो लोग उस ईश्वर तुल्य सम्मान देते हैं। भविष्यवक्ता होना अलग बात है तथा ज्योतिषी होना दूसरी बात है। भारत में भविष्यवक्ता को उतना सम्मान नहीं मिलता, जितना शास्त्र ज्ञाता ज्योतिष शास्त्र के अध्येता को। स्वयं वराहमिहिर ने कहा है-

म्लेच्छा हि यवनास्तेषु, सम्यक् शास्त्रमिदं स्थितम्।
ऋषिवत्तेऽपि पूज्यन्ते, किं पुनर्दैवविद् द्विजः॥1॥[1]

---

1. बृहत्संहिता सांवत्सर सूत्राध्याय 1/30

अर्थात् व्यक्ति कितना भी पतित हो, शूद्र-म्लेच्छ चाहे यवन ही क्यों न हो। इस ज्योतिषशास्त्र के सम्यक् (भली-भांति) अध्ययन से वह ऋषि के समान पूजनीय हो जाता है। इस दिव्य-ज्ञान की गंगा स्नान से व्यक्ति पवित्र व पूजनीय हो जाता है। फिर उस ब्राह्मण की क्या बात? जो ब्राह्मण भी हो, दैवज्ञ भी हो, इस दिव्य विद्या को भी जानता हो, उसकी तो अग्रपूजा निश्चय ही होती है।

इस श्लोक में 'सम्यक्' शब्द पर विशेष जोर दिया गया है। सम्यक् ज्ञान गुरु कृपा से ही आता है। पुस्तक के माध्यम से आप गुरु के विचारों के समीप तो जरूर पहुंचते हैं पर अन्ततोगत्वा वह किताबी ज्ञान ही कहलाता है। भारतीय वाङ्मय में गुरु का बड़ा महत्त्व है। अतः ज्योतिष जैसी गूढ़ विद्या गुरुमुख से ही ग्रहण करनी चाहिए तभी उसमें सिद्धहस्तता प्राप्त होती है।

कई लोग ज्योतिष को भाग्यवाद या जड़वाद से जोड़ने की कुचेष्टा भी करते हैं परन्तु अब सिद्ध हो चुका है कि ज्योतिष पुरुषार्थवाद की युक्ति संगत व्याख्या है। पुरुषार्थवाद की सीमाओं को ठीक से समझना ही ज्योतिर्विज्ञान की उपादेयता है। ज्योतिर्विज्ञान पुरुषार्थ का शत्रु नहीं, यह व्यक्ति को पुरुषार्थ करने से रोकता भी नहीं, अपितु सही समय (काल) में सही पुरुषार्थ करने की प्रेरणा देता है।[1]

मेरे निजी शब्दों में **'ज्योतिष विद्या वह दिव्य विज्ञान है जो भूत, भविष्य तथा वर्तमान तीनों कालों को जानने समझने की कला सिखलाता है। प्रकृति के गूढ़ रहस्यों को उद्घाटित करता है तथा इस देवविद्या के माध्यम से हम मानवीय प्राणी के शुभाशुभ भविष्य को संवारने की क्षमता भी प्राप्त कर सकते हैं।'**

अतः इस शास्त्र की उपादेयता एवं महत्त्व गूंगे के गुड़ की तरह से मिठास परिपूर्ण परन्तु शब्दों से अनिर्वचनीय है। वेदव्यास अपनी वाणी से ज्योतिष शास्त्र का महत्त्व प्रकट करते हुए कहते हैं कि काष्ठ (लकड़ी) का बना सिंह एवं कागज पर सम्राट का चित्र आकर्षक होते हुए भी निर्जीव होता है। ठीक उसी प्रकार से वेदों का अध्ययन कर लेने पर भी ज्योतिष शास्त्र का अध्ययन किए बिना ब्राह्मण निवीर्य (निष्प्राण) कहलाता है।[2]

❑❑❑

1. वक्री ग्रह–(प्रकाशन-1991)' डायमंड प्रकाशन, दिल्ली, पृ. 140
2. यथा काष्ठमयः सिंहो यथा चित्रमयो नृपः।
तथा वेदावधीतोऽपिज्योतिषशास्त्रत बिना द्विजाः।।
–वेद व्यास, ज्योतिर्निबन्ध 20/ पृ.2

लग्न प्रशंसा

लग्नं देवः प्रभुः स्वामी लग्नं ज्योतिः परं मतम्।

लग्नं दीपो महान लोके, लग्नं तत्वं दिशन् गुरुः॥

त्रैलोक्यप्रकाश में बताया है कि लग्न ही देवता है। लग्न ही समर्थ स्वामी, परमज्योति है। लग्न से बड़ा दीपक संसार में कोई नहीं है, क्योंकि गुरु रूप ज्योतिष के ऋषियों का यही आदेश है।

न तिथिर्न च नक्षत्रं, न योगो नैन्दवं बलम्।

लग्नेमेव प्रशंसन्ति गर्गनारदकश्यपाः॥5॥

आचार्य लल्ल ने बताया है कि गर्ग, नारद, कश्यप ऋषियों ने तिथि-नक्षत्र व चन्द्र बल को श्रेष्ठ न मानकर, केवल लग्न बल की ही प्रशंसा की है॥5॥

इन्दुः सर्वत्र बीजाअम्भो, लग्नं च कुसुमप्रभम्।

फलेन सदृशो अंशश्च भावाः स्वादुफलं स्मृतम्॥7॥

भुवन दीपक नामक ग्रंथ में बताया है कि समस्त कार्यों में चन्द्रमा बीज सदृश है। लग्न पुष्प के समान, नवमांश फल के तुल्य और द्वादश भाव स्वाद के समान होता है।

❑❑❑

जनश्रुतियों में प्रचलित प्रत्येक लग्न की चारित्रिक विशेषताएं

राजस्थान के ग्रामीण अंचलों में जनश्रुतियों के आधार पर **लावणी** में प्रस्तुत यह गीत जब मैंने पहली बार समदंडी ग्राम के राजज्योतिषी पं. मगदत्त जी व्यास के मुख से राग व लय के साथ सुना तो मन्त्र-मुग्ध रह गया। इस गीत में द्वादश लग्नों में जन्में मनुष्य का जन्मगत स्वभाव, चरित्र, सार रूप में संकलित है जो कि निरन्तर अनुसंधान, अनुभव एवं अकाट्य सत्य के काफी नजदीक है। प्रबुद्ध पाठकों के ज्ञानार्जन एवं संग्रह हेतु इसे ज्यों का त्यों यहां दिया जा रहा है।

ज्योतिष शास्त्र सब शास्त्र शिरोमणि, बिना भाग्य नहीं पाता है।
भूत, भविष्यत्, वर्तमान यह तीनों काल बतलाता है।। टेर ।।
जिसका जन्म हो **मेषलग्न** में, क्रोध युक्त और महाविकट।
सभी कुटुम्ब की करे पालना, लाल नेत्र रहते हर दम।
करे गुरु की सेवा सदा नर, जिसका होता **वृषभलग्न**।
तरह-तरह के शाल-दुशाला, पहने कण्ठ में आभूषण
मिथुनलग्न के चतुर सदा नर, नहीं किसी से डरता है।
ज्योतिष शास्त्र सब शास्त्र शिरोमणि, बिना भाग्य नहीं पाता है।
भूत, भविष्यत्, वर्तमान यह तीनों काल बतलाता है।। टेर ।।
कर्कलग्न के देखे सदा नर, उनके रहती बीमारी।
सिंहलग्न के महापराक्रमी, करे नाग की असवारी।
कन्यालग्न के होत नपुन्सक, रोवे मात और महतारी।
तुलालग्न के तस्कर बालक, खेले जुआं और अपनी नारी।
वृश्चिकलग्न के दुष्ट पदार्थ, आप अकेले खाते हैं।

ज्योतिष शास्त्र सब शास्त्र शिरोमणि, बिना भाग्य नहीं पाता है।
भूत, भविष्यत् वर्तमान यह तींनों काल बतलाता है।। टेंर ।।
बुद्धिमान और गुणी सुखी नर, जिसका होता **धनुलग्न**
मकरलग्न मन्द बुदि के, अपने धुन में वो भी मगन।
कुम्भलग्न के पूत बड़े अवधूत, रात-दिन करते रहते भजन।
मीनलग्न के सुत का जीना, मृत्यु लोक में बड़ा कठिन।
नहीं किसी का दोष, कर्मफल अपने आप बतलाता है।
ज्योतिष शास्त्र सब शास्त्र शिरोमणि, बिना भाग्य नहीं पाता है।
भूत, भविष्यत्, वर्तमान यह तीनों काल बतलाता है।। टेर ।।

❑❑❑

लग्न किसे कहते हैं? लग्न क्या है? और लग्न का क्या महत्त्व है?

हिन्दी में 'लग्न' अंग्रेजी में जिसे ऐसेडेन्ट (Ascendant) कहते हैं। इसके पर्यायवाची शब्दों में देह, तनु, कल्प, उदय, आय, जन्म, विलग्न, होरा, अंग, प्रथम, वपु इत्यादि प्रमुख हैं। ज्योतिष की भाषा में एक "समय" विशेष के परिमापन का नाप है जो लगभग दो घंटे का होता है। ज्योतिष की भाषा में जिसे जन्मकुण्डली कहते हैं वह वस्तुतः 'लग्न' कुण्डली ही होती है। लग्न कुण्डली को जन्मांग भी कहते हैं क्योंकि "लग्न" का गणितागणित स्पष्टीकरण जन्म समय के आधार पर ही किया जाता है।

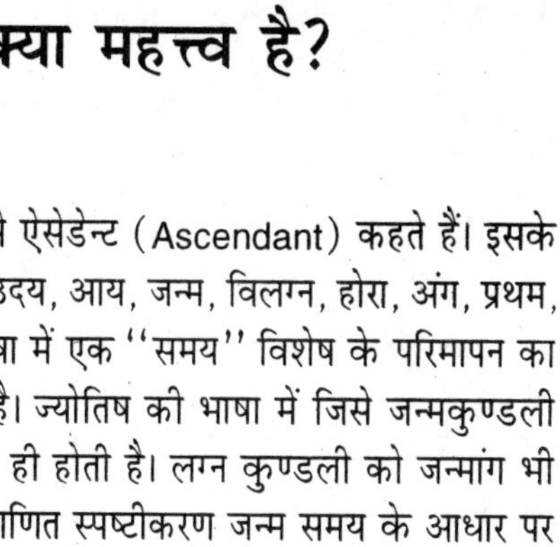

लग्न कुण्डली अभीष्ट समय में आकाश का मानचित्र है। इसकी स्पष्ट धारणा आप अंग्रेजी कुण्डली को सामने रखकर बनाएं तो साफ हो जाएगी क्योंकि अंग्रेजी में इसे हम Map of Heaven कहते हैं। बीच में पृथ्वी एवं उसके ऊपर वृत्ताकार घूमती हुई राशिमाला को विदेशों में Birth-Horoscope कहते हैं। इसलिए पारम्परिक ज्योतिष वृत्ताकार कुण्डली को ही प्राथमिकता देते हैं। परन्तु भारत में इसका प्रचलन नगण्य है। वस्तुतः आकाश में दिखने वाली बारह राशियां ही बारह लग्न हैं। जन्म कुण्डली के प्रथम भाव (पहले) घर को ही लग्न भाव, लग्न स्थान कहा जाता है और दिन और रात में 60 घटी होती हैं। 60 घटी में बारह लग्न होते हैं। 60 में बारह का

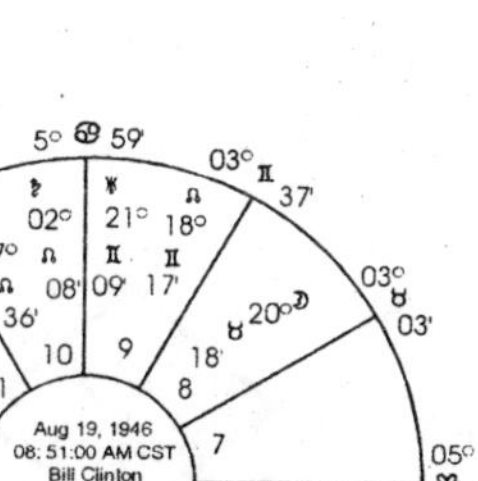

भाग देने पर 2½ घटी का एक लग्न कहलाता है। यह लग्न कुण्डली ही जन्मपत्रिका का मुख्य आधार है जो खगोलस्थ ग्रहों के द्वारा निर्मित होती है। यही ग्रह केन्द्र बिन्दु है जहां से गणित व फलित ज्योतिष सूत्रों की स्थापना प्रारम्भ होती है। उपर्युक्त खाली जन्मकुण्डली है। इसके 12 विभाजन ही ''द्वादश घर'' या ''बारह भाव'' कहलाते हैं। इसका ऊपरी मध्य घर जहां सूर्य दिखलाई देता है पहला घर माना जाता है। यह घर जन्मकुण्डली का सीधा पूर्व है। चूंकि सूर्य पूर्व दिशा में उदय होता है। इसलिए सूर्योदय के समय जन्म लेने वाले व्यक्ति की जन्मकुण्डली में सूर्य उसी घर में होगा जिसे ''लग्न'' कहते हैं। चूंकि पृथ्वी अपनी धुरी पर एक चक्र 24 घंटों में पूर्ण कर लेती है, इसलिए सूर्य प्रत्येक दो घंटों में एक घर से दूसरे घर में जाता हुआ दिखलाई देगा। दूसरे अर्थों में पाठक जन्मकुण्डली को देखकर बता सकता है कि अमुक जन्मकुण्डली वाले व्यक्ति का जन्म सूर्य के किन दो घंटों के समय में हुआ था।

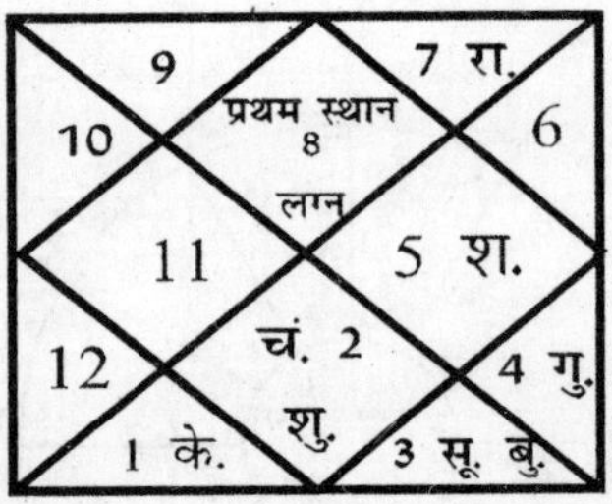

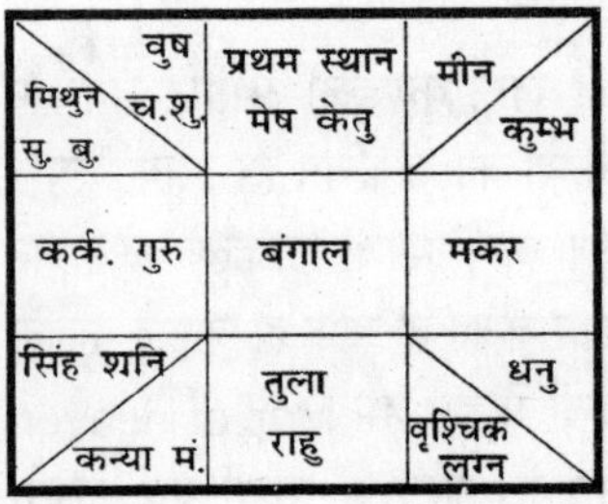

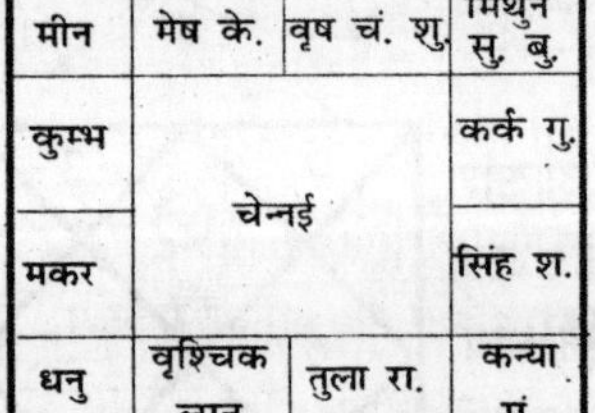

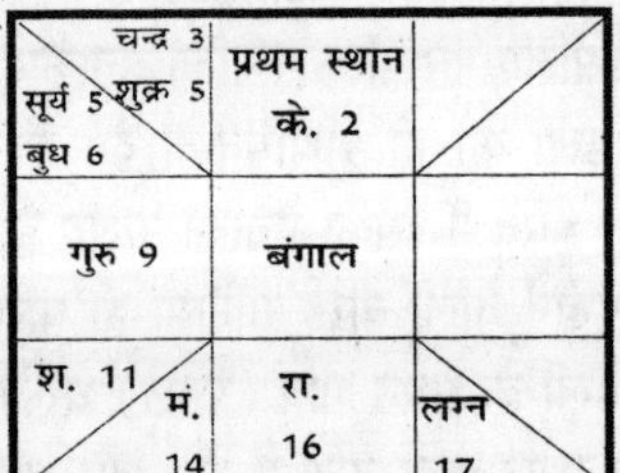

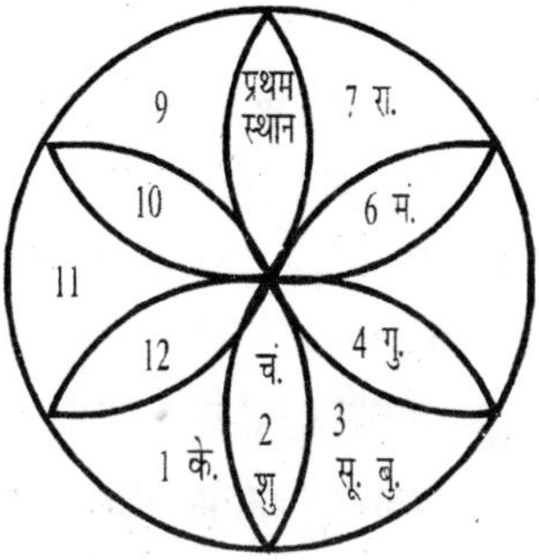

क्रमांक	लग्न	दीर्घादि	घटी पल	अवधि घं. मि.	दिशा
1.	मेष	ह्रस्व	4.00	1.36	पूर्व
2.	वृषभ	ह्रस्व	4.30	1.48	दक्षिण
3.	मिथुन	सम	5.00	2.00	पश्चिम
4.	कर्क	सम	5.30	2.12	उत्तर
5.	सिंह	दीर्घ	5.30	2.12	पूर्व
6.	कन्या	दीर्घ	5.30	2.11	दक्षिण
7.	तुला	दीर्घ	5.30	2.12	पश्चिम
8.	वृश्चिक	दीर्घ	5.30	2.12	उत्तर
9.	धनु	दीर्घ	5.30	2.12	पूर्व
10.	मकर	सम	5.00	2.00	दक्षिण
11.	कुम्भ	लघु	4.30	1.48	पश्चिम
12.	मीन	लघु	4.00	1.36	उत्तर

सही व शुद्ध लग्न साधन के लिए तीन वस्तुओं की जानकारी आवश्यक है। 1. जन्म तारीख, 2. जन्म समय 3. जन्म स्थान।

विभिन्न पंचांगों में आजकल दैनिक ग्रह स्पष्ट के साथ-साथ, भिन्न-भिन्न देशों की दैनिक लग्न सारणियां, अंग्रेजी तारीख एवं भारतीय मानक समय में दी हुई होती हैं। जिन्हें देखकर आसानी से अभीष्ट तारीख के दैनिक लग्न की स्थापना की जा सकती है।

लग्न का विशेष महत्त्व

लग्न वह प्रारम्भ बिन्दु है जहां से जन्मपत्रिका, निर्माण की रचना प्रारम्भ होती है। इसलिए शास्त्रकारों ने "लग्नं देहो वर्ग षट्कोगांनि" लग्न कुण्डली को जातक का शरीर माना है तथा जन्मपत्रिका के अन्य षोडश वर्ग उसके सोलह अंग कहे गए हैं।

जातक ग्रन्थों के अनुसार–

यथा तनुत्वादनमन्तरैव

परागसम्पादनम् अत्र मिथ्या।

बिना विलग्नं परभाव सिद्धिः

ततः प्रवत्ये हि विलग्न सिद्धिम्॥

जैसे वृक्ष के बिना फल-पुष्प-पत्र एवं पराग प्रक्रियाओं की कल्पना व्यर्थ है। उसी प्रकार लग्न साधन के बिना अन्य भावों की कल्पना एवं फल कथन प्रक्रिया भी व्यर्थ है। अतः जन्मपत्रिका निर्माण में "बीजरूप लग्न" ही प्रधान है तभी कहा गया है कि–**"लग्न बलं सर्वबलेषु प्रधानम्"**

लग्न ही व्यक्ति का चेहरा

फलित ज्योतिष में कालपुरुष के शरीर के विभिन्न अंगों पर राशियों की कल्पना की गई है। लग्न कुण्डली में भी कालपुरुष के इन अंगों को विभिन्न भागों में विभाजित किया गया है।

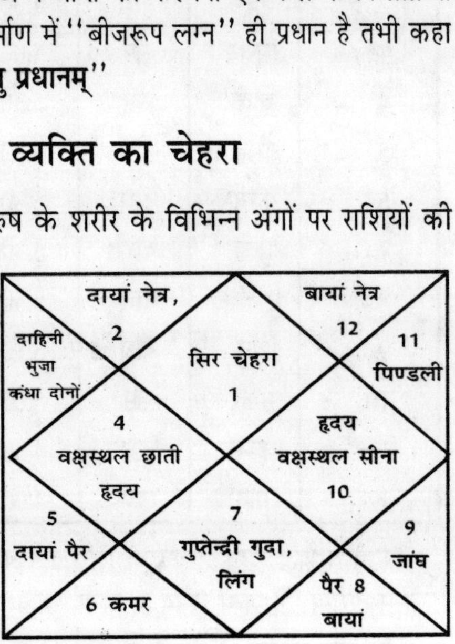

जिसमें लग्न ही व्यक्ति का चेहरा है। जैसा लग्न होगा वैसा ही व्यक्ति का चेहरा होगा। इस पर हमारी पुस्तक **"ज्योतिष और आकृति विज्ञान"** पढ़िए। लग्न पर जिन-जिन ग्रहों का प्रभाव होगा व्यक्ति का चेहरा व स्वभाव भी उन-उन ग्रहों के स्वभाव व चरित्र से मिलता-जुलता होगा। लग्न कुण्डली में कालपुरुष का जो भाव विकृत एवं पाप पीड़ित होगा, सम्बन्धित मनुष्य का वही अंग विशेष रूप से विकृत होगा, यह निश्चित है।

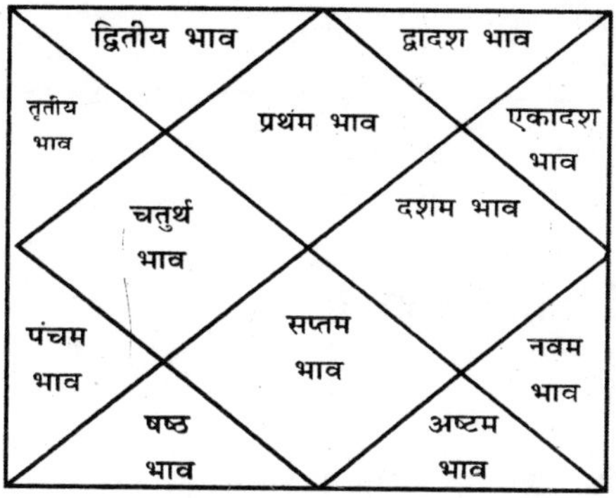

अतः अकेले लग्न कुण्डली पर यदि व्यक्ति ध्यान केन्द्रित कर फलादेश करना शुरू कर दे तो वह फलित ज्योतिष का सिद्धहस्त चैम्पियन बन जाएगा।

जन्मकुण्डली का प्रथम भाव ही लग्न कहलाता है। इसे पहला घर भी कह सकते हैं। इसी प्रकार दाएं से चलते हुए कुण्डली के 12 कोष्ठक, बारह भाव या बारह घर कहलाते हैं। चाहे इस भाव में कोई भी अंक या राशि नम्बर क्यों न हो, उसमें कोई अन्तर नहीं पड़ता। अब किस भाव पर घर में क्या देखा जाता है इस पर जातक ग्रन्थों में काफी चिन्तन किया गया है। एक प्रसिद्ध श्लोक इस प्रकार है।

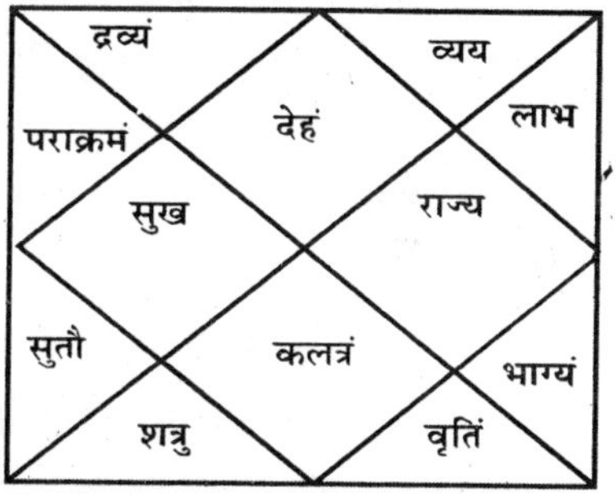

देहं द्रव्यं पराक्रमः सुख, सुतौ शत्रुकलत्रं वृत्तिः।
भाग्यं राज्यं पदे क्रमेण, गदिता लाभ-व्यये लग्नतः॥

अर्थात् पहले भाव में देह-शरीर सुख, दूसरे में धन, तीसरे में पराक्रम, जन-सम्पर्क, भाई-बहन, चौथे में सुख, नौकर, माता, पांचवें में सन्तान एवं विद्या, छठे में शत्रु व रोग, सातवें में पत्नी, आठवें में आयु, नवमें स्थान में भाग्य, दसवें में राज्य, ग्यारहवें में लाभ एवं बारहवें स्थान में खर्च का चिन्तन करना चाहिए।

❑❑❑

लग्न का महत्त्व

यथा तनुत्पादनमन्तरैव पराङ्ग सम्पादनपत्र मिथ्या।।
विना विलग्नं परभावसिद्धिस्ततः प्रवक्ष्ये हि विलग्नसिद्धिम्।।

जिस प्रकार स्वयं के शरीर की उपेक्षा करके अन्य पराए अंगों (दूसरे लोगों पर) पर ध्यान देना दोषपूर्ण है (उचित नहीं है) ठीक उसी प्रकार से लग्न भाव की प्रधानता व महत्त्व को ठीक से समझे बिना अन्य भावों (षोडश वर्ग) को महत्त्व देना व्यर्थ है।

लग्नवीर्य विना यत्र, यत्कर्म क्रियते बुधैः।
तत्फलं विलयं याति, ग्रीष्मे कुसरितो यथा।।8।।

ज्योतिविवरण में कहा है कि जिस कार्य का आरम्भ निर्बल लग्न में किया जाता है। वह कार्य नष्ट होता है, जैसे गरमी के समय में बरसाती नदियां विलीन हो जाती हैं।।8।।

आचार्य रेणुक ने बताया है कि जिस प्रकार जन्म लग्न से शुभ व अशुभ फल की प्राप्ति होती है, उसी प्रकार समस्त कार्यों में लग्न के बली होने पर कार्य की सिद्धि होती है। अतः समस्त कामों में बली लग्न का ही विचार करके आदेश देना चाहिए।।9।।

आदौ हि सम्पूर्णफलप्रदं स्यान्मध्ये पुनर्मध्यफलं विचिंत्यम्।
अतीव तुच्छं फलमस्य चान्ते विनिश्चयोऽयं विदुषामभीष्टः।।10।।

आचार्य श्रीपति जी ने बताया है कि लग्न के प्रारम्भ में सम्पूर्ण फल की, मध्यकाल में मध्यम फल की और लग्नान्त में अल्प फल होता है, यह विद्वानों का निर्णय है।।10।।

❑❑❑

मीनलग्न एक परिचय

1.	लग्नेश, राज्येश	–	गुरु
2.	धनेश, भाग्येश	–	मंगल
3.	पराक्रमेश, अष्टमेश	–	शुक्र
4.	पंचमेश	–	चंद्र
5.	षष्ठेश	–	सूर्य
6.	सप्तमेश, सुखेश	–	बुध
7.	लाभेश, खर्चेश	–	शनि
8.	त्रिकोणाधिपति	–	5–चंद्र, 9–मंगल
9.	दु:स्थान के स्वामी	–	6–सूर्य, 8–शुक्र, 12–शनि
10.	केन्द्राधिपति	–	1–गुरु, 4, 7–बुध, 10–गुरु
11.	पणकर के स्वामी	–	2–मंगल, 5–चंद्र, 8–शुक्र, 11–शनि
12.	आपोक्लिम	–	3–शुक्र, 6–सूर्य, 9–मंगल, 12–शनि
13	त्रिकेश	–	6–सूर्य, 8–शुक्र, 12–शनि
14.	उपचय के स्वामी	–	3–शुक्र, 6–सूर्य, 10–गुरु, 11–शनि
15.	शुभ योग	–	1. चंद्र, 2. मंगल 3. मंगल+गुरु
16.	अशुभ योग	–	1. शुक्र, 2. सूर्य, 3. बुध
17.	निष्फल योग	–	1. मंगल+बुध
18.	सफल योग	–	1. चंद्र+गुरु, 2. मंगल+गुरु
19.	राजयोगकारक	–	गुरु, योगकारक–चंद्र एवं मंगल

20. **मारकेश**	–	शनि और बुध मारकेश
21. **पापफलद**	–	सूर्य और बुध परमपापी-शनि

विशेष-मीनलग्न वालों के लिये मंगल मारकेश होकर भी स्वयं मारक का कार्य नहीं करता। मुख्य मारकेश शनि होगा तथा सहायक मारकेश बुध होगा।

❑❑❑

लघुपाराशरी सिद्धान्त के अनुसार मीनलग्न का ज्योतिषीय विश्लेषण

मंद शुक्रांशुभत्सौम्या: पापा भौमविधू शुभौ।
महिसुतगुर्वोर्योगे मारकश्चैव भूसुत:।।61।।
मारकान्कारकान्वीक्ष्य मंदाघा: सन्ति पापिन:।
इत्यूह्यानि फलान्येवं बुधैस्तु इषजन्मन:।।62।।

''मारकश्चैव'' इन शब्दों की जगह ''कारणेनैव'' और ''मारकान्कारकान्वीक्ष्य'' इन पद की जगह ''कारका: कारकान्वीक्ष्य'' और ''मारको मारकाभिख्या'' इस प्रकार पाठ भेद हैं।

स्पष्टीकरण–मीनलग्न हो तो शनि, शुक्र, रवि, बुध अशुभफल देते हैं। मंगल और शुक्र शुभफल देते हैं। मंगल गुरु का योग राजयोग होता है। मंगल स्वयं मारक नहीं बनता। शनि आदि करके अशुभग्रह मारक लक्षणों से युक्त हो तो वे मारक होते हैं। मीनलग्न में जन्म हो तो ज्ञात्याओं ने इस प्रकार शुभाशुभ फल समझना चाहिये।

मीनलग्न हो तो मंगल चंद्रमा शुभफल देते हैं। ऐसा कहने का कारण मंगल धनेश और नवमेश होता है और चंद्रमा पंचमेश होता है। यही है। मंगल गुरु योग राजयोग कारक होता है यह कहने का हेतु गुरु लग्नेश और दशमेश है और मंगल धनेश है और नवमेश है–यही है। वस्तुत: मीनलग्न में गुरु के तरफ महत्त्व के दो अधिकार आते हैं, एक लग्नाधिपति और दशमाधिपति का, ये दोनों स्थान अर्थात् कुंडली में अति महत्त्व के हैं और इस प्रकार मीनलग्न के लिए अकेले गुरु को श्रेष्ठता मिलनी चाहिए परन्तु ''केन्द्राधिपत्यदोषस्तु बलवान् गुरुशुक्रयो:'' इस वचन के अनुसार उसे शुभत्व प्राप्त नहीं होता। मात्र यह भाग्याधिपति मंगल से युक्त होने पर राजयोग करता है। मीनलग्न को शनि एकादशेश और द्वादशेश होता है, शुक्र तृतीयेश और अष्टमेश होता है। रवि षष्ठेश होता है, बुध चतुर्येश और सप्तमेश होता है,

इसलिए ये सब ग्रह अशुभफल देने वाले होते हैं। मीनलग्न को वास्तविकता से चंद्रमा को छोड़कर अन्य एक भी ग्रह शुभ नहीं होता इसका कारण क्रमशः इस प्रकार है।

रवि षष्ठेश होता है। मंगल धनेश मारक स्थान का स्वामी होता है, बुध केन्द्रेश (चतुर्थ सप्तम स्थानों का स्वामी) होता है, (बुधस्तदनु चन्द्रोअपि), गुरु लग्नेश और दशमेश होता है। शुक्र तृतीयेश अष्टमेश होता है, शनि एकादशेश और व्ययेशं होता है। इस प्रकार किसी न किसी कारण वश हर एक ग्रह दूषित है। शेष बचा चंद्रमा वह शुभ है। श्लोक 8 के अनुसार धनेश यदि अन्य शुभ स्थान का स्वामी हो तो शुभफल देता है इस प्रकार मंगल शुभफल दे सकेगा। केन्द्राधिपत्य दोष सिर्फ सप्तम स्थान पर ही लागू होती है। इसलिए गुरु मंगल इनका योग उत्तम राजयोग हो सकता है। यहां पर मंगल स्वयं मारक नहीं बनता। ऐसा स्पष्ट रीति से कहने का कारण इतना ही है कि मंगल द्वितीयेश होने पर भी शुभ स्थान का स्वामी भी होता है इसलिए शुभफल देने वाला होता है।

मीनलग्न के लिए शुभाशुभ योग

1. **शुभ योग**–मंगल नैसर्गिक पापग्रह है परन्तु वह नवम (प्रबल त्रिकोण) स्थान का स्वामी होने से श्लोक 6 के अनुसार शुभफल देने वाला होता है। यद्यपि वह मारक स्थान का स्वामी है फिर भी श्लोक 8 के अनुसार शुभफल देने वाला होता है।
2. **शुभ योग**–चंद्रमा नैसर्गिक शुभग्रह है और यहां पर पंचमेश (त्रिकोण का स्वामी) होने से शुभफल देने वाला होता है।
3. **शुभ योग**–नवमेश मंगल का दशमेश गुरु से योग हो तो (श्लोक 11 के अनुसार वह अशुभ है) शुभफल देने वाला होता है।

मीनलग्न के लिए अशुभ योग

1. **अशुभ योग**–शनि नैसर्गिक पापग्रह है और वह एकादेश होने के नाते श्लोक 6 के अनुसार अशुभ है। इसके सिवाय वह द्वादशेश भी है। शनि अशुभ होकर अशुभ फलदायक है।
2. **अशुभ योग**–शुक्र नैसर्गिक शुभग्रह है परन्तु वह तृतीय स्थान का स्वामी है और श्लोक 6 के अनुसार अशुभ है। शुक्र अष्टम स्थान का भी स्वामी है। वह अशुभफल देने वाला होता है।
3. **अशुभ योग**–सूर्य नैसर्गिक पापग्रह है। वह षष्ठेश होने के नाते श्लोक 7 के अनुसार अशुभ है और अशुभफल देने वाला है।

4. **अशुभ योग**–बुध नैसर्गिक शुभग्रह है। वह सप्तम (मारक) केन्द्र का स्वामी है और चतुर्थ-सप्तम केन्द्रों का स्वामी होने से शुभ है और अशुभफल देने वाला होता है।

निष्फल योग–1. मंगल-बुध;

सफल योग–1. चंद्रमा-गुरु, 2. मंगल-गुरु

❑❑❑

मीनलग्न की प्रमुख विशेषताएं
एक नजर में

1.	लग्न	– मीन
2	लग्न चिह्न	– पूंछ और मुख मिली हुई दो मछलियां
3.	लग्न स्वामी	– गुरु
4.	लग्न तत्त्व	– जल तत्त्व
5.	लग्न स्वरूप	– द्विस्वभाव
6.	लग्न दिशा	– उत्तर
7.	लग्न लिंग व गुण	– स्त्री, सतोगुणी
8.	लग्न जाति	– ब्राह्मण
9.	लग्न प्रकृति व स्वभाव	– सौम्य स्वभाव, कफ प्रवृति
10.	लग्न का अंग	– चरण युगल
11.	जीवन रत्न	– पुखराज
12.	अनुकूल रंग	– पीला
13.	शुभ दिवस	– गुरुवार/वीरवार
14.	अनुकूल देवता	– विष्णु
15.	व्रत, उपवास	– गुरुवार/वीरवार
16.	अनुकूल अंक	– तीन
17.	अनुकूल तारीखें	– 3/12/21/30
18.	मित्र लग्न	– कर्क, वृश्चिक
19.	शत्रु लग्न	– मेष, सिंह, धनु

20. **व्यक्तित्व** – अध्यात्म प्रेमी, भावुक, अध्ययनशील मैत्रीवृत्ति

21. **सकारात्मक तथ्य** – विनम्रता सज्जनशीलता, कल्पनाप्रिय

22. **नकारात्मक तथ्य** – अधैर्यशीलता, लापरवाही, अनिश्चिन्तता

❑❑❑

मीनलग्न के स्वामी बुध का वैदिक स्वरूप

वैदिक साहित्य में गुरु का नाम अनेक मंत्रों में आया है।[1] थिबों का कहना है कि यह गुरु ग्रह का नाम है, चिन्त्य है।[2] 'तैत्तिरीय ब्राह्मण' में गुरु के जन्म का उल्लेख मिलता है।

गुरुः प्रथमं जायमानस्तिष्यं नक्षत्रमभिसम्बभूव।
श्रेष्ठो देवानां पृतनासु जिष्णुः दिशो नु सर्वा अभ्यं नो अस्तु॥

(तैत्तिरीय ब्राह्मण 3/1/1/5)

अर्थात् जब गुरु पहले प्रकट हुआ वह तिष्य (पुष्प) नक्षत्र के पास था। शंकर बालकृष्ण दीक्षित के अनुसार कभी पुष्प तारा गुरु ग्रह की ओट में हो गया होगा। ज्योतिष की दृष्टि से यह संभव है। अपनी गति के कारण जब दो चार घंटे में गुरु पुष्य से पृथक् हुआ होगा तो लोगों ने समझा होगा कि गुरु का जन्म हुआ। उस समय गुरु पुष्य के निकट रहा होगा।[4]

तिष्य शब्द का अर्थ पुष्प नक्षत्र है और पुष्प के देवता गुरु कहे गये हैं। ज्योतिष ग्रंथों में गुरु पुष्य योग अत्यधिक सुखद माना गया है। चंद्रमा, तारा एवं गुरु के संदर्भ में जो पौराणिक आख्यान है उस विषय में ऋग्वेद में वर्णन आता है कि गुरु ने अपनी पत्नी जुहू छोड़ी, सोम राजा ने उसे पुनः भेजा, मित्रावरुण ने समर्थन किया और अग्नि ने हाथ पकड़कर स्वयं पहुंचाया। तब सोम द्वारा लायी जाया को गुरु ने पुनः स्वीकार कर लिया।

तैत्तिरीय संहिता में शुक्र व चन्द्रादि ग्रहों के साथ गुरु ग्रह का नाम भी आया है।

1. गुरु अतिअदर्यो अर्हाद्-ऋग्वेद अ. 2 मण्डल 23/15
2. ऐस्ट्रोनोमी ऐस्ट्रोलजी एण्ड मैथमेटिक-पृ. सं. 6
3. भारतीय ज्योतिष का इतिहास-डॉ. गोरख प्रसाद, पृ. 31
4. भारतीय ज्योतिष का इतिहास-डॉ. गोरख प्रसाद, पृ. 32

'वस्व्यसि रुद्रास्यदितिरस्यादित्यासि शुक्रासि चंद्रासि बृहस्पतित्वा सुम्ने कृण्वतु[5]

अर्थात् हे सोम को खरीदने वाले तू वस्वी है, अर्थात् वसु आदि देवी का रूप है। रुद्र है, अदिति है, आदित्य है, शुक्र है, चन्द्र हैं, गुरु है। तू सुख से रहे।

ऋग्वेद में गुरु के ग्रहत्व को स्पष्ट करते हुए यह कहा गया कि–"गुरु प्रथम महान् प्रकाश के अत्यन्त उच्च स्वर्ग (कक्ष) में उत्पन्न हुआ।[6]

गुरु ग्रह को देवगुरु, आंतिरस, गुरु तथा जीव आदि नामों से कहा गया है। यह सम्पूर्ण नक्षत्रमंडल का लगभग 12 वर्षों में भ्रमण पूरा करता है। ग्रहलाघ्व के अनुसार यह अस्त होने के बाद 1 महीने के पश्चात् उदित होता है। उसके बाद लगभग 4 महीने पश्चात् वक्री होता है तथा चार मास वक्री होने के पश्चात् मार्गी होता है तथा पुनः 4 महीने बाद अस्त हो जाता है। यह इसका मध्यम मान है। यह सूर्य से अधिक दूर है तथा सूर्य के ही प्रकाश से प्रकाशित है। इसे शुभग्रह माना गया है।

ऋग्वेद के इस आख्यानक के अनुसार इसका अर्थ यह है कि राजा सोम अर्थात् चंद्रमा का प्रत्येक 27वें दिन पुष्य नक्षत्र से संयोग होता है किन्तु गुरु उसे एक बार छोड़ने के पश्चात् लगभग 12 वर्ष पश्चात् पुनः उस नक्षत्र (पुष्य) में आता है। इस बीच में मित्र, वरुण और अग्निदेव उससे कई बार मिल लेते हैं। ये देव सम्भवतः सूर्य, बुध, शुक्र हैं जो प्रत्येक वर्ष में एक बार पुष्य नक्षत्र से संयुक्त होते हैं अर्थात् पुष्य नक्षत्र के सीध में आ जाते हैं। वेदों में गुरु को ब्रह्म अथवा ज्ञान का प्रतीक भी कहा गया है। पुष्य नक्षत्र बुद्धि का प्रतीक है तथा गुरु ज्ञान का अतः बुद्धि में ज्ञान यदा-कदा उदित होता है जबकि मन, काम, अर्थ आदि प्रायः आते रहते हैं। यही गुरु, तारा और चंद्रमा की कथा है।

गुरु के पूजन, हवन तथा शांतिकर्म में प्रयुक्त होने वाला वैदिक मंत्र इस प्रकार है–

ॐ गुरु अति यदर्यो अर्हा द्युमद् विभाति क्रतुमज्जनेषु।
यदीदयच्छवस् ऋत प्रजात तदस्मासु द्रविणं धेहि चित्रम्॥

❑❑❑

1. तैत्तिरीय संहिता 1/2/5
2. गुरुः प्रथमन्जायमानो महो ज्योतिषः परमे व्योमन्

–ऋग्वेद 4/50/4
–अथर्ववेद 20/88/4
–तैत्तरीय ब्राह्मण 2/8/2

मीनलग्न के स्वामी गुरु का पौराणिक स्वरूप

देवगुरु गुरु पीत वर्ण के हैं। उनके सिर पर स्वर्णमुकुट तथा गले में सुन्दर माला है। वे पीत वस्त्र धारण करते हैं तथा कमल के आसन पर विराजमान हैं। उनके चारों हाथों में क्रमश: दण्ड, रुद्राक्ष की माला, पात्र और वरदामुद्रा सुशोभित है।

महाभारत आदिपर्व और तै. स. के अनुसार गुरु महर्षि अगिंरा के पुत्र तथा देवताओं पुरोहित हैं। ये अपने प्रकृष्ट ज्ञान से देवताओं को उनका यज्ञ-भाग प्राप्त करा देते हैं। असुर यज्ञ में विघ्न डालकर देवताओं को भूखों मार देना चाहते हैं। ऐसी परिस्थितियों में देवगुरु गुरु रक्षोघ्न मंत्रों का प्रयोग कर देवताओं की रक्षा करते हैं तथा दैत्यों को दूर भगा देते हैं।

इन्हें देवताओं का आचार्यत्व और ग्रहत्व कैसे प्राप्त हुआ, इसका विस्तृत वर्ण स्कन्द पुराण में प्राप्त होता है। गुरु प्रभास तीर्थ में जाकर भगवान् शंकर की कठोर तपस्या की थी। उनकी तपस्या से प्रसन्न होकर भगवान् शंकर ने उन्हें देवगुरु का पद तथा ग्रहत्व प्राप्त करने का वर दिया। (श्रीमद. 5/22/15)

गुरु एक-एक राशि पर एक-एक वर्ष रहते हैं। वक्रगति होने पर इसमें अंतर आ जाता है।

ऋग्वेद के अनुसार गुरु अत्यन्त सुन्दर है। इनका आवास स्वर्णनिर्मित है। ये विश्व के लिए वरणीय हैं। ये अपने भक्तों पर प्रसन्न होकर उन्हें सम्पत्ति तथा बुद्धि से सम्पन्न कर देते हैं, उन्हें सन्मार्ग पर चलाते हैं और विपवि में उनकी रक्षा भी करते हैं। शरणागतवत्सलता का गुण इनमें कूट-कूटकर भरा हुआ हैं। देवगुरु गुरु का वर्ण पीत हैं। इनका वाहन रथ है, जो सोने का बना है तथा अत्यन्त सुखकर और सूर्य के समान भास्वर है। इसमें वायु के समान वेग वाले पीले रंग के आठ घोड़े जुते रहते हैं। ऋग्वेद के अनुसार इनका आयुध सुवर्णनिर्मित दण्ड है।

देवगुरु गुरु की एक पत्नी का नाम शुभा और दूसरी का तारा है। शुभा से सात कन्याएं उत्पन्न हुई भानुमती, राका, अर्चिष्मति, महामती, महिष्मती, सिनीवाली और हविष्मती। तारा से सात पुत्र व एक कन्या उत्पन्न हुई। उनकी तीसरी पत्नी ममता से भरद्वाज और कच नामक दो पुत्र उत्पन्न हुए। गुरु के अधिदेवता इंद्र और प्रत्यधिदेवता ब्रह्मा है।

गुरु, धनु और मीन राशि का स्वामी हैं। इनकी महादशा सोलह वर्ष की होती है। इनकी शान्ति के लिये प्रत्येक अमावस्या को गुरु का व्रत करना चाहिए और पीला पुखराज धारण करना चाहिए। ब्राह्मणों को दान में पीला वस्त्र, सोना, हल्दी, घृत, पीला अन्न, पुखराज, अश्व, पुस्तक, मधु, लवण, शर्करा, भूमि और छत्र देना चाहिए। इनकी शान्ति के लिए वैदिक मंत्र 'ओइम् बृहस्पते अति यदर्यो अर्हाद् द्युमद्विभाति क्रतुमज्जनेषु। यद्दीदयच्छवस ऋतप्रजात तदस्मासु द्रविणं धेहि चित्रम्।।'' पौराणिक मंत्र–''**देवानां च ऋषीणां च गुरुं कान्चसंनिभम्। बुद्धिभूतं त्रिलोकेशं तं नमामि बृहस्पतिम्**।।'' बीज मंत्र–'**ओइम् ग्रां ग्रीं ग्रौं सः गुरवे नमः**।' तथा सामान्य मंत्र–'**ओइम् बृं बृहस्पतये नमः**' है। इनमें से किसी एक का श्रद्धानुसार नित्य निश्चित संख्या में जप करना चाहिए। जप का समय संध्या काल तथा जप संख्या 11000 है।

❑❑❑

गुरु का खगोलीय स्वरूप

गुरु एक पीत वर्ण का ग्रह है। इसका सौर मंडल में पांचवां स्थान है। यह सूर्य से लगभग 77,80,00000 किमी. की दूरी पर है और लगभग 11 वर्षों में सूर्य की एक परिक्रमा पूरी करता है। पृथ्वी से बहुत दूर होते हुए भी गुरु अत्यधिक दैदीप्यमान् दिखाई देता है। यह सौर मण्डल का सम्राट ग्रह है। अत: शास्त्रों में इसके लिए ''गुरु'' तथा ''गुरु'' नामों का प्रयोग किया गया है। इसका व्यास 1,43,640 किमी. है। गुरु यदि भीतर से खोखला हो तो पृथ्वी जैसे 1600 पिण्ड उसमें समा सकते हैं। इसका गुरुत्व भी पृथ्वी से 317 गुणा है। यदि कोई व्यक्ति पृथ्वी पर 77 कि.ग्रा. भार का हो तो ''गुरु'' पर जाकर उसका भार 22 टन हो जायेगा। गुरु के चंद्रमाओं की संख्या तेरह है। गुरु ग्रह अस्त होने के 30 दिन बाद वक्री होता है। उदय के 129 दिन बाद वक्री होता है। वक्र के 128 दिन बाद मार्गी होता है तथा मार्गी के 129 दिन बाद पुन: अस्त होता है।

गुरु के अतिरिक्त गुरु, देवगुरु, वांगीश, अंगिरा, जीव आदि नाम भी इसके पर्याय माने गये हैं।

गुरु की गति–गुरु अपनी कीली पर 9 घंटा 55 मिनट में एक चक्कर देता है। यह एक सैकंड में 8 मील चलता है तथा सूर्य की परिक्रमा 4332 दिन 35 घटी 5 पल में पूरी करता है। स्थूल तौर पर यह 12 या 13 महीनों में एक राशि, 160 दिन में एक नक्षत्र, 43 दिन एक चरण पर रहता है।

गुरु ग्रह अस्त होने के 30 दिन बाद उदय होता है। उदय के 128 दिन बाद वक्री होता है। वक्र के 120 दिन बाद मार्गी होता है तथा मार्गी के 128 दिन बाद पुन: अस्त हो जाता है।

गणितागत स्पष्टीकरण से चार राशि या 120 डिग्री अंश के पीछे रहने पर गुरु वक्री हो जाता है। सूर्य से चार राशि 120 डिग्री अंश के आगे रहने पर यह मार्गी होता है। वक्री अवस्था में 12 डिग्री अंश तक पीछे हटता है तथा चार मास तक वक्री रहता है तथा पुन: 8 मास तक मार्गी रहता है। जब इसकी गति 14/4 की होती है,

तब यह शीघ्रगामी (अतिचारी) हो जाता है। गुरु 45 दिन तक अतिचारी रहता है। यह सूर्य से दूसरी राशि पर शीघ्रगामी, तीसरी पर समचारी, चौथी पर मंदचारी, पांचवीं और छठी पर वक्री, सातवीं और आठवीं पर अतिवक्री, नवमी और दशमी पर कुटिल और ग्यारहवीं तथा बारहवीं राशि पर पुनः शीघ्रगामी हो जाता है। वक्री होने के पांच दिन आगे या पीछे यह स्थिर रहता है।

❑❑❑

मीनलग्न की चारित्रिक विशेषताएं

मीनलग्न का स्वरूप

मीनौ पुच्छास्यसंलग्नौ मीनराशिद्रिवाबली॥22॥
जली सत्वगुणढ्यश्र स्वस्थो जलचरो द्विजः।
अपदो मध्यदेही च सौम्यस्था ह्युभयोदयी॥23॥
सुराचार्याधिपश्चेति राशीनां गदिता गुणाः।
त्रिंशदागात्मकानां च स्थूलसूक्ष्मफलाय च॥24॥

—बृहत्पाराशर होराशास्त्र अ. 4/श्लो. 24

मुख पुच्छ मिलित दो मछली, दिनबली, जलतत्व, सत्वगुणी, स्वस्थ जलचारी, विप्रजाति पदहीन, मध्यदेह, उत्तरदिक् स्वामी, उभयोदय है और इसका स्वामी गुरु है। इस प्रकार 30 अंश से युक्त इन 12 राशियों के स्वरूप आदि मैंने स्थूल और सूक्ष्मफल विचार के लिए कहा है।।24-24।।

जलचरधनभोक्ता दारवासोऽनुरक्तः,
समरुचिरशरीरस्तुंगनासो बृहत्कः।
अभिभवति सपत्नां स्वीजितश्चारुदृष्टि
द्युतिनिधि धनभोगी पण्डितश्चान्यराशौ॥12॥

—बृहज्जातकम् अ. 16/ श्लो. 12

यदि मीन राशि में चंद्रमा हो तो मनुष्य पानी से उत्पन्न होने वाली वस्तुओं के व्यापाराधि से धन का भोग करने वाला, अपनी स्त्री व अपने पारिवारिक उपयोगार्थ प्रयोज्य वस्त्राभूषणादि के प्रति विशेष ध्यान देने वाला, समान व रुचिर शरीर वाला ऊंची नाक वाला, बड़े सिर वाला, शत्रुओं का नाशक, स्त्री से वश में होने वाला, सुन्दर आंखों वाला, तेजस्वी, गड़े धन का भागी एवं पण्डित अर्थात् विद्वान होता है।

मीने विलग्नोपगतेऽभिजातः प्रभूतवित्तद्रविणोऽल्पकेशः।
त्यागात्मवान् शास्त्रविशारदश्च च दीर्घसूत्रो न च मन्दबुद्धिः॥12॥

–वृद्धयवनजातक अ.24/श्लो.12/ पृ.289

यदि मीनलग्न में जन्म हो तो मनुष्य कुलीन, खूब धन व विद्या से परिपूर्ण, कम बालों वाला, त्यागी स्वभाव वाला, आत्माभिमानी, शास्त्रों का विशारद, कम सोने वाला, मन्दबुद्धि के अभाव वाला होता है।

मीनोदयेऽल्परतिरिष्टजनानुकूल
तेजोबलप्रचुरधान्यधनश्च विद्वान्

–जातक पारिजात श्लो.11/पृ.678

मीनः स्त्री सहवास की कम इच्छा, अपने प्रिय जनों के अनुकूल, तेज और बल से युक्त, प्रचुर धान्य (अधिक मात्रा में अन्न का स्वामी) और धन से युक्त, विद्वान व्यक्ति होता है।

मधुपिङ्गाक्षो गौरो मेधावी सत्क्रियारतिज्ञश्च।
सुखभागी मीनाद्ये जलचरयुगले विनीतश्च॥

–सारावली पृ. 466/श्लो. 10

यदि जन्म लग्न में मीन राशि व मीन राशि का पहिला द्रेष्काण हो तो जातक शहद के समान पिङ्गल नेत्र वाला, गौरवर्ण, मेधावी, शुभ कार्य कर्ता, रति (काम) ज्ञाता, सुखी और नम्र होता है।

मीनलग्नोदये जातो रत्नकाञ्जनपूरितः।
अल्पकामः कृशाङश्च दीर्घकालिविचिन्तक॥

–मानसागरी अ. 1/श्लो. 12

मीनलग्न वाला जीव धन-सम्पदायुक्त, अल्पकामी, चिन्तनशील-विचारक, स्वार्थ साधक, चतुर, शरीरन प्रारूप सहित तथा अनेक कलाओं से जन जीवन युक्त एवं जीवनीय स्तर मानद वर्ग का बनें।

भोजसंहिता

मीनलग्न का स्वामी गुरु है। गुरु देवगुरु माने जाते हैं। ऐसे व्यक्ति, गौरवर्ण, कांचन, देह, मछली के समान आकर्षक व सुन्दर नेत्र वाले, ललाट चौड़ी चेहरा, लम्बे कद के मालिक होते हैं।

यह लग्न दिवाबली, जलतत्व प्रधान, सत्वगुणी है। पूर्वाभाद्रपद के अंतिम चरण में जन्म व्यक्ति धार्मिक बुद्धि से ओतप्रोत, मेहमान प्रिय, सामाजिक अच्छाइयों व नियमों का पालन करने वाले, बातचीत में प्रवीण होते हैं। मीन राशि वाले व्यक्ति कूटनीति, रणनीति व षडयंत्रकारी मामलों में एक प्रतिशत भी रुचि नहीं लेते। इनका प्राकृतिक स्वभाव उत्तम दायलु व दानशीलता है।

सामान्यता मीनलग्न में उत्पन्न जातक स्वस्थ एवं दर्शनीय होते हैं तथा सौम्यता की छाप हमेशा विद्यमान रहती है। ये विद्वान एवं बुद्धिमान होते हैं तथा नवीन विचारों का सृजन करने में समर्थ रहते हैं। इनके विचारों से सामाजिक लोग प्रभावित तथा आकर्षित रहते हैं। भौतिक सुख संसाधनों का उपभोग करने की इनकी प्रबल इच्छा रहती है तथा इससे इन्हें प्रसन्नता की प्राप्ति होती है। इसके अतिरिक्त धनैश्वर्य से ये युक्त रहते हैं एवं विभिन्न स्रोतों से धनार्जन करके आर्थिक रूप से सुदृढ़ रहते हैं। साथ ही चिन्तन एवं मननशीलता का भाव भी इसमें रहता है।

प्राकृतिक दृश्यों का अवलोकन करके इनको शान्ति एवं संतुष्टि की प्राप्ति होती है। प्रेम के क्षेत्र में ये सरल और भावुक रहते हैं परन्तु व्यवहार कुशल होते है। अत: सांसारिक कार्यों में उचित सफलता अर्जित करके अपने उन्नति मार्ग प्रशस्त करने में सफल रहते हैं। इसके अतिरिक्त नवीन वस्तुओं के उत्पादन आदि में इनकी रुचि रहती है तथा इस क्षेत्र में इनका प्रमुख योगदान रहता है।

अत: इसके प्रभाव से आप स्वस्थ एवं बलवान रहेंगे तथा व्यक्तित्व भी आकर्षक होगा जिससे अन्य जन आपसे प्रभावित होंगे। आपकी बुद्धि अत्यन्त ही तीक्ष्ण रहेगी अत: विभिन्न शास्त्रीय विषयों का ज्ञानार्जन करके आप एक विद्वान के रूप में समाज में अपनी प्रतिष्ठा एवं आदर बढ़ाने में समर्थ होंगे। यद्यपि ब्रह्मादि के विषय में चिन्तनशील रहेंगे परन्तु भौतिकता के प्रति भी आकर्षण रहेगा।

आपका स्वरूप दर्शनीय एवं व्यक्तित्व आकर्षक होगा फलत: अन्य लोग आपसे प्रभावित होंगे। लेखन के प्रति आपकी रुचि होगी तथा इस क्षेत्र में आप आदर एवं प्रतिष्ठा भी अर्जित कर सकते हैं। अभिमान के भाव की आप में अल्पता होगी तथा सबके साथ विनम्रता का व्यवहार करेंगे। आप सरकार या समाज में सम्मान अप्राप्त करने में सफल होंगे। आप में दयालुता का भाव भी विद्यमान होगा तथा अवसरानुकूल अन्य जनों की सेवा तथा सहायता करने के लिए तत्पर होंगे। इसके अतिरिक्त साहित्य एवं कला के प्रति भी आपकी अभिरुचि रहेगी।

पिता के प्रति आपके मन में पूर्ण श्रद्धा का भाव होगा तथा उनकी सेवा करने में तत्पर होंगे। बाल्यावस्था में आपको संघर्ष करना पड़ेगा परंतु युवावस्था के बाद

सुखेश्चर्य एवं धन वैभव एवं शांतिपूर्वक अपना समय व्यतीत करेंगे। पुत्र संतति से आप युक्त रहेंगे तथा इनसे आपको इच्छित सुख एवं सहयोग प्राप्त होगा।

धर्म के प्रति आपके मन में श्रद्धा होगी तथा समय-समय पर धार्मिक कार्य कलापों तथा अनुष्ठानों को सम्मान करेंगे। इससे आपको आत्मिक शान्ति की प्राप्ति होगी। साथ ही बन्धु एवं मित्र वर्ग में भी आप प्रिय एवं आदरणीय होंगे तथा इनसे आपको इच्छित लाभ एवं सहयोग मिलता रहेगा। इस प्रकार आप धनैश्चर्य से युक्त होकर प्रसन्नतापूर्वक अपना जीवन व्यतीत करने में सफल होंगे।

मीनलग्न पुरुष की एक विशेषता है कि इनको केवल न्याय ही की बात पर क्रोध आता है। ये पर दु:खकातर हैं। दूसरे की भलाई व कार्यसिद्धि हेतु स्वयं को खतरे में डाल देते हैं। यह आपके लिए उचित नहीं।

यदि आपका जन्म 14 मार्च और 12 अप्रैल के बीच में हुआ है तो 16 वर्ष से ही भाग्योदय आरम्भ हो जाता है। 32 वर्ष में पूर्ण भाग्योदय होता है। आप कला, विज्ञान व साहित्य में रुचि लेंगे। आप रसिक हृदय व विलास प्रिय होने पर भी स्वाभिमान के कारण नीचे गिरने की प्रवृत्ति को रोकते हैं। आपमें अधिकारी होने की भावना विशेष रहेगी। हल्का काम आपको पंसद नहीं है। आप मिलनसार व यार बाश मित्रों की गिनती में है। आप दूसरों का बहुत आतिथ्य करते हैं। स्वयं अच्छा भोजन करने के शौकीन होते हैं तथा दूसरों को भी दावत देने का शौक होता है।

असली मित्र आपके बहुत थोड़े हैं। एक मित्र जो किसी कारणवश आपका शत्रु हो जाए उसके द्वारा भारी आघात पहुंचने का खतरा है? सतर्क रहें। यदि आपके हाथ में मच्छरेखा है तो ऐसा संभव नहीं।

मीन राशि का चिह्न ''मुख-पुच्छ मिलित दो मछली'' हैं। आपको जल से निकली हुई वस्तु नमक, हीरे, जवाहरात, समुद्र पार देशों से माल मंगाने या भेजने (Export-Import) से विशेष धनालाभ हो सकता है। स्त्रियों के सम्पर्क से भी आपका भाग्योदय संभव है। 32 वर्ष के बाद आपके पुत्र व नौकरों का योग बनता है। शत्रु आप से हार जायेंगे।

सही भाग्योदय हेतु गुरु रत्न पुखराज को स्वर्ण मुद्रिका में धारण करें।

नक्षत्रानुसार फलादेश

दी	दू थ झ ञ	दे दो च ची
पूर्वाभाद्रपद-1	उत्तराभाद्रपद-5	रेवती-5

चन्द्रमा पूर्वाभाद्रपद में

उद्विग्नचित्तो धनवांस्त्वरोगी,
अजाधिके स्त्रीवजितो अदाता।

यदि जन्म समय पर चंद्रमा पूर्वा भाद्रपद नक्षत्र में स्थित हो तो मनुष्य क्षुब्ध मन वाला, धनी, निरोगी, स्त्री के वश में रहने वाला तथा कंजूस होता है।

पूर्वा भाद्रपद गुरु का नक्षत्र है। इसमें स्थित होकर चंद्रमा प्रायः शुभ प्रभाव के कारण है। स्त्री विजितो संभवतया इसलिए कि स्त्री ग्रह चंद्रमा शुभता को प्राप्त होकर स्त्री के शुभ गुणों का संचार करेगा जिसके फलस्वरूप स्त्री व्यक्ति का मन मोह लेगी। उद्विग्न चित्तों क्यों कहा, यह विचारणीय है, क्योंकि गुरु का प्रभाव मन रूपी चंद्रमा पर पड़कर मन में शान्ति उत्पन्न करेगा, न कि उद्वेग।

पूर्वाभाद्रपद के चतुर्थ पाद–पूर्वा भाद्रपद के चतुर्थ पाद में यदि जन्मकुण्डली में चंद्रमा स्थित हो तो जातक भोगी होता है। नक्षत्र पाद का स्वामी स्वयं चंद्रमा बनता है जिसका खाने-पीने से विशेष संबंध है। इसलिए भोगी कहा। नक्षत्र स्वामी गुरु को खूब खाता है। तभी तो इसका पेट बढ़ा हुआ है। अतः भोगी कहना उपयुक्त है।

चन्द्रमा उत्तराभाद्रपद में

वक्ता प्रजावान् सुमुखो मृगांकेफ्हिर्बध्न्यभे धर्मरतोजितारिः।

यदि चंद्रमा जन्म समय उत्तराभाद्रपद नक्षत्र में स्थित हो तो जातक बोलने में चतुर, संतानवान, सुंदर धार्मिक तथा शत्रुओं पर विजय प्राप्त करने वाला होता है।

उत्तराभाद्रपद शनि का नक्षत्र है। शनि एक स्त्री ग्रह है और चंद्रमा भी, इस कारण स्त्री संतान के अधिक होने की संभावना रहेगी। शनि के नक्षत्र में होने से मन (चंद्रमा) में वैराग्य का होना अनिवार्य है, इसलिए जातक त्यागी हो सकता है और इन्हीं अर्थों में धार्मिक भी। वक्ता होने आदि के लिए कोई हेतु प्रतीत नहीं होता।

यदि आपका जन्म उत्तराभाद्रपद नक्षत्र में है तो आप धार्मिक नेता व प्रसिद्ध शास्त्र व मानव प्रेमी के स्वरूप में प्रख्यात पुरुष हैं। आप प्राणी मात्र के प्रति सद्भावना रखते हैं। यदि कोई आपके साथ दुर्व्यवहार भी कर बैठता है तो भी आप उसे क्षमा कर देते हैं। मन में किसी प्रकार की गांठ नहीं रखते। आप महत्वाकांक्षी व Ambicions व्यक्ति हैं। आपकी इच्छाएं बढ़ी-चढ़ी होती हैं व मन ही मन आप उन्नति के सर्वोच्च शिखर पर चढ़ जाते हैं। ईमानदारी व देशभक्ति आपके चरित्र के

प्रमुख गुण हैं। आप उन गिने चुने व्यक्तियों में से हैं जिन्हें जनता आदर की दृष्टि से देखती है।

उत्तराभाद्रपद के प्रथम पाद—उत्तराभाद्रपद के प्रथम पाद में यदि चंद्रमा स्थित हो तो जातक राजा है। इस नक्षत्र पाद का स्वामी सूर्य है जिसके चंद्रमा पर प्रभाव के कारण चंद्रमा में सूर्य के राज्यसत्तापरक गुण आ जायेंगे।

उत्तराभाद्रपद के द्वितीय पाद—उत्तराभाद्रपद के द्वितीय पाद में यदि चंद्रमा स्थित हो तो मनुष्य चोर होता है। इस नक्षत्र पाद का स्वामी बुध बनता है और नक्षत्र स्वामी शनि। सम्भवतया यह चोरी का फलशनि और बुध के सम्मिलित प्रभाव का है जो चंद्रमा पड़ता है।

उत्तराभाद्रपद के तृतीय पाद—उत्तराभाद्रपद के तृतीय पाद में यदि जन्म समय चंद्रमा स्थित हो तो व्यक्ति पुत्र वाला होता है। यह फल मुख्यतया चंद्रमा पर नक्षत्र पाद स्वामी शुक्र के प्रभाव के कारण है। जैसा कि हम पूर्व में लिख चुके हैं शुक्र स्त्री प्रजा के साथ-साथ पुत्र प्रजा भी देता है।

उत्तराभाद्रपद के चतुर्थ पाद—उत्तराभाद्रपद के चतुर्थ पाद में यदि जन्म समय चंद्रमा स्थित हो तो मनुष्य सुखी होता है। यहां नक्षत्र पाद स्वामी मंगल होता है। मंगल के चंद्रमा पर प्रभाव से धनादि में वृद्धि होती है। इसलिए सुख कहा।

चंद्रमा रेवती नक्षत्र में

संपूर्णदेहः सुभगोऽतिशूरः शुचिर्धनी पौष्णगते शशांके।
विज्ञेयमेतन्निरुपद्रवेभे फलं बलिष्ठे रजनीपतौ च।

यदि जन्म समय चंद्रमा रेवती नक्षत्र में स्थित हो तो जातक संपूर्ण देह वाला, भाग्यशाली, शूरवीर, शुद्ध मन वाला, धनवान होता है। उपरोक्त नक्षत्रों में चंद्रमा की स्थिति का जो फल कहा है वह तभी पूर्ण होता है जबकि नक्षत्र पर कोई विरुद्ध प्रभाव न हो और चंद्रमा भी बलवान हो।

रेवती नक्षत्र का स्वामी बुध है जो नैसर्गिक रूप से एक शुभ ग्रह है और साथ ही साथ अपना कोई स्वतंत्र फल नहीं रखता। इसलिए इसके नक्षत्र में चंद्रमा अपने ही गुणों की उत्कृष्टता को प्राप्त होगा। चंद्रमा देह है, वह पुष्ट और परिपूर्ण होगी। चंद्रमा धन से विशेष संबंध रखता है, अतः व्यक्ति धनवान होगा। चंद्रमा जहां तक बुध के नक्षत्र में शुभ गुणों को ग्रहण करेगा उसका फल धार्मिक शुद्धि और परोपकार की वृत्ति प्राप्त होगी, क्योंकि बुध वैष्णव ग्रह है। शूरवीर क्यों कहा? यह विचारणीय है।

यदि आपका जन्म रेवती नक्षत्र के दो चरण तथा से संबंध रखता है तो आपमें मौलिक गुणों में बहुत परिवर्तन हो जाता है। फिर तो आप दबंग व पौरुषशाली की गिनती में जाते हैं। छल तथा कपट आपके जीवन में नहीं। धोखा देने में आप स्वयं डरते हैं। आप हृदय के व्यक्ति है। ऐसे जातक को क्रोध शीघ्र आता है। कोई जरा भी विपरीत बात कह तो इनसे सहन नहीं होती ऐसी हालत में ये मध्यम कद के होते हैं। दूसरों की हकूमत उन्हें बिल्कुल पसंद नहीं ये क्रोधावस्था में आत्मनियंत्रण खो बैठते हैं। परन्तु क्रोध जितनी शीघ्रता से आता है उतनी शीघ्रता से चला जाता है। साहसिक कार्य व पुरुषार्थ प्रदर्शन की इनको एक ललक-सी रहती है।

रेवती के प्रथम पाद–रेवती के प्रथम पाद में यदि जन्म समय चंद्रमा स्थित हो तो मनुष्य ज्ञानी होता है। यहां नक्षत्र पाद स्वामी बुध होता है। इसके चंद्रमा पर प्रभाव के कारण ज्ञानी कहा। ज्ञानी इसलिए भी कि रेवती नक्षत्र का स्वामी का ज्ञानी बुध ही है जिसका प्रभाव भी चंद्रमा पर पड़ेगा।

रेवती के द्वितीय पाद–रेवती के द्वितीय पाद में यदि जन्म समय चंद्रमा स्थित हो तो व्यक्ति चोर होता है। यहां नक्षत्र पाद का स्वामी शनि बनता है जो चंद्रमा पर अपने प्रभाव से ऐसा फल दे सकता है।

रेवती का तृतीय पाद–रेवती का तृतीय पाद में यदि जन्म समय चंद्रमा स्थित हो तो मनुष्य युद्ध में जयी होता है। शनि नक्षत्र पाद का स्वामी बनता है और बुध नक्षत्र का स्वामी है। दोनों नपुंसक है। अतः चंद्रमा की दोनों पर विजय है। इसलिए युद्ध में विजयी कहा।

रेवती के चतुर्थ पाद–रेवती के चतुर्थ पाद में यदि चंद्रमा जन्म समय में स्थित हो तो व्यक्ति क्लेश भोगने वाला होता है। यद्यपि यह पाद ऐसा है कि जिसका स्वामी गुरु है जो कि चंद्रमा का मित्र है तो भी क्लेश कहा। यहां कारण यही है कि रेवती का अन्तिम भाग गण्डान्त है जिसमें ग्रह की स्थिति स्वास्थ्य तथा जीवन के लिए शुभ नहीं होती।

❑❑❑

जन्माक्षर (जन्मपत्रिका) भरने के लिये विशेष चार्ट

क्र.	नक्षत्र	नक्षत्र अक्षर	राशि	स्वामी	योनि	गण	वर्ण	भुजा	हंस	नाड़ी	वश्य	पाया	वर्ग	जन्म दशा	दशा धर्म
1	अश्विनी	चू,चे,चो,ला	मेष	मंगल	अश्व	देव	क्षत्री	पूर्व	अग्नि	आद्य	चतु.	सोना	सिंह 3 हि. 1	केतु	7
2.	भरणी	ली,लू,ले,लो	मेष	मंगल	गज	मनु.	क्षत्री	पूर्व	अग्नि	मध्य	चतु.	सोना	हिरण	शुक्र	20
3.	कृतिका	अ	मेष	मंगल	मीढ़ा	राक्षस	क्षत्रीय	पूर्व	अग्नि	अन्त्य	चतु.	सोना	गरुड़	सूर्य	6
3.	कृतिका	ई,उ,ए	वृष	शुक्र	मीढ़ा	राक्षस	वैश्य	पूर्व	भूमि	अन्त्य	चतु.	सोना	गरुड़	सूर्य	6
4.	रोहिणी	ओ,वा,वी,वू	वृष	शुक्र	सर्प	मनु.	वैश्य	पूर्व	भूमि	अन्त्य	चतु.	सोना	ग. 1 हि. 3	चन्द्र	10
5.	मृगशिरा	वे,वो	वृष	शुक्र	सर्प	देव	वैश्य	पूर्व	भूमि	मध्य	चतु.	सोना	हिरण	मंगल	7
5.	मृगशिरा	का,की	मिथुन	बुध	सर्प	देव	शूद्र	पूर्व	वायु	मध्य	द्विपद	सोना	बिलाड़	मंगल	7
6.	आर्द्रा	कु,घ,ङ,छ	मिथुन	बुध	श्वान	मनु.	शूद्र	मध्य	वायु	आद्य	द्विपद	चांदी	बि. 2 सि.1	राहु	18
7.	पुनर्वसु	के,को,ह	मिथुन	बुध	मार्जार	देव	शूद्र	मध्य	वायु	आद्य	द्विपद	चांदी	बि.2 मी. 1	गुरु	16
7.	पुनर्वसु	ही	कर्क	चन्द्र	मार्जार	देव	विप्र	मध्य	जल	आद्य	द्विपद	चांदी	मीढ़ा	गुरु	16

क्र.	नक्षत्र	नक्षत्र अक्षर	राशि	स्वामी	योनी	गण	वर्ण	भुजा	हंस	नाड़ी	वश्य	पाया	वर्ग	जन्म दशा	दशा धर्म
8.	पुष्य	ह,हे,हो,डा	कर्क	चन्द्र	मीढ़ा	देव	विप्र	मध्य	जल	मध्य	द्विपद	चांदी	मि. 3 श्वा. 1	शनि	19
9.	आश्लेषा	डी,डू,डे,डो	कर्क	चन्द्र	मार्जार	राक्षस	विप्र	मध्य	जल	आद्य	द्विपद	चांदी	श्वान	बुध	17
10.	मघा	मा,मी,मू,मो	सिंह	सूर्य	मूषक	राक्षस	क्षत्रिय	मध्य	वायु	आद्य	चतु.	चांदी	मूषक	केतु	7
11.	पूर्व फा.	मो,टा,टी,टू	सिंह	सूर्य	मूषक	मनुष्य	क्षत्रिय	मध्य	वायु	मध्य	चतु.	चांदी	मि. 3 श्वा. 3	शुक्र	20
12	उ. फा.	टे	सिंह	सूर्य	गौ	मनुष्य	क्षत्रिय	मध्य	वायु	आद्य	चतु.	चांदी	श्वान	सूर्य	6
12.	उ. फा.	टो,पा,पी	कन्या	बुध	गौ	मनुष्य	वैश्य	मध्य	भूमि	आद्य	द्विपद	चांदी	श्वा. 1 मू. 2	सूर्य	6
13.	हस्त	पू,ष,ण,ठ	कन्या	बुध	भैंस	देव	वैश्य	मध्य	भूमि	आद्य	द्विपद	चांदी	मी. 1 मी. 1 श्वा. 2	चन्द्र	10
14.	चित्रा	पे,पो	कन्या	बुध	व्याघ्र	राक्षस	वैश्य	मध्य	भूमि	मध्य	द्विपद	चांदी	मूषक	मंगल	7
14.	चित्रा	रा,री	तुला	शुक्र	व्याघ्र	राक्षस	शूद्र	मध्य	वायु	मध्य	द्विपद	चांदी	मूषक	मंगल	7
15.	स्वाति	रू,रे,रो,ता	तुला	शुक्र	भैंस	देव	शूद्र	मध्य	वायु	अन्त्य	द्विपद	चांदी	हि. 3 सर्प 1	राहु	18
16.	विशाखा	ती,तू,ते	तुला	शुक्र	मध्य	राक्षस	शूद्र	मध्य	वायु	अन्त्य	द्विपद	ताम्बा	सर्प	गुरु	16
16.	विशाखा	तो	वृश्चिक	मंगल	मध्य	राक्षस	विप्र	मध्य	जल	अन्त्य	कीट	ताम्बा	सर्प	गुरु	16

क्र.	नक्षत्र	नक्षत्र अक्षर	राशि	स्वामी	योनि	गण	वर्ण	भुजा	हंस	नाड़ी	वश्य	पाया	वर्ग	जन्म दशा	दशा धर्म
17.	अनुराधा	ना,नी,नू,ने	वृश्चिक	मंगल	मृग	देव	विप्र	मध्य	जल	व्याघ्र	कीट	ताम्बा	सर्प	शनि	19
18.	ज्येष्ठा	नो,या,यी,यू	वृश्चिक	मंगल	मृग	राक्षस	विप्र	अन्त्य	जल	आद्य	कीट	ताम्बा	सर्प 1 हिरण 3	बुध	17
19.	मूल	भे,भो,भा,भी	धनु	गुरु	श्वान	राक्षस	क्षत्रिय	अन्त्य	अग्नि	आद्य	द्विपद	ताम्बा	हि. 2 मूषा 2	केतु	7
20.	पूर्वाषाढ़ा	भू,धा,फा,ढा	धनु	गुरु	कपि	मनुष्य	क्षत्रिय	अन्त्य	अग्नि	मध्य	द्विपद	ताम्बा	1 मू 1 स 1 मू2 कु	शुक्र	20
21.	उ. षा.	भे	धनु	गुरु	नकुल	मनुष्य	क्षत्रिय	अन्त्य	अग्नि	अन्त्य	द्विपद	ताम्बा	मूषक	सूर्य	6
21.	उ. षा.	भो,जो,जी	मकर	शनि	नकुल	मनुष्य	वैश्य	अन्त्य	भूमि	अन्त्य	चतु.	ताम्बा	1 मू. 2 सिं.	सूर्य	6
22.	अभिजित्	जू,जे,जो,खा	मकर	शनि	नकुल	मनुष्य	वैश्य	अन्त्य	भूमि	अन्त्य	चतु.	ताम्बा	सिं. 3 वि. 1	×	×
23.	श्रवण	खी,खू,खे,खो	मकर	शनि	कपि	देव	वैश्य	अन्त्य	भूमि	अन्त्य	चतु.	ताम्बा	बिलाड़	चन्द्र	10
24.	धनिष्ठा	गा,गी	मकर	शनि	सिंह	राक्षस	वैश्य	अन्त्य	भूमि	मध्य	चतु.	ताम्बा	बिलाड़	मंगल	7
24.	धनिष्ठा	गू, गे	कुम्भ	शनि	सिंह	राक्षस	शूद्र	अन्त्य	वायु	मध्य	द्विपद	ताम्बा	बिलाड़	मंगल	7
25.	शतभिषा	गो,सा,सी,सू	कुम्भ	शनि	अश्व	राक्षस	शूद्र	अन्त्य	वायु	आद्य	द्विपद	लोहा	1 बि. 3 मी	राहु	18
26.	पूर्वा भा.	से,सो,द	कुम्भ	शनि	सिंह	मनुष्य	शूद्र	अन्त्य	वायु	आद्य	द्विपद	लोहा	2 मी. 2 सर्प	गुरु	16

क्र.	नक्षत्र	नक्षत्र अक्षर	राशि	स्वामी	योनि	गण	वर्ण	भुजा	हंस	नाड़ी	वश्य	पाया	वर्ग	जन्म दशा	दशा धर्म
26.	पूर्वा भा.	दी	मीन	गुरु	सिंह	मनुष्य	विप्र	अन्त्य	जल	आद्य	जल	लोहा	सर्प	गुरु	16
27.	उ. भा.	दू,थ,झ,ञ	मीन	गुरु	गौ	मनुष्य	विप्र	अन्त्य	जल	मध्य	जल	लोहा	2 सर्प 2 सिंह	शनि	19
28.	रेवती	दे,दो,चा,ची	मीन	गुरु	गज	देव	विप्र	पूर्व	जल	अन्त्य	जल	सोना	2 सर्प 2 सिंह	बुध	17

नक्षत्रों के अनुसार ग्रहों की शत्रुता-मित्रता पहचानने की टेबुल

	क्र.	नक्षत्र नाम	नक्षत्र देवता	नक्षत्र स्वामी	सूर्य	चन्द्र	मंगल	बुध	गुरु	शुक्र	शनि	राहु	केतु
मेष	1	अश्विनी	अश्वि. कुमार	केतु	शत्रु	शत्रु	मित्र	मित्र	शत्रु	मित्र	मित्र	शत्रु	सम
	2.	भरणी	यम	शुक्र	शत्रु	शत्रु	सम	मित्र	शत्रु	सम	मित्र	शत्रु	शत्रु
	3.	कृतिका	अग्नि	सूर्य	सम	मित्र	मित्र	शत्रु	मित्र	शत्रु	शत्रु	शत्रु	शत्रु
वृष	4.	रोहिणी	ब्रह्मा	चन्द्र	मित्र	सम	मित्र	शत्रु	मित्र	शत्रु	शत्रु	शत्रु	शत्रु
	5.	मृगशिरा	चन्द्र	मंगल	मित्र	मित्र	सम	शत्रु	मित्र	शत्रु	शत्रु	शत्रु	शत्रु
मिथुन	6.	आर्द्रा	रुद्र	राहु	शत्रु	शत्रु	शत्रु	मित्र	शत्रु	मित्र	मित्र	सम	मित्र
	7.	पुनर्वसु	अदिति	गुरु	मित्र	मित्र	मित्र	शत्रु	सम	शत्रु	शत्रु	शत्रु	शत्रु
कर्क	8.	पुष्य	गुरु	शनि	शत्रु	शत्रु	शत्रु	मित्र	शत्रु	मित्र	सम	मित्र	मित्र
	9.	आश्लेषा	सूर्य	बुध	शत्रु	शत्रु	शत्रु	सम	शत्रु	मित्र	मित्र	मित्र	मित्र
सिंह	10.	मघा	पितर	केतु	शत्रु	शत्रु	शत्रु	मित्र	शत्रु	मित्र	मित्र	मित्र	सम
	11.	पू. फा.	भंग	शुक्र	शत्रु	शत्रु	शत्रु	मित्र	शत्रु	सम	मित्र	मित्र	मित्र
	12	उ. फा.	अर्यमा	सूर्य	सम	मित्र	मित्र	शत्रु	मित्र	शत्रु	शत्रु	शत्रु	शत्रु
कन्या	13.	हस्त	सूर्य	चन्द्र	मित्र	सम	मित्र	शत्रु	मित्र	शत्रु	शत्रु	शत्रु	शत्रु
	14.	चित्रा	विश्वकर्मा	मंगल	मित्र	मित्र	सम	शत्रु	मित्र	शत्रु	शत्रु	शत्रु	शत्रु

	क्र.	नक्षत्र नाम	नक्षत्र देवता	नक्षत्र स्वामी	सूर्य	चन्द्र	मंगल	बुध	गुरु	शुक्र	शनि	राहु	केतु
तुला	15.	स्वाति	वायु	राहु	शत्रु	शत्रु	शत्रु	मित्र	शत्रु	मित्र	मित्र	सम	मित्र
	16.	विशाखा	इन्द्राग्नि	गुरु	मित्र	मित्र	मित्र	शत्रु	सम	शत्रु	शत्रु	शत्रु	शत्रु
शनि	17.	अनुराधा	मित्र	शनि	शत्रु	शत्रु	शत्रु	मित्र	शत्रु	मित्र	सम	मित्र	मित्र
	18.	ज्येष्ठा	इन्द्र	बुध	शत्रु	शत्रु	शत्रु	सम	शत्रु	मित्र	मित्र	मित्र	मित्र
धनु	19.	मूला	नैऋति	केतु	शत्रु	शत्रु	शत्रु	मित्र	शत्रु	मित्र	मित्र	मित्र	सम
	20.	पू. षा.	उदक	शुक्र	शत्रु	शत्रु	शत्रु	मित्र	शत्रु	सम	मित्र	मित्र	मित्र
मकर	21.	उ. षा.	विश्वेदेव	सूर्य	सम	मित्र	मित्र	शत्रु	मित्र	शत्रु	शत्रु	शत्रु	शत्रु
	22.	श्रवण	विष्णु	चन्द्र	मित्र	सम	मित्र	शत्रु	मित्र	शत्रु	शत्रु	शत्रु	शत्रु
	23.	धनिष्ठा	वसु	मंगल	मित्र	मित्र	सम	शत्रु	मित्र	शत्रु	शत्रु	शत्रु	शत्रु
कुंभ	24.	शतभिषा	वरुण	राहु	शत्रु	शत्रु	शत्रु	मित्र	शत्रु	मित्र	मित्र	सम	मित्र
	25.	पू. भा.	अजकचरण	गुरु	मित्र	मित्र	मित्र	शत्रु	सम	शत्रु	शत्रु	शत्रु	शत्रु
मीन	26.	उ. भा.	अहिर्बुध्य	शनि	शत्रु	शत्रु	शत्रु	मित्र	शत्रु	मित्र	सम	मित्र	मित्र
	27.	रेवती	पूषा	बुध	शत्रु	शत्रु	शत्रु	सम	शत्रु	मित्र	मित्र	मित्र	मित्र

नक्षत्र चरण, नक्षत्रस्वामी एवं नक्षत्र चरणस्वामी

मेष राशि											
1. **अश्विनी** (केतु)				2. **भरणी** (शुक्र)				3. **कृतिका** (सूर्य)			
अक्षर		चरण	स्वामी	अक्षर		चरण	स्वामी	अक्षर		चरण	स्वामी
चु.	0/3/20/0	1	मं.	ली.	0/16/40/0	1	सू.	आ	0/30/0/0	1	गु.
चे.	0/6/40/0	2	शु.	लू	0/20/0/0	2	बु.	–	–	–	–
चो	0/10/0/0	3	बु.	ले.	0/23/20/0	3	शु.	–	–	–	–
ला	0/13/20/4/	4	चं.	लो	0/26/40/0	4	मं.	–	–	–	–
वृष राशि											
3. **कृतिका** (सूर्य)				4. **रोहिणी** (चंद्रमा)				5. **मृगशिरा** (मंगल)			
अक्षर		चरण	स्वामी	अक्षर		चरण	स्वामी	अक्षर		चरण	स्वामी
ई	1/30/20/0	2	श.	ओ	1/13/20/0	1	मं.	वे	0/20/40/1	1	सू.
उ	1/6/40/0	3	श	वा	1/16/40/0	2	शु.	वो	0/30/0/0	2	बु.
				वी	1/20/0/0	3	बु.	–	–	–	–
ए	1/10/0/0	4	मं.	चू	1/23/20/0	4	चं.	–	–	–	–

मिथुन राशि

5. **मृगशिरा** (मंगल)				6. **आर्द्रा** (राहु)				7. **पुनर्वसु** (गुरु)			
अक्षर		चरण	स्वामी	अक्षर		चरण	स्वामी	अक्षर		चरण	स्वामी
का	2/3/20/0	3	शु.	कु	2/10/0/0	1	गु.	के	2/23/20/0	1	मं.
की	2/6/40/0	4	मं.	घ	2/13/20/0	2	श.	को	2/26/40/0	2	शु.
				ड़	2/16/40/0	3	श.	हा	2/30/0/0	3	बु.
				छ	2/20/0/0	4	गु.	–	–	–	–

कर्क राशि

7. **पुनर्वसु** (गुरु)				8. **पुष्य** (शनि)				9. **आश्लेषा** (बुध)			
अक्षर		चरण	स्वामी	अक्षर		चरण	स्वामी	अक्षर		चरण	स्वामी
ही	3/30/20/0	4	चं.	हू	3/6/40/0	1	सू.	डी	3/20/0/0	1	गु.
–	–	–	–	हे	3/10/0/0	2	बु.	डू	3/23/20/0	2	श.
–	–	–	–	हो	3/13/20/0	3	शु.	डे	3/26/40/0	3	श.
–	–	–	–	डा	3/16/40/0	4	मं.	डो	3/30/0/0	4	गु.

सिंह राशि

10. **मघा** (केतु)				11. **पूर्वाफाल्गुनी** (शुक्र)				12. **उत्तरफाल्गुनी** (सूर्य)			
अक्षर		चरण	स्वामी	अक्षर		चरण	स्वामी	अक्षर		चरण	स्वामी
मा	4/3/20/0	1	मं.	मो	4/16/40/0	1	सू.	टे	4/30/0/0	1	गु.
नी	4/6/40/0	2	शु.	टा	4/20/0/0	2	बु.	–	–	–	–
मू	4/10/0/0	3	बु.	टी	4/23/20/0	3	शु.	–	–	–	–
मे	4/13/20/0	4	चं.	टू	4/26/40/0	4	मं.	–	–	–	–

कन्या राशि

12. **उत्तराफाल्गुनी** (सूर्य)				13. **हस्त** (चंद्रमा)				14. **चित्रा** (मंगल)			
अक्षर		चरण	स्वामी	अक्षर		चरण	स्वामी	अक्षर		चरण	स्वामी
टो	5/3/20/0	2	श.	पू	5/13/20/0	1	मं.	पे	5/26/40/0	1	सू.
पा	5/6/40/0	3	श.	ष	5/16/40/0	2	शु.	पे	5/30/0/0	2	बु.
पी.	5/10/0/0	4	गु.	ण	5/20/0/0	3	बु.	–	–	–	–
–	–	–	–	ठ	5/23/20/0	4	चं.	–	–	–	–

तुला राशि

14. **चित्रा** (मंगल)				15. **स्वाति** (राहु)				16. **विशाखा** (गुरु)			
अक्षर		चरण	स्वामी	अक्षर		चरण	स्वामी	अक्षर		चरण	स्वामी
रा	6/3/20/0	3	शु.	रू	6/10/0/0	1	गु.	ती	6/23/20/0	1	मं.
री	6/6/40/0	4	मं.	रे	6/13/20/0	2	श.	तू	6/26/40/0	2	शु.
–	–	–	–	रो	6/16/40/0	3	श.	ते	6/30/0/0	3	बु.
–	–	–	–	ता	6/20/0/0	4	गु.	–	–	–	–

वृश्चिक राशि

16. **विशाखा** (गुरु)				17. **अनुराधा** (शनि)				18. **ज्येष्ठा** (बुध)			
अक्षर		चरण	स्वामी	अक्षर		चरण	स्वामी	अक्षर		चरण	स्वामी
तो	7/3/20/0	4	चं.	ना	7/6/40/0	1	सू.	नो	7/20/0/0	1	गु.
–	–	–	–	नी	7/10/0/0	2	बु.	या	7/23/20/0	2	श.
–	–	–	–	नू	7/13/20/0	3	शु.	यी	7/26/40/0	3	श.
–	–	–	–	ने	7/16/40/0	4	मं.	यू	7/30/0/0	4	शु.

धनु राशि

17. **मूल** (केतु)				18. **पूर्वाषाढ़ा** (शुक्र)				21. **उत्तराषाढ़ा** (सूर्य)			
अक्षर		चरण	स्वामी	अक्षर		चरण	स्वामी	अक्षर		चरण	स्वामी
ये	8/3/20/0	1	मं.	भू	8/16/40/0	1	सू.	भे	8/30/0/0	1	गु.
यो	8/6/40/0	2	शु.	धा	8/20/0/0	2	बु.	–	–	–	–
या	8/10/0/0	3	बु.	फा	8/23/20/0	3	शु.	–	–	–	–
यी	8/13/20/0	4	चं.	ढा	8/26/40/0	4	मं.	–	–	–	–

मकर राशि

21. **उत्तराषाढ़ा** (सूर्य)				22. **श्रावण** (चंद्रमा)				23. **धनिष्ठा** (मंगल)			
अक्षर		चरण	स्वामी	अक्षर		चरण	स्वामी	अक्षर		चरण	स्वामी
भो	9/3/20/0	2	श.	खी	9/13/20/0	1	मं.	गा	9/26/40/0	1	सू.
जा	9/6/40/0	3	श.	खू	9/16/40/0	2	शु.	गी	9/30/0/0	2	बु.
जी	9/10/0/0	4	गु.	खे	9/20/0/0	3	बु.	–	–	–	–
–	–	–	–	खो	9/23/20/0	4	चं.	–	–	–	–

कुंभ राशि

23. **धनिष्ठा** (मंगल)				24. **शतभिषा** (राहु)				26. **पूर्वाभाद्रपद** (गुरु)			
अक्षर		चरण	स्वामी	अक्षर		चरण	स्वामी	अक्षर		चरण	स्वामी
गू	10/3/20/0	3	शु.	गो	10/10/0/0	1	गु.	ते	10/23/20/0	1	मं.
गे	10/6/40/0	4	मं.	ता	10/13/20/0	2	श.	तो	10/26/40/0	2	श.
–	–	–	–	ती	10/16/40/0	3	श.	दा	10/30/0/0	3	बु.
–	–	–	–	तू	10/19/0/04	4	गु.	–	–	–	–

मीन राशि

26. **पूर्वाभाद्रपद** (गुरु)				27. **उत्तराभाद्रपद** (शनि)				28. **रेवती** (बुध)			
अक्षर		चरण	स्वामी	अक्षर		चरण	स्वामी	अक्षर		चरण	स्वामी
दी	10/3/20/0	4	चं.	दू	11/6/40/4	1	सू.	दे	11/20/0/0	1	गु.
–	–	–	–	थ	11/10/0/0	2	बु.	दो	11/23/20/0	2	श.
–	–	–	–	झ	11/13/20/0	3	शु.	चा	11/26/40/0	3	श.
–	–	–	–	ञ	11/16/40/0	4	गु.	ची	11/30/0/0	4	गु.

मीनलग्न पर अंशात्मक फलादेश

मीनलग्न, अंश 0 से 1

1. **लग्न नक्षत्र**–पूर्वाभाद्रपद
2. **नक्षत्र पद**–4
3. **नक्षत्र अंश**–11/30/20/0
4. **वर्ण**–विप्र
5. **वश्य**–द्विपद
6. **योनि**–सिंह
7. **गण**–मनुष्य
8. **नाड़ी**–आद्य
9. **नक्षत्र देवता**–अजपाद
10. **वर्णाक्षर**–दी
11. **वर्ग**–सर्प
12. **लग्न स्वामी**–गुरु
13. **लग्न नक्षत्र स्वामी**–गुरु
14. **नक्षत्र चरण स्वामी**–चंद्रमा
15. **लग्न स्वामी से सम्बन्ध**–स्व.
16. **लग्न नक्षत्र से सम्बन्ध**–मित्र
17. **नक्षत्र चरण स्वामी से सम्बन्ध**–मित्र
18. **प्रधान विशेषता**–'भोगी'.

पूर्वाभाद्रपद नक्षत्र का स्वामी गुरु और देवता अजपाद है। ऐसा व्यक्ति क्षुब्ध मन वाला, धनी निरोगी, स्त्री के वश में रहने वाला एवं कंजूस स्वभाव का होता है। आपका जन्म पूर्वाभाद्रपद नक्षत्र के चतुर्थ चरण में हुआ है। जिसका स्वामी चंद्रमा है। फलतः व्यक्ति भोगी होगा। लग्ननक्षत्र स्वामी एवं नक्षत्र चरण स्वामी में परस्पर मित्रता है। फलतः लग्नेश गुरु की दशा अति उत्तम फल देगी। गुरु की दशा में जातक को राजपाद, रोजगार के उत्तम अवसर प्राप्त होंगे। इसी प्रकार पंचमेश चंद्रमा की दशा धार्मिक यात्राएं एवं भाग्योदय के उत्तम अवसर प्रदान करेगी।

यहां लग्न जीरो (Zero) से एक अंश के भीतर होने से मृतावस्था (Combust) में है एवं कमजोर है। जातक का लग्न बली नहीं होने से विकास रुका हुआ रहेगा। लग्नेश की दशा वांछित शुभ फल नहीं दे पायेगी।

मीनलग्न, अंश 1 से 2

1. **लग्न नक्षत्र**–पूर्वाभाद्रपद
2. **नक्षत्र पद**–4
3. **नक्षत्र अंश**–11/30/20/0
4. **वर्ण**–विप्र
5. **वश्य**–द्विपद
6. **योनि**–सिंह
7. **गण**–मनुष्य
8. **नाड़ी**–आद्य
9. **नक्षत्र देवता**–अजपाद
10. **वर्णाक्षर**–दी
11. **वर्ग**–सर्प
12. **लग्न स्वामी**–गुरु
13. **लग्न नक्षत्र स्वामी**–गुरु
14. **नक्षत्र चरण स्वामी**–चंद्र
15. **लग्न स्वामी से सम्बन्ध**–स्व.
16. **लग्न नक्षत्र से सम्बन्ध**–मित्र
17. **नक्षत्र चरण स्वामी से सम्बन्ध**–मित्र
18. **प्रधान विशेषता**–'भोगी'

पूर्वाभाद्रपद नक्षत्र का स्वामी गुरु और देवता अजपाद है। ऐसा व्यक्ति क्षुब्ध मन वाला, धनी निरोगी, स्त्री के वश में रहने वाला एवं कंजूस स्वभाव का होता है। आपका जन्म पूर्वाभाद्रपद नक्षत्र के चतुर्थ चरण में हुआ है। जिसका स्वामी चंद्रमा है। फलतः व्यक्ति योगी होगा। लग्ननक्षत्र स्वामी एवं नक्षत्र चरण स्वामी में परस्पर मित्रता है। फलतः लग्नेश गुरु की दशा अति उत्तम फल देगी। गुरु की दशा में जातक को राजपाद, रोजगार के उत्तम अवसर प्राप्त होंगे। इसी प्रकार पंचमेश चंद्रमा की दशा धार्मिक यात्राएं एवं भाग्योदय के उत्तम अवसर प्रदान करेगी।

लग्न एक से दो अंश के भीतर होने से **'उदित अंशों'** का है तथा बलवान है। जातक लग्न बली एवं चेष्टावान होगा। लग्नेश की दशा शुभ फल देगी। गुरु की दशा में उन्नति होगी।

मीनलग्न, अंश 2 से 3

1. **लग्न नक्षत्र**–पूर्वाभाद्रपद
2. **नक्षत्र पद**–4
3. **नक्षत्र अंश**–11/30/20/0
4. **वर्ण**–विप्र
5. **वश्य**–द्विपद
6. **योनि**–सिंह
7. **गण**–मनुष्य
8. **नाड़ी**–आद्य
9. **नक्षत्र देवता**–अजपाद
10. **वर्णाक्षर**–दी
11. **वर्ग**–सर्प

12. लग्न स्वामी–गुरु

13. लग्न नक्षत्र स्वामी–गुरु

14. नक्षत्र चरण स्वामी–चंद्रमा

15. लग्न स्वामी से सम्बन्ध–स्व.

16. लग्न नक्षत्र से सम्बन्ध–मित्र

17. नक्षत्र चरण स्वामी से सम्बन्ध–मित्र

18. प्रधान विशेषता–'भोगी'

पूर्वाभाद्रपद नक्षत्र का स्वामी गुरु और देवता अजपाद है। ऐसा व्यक्ति क्षुब्ध मन वाला, धनी निरोगी, स्त्री के वश में रहने वाला एवं कंजूस स्वभाव का होता है। आपका जन्म पूर्वाभाद्रपद नक्षत्र के चतुर्थ चरण में हुआ है। जिसका स्वामी चंद्रमा है। फलत: व्यक्ति योगी होगा। लग्ननक्षत्र स्वामी एवं नक्षत्र चरण स्वामी में परस्पर मित्रता है। फलत: लग्नेश गुरु की दशा अति उत्तम फल देगी। गुरु की दशा में जातक को राजपाद, रोजगार के उत्तम अवसर प्राप्त होंगे। इसी प्रकार पंचमेश चंद्रमा की दशा धार्मिक यात्राएं एवं भाग्योदय के उत्तम अवसर प्रदान करेगी।

लग्न यहां दो से तीन अंशों के भीतर होने से बलवान है। लग्न **'उदित अंशों'** में होने से लग्नेश गुरु की दशा उत्तम फल देगी। चंद्रमा की दशा एवं मंगल की दशा में धन की प्राप्ति होगी।

मीनलग्न, अंश 3 से 4

1. लग्न नक्षत्र–पूर्वाभाद्रपद

2. नक्षत्र पद–4

3. नक्षत्र अंश–11/30/20/0

4. वर्ण–विप्र

5. वश्य–द्विपद

6. योनि–सिंह

7. गण–मनुष्य

8. नाड़ी–आद्य

9. नक्षत्र देवता–अजपाद

10. वर्णाक्षर–दी

11. वर्ग–सर्प

12. लग्न स्वामी–गुरु

13. लग्न नक्षत्र स्वामी–गुरु

14. नक्षत्र चरण स्वामी–चंद्रमा

15. लग्न स्वामी से सम्बन्ध–स्व.

16. लग्न नक्षत्र से सम्बन्ध–स्व.

17. नक्षत्र चरण स्वामी से सम्बन्ध–स्व.

18. प्रधान विशेषता–'भोगी'

पूर्वाभाद्रपद नक्षत्र का स्वामी गुरु और देवता अजपाद है। ऐसा व्यक्ति क्षुब्ध मन वाला, धनी निरोगी, स्त्री के वश में रहने वाला एवं कंजूस स्वभाव का होता है। आपका जन्म पूर्वाभाद्रपद नक्षत्र के चतुर्थ चरण में हुआ है। जिसका स्वामी चंद्रमा है। फलत: व्यक्ति योगी होगा। लग्ननक्षत्र स्वामी एवं नक्षत्र चरण स्वामी में परस्पर मित्रता है। फलत: लग्नेश गुरु की दशा अति उत्तम फल देगी। गुरु की दशा में जातक

को राजपाद, रोजगार के उत्तम अवसर प्राप्त होंगे। इसी प्रकार पंचमेश चंद्रमा की दशा धार्मिक यात्राएं एवं भाग्योदय के उत्तम अवसर प्रदान करेगी।

लग्न यहां तीन से चार अंशों के भीतर होने से **'उदित अंशों'** में बलवान है। लग्न उदित अंशों में होने से लग्नेश गुरु की दशा अच्छा फल देगी। चंद्रमा और मंगल की दशा में धन की प्राप्ति होगी।

मीनलग्न, अंश 4 से 5

1. **लग्न नक्षत्र**–उत्तराभाद्रपाद
2. **नक्षत्र पद**–1
3. **नक्षत्र अंश**–11/3/20/0 से 11/6/40/0
4. **वर्ण**–विप्र
5. **वश्य**–जलचर
6. **योनि**–गौ
7. **गण**–मनुष्य
8. **नाड़ी**–मध्य
9. **नक्षत्र देवता**–अहिर्बुध्न्य
10. **वर्णाक्षर**–दू
11. **वर्ग**–सर्प
12. **लग्न स्वामी**–गुरु
13. **लग्न नक्षत्र स्वामी**–,शनि
14. **नक्षत्र चरण स्वामी**–सूर्य
15. **लग्न स्वामी से सम्बन्ध**–शत्रु
16. **लग्न नक्षत्र से सम्बन्ध**–शत्रु
17. **नक्षत्र चरण स्वामी से सम्बन्ध**–शत्रु
18. **प्रधान विशेषता**–'राजश्च'

उत्तराभाद्रपद नक्षत्र का देवता, अहिर्बुध्न्य एवं स्वामी शनि है। ऐसा जातक बोलने में चतुर, सन्तानवान, सुन्दर, धार्मिक तथा शत्रुओं पर विजय प्राप्त करने वाला होता है। आपका जन्म उत्तराभाद्रपद नक्षत्र के प्रथम चरण में हुआ है। जिसका स्वामी सूर्य है। ऐसा जातक राजा के समान पराक्रमी होगा। लग्ननक्षत्र स्वामी शनि व चरण स्वामी सूर्य में परस्पर शत्रुता है। फलतः सूर्य की दशा निकृष्ट फल देगी। आपके लिए शनि की दशा भी प्रतिकूल फल देगी। सूर्य में शनि या शनि में सूर्य की अंतर्दशा मारक दशा का फल देगी।

लग्न यहां चार से पांच अंशों के भीतर होने से बलवान है। लग्न **'उदित अंशों'** में होने से लग्नेश गुरु की दशा उत्तम फल देगी। गुरु की दशा स्वास्थ्यप्रद रहेगी। राजयोग देगी क्योंकि गुरु कर्क के पांच अंशों में उच्च का होता है।

मीनलग्न, अंश 5 से 6

1. **लग्न नक्षत्र**–उत्तराभाद्रपाद
2. **नक्षत्र पद**–1
3. **नक्षत्र अंश**–11/3/20/0 से 11/6/40/0

4. **वर्ण**–विप्र
5. **वश्य**–जलचर
6. **योनि**–गौ
7. **गण**–मनुष्य
8. **नाड़ी**–मध्य
9. **नक्षत्र देवता**–अहिर्बुध्न्य
10. **वर्णाक्षर**–दू
11. **वर्ग**–सर्प
12. **लग्न स्वामी**–गुरु
13. **लग्न नक्षत्र स्वामी**–शनि
14. **नक्षत्र चरण स्वामी**–सूर्य
15. **लग्न स्वामी से सम्बन्ध**–शत्रु
16. **लग्न नक्षत्र से सम्बन्ध**–शत्रु
17. **नक्षत्र चरण स्वामी से सम्बन्ध**–शत्रु
18. **प्रधान विशेषता**–'राजश्च'

उत्तराभाद्रपद नक्षत्र का देवता, अहिर्बुध्न्य एवं स्वामी शनि है। ऐसा जातक बोलने में चतुर, सन्तानवान, सुन्दर, धार्मिक तथा शत्रुओं पर विजय प्राप्त करने वाला होता है। आपका जन्म उत्तराभाद्रपद नक्षत्र के प्रथम चरण में हुआ। जिसका स्वामी सूर्य है। ऐसा जातक राजा के समान पराक्रमी होगा। लग्ननक्षत्र स्वामी शनि व चरण स्वामी सूर्य में परस्पर शत्रुता है। फलत: सूर्य की दशा निकृष्ट फल देगी। आपके लिए शनि की दशा भी प्रतिकूल फल देगी। सूर्य में शनि या शनि में सूर्य की अंतर्दशा मारक दशा का फल देगी।

लग्न यहां पांच से छ: अंशों के भीतर होने से बलवान है। लग्न **'उदित अंशों'** में होने से लग्नेश गुरु की दशा उत्तम फल देगी। गुरु की दशा स्वास्थ्य प्रद रहेगी। राजयोग देगी।

मीनलग्न, अंश 6 से 7

1. **लग्न नक्षत्र**–उत्तराभाद्रपाद
2. **नक्षत्र पद**–1
3. **नक्षत्र अंश**–11/3/20/0 से 11/6/40/0
4. **वर्ण**–विप्र
5. **वश्य**–जलचर
6. **योनि**–गौ
7. **गण**–मनुष्य
8. **नाड़ी**–मध्य
9. **नक्षत्र देवता**–अहिर्बुध्न्य
10. **वर्णाक्षर**–दू
11. **वर्ग**–सर्प
12. **लग्न स्वामी**–गुरु
13. **लग्न नक्षत्र स्वामी**–शनि
14. **नक्षत्र चरण स्वामी**–सूर्य
15. **लग्न स्वामी से सम्बन्ध**–शत्रु
16. **लग्न नक्षत्र से सम्बन्ध**–शत्रु
17. **नक्षत्र चरण स्वामी से सम्बन्ध**–शत्रु
18. **प्रधान विशेषता**–'राजश्च'

उत्तराभाद्रपद नक्षत्र का देवता, अहिर्बुध्न्य एवं स्वामी शनि है। ऐसा जातक बोलने में चतुर, सन्तानवान, सुन्दर, धार्मिक तथा शत्रुओं पर विजय प्राप्त करने वाला होता है। आपका जन्म उत्तराभाद्रपद नक्षत्र के प्रथम चरण में हुआ। जिसका स्वामी सूर्य है। ऐसा जातक राजा के समान पराक्रमी होगा। लग्ननक्षत्र स्वामी शनि व चरण स्वामी सूर्य में परस्पर शत्रुता है। फलतः सूर्य की दशा निकृष्ट फल देगी। आपके लिए शनि की दशा भी प्रतिकूल फल देगी। सूर्य में शनि या शनि में सूर्य की अंतर्दशा मारक दशा का फल देगी।

यहां लग्न छः से सात अंशों के भीतर होने से **'उदित अंशों'** में है बलवान है। लग्नेश गुरु की दशा अति उत्तम फल देगी। गुरु की दशा पद-प्रतिष्ठा बढ़ायेगी।

मीनलग्न, अंश 7 से 8

1. **लग्न नक्षत्र**–उत्तराभाद्रपाद
2. **नक्षत्र पद**–2
3. **नक्षत्र अंश**–11/6/40/0 से 11/10/0/0
4. **वर्ण**–विप्र
5. **वश्य**–जलचर
6. **योनि**–गौ
7. **गण**–मनुष्य
8. **नाड़ी**–मध्य
9. **नक्षत्र देवता**–अहिर्बुध्न्य
10. **वर्णाक्षर**–थ
11. **वर्ग**–सर्प
12. **लग्न स्वामी**–गुरु
13. **लग्न नक्षत्र स्वामी**–शनि
14. **नक्षत्र चरण स्वामी**–बुध
15. **लग्न स्वामी से सम्बन्ध**–शत्रु
16. **लग्न नक्षत्र से सम्बन्ध**–मित्र
17. **नक्षत्र चरण स्वामी से सम्बन्ध**–मित्र
18. **प्रधान विशेषता**–'तस्करश्चैव'

उत्तराभाद्रपद नक्षत्र का देवता, अहिर्बुध्न्य एवं स्वामी शनि है। ऐसा जातक बोलने में चतुर, सन्तानवान, सुन्दर, धार्मिक तथा शत्रुओं पर विजय प्राप्त करने वाला होता है। आपका जन्म उत्तराभाद्रपद नक्षत्र के दूसरे चरण में है। ऐसा जातक तस्करी में रुचि रखता है। उत्तराभाद्रपद के दूसरे चरण का स्वामी बुध है। लग्न नक्षत्र स्वामी शनि बुध का मित्र है। फलतः शनि की दशा मध्यम, परन्तु बुध की दशा अति उत्तम फल देगी। बुध की दशा में गृहस्थ सुख एवं भौतिक उपलब्धियों की प्राप्ति होगी।

यहां लग्न सात से आठ अंशों के भीतर होने से **'उदित अंशों'** में है एवं बलवान है। लग्नेश गुरु की दशा अति उत्तम फल देगी। गुरु की दशा पद-प्रतिष्ठा देगी।

मीनलग्न, अंश 8 से 9

1. **लग्न नक्षत्र**–उत्तराभाद्रपाद
2. **नक्षत्र पद**–2
3. **नक्षत्र अंश**–11/6/40/0 से 11/10/0/0
4. **वर्ण**–विप्र
5. **वश्य**–जलचर
6. **योनि**–गौ
7. **गण**–मनुष्य
8. **नाड़ी**–मध्य
9. **नक्षत्र देवता**–अहिर्बुध्न्य
10. **वर्णाक्षर**–थ
11. **वर्ग**–सर्प
12. **लग्न स्वामी**–गुरु
13. **लग्न नक्षत्र स्वामी**–शनि
14. **नक्षत्र चरण स्वामी**–बुध
15. **लग्न स्वामी से सम्बन्ध**–शत्रु
16. **लग्न नक्षत्र से सम्बन्ध**–मित्र
17. **नक्षत्र चरण स्वामी से सम्बन्ध**–मित्र
18. **प्रधान विशेषता**–'तस्करश्चैव'

उत्तराभाद्रपद नक्षत्र का देवता, अहिर्बुध्न्य एवं स्वामी शनि है। ऐसा जातक बोलने में चतुर, सन्तानवान, सुन्दर, धार्मिक तथा शत्रुओं पर विजय प्राप्त करने वाला होता है। आपका जन्म उत्तराभाद्रपद नक्षत्र के दूसरे चरण में है। ऐसा जातक तस्करी में रुचि रखता है। उत्तराभाद्रपद के दूसरे चरण का स्वामी बुध है। लग्ननक्षत्र स्वामी शनि बुध का मित्र है। फलतः शनि की दशा मध्यम, परन्तु बुध की दशा अति उत्तम फल देगी। बुध की दशा में गृहस्थ सुख एवं भौतिक उपलब्धियों की प्राप्ति होगी।

यहां लग्न आठ से नौ अंशों में है। उदित अंशों में है, बलवान है। लग्नेश गुरु की दशा अति उत्तम फल देगी। गुरु की दशा राजयोग देगी क्योंकि दस अंशों में गुरु मूलत्रिकोण का होता है।

मीनलग्न, अंश 9 से 10

1. **लग्न नक्षत्र**–उत्तराभाद्रपाद
2. **नक्षत्र पद**–2
3. **नक्षत्र अंश**–11/6/40/0 से 11/10/0/0
4. **वर्ण**–विप्र
5. **वश्य**–जलचर
6. **योनि**–गौ
7. **गण**–मनुष्य
8. **नाड़ी**–मध्य
9. **नक्षत्र देवता**–अहिर्बुध्न्य
10. **वर्णाक्षर**–थ
11. **वर्ग**–सर्प
12. **लग्न स्वामी**–गुरु
13. **लग्न नक्षत्र स्वामी**–शनि

14. **नक्षत्र चरण स्वामी**–बुध
15. **लग्न स्वामी से सम्बन्ध**–शत्रु
16. **लग्न नक्षत्र से सम्बन्ध**–मित्र
17. **नक्षत्र चरण स्वामी से सम्बन्ध**–मित्र
18. **प्रधान विशेषता**–'तस्करश्चैव'

उत्तराभाद्रपद नक्षत्र का देवता, अहिर्बुध्न्य एवं स्वामी शनि है। ऐसा जातक बोलने में चतुर, सन्तानवान, सुन्दर, धार्मिक तथा शत्रुओं पर विजय प्राप्त करने वाला होता है। आपका जन्म उत्तराभाद्रपद नक्षत्र के दूसरे चरण में है। ऐसा जातक तस्करी में रुचि रखता है। उत्तराभाद्रपद के दूसरे चरण का स्वामी बुध है। लग्न नक्षत्र स्वामी शनि बुध का मित्र है। फलतः शनि की दशा मध्यम, परन्तु बुध की दशा अति उत्तम फल देगी। बुध की दशा में गृहस्थ सुख एवं भौतिक उपलब्धियों की प्राप्ति होगी।

यहां लग्न नौ से दस अंशों के भीतर **'उदित अंशों'** में है, बलवान है। लग्नेश गुरु की दशा उत्तम फल देगी। गुरु की दशा राजयोग देगी।

मीनलग्न, अंश 10 से 11

1. **लग्न नक्षत्र**–उत्तराभाद्रपाद
2. **नक्षत्र पद**–3
3. **नक्षत्र अंश**–11/10/0/0 से 11/13/20/0
4. **वर्ण**–विप्र
5. **वश्य**–जलचर
6. **योनि**–गौ
7. **गण**–मनुष्य
8. **नाड़ी**–मध्य
9. **नक्षत्र देवता**–अहिर्बुध्न्य
10. **वर्णाक्षर**–झ
11. **वर्ग**–सिंह
12. **लग्न स्वामी**–गुरु
13. **लग्न नक्षत्र स्वामी**–शनि
14. **नक्षत्र चरण स्वामी**–शुक्र
15. **लग्न स्वामी से सम्बन्ध**–शत्रु
16. **लग्न नक्षत्र से सम्बन्ध**–मित्र
17. **नक्षत्र चरण स्वामी से सम्बन्ध**–मित्र
18. **प्रधान विशेषता**–'पुत्रवान्'

उत्तराभाद्रपद नक्षत्र का देवता, अहिर्बुध्न्य एवं स्वामी शनि है। ऐसा जातक बोलने में चतुर, सन्तानवान, सुन्दर, धार्मिक तथा शत्रुओं पर विजय प्राप्त करने वाला होता है। आपका जन्म उत्तराभाद्रपद नक्षत्र के तीसरे चरण में है। ऐसा जातक पुत्रवान होता है। तीसरे चरण का स्वामी शुक्र है जो लग्न नक्षत्र स्वामी का मित्र है। फलतः शनि की दशा मध्यम परन्तु शुक्र की दशा शुभफल देगी। शुक्र की दशा में पराक्रम बढ़ेगा।

यहां लग्न दस से ग्यारह अंशों के भीतर **'आरोह अवस्था'** में है व पूर्ण बली है। लग्नेश गुरु की दशा अति उत्तमफल देगी।

मीनलग्न, अंश 11 से 12

1. **लग्न नक्षत्र**–उत्तराभाद्रपाद
2. **नक्षत्र पद**–3
3. **नक्षत्र अंश**–11/10/0/0 से 11/13/20/0
4. **वर्ण**–विप्र
5. **वश्य**–जलचर
6. **योनि**–गौ
7. **गण**–मनुष्य
8. **नाड़ी**–मध्य
9. **नक्षत्र देवता**–अहिर्बुध्न्य
10. **वर्णाक्षर**–झ
11. **वर्ग**–सिंह
12. **लग्न स्वामी**–गुरु
13. **लग्न नक्षत्र स्वामी**–शनि
14. **नक्षत्र चरण स्वामी**–शुक्र
15. **लग्न स्वामी से सम्बन्ध**–शत्रु
16. **लग्न नक्षत्र से सम्बन्ध**–मित्र
17. **नक्षत्र चरण स्वामी से सम्बन्ध**–मित्र
18. **प्रधान विशेषता**–'पुत्रवान्'

उत्तराभाद्रपद नक्षत्र का देवता, अहिर्बुध्न्य एवं स्वामी शनि है। ऐसा जातक बोलने में चतुर, सन्तानवान, सुन्दर, धार्मिक तथा शत्रुओं पर विजय प्राप्त करने वाला होता है। आपका जन्म उत्तराभाद्रपद नक्षत्र के तीसरे चरण में है। ऐसा जातक पुत्रवान होता है। तीसरे चरण का स्वामी शुक्र है जो लग्न नक्षत्र स्वामी का मित्र है। फलत: शनि की दशा मध्यम परन्तु शुक्र की दशा शुभफल देगी। शुक्र की दशा में पराक्रम बढ़ेगा।

यहां लग्न ग्यारह से बारह अंशों के भीतर **'आरोह अवस्था'** में है व पूर्णबली है। गुरु की दशा अति उत्तम फल देगी।

मीनलग्न, अंश 12 से 13

1. **लग्न नक्षत्र**–उत्तराभाद्रपाद
2. **नक्षत्र पद**–3
3. **नक्षत्र अंश**–11/10/0/0 से 11/13/20/0
4. **वर्ण**–विप्र
5. **वश्य**–जलचर
6. **योनि**–गौ
7. **गण**–मनुष्य
8. **नाड़ी**–मध्य
9. **नक्षत्र देवता**–अहिर्बुध्न्य
10. **वर्णाक्षर**–झ
11. **वर्ग**–सिंह
12. **लग्न स्वामी**–गुरु
13. **लग्न नक्षत्र स्वामी**–शनि
14. **नक्षत्र चरण स्वामी**–शुक्र
15. **लग्न स्वामी से सम्बन्ध**–शत्रु

16. लग्न नक्षत्र से सम्बन्ध–मित्र **17. नक्षत्र चरण स्वामी से सम्बन्ध**–मित्र

18. प्रधान विशेषता–'पुत्रवान्'

उत्तराभाद्रपद नक्षत्र का देवता, अहिर्बुध्न्य एवं स्वामी शनि है। ऐसा जातक बोलने में चतुर, सन्तानवान, सुन्दर, धार्मिक तथा शत्रुओं पर विजय प्राप्त करने वाला होता है। आपका जन्म उत्तराभाद्रपद नक्षत्र के तीसरे चरण में है। ऐसा जातक पुत्रवान होता है। तीसरे चरण का स्वामी शुक्र है जो लग्न नक्षत्र स्वामी का मित्र है। फलतः शनि की दशा मध्यम परन्तु शुक्र की दशा शुभफल देगी। शुक्र की दशा में पराक्रम बढ़ेगा।

यहां लग्न बारह से तेरह अंशों के मध्य होने से **'आरोह अवस्था'** में है एवं पूर्णबली है। गुरु की दशा राजयोग प्रदायक है।

मीनलग्न, अंश 13 से 14

1. लग्न नक्षत्र–उत्तराभाद्रपाद **2. नक्षत्र पद**–3

3. नक्षत्र अंश–11/10/0/0 से 11/13/20/0

4. वर्ण–विप्र **5. वश्य**–जलचर

6. योनि–गौ **7. गण**–मनुष्य

8. नाड़ी–मध्य **9. नक्षत्र देवता**–अहिर्बुध्न्य

10. वर्णाक्षर–झ **11. वर्ग**–सिंह

12. लग्न स्वामी–गुरु **13. लग्न नक्षत्र स्वामी**–शनि

14. नक्षत्र चरण स्वामी–शुक्र **15. लग्न स्वामी से सम्बन्ध**–शत्रु

16. लग्न नक्षत्र से सम्बन्ध–मित्र **17. नक्षत्र चरण स्वामी से सम्बन्ध**–मित्र

18. प्रधान विशेषता–'पुत्रवान्'

उत्तराभाद्रपद नक्षत्र का देवता, अहिर्बुध्न्य एवं स्वामी शनि है। ऐसा जातक बोलने में चतुर, सन्तानवान, सुन्दर, धार्मिक तथा शत्रुओं पर विजय प्राप्त करने वाला होता है। आपका जन्म उत्तराभाद्रपद नक्षत्र के तीसरे चरण में है। ऐसा जातक पुत्रवान होता है। तीसरे चरण का स्वामी शुक्र है जो लग्न नक्षत्र स्वामी का मित्र है। फलतः शनि की दशा मध्यम परन्तु शुक्र की दशा शुभफल देगी। शुक्र की दशा में पराक्रम बढ़ेगा।

यहां लग्न तेरह से चौदह अंशों के मध्य है। **'आरोह अवस्था'** में है एवं पूर्ण बली है। गुरु की दशा राजयोग प्रदायक है।

मीनलग्न, अंश 14 से 15

1. **लग्न नक्षत्र**–उत्तराभाद्रपाद
2. **नक्षत्र पद**–4
3. **नक्षत्र अंश**–11/13/20/0 से 11/16/40/0
4. **वर्ण**–विप्र
5. **वश्य**–जलचर
6. **योनि**–गौ
7. **गण**–मनुष्य
8. **नाड़ी**–मध्य
9. **नक्षत्र देवता**–अहिर्बुध्न्य
10. **वर्णाक्षर**–ञ्
11. **वर्ग**–सिंह
12. **लग्न स्वामी**–गुरु
13. **लग्न नक्षत्र स्वामी**–शनि
14. **नक्षत्र चरण स्वामी**–मंगल
15. **लग्न स्वामी से सम्बन्ध**–शत्रु
16. **लग्न नक्षत्र से सम्बन्ध**–शत्रु
17. **नक्षत्र चरण स्वामी से सम्बन्ध**–शत्रु
18. **प्रधान विशेषता**–'सुखी'

उत्तराभाद्रपद नक्षत्र का देवता, अहिर्बुध्न्य एवं स्वामी शनि है। ऐसा जातक बोलने में चतुर, सन्तानवान्, सुन्दर, धार्मिक तथा शत्रुओं पर विजय प्राप्त करने वाला होता है। आपका जन्म उत्तराभाद्रपद नक्षत्र के चतुर्थ चरण में है। ऐसा जातक सम्पूर्ण सुखी व्यक्ति होता है। उत्तराफाल्गुनी के चतुर्थ चरण का स्वामी मंगल है। लग्नेश गुरु की शनि से शत्रुता है तथा लग्न नक्षत्रस्वामी शनि की नक्षत्र चरण स्वामी मंगल में शत्रुता है। फलतः शनि की दशा नेष्ट एवं मंगल की दशा मध्यम फल देगी। जो लाभ मंगल की दशा से अपेक्षित है। वह लाभ जातक को नहीं मिल पायेगा।

यहां लग्न चौदह से पन्द्रह अंशों के भीतर होने से **'आरोह अवस्था'** में है एवं पूर्ण बली है। गुरु की दशा राजयोग प्रदायक है।

मीनलग्न, अंश 15 से 16

1. **लग्न नक्षत्र**–उत्तराभाद्रपाद
2. **नक्षत्र पद**–4
3. **नक्षत्र अंश**–11/13/20/0 से 11/16/40/0
4. **वर्ण**–विप्र
5. **वश्य**–जलचर
6. **योनि**–गौ
7. **गण**–मनुष्य
8. **नाड़ी**–मध्य
9. **नक्षत्र देवता**–अहिर्बुध्न्य
10. **वर्णाक्षर**–ञ्
11. **वर्ग**–सिंह
12. **लग्न स्वामी**–गुरु
13. **लग्न नक्षत्र स्वामी**–शनि

14. नक्षत्र चरण स्वामी–मंगल

15. लग्न स्वामी से सम्बन्ध–शत्रु

16. लग्न नक्षत्र से सम्बन्ध–शत्रु

17. नक्षत्र चरण स्वामी से सम्बन्ध–शत्रु

18. प्रधान विशेषता–'सुखी'

उत्तराभाद्रपद नक्षत्र का देवता, अहिर्बुध्न्य एवं स्वामी शनि है। ऐसा जातक बोलने में चतुर, सन्तानवान, सुन्दर, धार्मिक तथा शत्रुओं पर विजय प्राप्त करने वाला होता है। आपका जन्म उत्तराभाद्रपद नक्षत्र के चतुर्थ चरण में है। ऐसा जातक सम्पूर्ण सुखी व्यक्ति होता है। उत्तराफाल्गुनी के चतुर्थ चरण का स्वामी मंगल है। लग्नेश गुरु की शनि से शत्रुता है तथा लग्न नक्षत्रस्वामी शनि की नक्षत्र चरण स्वामी मंगल में शत्रुता है। फलतः शनि की दशा नेष्ट एवं मंगल की दशा मध्यम फल देगी। जो लाभ मंगल की दशा से अपेक्षित है वह लाभ जातक को नहीं मिल पायेगा।

यहां लग्न पन्द्रह से सोलह अंशों के भीतर होने से **'आरोह अवस्था'** में है तथा पूर्ण बली है। गुरु की दशा राजयोग प्रदायक है।

मीनलग्न, अंश 16 से 17

1. लग्न नक्षत्र–उत्तराभाद्रपाद

2. नक्षत्र पद–4

3. नक्षत्र अंश–11/13/20/0 से 11/16/40/0

4. वर्ण–विप्र

5. वश्य–जलचर

6. योनि–गौ

7. गण–मनुष्य

8. नाड़ी–मध्य

9. नक्षत्र देवता–अहिर्बुध्न्य

10. वर्णाक्षर–ञ्

11. वर्ग–सिंह

12. लग्न स्वामी–गुरु

13. लग्न नक्षत्र स्वामी–शनि

14. नक्षत्र चरण स्वामी–मंगल

15. लग्न स्वामी से सम्बन्ध–शत्रु

16. लग्न नक्षत्र से सम्बन्ध–शत्रु

17. नक्षत्र चरण स्वामी से सम्बन्ध–शत्रु

18. प्रधान विशेषता–'सुखी'

उत्तराभाद्रपद नक्षत्र का देवता, अहिर्बुध्न्य एवं स्वामी शनि है। ऐसा जातक बोलने में चतुर, सन्तानवान, सुन्दर, धार्मिक तथा शत्रुओं पर विजय प्राप्त करने वाला होता है। आपका जन्म उत्तराभाद्रपद नक्षत्र के चतुर्थ चरण में है। ऐसा जातक सम्पूर्ण सुखी व्यक्ति होता है। उत्तराफाल्गुनी के चतुर्थ चरण का स्वामी मंगल है। लग्नेश गुरु की शनि से शत्रुता है तथा लग्न नक्षत्रस्वामी शनि की नक्षत्र चरण स्वामी मंगल में शत्रुता है। फलतः शनि की दशा नेष्ट एवं मंगल की दशा मध्यम फल देगी। जो लाभ मंगल की दशा से अपेक्षित है। वह लाभ जातक को नहीं मिल पायेगा।

यहां लग्न सोलह से सत्रह अंशों के भीतर **'मध्य अवस्था'** में है एवं पूर्ण बली है। गुरु व मंगल की दशाओं में धन की प्राप्ति होगी।

मीनलग्न, अंश 17 से 18

1. **लग्न नक्षत्र**–उत्तराभाद्रपाद
2. **नक्षत्र पद**–4
3. **नक्षत्र अंश**–11/13/20/0 से 11/16/40/0
4. **वर्ण**–विप्र
5. **वश्य**–जलचर
6. **योनि**–गौ
7. **गण**–मनुष्य
8. **नाड़ी**–मध्य
9. **नक्षत्र देवता**–अहिर्बुध्न्य
10. **वर्णाक्षर**–ञ्
11. **वर्ग**–सिंह
12. **लग्न स्वामी**–गुरु
13. **लग्न नक्षत्र स्वामी**–शनि
14. **नक्षत्र चरण स्वामी**–मंगल
15. **लग्न स्वामी से सम्बन्ध**–शत्रु
16. **लग्न नक्षत्र से सम्बन्ध**–शत्रु
17. **नक्षत्र चरण स्वामी से सम्बन्ध**–शत्रु
18. **प्रधान विशेषता**–'सुखी'

उत्तराभाद्रपद नक्षत्र का देवता, अहिर्बुध्न्य एवं स्वामी शनि है। ऐसा जातक बोलने में चतुर, सन्तानवान, सुन्दर, धार्मिक तथा शत्रुओं पर विजय प्राप्त करने वाला होता है। आपका जन्म उत्तराभाद्रपद नक्षत्र के चतुर्थ चरण में है। ऐसा जातक सम्पूर्ण सुखी व्यक्ति होता है। उत्तराफाल्गुनी के चतुर्थ चरण का स्वामी मंगल है। लग्नेश गुरु की शनि से शत्रुता है तथा लग्न नक्षत्रस्वामी शनि की नक्षत्र चरण स्वामी मंगल में शत्रुता है। फलतः शनि की दशा नेष्ट एवं मंगल की दशा मध्यम फल देगी। जो लाभ मंगल की दशा से अपेक्षित है। वह लाभ जातक को नहीं मिल पायेगा।

यहां लग्न सत्रह से अठारह अंशों के भीतर **'मध्य अवस्था'** में है एवं पूर्ण बली है। गुरु व मंगल की दशाओं में धन की प्राप्ति होगी।

मीनलग्न, अंश 18 से 19

1. **लग्न नक्षत्र**–रेवती
2. **नक्षत्र पद**–1
3. **नक्षत्र अंश**–11/16/40/0 से 11/20/0/0
4. **वर्ण**–विप्र
5. **वश्य**–जलचर
6. **योनि**–गज
7. **गण**–देव
8. **नाड़ी**–अन्त्य
9. **नक्षत्र देवता**–पूषा

10. वर्णाक्षर–द

11. वर्ग–सर्प

12. लग्न स्वामी–गुरु

13. लग्न नक्षत्र स्वामी–बुध

14. नक्षत्र चरण स्वामी–गुरु

15. लग्न स्वामी से सम्बन्ध–स्व.

16. लग्न नक्षत्र से सम्बन्ध–शत्रु

17. नक्षत्र चरण स्वामी से सम्बन्ध–शत्रु

18. प्रधान विशेषता–'ज्ञानी'

रेवती नक्षत्र का देवता पूषा एवं स्वामी बुध है। ऐसा जातक सम्पूर्ण देह वाला, भाग्यशाली, शूरवीर, शुद्ध मन वाला एवं धनवान होता है। रेवती नक्षत्र के प्रथम चरण का स्वामी गुरु है। प्रथम चरण में जन्म लेने वाला व्यक्ति ज्ञानी होता है। लग्न नक्षत्र स्वामी बुध, नक्षत्र चरण स्वामी गुरु से शत्रुता है। फलतः गुरु की दशा अत्यन्त शुभफल देगी। जबकि बुध की दशा मध्यम रहेगी।

यहां लग्न अठारह से उन्नीस अंशों के भीतर होने से **'मध्य अवस्था'** में है। गुरु की दशा स्वास्थ्यवर्धक हैं। पद-प्रतिष्ठा दिलायेगी।

मीनलग्न, अंश 19 से 20

1. लग्न नक्षत्र–रेवती

2. नक्षत्र पद–1

3. नक्षत्र अंश–11/16/40/0 से 11/20/0/0

4. वर्ण–विप्र

5. वश्य–जलचर

6. योनि–गज

7. गण–देव

8. नाड़ी–अन्त्य

9. नक्षत्र देवता–पूषा

10. वर्णाक्षर–द

11. वर्ग–सर्प

12. लग्न स्वामी–गुरु

13. लग्न नक्षत्र स्वामी–बुध

14. नक्षत्र चरण स्वामी–गुरु

15. लग्न स्वामी से सम्बन्ध–स्व.

16. लग्न नक्षत्र से सम्बन्ध–शत्रु

17. नक्षत्र चरण स्वामी से सम्बन्ध–शत्रु

18. प्रधान विशेषता–'ज्ञानी'

रेवती नक्षत्र का देवता पूषा एवं स्वामी बुध है। ऐसा जातक सम्पूर्ण देह वाला, भाग्यशाली, शूरवीर, शुद्ध मन वाला एवं धनवान होता है। रेवती नक्षत्र के प्रथम चरण का स्वामी गुरु है। प्रथम चरण में जन्म लेने वाला व्यक्ति ज्ञानी होता है। लग्न नक्षत्र स्वामी बुध, नक्षत्र चरण स्वामी गुरु से शत्रुता है। फलतः गुरु की दशा अत्यन्त शुभफल देगी। जबकि बुध की दशा मध्यम रहेगी।

यहां लग्न उन्नीस अंशों से बीस अंशों के भीतर होने से **'मध्य अवस्था'** में है। गुरु की दशा स्वास्थ्यवर्धक है। पद-प्रतिष्ठा दिलायेगी।

मीनलग्न, अंश 20 से 21

1. लग्न नक्षत्र–रेवती
2. नक्षत्र पद–1
3. नक्षत्र अंश–11/16/40/0 से 11/20/0/0
4. वर्ण–विप्र
5. वश्य–जलचर
6. योनि–गज
7. गण–देव
8. नाड़ी–अन्त्य
9. नक्षत्र देवता–पूषा
10. वर्णाक्षर–द
11. वर्ग–सर्प
12. लग्न स्वामी–गुरु
13. लग्न नक्षत्र स्वामी–बुध
14. नक्षत्र चरण स्वामी–गुरु
15. लग्न स्वामी से सम्बन्ध–स्व.
16. लग्न नक्षत्र से सम्बन्ध–शत्रु
17. नक्षत्र चरण स्वामी से सम्बन्ध–शत्रु
18. प्रधान विशेषता–'ज्ञानी'

रेवती नक्षत्र का देवता पूषा एवं स्वामी बुध है। ऐसा जातक सम्पूर्ण देह वाला, भाग्यशाली, शूरवीर, शुद्ध मन वाला एवं धनवान होता है। रेवती नक्षत्र के प्रथम चरण का स्वामी गुरु है। प्रथम चरण में जन्म लेने वाला व्यक्ति ज्ञानी होता है। लग्न नक्षत्र स्वामी बुध, नक्षत्र चरण स्वामी गुरु से शत्रुता है। फलतः गुरु की दशा अत्यन्त शुभफल देगी। जबकि बुध की दशा मध्यम रहेगी।

यहां लग्न बीस से इक्कीस अंशों के भीतर होने से **'अवरोह अवस्था'** में है। गुरु की दशा स्वास्थ्यप्रदायक है। पद-प्रतिष्ठा देगी।

मीनलग्न, अंश 21 से 22

1. लग्न नक्षत्र–रेवती
2. नक्षत्र पद–2
3. नक्षत्र अंश–11/20/0/0 से 11/23/20/0
4. वर्ण–विप्र
5. वश्य–जलचर
6. योनि–गज
7. गण–देव
8. नाड़ी–अन्त्य
9. नक्षत्र देवता–पूषा
10. वर्णाक्षर–दो
11. वर्ग–सर्प

12. लग्न स्वामी–गुरु
13. लग्न नक्षत्र स्वामी–बुध
14. नक्षत्र चरण स्वामी–शनि
15. लग्न स्वामी से सम्बन्ध–शत्रु
16. लग्न नक्षत्र से सम्बन्ध–मित्र
17. नक्षत्र चरण स्वामी से सम्बन्ध–मित्र
18. प्रधान विशेषता–'तस्करो'

रेवती नक्षत्र का देवता पूषा एवं स्वामी बुध है। ऐसा जातक सम्पूर्ण देह वाला, भाग्यशाली, शूरवीर, शुद्ध मन वाला एवं धनवान होता है। रेवती नक्षत्र के द्वितीय चरण में जन्म लेने वाले व्यक्ति में तस्करी की भावना रहती है। द्वितीय चरण का स्वामी शनि है। शनि की लग्नेश गुरु से शत्रुता है तथा नक्षत्र स्वामी बुध की भी गुरु से शत्रुता है। फलत: गुरु की दशा मध्यम फल देगी। शनि की दशा भी मध्यम परन्तु बुध की दशा अत्यन्त शुभफल देगी। बुध की दशा में गृहस्थ सुख व भौतिक उपलब्धियों की प्राप्ति होगी।

यहां लग्न इक्कीस से बाईस अंशों के भीतर होने से **'अवरोह अवस्था'** में है एवं बलवान है। गुरु की दशा स्वस्थ्यवर्धक साबित होगी।

मीनलग्न, अंश 22 से 23

1. लग्न नक्षत्र–रेवती
2. नक्षत्र पद–2
3. नक्षत्र अंश–11/20/0/0 से 11/23/20/0
4. वर्ण–विप्र
5. वश्य–जलचर
6. योनि–गज
7. गण–देव
8. नाड़ी–अन्त्य
9. नक्षत्र देवता–पूषा
10. वर्णाक्षर–दो
11. वर्ग–सर्प
12. लग्न स्वामी–गुरु
13. लग्न नक्षत्र स्वामी–बुध
14. नक्षत्र चरण स्वामी–शनि
15. लग्न स्वामी से सम्बन्ध–शत्रु
16. लग्न नक्षत्र से सम्बन्ध–मित्र
17. नक्षत्र चरण स्वामी से सम्बन्ध–मित्र
18. प्रधान विशेषता–'तस्करो'

रेवती नक्षत्र का देवता पूषा एवं स्वामी बुध है। ऐसा जातक सम्पूर्ण देह वाला, भाग्यशाली, शूरवीर, शुद्ध मन वाला एवं धनवान होता है। रेवती नक्षत्र के द्वितीय चरण में जन्म लेने वाले व्यक्ति में तस्करी की भावना रहती है। द्वितीय चरण का स्वामी शनि है। शनि की लग्नेश गुरु से शत्रुता है तथा नक्षत्र स्वामी बुध की भी गुरु से शत्रुता है। फलत: गुरु की दशा मध्यम फल देगी। शनि की दशा भी मध्यम परन्तु बुध की

दशा अत्यन्त शुभफल देगी। बुध की दशा में गृहस्थ सुख व भौतिक उपलब्धियों की प्राप्ति होगी।

यहां लग्न बाईस से तैईस अंशों में **'अवरोह अवस्था'** में है एवं बलवान है। गुरु की दशा स्वस्थ्यवर्धक है।

मीनलग्न, अंश 23 से 24

1. **लग्न नक्षत्र**–रेवती
2. **नक्षत्र पद**–2
3. **नक्षत्र अंश**–11/20/0/0 से 11/23/20/0
4. **वर्ण**–विप्र
5. **वश्य**–जलचर
6. **योनि**–गज
7. **गण**–देव
8. **नाड़ी**–अन्त्य
9. **नक्षत्र देवता**–पूषा
10. **वर्णाक्षर**–दो
11. **वर्ग**–सर्प
12. **लग्न स्वामी**–गुरु
13. **लग्न नक्षत्र स्वामी**–बुध
14. **नक्षत्र चरण स्वामी**–शनि
15. **लग्न स्वामी से सम्बन्ध**–शत्रु
16. **लग्न नक्षत्र से सम्बन्ध**–मित्र
17. **नक्षत्र चरण स्वामी से सम्बन्ध**–मित्र
18. **प्रधान विशेषता**–'तस्करो'

रेवती नक्षत्र का देवता पूषा एवं स्वामी बुध है। ऐसा जातक सम्पूर्ण देह वाला, भाग्यशाली, शूरवीर, शुद्ध मन वाला एवं धनवान होता है। रेवती नक्षत्र के द्वितीय चरण में जन्म लेने वाले व्यक्ति में तस्करी की भावना रहती है। द्वितीय चरण का स्वामी शनि है। शनि की लग्नेश गुरु से शत्रुता है तथा नक्षत्र स्वामी बुध की भी गुरु से शत्रुता है। फलतः गुरु की दशा मध्यम फल देगी। शनि की दशा भी मध्यम परन्तु बुध की दशा अत्यन्त शुभफल देगी। बुध की दशा में गृहस्थ सुख व भौतिक उपलब्धियों की प्राप्ति होगी।

यहां लग्न तैईस से चौबीस अंशों में **'अवरोह अवस्था'** में है तथा बलवान है। गुरु की दशा स्वास्थ्यवर्धक है।

मीनलग्न, अंश 24 से 25

1. **लग्न नक्षत्र**–रेवती
2. **नक्षत्र पद**–3
3. **नक्षत्र अंश**–11/23/0/0 से 11/26/40/0
4. **वर्ण**–विप्र
5. **वश्य**–जलचर

6. योनि–गज

7. गण–देव

8. नाड़ी–अन्त्य

9. नक्षत्र देवता–पूषा

10. वर्णाक्षर–चा

11. वर्ग–सिंह

12. लग्न स्वामी–गुरु

13. लग्न नक्षत्र स्वामी–बुध

14. नक्षत्र चरण स्वामी–शनि

15. लग्न स्वामी से सम्बन्ध–शत्रु

16. लग्न नक्षत्र से सम्बन्ध–मित्र

17. नक्षत्र चरण स्वामी से सम्बन्ध–मित्र

18. प्रधान विशेषता–'युद्धेजयी'

रेवती नक्षत्र का देवता पूषा एवं स्वामी बुध है। ऐसा जातक सम्पूर्ण देह वाला, भाग्यशाली, शूरवीर, शुद्ध मन वाला एवं धनवान होता है। आपका जन्म रेवती नक्षत्र के तृतीय चरण में होने के कारण आपको कोर्ट-केस, झगड़े-विवाद में सदैव विजय प्राप्ति होगी। रेवती नक्षत्र के तृतीय चरण का स्वामी शनि है। जो लग्नेश गुरु का शत्रु है। परन्तु लग्ननक्षत्र स्वामी बुध से शनि की मित्रता है। फलतः गुरु की दशा मध्यम पर शनि की दशा उत्तम फल देगी। बुध की दशा में जातक को समस्त भौतिक उपलब्धियों व सुखों की प्राप्ति होगी।

यहां लग्न चौबीस से पच्चीस अंशों के मध्य **'अवरोह अवस्था'** में है एवं बलवान है। गुरु की दशा स्वास्थ्यवर्धक है।

मीनलग्न, अंश 25 से 26

1. लग्न नक्षत्र–रेवती

2. नक्षत्र पद–3

3. नक्षत्र अंश–11/23/0/0 से 11/26/40/0

4. वर्ण–विप्र

5. वश्य–जलचर

6. योनि–गज

7. गण–देव

8. नाड़ी–अन्त्य

9. नक्षत्र देवता–पूषा

10. वर्णाक्षर–चा

11. वर्ग–सिंह

12. लग्न स्वामी–गुरु

13. लग्न नक्षत्र स्वामी–बुध

14. नक्षत्र चरण स्वामी–शनि

15. लग्न स्वामी से सम्बन्ध–शत्रु

16. लग्न नक्षत्र से सम्बन्ध–मित्र

17. नक्षत्र चरण स्वामी से सम्बन्ध–मित्र

18. प्रधान विशेषता–'युद्धेजयी'

रेवती नक्षत्र का देवता पूषा एवं स्वामी बुध है। ऐसा जातक सम्पूर्ण देह वाला, भाग्यशाली, शूरवीर, शुद्ध मन वाला एवं धनवान होता है। रेवती नक्षत्र के तृतीय चरण में होने के कारण आपको कोर्ट-केस, झगड़े-विवाद में सदैव विजय प्राप्त होगी।

रेवती नक्षत्र के तृतीय चरण का स्वामी शनि है। जो लग्नेश गुरु का शत्रु है। परन्तु लग्न नक्षत्र स्वामी बुध से शनि की मित्रता है। फलतः गुरु की दशा मध्यम पर शनि की दशा उत्तम फल देगी। बुध की दशा में जातक को समस्त भौतिक उपलब्धियों व सुखों की प्राप्ति होगी।

यहां लग्न पच्चीस से छब्बीस अंशों के मध्य **'हीनबली'** है। गुरु की दशा स्वास्थ्यवर्धक है।

मीनलग्न, अंश 26 से 27

1. **लग्न नक्षत्र**–रेवती
2. **नक्षत्र पद**–3
3. **नक्षत्र अंश**–11/26/40/0 से 11/30/0/0
4. **वर्ण**–विप्र
5. **वश्य**–जलचर
6. **योनि**–गज
7. **गण**–देव
8. **नाड़ी**–अन्त्य
9. **नक्षत्र देवता**–पूषा
10. **वर्णाक्षर**–चा
11. **वर्ग**–सिंह
12. **लग्न स्वामी**–गुरु
13. **लग्न नक्षत्र स्वामी**–बुध
14. **नक्षत्र चरण स्वामी**–शनि
15. **लग्न स्वामी से सम्बन्ध**–शत्रु
16. **लग्न नक्षत्र से सम्बन्ध**–मित्र
17. **नक्षत्र चरण स्वामी से सम्बन्ध**–मित्र
18. **प्रधान विशेषता**–'युद्धेजयी'

रेवती नक्षत्र का देवता पूषा एवं स्वामी बुध है। ऐसा जातक सम्पूर्ण देह वाला, भाग्यशाली, शूरवीर, शुद्ध मन वाला एवं धनवान होता है। रेवती नक्षत्र के तृतीय चरण में होने के कारण आपको कोर्ट-केस, झगड़े-विवाद में सदैव विजय प्राप्ति होगी। रेवती नक्षत्र के तृतीय चरण का स्वामी शनि है। जो लग्नेश गुरु का शत्रु है। परन्तु लग्न नक्षत्र स्वामी बुध से शनि की मित्रता है। फलतः गुरु की दशा मध्यम पर शनि की दशा उत्तम फल देगी। बुध की दशा में जातक को समस्त भौतिक उपलब्धियों व सुखों की प्राप्ति होगी।

यहां लग्न छब्बीस से सत्ताईस अंशों के भीतर होने से **'हीनबली'** है। गुरु की दशा में राजपद-प्रतिष्ठा की प्राप्ति होगी।

मीनलग्न, अंश 27 से 28

1. **लग्न नक्षत्र**–रेवती
2. **नक्षत्र पद**–4
3. **नक्षत्र अंश**–11/26/40/0 से 11/30/0/0

4. वर्ण–विप्र

5. वश्य–जलचर

6. योनि–गज

7. गण–देव

8. नाड़ी–अन्त्य

9. नक्षत्र देवता–पूषा

10. वर्णाक्षर–ची

11. वर्ग–सिंह

12. लग्न स्वामी–गुरु

13. लग्न नक्षत्र स्वामी–बुध

14. नक्षत्र चरण स्वामी–गुरु

15. लग्न स्वामी से सम्बन्ध–स्व.

16. लग्न नक्षत्र से सम्बन्ध–शत्रु

17. नक्षत्र चरण स्वामी से सम्बन्ध–शत्रु

18. प्रधान विशेषता–'क्लेशभाग्यवेत्'

रेवती नक्षत्र का देवता पूषा एवं स्वामी बुध है। ऐसा जातक सम्पूर्ण देह वाला, भाग्यशाली, शूरवीर, शुद्ध मन वाला एवं धनवान होता है। रेवती नक्षत्र के चतुर्थ चरण में है। फलत: घर में क्लेश रहेगा। रेवती नक्षत्र के चतुर्थ चरण का स्वामी गुरु है एवं लग्नेश भी गुरु होने से गुरु की दशा में अति उत्तम फलों की प्राप्ति होगी। नक्षत्र चरण स्वामी गुरु एवं नक्षत्र स्वामी बुध में परस्पर शत्रुभाव है। अत: बुध की दशा यहां मध्यम फल देगी।

यहां लग्न सत्ताईस से अठ्ठाईस अंशों के भीतर होने से **'हीनबली'** है। गुरु की दशा में राज पद-प्रतिष्ठा की प्राप्ति होगी।

मीनलग्न, अंश 28 से 29

1. लग्न नक्षत्र–रेवती

2. नक्षत्र पद–4

3. नक्षत्र अंश–11/26/40/0 से 11/30/0/0

4. वर्ण–विप्र

5. वश्य–जलचर

6. योनि–गज

7. गण–देव

8. नाड़ी–अन्त्य

9. नक्षत्र देवता–पूषा

10. वर्णाक्षर–ची

11. वर्ग–सिंह

12. लग्न स्वामी–गुरु

13. लग्न नक्षत्र स्वामी–बुध

14. नक्षत्र चरण स्वामी–गुरु

15. लग्न स्वामी से सम्बन्ध–स्व.

16. लग्न नक्षत्र से सम्बन्ध–शत्रु

17. नक्षत्र चरण स्वामी से सम्बन्ध–शत्रु

18. प्रधान विशेषता–'क्लेशभाग्यवेत्'

रेवती नक्षत्र का देवता पूषा एवं स्वामी बुध है। ऐसा जातक सम्पूर्ण देह वाला, भाग्यशाली, शूरवीर, शुद्ध मन वाला एवं धनवान होता है। आपका जन्म रेवती नक्षत्र

के चतुर्थ चरण में है। फलतः घर में क्लेश रहेगा। रेवती नक्षत्र के चतुर्थ चरण का स्वामी गुरु है एवं लग्नेश भी गुरु होने से गुरु की दशा में अति उत्तम फलों की प्राप्ति होगी। नक्षत्र चरण स्वामी गुरु एवं नक्षत्र स्वामी बुध में परस्पर शत्रुभाव है। अतः बुध की दशा यहां मध्यम फल देगी।

यहां लग्न अठाइस से उन्तीस अंशों वाला अवरोही अवस्था में **'हीनबली'** है। सारा तेज समाप्ति की ओर है। फिर भी गुरु की दशा राज, पद-प्रतिष्ठा देगी।

मीनलग्न, अंश 29 से 30

1. **लग्न नक्षत्र**–रेवती
2. **नक्षत्र पद**–4
3. **नक्षत्र अंश**–11/26/40/0 से 11/30/0/0
4. **वर्ण**–विप्र
5. **वश्य**–जलचर
6. **योनि**–गज
7. **गण**–देव
8. **नाड़ी**–अन्त्य
9. **नक्षत्र देवता**–पूषा
10. **वर्णाक्षर**–ची
11. **वर्ग**–सिंह
12. **लग्न स्वामी**–गुरु
13. **लग्न नक्षत्र स्वामी**–बुध
14. **नक्षत्र चरण स्वामी**–गुरु
15. **लग्न स्वामी से सम्बन्ध**–स्व.
16. **लग्न नक्षत्र से सम्बन्ध**–शत्रु
17. **नक्षत्र चरण स्वामी से सम्बन्ध**–शत्रु
18. **प्रधान विशेषता**–'क्लेशभाग्यवेत्'

रेवती नक्षत्र का देवता पूषा एवं स्वामी बुध है। ऐसा जातक सम्पूर्ण देह वाला, भाग्यशाली, शूरवीर, शुद्ध मन वाला एवं धनवान होता है। रेवती नक्षत्र के चतुर्थ चरण में है। फलतः घर में क्लेश रहेगा। रेवती नक्षत्र के चतुर्थ चरण का स्वामी गुरु है एवं लग्नेश भी गुरु होने से गुरु की दशा में अति उत्तम फलों की प्राप्ति होगी। नक्षत्र चरण स्वामी गुरु एवं नक्षत्र स्वामी बुध में परस्पर शत्रुभाव है। अतः बुध की दशा यहां मध्यम फल देगी।

यहा लग्न उन्तीस से तीस अंशों वाला **'अवरोही अवस्था'** में जातक मृतावस्था में है एवं निस्तेज है। गुरु की दशा राज, पद-प्रतिष्ठा देगी।

❑❑❑

मीनलग्न और आयुष्य योग

1. मीनलग्न वालों के लिये मंगल भाग्येश होने से मारकेश का कार्य नहीं करेगा। सूर्य परमपापी है। शनि व्ययेश होने से मुख्य मारकेश का काम करेगा। शुक्र अनिष्ट फलदायक है। बुध सप्तमेश होने से सहायक मारकेश का काम करेगा। आयुष्य प्रदाता ग्रह गुरु है।
2. मीनलग्न में जन्म लेने वाले की मृत्यु विष से, औषधि सेवन से, अधिक व्रत व उपवास रखने से, अधिक प्रताप करने से, विषैले पदार्थों के सेवन से पशु एवं विष जन्तु से दंश से रात्रिकाल में तथा अपने ही घर में होता है।
3. मीनलग्न में जन्म लेने वाले की आयु 61 वर्ष के आसपास होती है तथा जन्मे 1, 3, 12, 15, 27, 39, 42, 45, 49, 52, 55, 60 और 61वें वर्ष शारीरिक कष्ट एवं अल्पमृत्यु की संभावना रहती है।
4. मीनलग्न में गुरु हो, शनि एकादश में, सूर्य द्वितीय भाव में, मान्दी सातवें एवं मंगल नवमें भाव में हो जातक मंत्रबल से दीर्घजीवी एवं यशस्वी होता है।
5. मीनलग्न हो तथा गुरु कर्क, वृश्चिक या मीन राशि में हो तो जातक हृष्ट-पुष्ट शरीर वाला होता है।
6. मीनलग्न में मीन का नवमांश हो, चंद्रमा वृष का हो, नवमांश वगैरा पांच वर्गों में चंद्रमा की स्थिति अच्छी हो, चार-पांच ग्रह, उच्च या स्वगृही हो तो जातक 120 वर्ष की परमायु को भोगता है।
7. मीनलग्न में मीन का नवमांश हो तथा चार ग्रह केन्द्र में हो तो व्यक्ति सौ वर्ष की स्वस्थ शतायु को भोगता है।
8. मीनलग्न में चंद्रमा स्व. के नवमांश में लग्नगत हो, चार सौम्य ग्रह केन्द्र में हो, चंद्रमा के साथ अन्य कोई ग्रह हो तो व्यक्ति सौ वर्ष की स्वस्थ शतायु को भोगता है।
9. मीनलग्न में पंचम में चंद्रमा कर्क का, त्रिकोण में गुरु एवं मंगल दशम भाव में हो तो व्यक्ति दीर्घायु होता है।

10. मीनलग्न में दशमेश गुरु पंचम भाव में उच्च का हो, अष्टमेश शुक्र लग्न या केन्द्र में हो तो जातक सौ वर्ष से ऊपर स्वस्थ दीर्घायु को भोगता है।
11. मीनलग्न में अष्टमेश शुक्र लग्न में बैठा हो तथा लग्न गुरु एवं अन्य शुभग्रहों से दृष्ट हो तो जातक सौ वर्ष की स्वस्थ आयु को प्राप्त करता है।
12. मीनलग्न में चंद्रमा छठे सिंह का हो, अष्टम स्थान में कोई पापग्रह न हो तथा सभी शुभग्रह केन्द्रवर्ती हो तो ऐसा जातक 86 वर्ष की स्वस्थ आयु को प्राप्त करता है।
13. मीनलग्न में मंगल पांचवे कर्क का हो, सूर्य सातवें एवं शनि मेष का हो तो जातक 70 वर्ष की निरोग आयु को भोगता है।
14. शनि लग्न में, मिथुन का चन्द्र चौथे, मंगल सातवें एवं सूर्य दशम भाव में अन्य किसी शुभ ग्रह के साथ हो तो जातक राजातुल्य ऐश्वर्य को भोगता हुआ 60 वर्ष की आयु में गुजर जाता है।
15. मीनलग्न में अष्टमेश शुक्र सातवे एवं चंद्रमा पापग्रहों के साथ छठे या आठवें स्थान में हो तो व्यक्ति 58 वर्ष की आयु में गुजर जाता है।
16. मीनलग्न में शनि किसी भी अन्य ग्रह के साथ लग्नस्थ हो, चंद्रमा पापग्रहों के साथ आठवें या द्वादश भाव में हो तो ऐसा जातक सैद्धान्तिक, चरित्रवान एवं विद्वान होते हुए 52 वर्ष की आयु में गुजर जाता है।
17. मीनलग्न में लग्नेश गुरु पापग्रहों के साथ आठवें हो तथा अष्टमेश शुक्र पापग्रहों के साथ छठे, अन्य शुभग्रहों से दृष्ट न हो तो ऐसा जातक मात्र 45 वर्ष तक ही जी पाता है।
18. मीनलग्न में शनि+मंगल लग्नस्थ हो, चंद्रमा आठवें एवं गुरु छठे हो तो जातक मात्र 32 वर्ष की अल्पायु को प्राप्त करता है।
19. मीनलग्न के द्वितीय और द्वादश भाव में पापग्रह हो, लग्नेश गुरु निर्बल हो तथा लग्न, द्वितीय या द्वादश भाव शुभग्रहों से दृष्ट न हो तो ऐसा जातक मात्र 32 वर्ष की अल्पायु को प्राप्त करता है।
20. मीनलग्न में शनि मंगल दूसरे स्थान में एवं राहु तीसरे स्थान में बैठा हो तथा शुभग्रहों की दृष्टि न हो तो बालारिष्ट योग बनता है। ऐसा जाताक एक वर्ष के भीतर मर जाता है।
21. मीनलग्न में शनि सप्तम भाव में हो तथा गुरु+शुक्र+राहु द्वादश भाव में हो तथा अन्य कोई शुभ योग न हो तो ऐसा बालक एक वर्ष के भीतर मृत्यु को प्राप्त करता है।

22. मीनलग्न के दूसरे घर में (मेष राशि में) राहु+शुक्र+शनि+सूर्य शुभ ग्रहों से दृष्ट न हो, लग्नेश निर्बल हो तो ऐसा जातक जन्म लेने पर पिता को मारता है तथा स्वयं भी कुछ समय बाद गुजर जाता है।

23. मीनलग्न के सप्तम भाव में शनि+राहु+मंगल+चंद्रमा की युति, शुभ ग्रहों से दृष्ट न हो तो ऐसा जातक जन्म लेते ही शीघ्र मृत्यु को प्राप्त होता है।

24. मीनलग्न के दूसरे भाव में मेष का मंगल का हो तथा चतुर्थ, दशम भाव में भी पापग्रह हो तो ऐसा जातक बहुत कष्ट से जीता है।

25. मीनलग्न के द्वादश भाव में गुरु+सूर्य+राहु+मंगल हो सातवें शुक्र हो तो जातक बहुत कष्टमय जीवन जीता है। उसे शारीरिक रुग्णता रहती है।

26. मीनलग्न के द्वितीय, एकादश या द्वादश भाव में शनि+मंगल+राहु+गुरु की युति हो तो ऐसा जातक बहुत कष्ट से जीता है। उसे कोई न कोई शारीरिक बीमारी लगी रहती है।

27. मीनलग्न में अष्टमस्थ सूर्य के साथ राहु या केतु हो तो ऐसा बालक मातृघातक होता है।

28. मीनलग्न में द्वितीयस्थ शनि के साथ राहु या केतु हो तो ऐसा बालक मातृघातक होता है।

29. मीनलग्न में लग्नेश गुरु व लग्न दोनों पापग्रहों के मध्य हो, सप्तम स्थान में भी पापग्रह हो तथा आत्मकारक सूर्य निर्बल हो तो ऐसा जातक जीवन में निराश होकर आत्महत्या करता है।

30. मीनलग्न में चंद्रमा पापग्रहों के साथ, सप्तम में शनि हो तो जातक देवता के शाप या शत्रुकृत अभिचार से पीडि;त रहता है।

31. मीनलग्न में ष़्ठेश सूर्य सप्तम या दशम भाव में हो, लग्न पर मंगल की दृष्टि हो तो जातक शत्रुकृत अभिचार रोग से पीड़ित रहता है।

32. मीनलग्न में निर्बल चन्द्रमा अष्टम स्थान में शनि के साथ हो तो जातक प्रेतबाधा एवं शत्रुकृत अभिचार रोग से पीड़ित रहता हुआ अकाल मृत्यु को प्राप्त करता है।

❑❑❑

मीनलग्न और रोग

1. मीनलग्न में षष्टेश सूर्य लग्न में पापग्रहों से दृष्ट हो तो व्यक्ति जलस्राव से अंधा होता है।
2. मीनलग्न में षष्टेश सूर्य पापक्रांत हो तथा शुभग्रह छठे या व्यय स्थान में हो तो जातक को असह्य हृदयशूल (हार्ट-अटैक) होता है।
3. मीनलग्न के चौथे भाव में पापग्रह हो, चतुर्थेश बुध पापग्रहों के मध्य हो तो जातक को हृदय रोग होता है।
4. मीनलग्न में चतुर्थेश बुध कर्क राशि में, निर्बल या अस्तगत हो अथवा आठवें हो तो जातक को हृदय रोग होता है।
5. मीनलग्न के चतुर्थ शनि में शनि हो षष्टेश शुक्र एवं सूर्य पापग्रहों के साथ हो तो जातक को हृदय रोग होता है।
6. मीनलग्न में चतुर्थेश बुध यदि अष्टमेश शुक्र के साथ अष्टमा में हो तो जातक को हृदय रोग होता है।
7. जातक पारिज़ात के अनुसार मीनलग्न के चौथे एवं पांचवें भावों में पापग्रह हो तो जातक को हृदय रोग होता है।
8. मीनलग्न के चतुर्थ स्थान में मिथुन का शनि एवं कुंभ का सूर्य द्वादश में हो तो जातक को हृदय रोग होता है।
9. मीनलग्न के चतुर्थ स्थान में राहु अन्य पापग्रहों से दृष्ट हो, लग्नेश, गुरु निर्बल हो तो जातक को असह्य हृदय (हार्ट-अटैक) होता है।
10. मीनलग्न में वृश्चिक का सूर्य दो पापग्रहों के मध्य हो तो जातक को तीव्र हृदयशूल (हार्ट-अटैक) होता है।
11. मीनलग्न में गुरु+बुध+शुक्र की युति एक साथ, दु:स्थानों में हो तो जातक को वाहन दुर्घटना में मृत्यु होती है।
12. मीनलग्न में पापग्रह हो, लग्नेश गुरु बलहीन हो तो व्यक्ति रोगी रहता है।

13. मीनलग्न में क्षीण चंद्रमा लग्नस्थ हो, लग्न को पापग्रह देखता हो तो व्यक्ति रोग्रस्त रहता है।

14. मीनलग्न में अष्टमेश शुक्र लग्न में हो, लग्नेश गुरु अष्टम में हो, लग्न को पापग्रह देखता हो तो व्यक्ति दवाई लेने पर भी ठ़ीक नहीं होता, सदैव रोगी रहता है।

15. मीनलग्न में अष्टमेश शुक्र लग्न में बैठा हो तथा लग्न गुरु एवं अन्य शुभग्रहों से दृष्ट हो तो जातक सौ वर्ष की स्वस्थ आयु को प्राप्त करता है।

16. मीनलग्न में चंद्रमा छठे सिंह का हो, अष्टम स्थान में कोई पापग्रह न हो तथा सभी शुभग्रह केंद्रवर्ती हो तो ऐसा जातक 86 वर्ष की स्वस्थ आयु को प्राप्त करता है।

17. मीनलग्न में मंगल पांचवें कर्क का हो, सूर्य सातवें एवं शनि मेष का हो तो जातक 70 वर्ष की निरोग आयु को भोगता है।

18. शनि लग्न में, मिथुन का चंद्रमा, चौथे, मंगल सातवें एवं सूर्य दशम भाव में अन्य किसी शुभग्रह के साथ हो तो जातक राजातुल्य ऐश्वर्य को भोगता हुआ 60 वर्ष की आयु में गुजर जाता है।

19. मीनलग्न में अष्टमेश शुक्र सातवें तथा चंद्रमा पापग्रहों के साथ छठे या आठवें स्थान में हो तो व्यक्ति 58 वर्ष की आयु में गुजर जाता है।

20. मीनलग्न में शनि किसी भी अन्य ग्रह के साथ लग्नस्थ हो, चंद्रमा पापग्रहों के साथ आठवें या द्वादश भाव में हो तो ऐसा जातक सैद्धांतिक, चरित्रवान एवं विद्वान होते हुए 52 वर्ष की आयु में गुजर जाता है।

21. मीनलग्न में लग्नेश गुरु पापग्रहों के साथ आठवें हो तथा अष्टमेश शुक्र पापग्रहों के साथ छठे, अन्य शुभग्रहों से दृष्ट न हो तो ऐसा जातक मात्र 45 वर्ष तक ही जी पाता है।

22. मीनलग्न में शनि+मंगल लग्नस्थ हो, चंद्रमा आठवें एवं गुरु छठे हो तो जातक मात्र 32 वर्ष की अल्पायु को प्राप्त करता है।

23. मीनलग्न के द्वितीय और द्वादश भाव में पापग्रह हो, लग्नेश गुरु निर्बल हो तथा लग्न, द्वितीय या द्वादश भाव शुभग्रहों से दृष्ट न हो तो ऐसा जातक मात्र 32 वर्ष की अल्पायु को प्राप्त करता है।

24. मीनलग्न में शनि मंगल दूसरे स्थान में एवं राहु तीसरे स्थान में बैठा हो तथा शुभग्रहों की दृष्टि न हो तो बालारिष्ट योग बनता है। ऐसा जातक एक वर्ष के भीतर मर जाता है।

25. मीनलग्न में शनि सप्तम भाव में हो तथा गुरु+शुक्र+राहु द्वादश भाव में हो तथा अन्य कोई शुभ योग न हो तो ऐसा बालक एक वर्ष के भीतर मृत्यु को प्राप्त करता है।

26. मीनलग्न के दूसरे घर में (मेष राशि) में राहु+शुक्र+शनि+सूर्य शुभग्रहों से दृष्ट न हो, लग्नेश निर्बल हो तो ऐसा जातक जन्म लेने पर पिता को मारता है तथा स्वयं भी कुछ समय बाद गुजर जाता है।

27. मीनलग्न के सप्तम भाव में शनि+राहु+मंगल+चंद्रमा की युति, शुभ ग्रहों से दृष्ट न हो तो ऐसा जातक जन्म लेते ही शीघ्र मृत्यु को प्राप्त होता है।

28. मीनलग्न के दूसरे भाव में मेष का मंगल का हो तथा चतुर्थ, दशम भाव में भी पापग्रह हो तो ऐसा जातक बहुत कष्ट से जीता है।

29. मीनलग्न के द्वादश भाव में गुरु+सूर्य+राहु+मंगल हो सातवें शुक्र हो तो जातक बहुत कष्टमय जीवन जीता है। उसे शारीरिक रुग्णता रहती है।

30. मीनलग्न के द्वितीय, एकादश या द्वादश भाव में शनि+मंगल+राहु+गुरु की युति हो तो ऐसा जातक बहुत कष्ट से जीता है। उसे कोई न कोई शारीरिक बीमारी लगी रहती है।

31. मीनलग्न में अष्टमस्थ सूर्य के साथ राहु या केतु हो तो ऐसा बालक मातृघातक होता है।

32. मीनलग्न में द्वितीयस्थ शनि के साथ राहु या केतु हो तो ऐसा बालक मातृघातक होता है।

33. मीनलग्न में लग्नेश गुरु व लग्न दोनों पापग्रहों के मध्य हो, सप्तम स्थान में भी पापग्रह हो तथा आत्मकारक सूर्य निर्बल हो तो ऐसा जातक जीवन में निराश होकर आत्महत्या करता है।

34. मीनलग्न में चंद्रमा पापग्रहों के साथ, सप्तम में शनि हो तो जातक देवता के शाप या शत्रुकृत अभिचार से पीड़ित रहता है।

35. मीनलग्न में षष्ठेश सूर्य सप्तम या दशम भाव में हो, लग्न पर मंगल की दृष्टि हो तो जातक शत्रुकृत अभिचार रोग से पीड़ित रहता है।

36. मीनलग्न में निर्बल चन्द्रमा अष्टम स्थान में शनि के साथ हो तो जातक प्रेतबाधा एवं शत्रुकृत अभिचार रोग से पीड़ित रहता हुआ अकाल मृत्यु को प्राप्त करता है।

❑❑❑

मीनलग्न और धन योग

मीनलग्न में जन्म लेने वाले व्यक्तियों के लिये धनप्रदाता ग्रह मंगल है। धनेश मंगल की शुभाशुभ स्थित, धनस्थान से संबंध स्थापित करने वाले ग्रहों की स्थिति, योगायोग, गुरु तथा धनभाव पर पड़ने वाले ग्रहों की दृष्टि से जातक की आर्थिक स्थिति, आय के स्रोतों तथा चल-अचल सम्पत्ति का पता चलता है। इसके अतिरिक्त पंचमेश चंद्रमा, लग्नेश गुरु, तथा लाभेश शनि की अनुकूल-प्रतिकूल व परिस्थितियां भी मीनलग्न में जातकों के धन, ऐश्वर्य एवं वैभव को घटाने-बढ़ाने में महत्त्वपूर्ण भूमिका निभाती है।

वैसे मीनलग्न के लिये शनि, शुक्र, सूर्य व बुध अशुभ होते हैं। मंगल और चंद्रमा शुभ फलदायक होते हैं। मंगल मारकेश होते हुए भी मारक का काम नहीं करेगा। शनि व्ययेश होने से सहायक मारकेश का काम करेगा। सूर्य, शुक्र व शनि परमपापी ग्रह है। अकेला गुरु राजयोगकारक है। बुध सप्तमेश होने में मारक ग्रह है।

सफल व शुभ योग–1. मंगल + गुरु, 2. गुरु + चंद्रमा

राजयोगकारक–चंद्र, गुरु

निष्फल योग–मंगल + बुध

अशुभ योग– 1. गुरु + शुक्र, 2. गुरु + सूर्य, 3. गुरु + बुध

लक्ष्मी योग–मंगल नवम में, गुरु केन्द्र-त्रिकोण में, शनि एकादश में।

विशेष योगा योग

1. मीनलग्न में लग्नस्थान गुरु बुध एवं मंगल से युत हो अथवा लग्न स्थित बुध गुरु मंगल से दृष्ट हो तो जातक महाधनशाली होता है।
2. मीनलग्न में मंगल मेष, वृश्चिक या मकर राशि का होता ऐसा जातक अल्प प्रयास से भारी धन कमाता है। ऐसा जातक को धन के मामले को लेकर

भाग्यशाली कहा जा सकता है। लक्ष्मी ऐसा जातक का पीछा नहीं छोड़ती है।

3. मीनलग्न हो, गुरु लग्न में हो, तथा बुध एवं शनि अपनी-अपनी स्वराशि में हो तो ऐसा व्यक्ति धनवानों में अग्रगण्य होता है तथा पद-पद पर लक्ष्मी उसके साथ चलती है।

4. मीनलग्न में मंगल यदि शनि के घर में एवं शनि मंगल के घर में परस्पर राशि परिवर्तन करके बैठा हो अर्थात् मकर या कुम्भ राशि में हो तथा शनि मेष या वृश्चिक राशि में हो तो व्यक्ति महाभाग्यशाली होता है। जीवन में खूब धन कमाता है तथा लक्ष्मी उसकी दासी के समान सेवा करती है।

5. मीनलग्न में गुरु यदि केन्द्र-त्रिकोण में कहीं भी हो तथा मंगल स्वगृही हो तो ऐसा जातक कीचड़ में कमल की तरह खिलता है अर्थात् सामान्य परिवार में जन्म लेकर भी धीरे-धीरे अपने पराक्रम व पुरुषार्थ से लक्षाधिपति, कोट्याधिपति हो जाता है। ऐसा जातक का भाग्योदय प्राय: 28 वर्ष की आयु के बाद होता है।

6. मीनलग्न हो, पंचम में चंद्रमा स्वगृही हो तथा शनि मकर राशि का लाभ स्थान में हो तो जातक लक्षाधिपति होता है।

7. मीनलग्न में कर्क का बुध पांचवें तथा मकर का शनि लाभ में हो तो जातक धनी होता है।

8. मीनलग्न में चंद्रमा पांचवें, गुरु स्वगृही धनु या मीन का वही भी बैठा हो तो जातक महाधनी होता है।

9. मीनलग्न में गुरु+चंद्रमा+मंगल की युति हो तो 'महालक्ष्मी योग' बनता है। ऐसा जातक प्रबल पराक्रमी, अतिधनवान, ऐश्वर्यमान एवं महाप्रतापी होता है।

10. मीनलग्न में गुरु+बुध एवं मंगल से युत हो तो 'महालक्ष्मीयोग' बनता है। ऐसा जातक अपने बुद्धिबल से शत्रुओं की परास्त करता हुआ, महाधनी एवं अतिप्रतापी होता है।

11. मीनलग्न में गुरु मकर राशि में हो तथा शनि मीन राशि में हो तो जातक 33वें वर्ष में पांच लाख रुपये कमा लेता है तथा शत्रुओं का नाश करते हुए स्वार्जित धनलक्ष्मी को भोगता है। ऐसा व्यक्ति को जीवन में अचानक रुपया मिलता है।

12. मीनलग्न हो, लग्नेश गुरु, धनेश व भाग्येश मंगल तथा लाभेश शनि यदि अपनी-अपनी उच्च व स्वराशि में हो तो जातक करोड़पति होता है।

13. मीनलग्न के सप्तम भाव में राहु, शुक्र, मंगल और शनि की युति हो तो जातक अरबपति होता है।

14. मीनलग्न में धनेश मंगल यदि छठे, आठवें या बारहवें स्थान में हो 'धनहीन योग' की सृष्टि होती है। जिस प्रकार घड़े में छिद्र होने के कारण उसमें पानी नहीं ठहर सकता। ठीक उसी प्रकार से ऐसे व्यक्ति के पास धन नहीं ठहर पाता है। सदैव रुपयों की कमी बनी रहती है। इस योग की निवृत्ति हेतु गले में अभियंत्रित 'मंगल यंत्र' धारण करना चाहिये। पाठक चाहे तो 'मंगल यंत्र' हमारे कार्यालय से प्राप्ति कर सकते हैं।

15. मीनलग्न में धनेश मंगल यदि आठवें हो परन्तु सूर्य यदि लग्न को देखता हो तो ऐसे व्यक्ति को भूमि में गढ़े हुये धन की प्राप्ति होती है या लॉटरी से रुपया मिल सकता है पर रुपया पास में टिकेगा नहीं।

16. मीनलग्न में मंगल यदि नवम भाव में वृश्चिक राशि का हो तो रुचक योग बनता है। ऐसा जातक राजातुल्य ऐश्वर्य को भोगता हुआ, अथाह भूमि, सम्पत्ति व धन का स्वामी होता है।

17. मीनलग्न में सुखेश बुध, लाभेश शनि यदि नवम भाव में मंगल से दृष्ट हो तो जातक को अनायास धन की प्राप्ति होती है।

18. मीनलग्न में चंद्रमा+गुरु की युति यदि मेष राशि, मिथुन राशि, कर्क राशि या वृश्चिक राशि में हो तो इस प्रकार से गजकेसरी योग के कारण व्यक्ति को अचानक उत्तम धन की प्राप्ति होती है। ऐसे व्यक्ति को लॉटरी, शेयर मार्केट या अन्य व्यापारिक स्रोत के द्वारा अकल्पनीय धन की प्राप्ति होती है।

19. मीनलग्न में धनेश मंगल अष्टम में एवं अष्टमेश शुक्र धनस्थान में परस्पर परिवर्तन करके बैठे हो तो ऐसा जातक गलत तरीके से धन कमाता है। ऐसा व्यक्ति ताश, जुआ, मटका, घुड़रेस, स्मंगलिंग एवं अनैतिक कार्यों से धन अर्जित करता है।

20. मीनलग्न हो, तृतीयेश शुक्र, लाभ में एवं लाभेश शनि तृतीय स्थान में परस्पर परिवर्तन करके बैठे हो तो ऐसे व्यक्ति को भाई, मित्र एवं भागीदारों के द्वारा धन की प्राप्ति होती है।

21. मीनलग्न में बलवान मंगल के साथ यदि चतुर्थेश बुध की युति हो तो व्यक्ति के माता के द्वारा, भूमि के द्वारा धन की प्राप्ति होती है।

22. लग्नेश गुरु धन भवन में हो, मंगल का लग्नेश से संबंध हो तो जातक उच्च कोटि का व्यापारी होता है।

23. मीनलग्न हो तथा शुक्र द्वादश स्थान में हो तो वह शुभ नहीं रहता, ऐसा जातक निश्चय ही ऋणग्रस्त रहता है।

24. यदि द्वादश स्थान में कुंभ राशिस्थ चंद्रमा हो तो जातक निश्चय ही लखपति के घर जन्म लेकर भी साधारण जीवन व्यतीत करता है।

25. मंगल यदि उच्च का एकादश स्थान में हो जातक निश्चय ही करोड़पति होता है। चाहे जातक का कोई भी सहायक न हो। ऐसा मंगल आकस्मिक धन दिलाने में भी सहायक होता है।

26. कर्क राशि में पंचम भाव में मंगल हो तो जातक का धन स्त्री एवं स्त्री के भाई द्वारा नष्ट होता है।

27. यदि दूसरे भाव में चंद्रमा एवं पांचवें भाव में मंगल हो तो मंगल की दशा में श्रेष्ठ धन लाभ होता है।

28. गुरु छठे भावे में हो, शुक्र आठवें, शनि बारहवें तथा चंद्रमा-मंगल ग्यारहवें भावस्थ हो तो उच्चातिउच्च धनदायक योग बनता है।

29. चंद्रमा व मंगल का योग हो, लाभेश व धनेश चतुर्थ भावस्थ हो तथा चतुर्थेश शुभ स्थान में शुभ युत एवं दृष्ट हो तो जातक को अचानक धन की प्राप्ति होती है।

30. द्वितीयेश, पंचमेश अथवा द्वितीयेश एकादशेश परस्पर स्थानान्तरित होते हों या नवमेश व पंचमेश नवम, पंचम भाव में ही हो तो उत्तम धन योग होता है।

31. द्वितीयेश, एकादशेश, पंचमेश, नवमेश से संबंध करे तो उत्तम अर्थ योग होता है।

32. द्वितीयेश-एकादशेश साथ-साथ हों और मीनलग्न हो तो धन का नाश होता है।

33. लग्नेश गुरु, चतुर्थेश बुध, नवमेश मंगल मिलकर यदि अष्टम भाव में हो तो जातक दरिद्र होता है।

34. द्वादशेश व द्वितीयेश स्थान परिवर्तन किए हुए हों तो भी धन का नाश होता है।

35. यदि बुध, गुरु, शुक्र एवं शुक्ल पक्ष में चंद्रमा का पाप ग्रह देखते हों तो जातक भाग्यशाली तो नहीं परन्तु धनवान अवश्य होता है।

36. मीनलग्न में व्ययेश शनि यदि व्यय भाव में ही हो तो ऐसा व्यक्ति का धन पाप कर्मों में या फिजूल खर्चों में समाप्त हो जाता है।

37. मीनलग्न में सूर्य और चंद्रमा दोनों ही कुम्भ राशि में हो तथा तीन–चार ग्रह नीच के हो तो व्यक्ति करोड़पति के घर में जन्म लेकर भी दरिद्र होता है।

38. मीनलग्न में यदि बलवान मंगल की पंचमेश चंद्रमा से युति हो तो ऐसे व्यक्ति को पुत्र द्वारा धन की प्राप्ति होती है। किंवा पुत्र जन्म के बाद ही जातक का भाग्योदय होता है।

39. मीनलग्न में बलवान मंगल यदि षष्टेश सूर्य के साथ युति हो, धनभाव पर शनि की दृष्टि हो तो जातक को शत्रुओं के द्वारा उसे धन व यश की प्राप्ति होती है।

40. मीनलग्न में बलवान मंगल की सत्रमेश बुध से युति हो तो जातक का भाग्योदय विवाह के बाद होता है तथा उसे पत्नी, ससुराल पक्ष में धन की प्राप्ति होती है।

41. मीनलग्न में बलवान मंगल यदि नवम भाव में, लग्नेश गुरु से युत या दृष्ट हो तो व्यक्ति राजा, राज्य सरकार से, सरकारी अधिकारियों, सरकारी अनुबंधन (ठेकों) से काफी धन कमाता है।

42. मीनलग्न में बलवान मंगल की दशमेश गुरु से युति हो तो जातक को पैतृक सम्पत्ति, पिता द्वारा रक्षित धन की प्राप्ति होती है अथवा पिता का व्यवसाय जातक के भाग्योदय में सहायक होता है।

43. मीनलग्न में दशम भाव का स्वामी गुरु यदि छठे, आठवें या बारहवें स्थान में हो तो जातक को परिश्रम का पूरा लाभ नहीं मिलता। ऐसा व्यक्ति जन्म स्थान में नहीं कमाता, उसे सदा धन की कमी बनी रहती है।

44. मीनलग्न में लग्नेश गुरु यदि छठे, आठवें या बारहवें स्थान में हो एवं सूर्य तुला का आठवें हो तो व्यक्ति कर्जदार होता है तथा उसकी आर्थिक स्थिति कमजोर होती है।

45. मीनलग्न में धनभाव में पापग्रह हो तथा लाभेश शनि यदि छठे, आठवें, बारहवें स्थान में हो तो व्यक्ति दरिद्र होता है।

46. मीनलग्न के केन्द्र स्थानों को छोड़कर चंद्रमा गुरु से यदि छठे, आठवें या बारहवें स्थान में हो तो शकट योग बनता है। जिसके कारण व्यक्ति को सदैव धन का अभाव रहता है।

47. मीनलग्न में धनेश मंगल अस्त हो, नीच राशि (कर्क) में हो तथा धनस्थान एवं अष्टम भाव में कोई भी पापग्रह हो तो व्यक्ति सदैव ऋणग्रस्त रहता है, कर्ज उसके सिर से उतरता नहीं।

48. मीनलग्न में लाभेश शनि यदि छठे, आठवें या बारहवें स्थान में हो तथा लाभेश अस्तगत, पापपीड़ित हो जातक महादरिद्र होता है।

49. मीनलग्न में अष्टमेश शुक्र वक्री होकर कहीं बैठा हो तथा अष्टम स्थान में कोई भी ग्रह वक्री होकर बैठा हो तो अकस्मात धन हानि का योग बनता है अर्थात् ऐसे व्यक्ति को धन के मामले में परिस्थितिवश अचानक भारी नुकसान हो सकता है, फलत: सावधान रहे।

50. मीनलग्न में अष्टमेश, शुक्र शत्रुक्षेत्री, नीचराशिगत या अस्त हो तो अचानक धन की हानि होती है।

❑❑❑

मीनलग्न और विवाह योग

1. मीनजातक की कुण्डली में अष्टमेश की दृष्टि सप्तम भाव पर हो तो जातक स्त्री दुराचारिणी होती है।
2. मीनलग्न हो तथा जातक स्त्री का बुध उच्च का हो तो वह नारी-कवि हृदय, सौभाग्यशालिनी और सुन्दर गुणों से मंडित होती है। ऐसी नारी जीवन के समस्त ऐश्वर्य भोगती है।
3. सप्तम स्थान में सूर्य या उसका नवमांश हो तो उस स्त्री का पति लेखक; विचारक अथवा अफसर होता है, परन्तु रतिचर्या में स्त्री पति से प्रसन्न नहीं रहती।
4. लग्न में सूर्य, शनि तथा सप्तम भाव में बुध हो तो जातक का गृहस्थ जीवन कलहपूर्ण रहता है।
5. मंगल यदि छठे भावस्थ हो, सप्तम भाव में राहु, अष्टम भाव में शनि हो तो जातक की स्त्री जीवित नहीं रहती।
6. लग्न में मीन का सूर्य हो, द्वितीय स्थान में मेष का सूर्य, सप्तम में कन्या में पाप ग्रह के साथ चंद्रमा हो तो स्त्री हेतुक मरण घर में हो।
7. सप्तमेश पापग्रह से युति करे या दूसरे अथवा सप्तम भाव में मंगल, राहु, सूर्य, शनि में से कोई हो या शुक्र लाभ स्थान में या नीच की राशि में हो अथवा सूर्य अपने ही घर में या द्वादश स्थान में हो तो जातक दूसरा विवाह अवश्य करता है।
8. शनि द्वितीय स्थान में हो और राहु सप्तम भवन में हो तो जातक दो विवाह करता है।
9. यदि द्वितीयेश व सप्तमेश या शुक्र सातवें घर में हो और दूसरे व सातवें घरों पर शुभ ग्रहों की दृष्टि हो तो जितने ही शुभ ग्रहों की दृष्टि हो उतनी ही

पत्नियां हों या उतनी ही स्त्रियों से सुख हो पर यदि क्रूर ग्रह से युक्त ये स्थान या शुक्र हो तो यह भोग नहीं होता।

10. नवमेश, सप्तमेश परस्पर स्थान परिवर्तन करते हों तो जातक का, भाग्योदय अपनी-अपनी पत्नी के कारण होता है।

11. मीनलग्न में शनि लग्नस्थ चन्द्रमा के साथ हो तथा सप्तम भाव में सूर्य हो तो ऐसे जातक के विवाह में भंयकर बाधा आती है। विलम्ब विवाह तो निश्चित है। अविवाह की स्थिति भी बन सकती है।

12. मीनलग्न में शनि द्वादशस्थ हो, द्वितीय भाव में सूर्य हो, लग्नेश गुरु निर्बल हो तो जातक का विवाह नहीं होता।

13. मीनलग्न में शनि छठे, सूर्य आठवें हो एवं सप्तमेश बुध निर्बल हो तो जातक का विवाह नहीं होता।

14. मीनलग्न में सूर्य, शनि और शुक्र की युति कहीं भी हो, सप्तमेश बुध हीनबली हो तो जातक का विवाह नहीं होता।

15. मीनलग्न में शुक्र कर्क या सिंह राशि का हो तथा सूर्य या चंद्रमा शुक्र से द्वितीय या द्वादश स्थान में हो तो जातक का विवाह नहीं होता।

16. मीनलग्न द्वितीयेश मंगल वक्री हो अथवा द्वितीय भाव में कोई भी ग्रह वक्री होकर बैठा हो जातक के विवाह में अत्यधिक अवरोध उत्पन्न होता है।

17. राहु या केतु सप्तम भाव या नवम भाव में क्रूर ग्रहों से युक्त होकर बैठे हो तो निश्चय ही जातक का विवाह विलम्ब से होता है। ऐसा जातक प्राय: अन्तर्जातीय विवाह करता है।

18. मीनलग्न में सप्तमेश बुध अस्त हो, सप्तम भाव में कोई ग्रह वक्री हो अथवा किसी वक्री ग्रह की सप्तम भाव पर दृष्टि हो तो जातक के विवाह में अवरोध आते हैं और विवाह समय पर सम्पन्न नहीं होता।

19. मीनलग्न में द्वितीयेश मंगल, परस्पर शनि से दृष्ट हो तो विवाह विलम्ब से होता है ससुराल से खटपट रहती है।

20. मीनलग्न में सातवें सूर्य शुभ ग्रहों से दृष्ट न हो तो स्त्री पति द्वारा त्याग दी जाती है अर्थात् उसे तलाक मिलता है।

21. मीनलग्न में सप्तमेश बुध आठवें स्थान में पापग्रहों से युत हो या पापग्रहों के मध्य हो तो ऐसा जातक अपने जीवनसाथी की हत्या करता है एवं कुल को कलंकित करता है।

22. मीनलग्न में सूर्य आठवें शुभग्रहों से दृष्ट न हो तो ऐसी स्त्री नितनूतन वस्त्र-अलंकार पहनकर पर पुरुषों का संग करती है एवं कुल की मार्यादा को नष्ट कर देती है।

23. मीनलग्न में मंगल आठवें हो तो ऐसी स्त्री मृगनयनी एवं कुटिल स्वभाव की होती है। ऐसी स्त्री प्रायः प्रेमविवाह करती हुई, स्वच्छन्द यौनाचार में विश्वास रखती है।

24. मीनलग्न में चंद्रमा यदि (2/4/6/8/10/12) राशि में हो तो ऐसी स्त्री अत्यन्त कोमल एवं मृदु स्वभाव वाली जातक होती है।

25. मीनलग्न में, गुरु, बुध, शुक्र एवं मंगल बलवान हो तो ऐसी स्त्री विख्यात विदुषी, सच्चरित्र वाली एवं सभ्य महिला होती है।

26. जातक पारिजात के अनुसार मीनलग्न में उत्पन्न कन्याएं कामक्रीडा व अन्य कलाओं में निपुण होता है। यदि चंद्रमा लग्न में हो तो ऐसी स्त्री पति की प्रिया एवं प्राणवल्लभा होती है।

27. मीनलग्न में लग्नस्थ गुरु के साथ अष्टमेश शुक्र हो तो 'द्विभार्या योग' बनता है। ऐसा जातक दो नारियों के साथ रमण करता है।

28. मीनलग्न में बुध सप्तम भाव में शुभ ग्रहों से दृष्ट न हो तो ऐसा जातक एवं साथ में दो स्त्रियों से प्रेम रखता है अर्थात् विवाहित पत्नी के अतिरिक्त उसके उपपत्नी भी होती है।

29. मीनलग्न में सप्तमेश बुध यदि द्वितीय या द्वादश स्थान में हो तो पूर्ण 'व्यभिचारी योग' बनता है। ऐसा पुरुष जीवन में अनेक स्त्रियों के साथ सम्भोग करता है।

❑❑❑

मीनलग्न और संतान योग

1. मीनलग्न में पंचमेश चंद्रमा यदि आठवें हो तो जातक को अल्प संतति होती है।
2. मीनलग्न में पंचमेश चंद्रमा क्षीण हो, पापग्रस्त या पापपीड़ित होकर छठे, आठवें या बारहवें स्थान में हो तो व्यक्ति के पुत्र नहीं होता।
3. मीनलग्न में गुरु कर्क, वृश्चिक या मीन राशि में हो तो जातक के पहली संतान कन्या होती है।
4. मीनलग्न में पंचमेश चंद्रमा विषम राशि में हो तो तथा गुरु से युत या दृष्ट हो तो व्यक्ति के प्रथम संतान पुत्र ही होगा।
5. मीनलग्न में सूर्य अकेला कर्क राशि में हो जातक दूसरा विवाह करने पर पुत्र की प्राप्ति होती है।
6. मीनलग्न में मंगल अकेला कर्क राशिगत पंचमस्थ हो तो जातक को दूसरे विवाह से पुत्र की प्राप्ति होती है।
7. मीनलग्न में शुक्र अकेला कर्क राशिगत पंचमस्थ हो तो व्यक्ति को दूसरे विवाह के बाद पुत्र की प्राप्ति होती है।
8. मीनलग्न में बुध अकेला कर्क राशिगत हो तो जातक के थोड़े पुत्र होते हैं।
9. मीनलग्न में शनि अकेला कर्क राशिगत हो तो जातक के बहुत पुत्र होते हैं।
10. मीनलग्न में चंद्रमा स्वराशिगत पंचमस्थ हो तो थोड़े पुत्र होते हैं।
11. मीनलग्न में अकेला गुरु पंचमस्थ कर्क राशि में हो तो जातक के बहुत-सी कन्याएं होती है।
12. मीनलग्न में पंचमेश चंद्रमा लग्न में हो एवं लग्नेश गुरु पंचम भाव में परस्पर परिवर्तन करके बैठे हो तो जातक दूसरों की संतान गोद में लेकर अपने पुत्र की तरह पालता है।
13. मीनलग्न के पंचम भाव में कर्क राशि होने से, यदि अन्य कोई दुर्योग न हो तो विवाहोपरान्त जातक के शीघ्र संतति होती है।

14. मीनलग्न में गुरु कमजोर हो, साथ में पंचमेश चंद्रमा, सप्तमेश बुध ही बलहीन हो तो 'अनपत्य योग' बनता है। ऐसे जातक को निर्बीज पृथ्वी की तरह, पुत्र-संतान की प्राप्ति नहीं होती पर उपाय करने से दोष की निवृत्ति हो जाती है।

15. राहु, सूर्य एवं मंगल पंचम भाव में हो तो ऐसे जातक को शल्यचिकित्सा द्वारा कष्ट से पुत्र संतान की प्राप्ति होती है। आज की भाषा में ऐसे बालक को 'सिजेरियन चाइल्ड' कहते हैं।

16. मीनलग्न हो पंचमेश चंद्रमा कमजोर हो तथा राहु एकादश भाव में हो तो जातक के वृद्धावस्था में संतान होती है।

17. पंचम स्थान में राहु, केतु या शनि इत्यादि पापग्रह हो तो गर्भपात अवश्य होता है।

18. मीनलग्न में लग्नेश गुरु द्वितीय स्थान में हो एवं पंचमेश व चंद्रमा पापग्रह या पापपीड़ित हो तो ऐसे जातक के पुत्र संतान उत्पन्न होकर नष्ट हो जाते हैं।

19. मीनलग्न में पंचमेश चंद्रमा बारहवें, शुभग्रहों से युत या दृष्ट हो तो ऐसे जातक के पुत्र की वृद्धावस्था में अकाल मृत्यु हो जाती है। जिससे जातक संसार से विरक्त होकर वैराग्य की ओर उन्मुख हो जाता है।

20. पंचमेश यदि वृष, कर्क, कन्या या तुला राशि में हो तो जातक को प्रथम संतति के रूप में कन्यारत्न की प्राप्ति होती है।

21. मीनलग्न में पंचमेश चंद्रमा की सप्तमेश बुध के साथ युति हो तो जातक को प्रथम संतान के रूप में कन्यारत्न की प्राप्ति होती है।

22. सप्तम भाव में अर्थात् कन्या राशिस्थ मंगल हो तो एवं उस पर शनि की दृष्टि हो अर्थात् लग्न में मीन का शनि हो तो जातक स्त्री के संतान नहीं होती।

23. लग्नेश-पंचमेश की युति कहीं भी हो तो जातक का संतान पक्ष प्रबल होता है।

24. गुरु चंद्रमा क्रमशः अपनी उच्च राशि कर्क वृष में पुनः क्रमशः पंचम व तृतीय भाव में हो तो जातक की संतान अत्यधिक भाग्यशाली होती है।

25. समराशि (2, 4, 6, 8, 10, 12) में गया हुआ बुध कन्या संतति की बाहुल्यता देता है। यदि चंद्रमा और शुक्र का भी पंचम भाव पर प्रभाव हो तो यह योग अधिक पुष्ट हो जाता है।

26. पंचमेश चंद्रमा निर्बल हो, लग्नेश गुरु की निर्बल हो, पंचम भाव में राहु हो तो जातक को सर्वदोष के कारण पुत्र-संतान नहीं होती।

27. पंचम भाव में राहु हो और एकादश स्थान में स्थित केतु के मध्य सारे ग्रह हो तो पद्मनामक 'कालसर्प योग' के कारण जातक के पुत्र संतान नहीं होती। ऐसे जातक को वंश वृद्धि की चिंता एवं मानसिक तनाव रहता है।

28. सूर्य अष्टम हो, पंचम भाव में शनि हो, पंचमेश राहु से युत हो तो जातक को पितृदोष होता है तथा पितृशाप के कारण पुत्र संतान नहीं होती।

29. लग्न में मंगल, अष्टम में शनि, पंचम से सूर्य एवं बारहवें स्थान में राहु या केतु हो तो 'वंशविच्छेद योग' बनता है। ऐसे जातक के स्वयं का वंश समाप्त हो जाता है आगे पीढ़िया नहीं चलती।

30. मीनलग्न के चतुर्थभाव में पापग्रह हो तथा चंद्रमा जहां बैठा हो उसके आठवें स्थान में पापग्रह हो तो वंशविच्छेद योग बनता है। ऐसे जातक के स्वयं का वंश समाप्त हो जाता, उसके आगे पीढ़ियां नहीं चलती।

31. तीन केन्द्रों में पापग्रह हो तो व्यक्ति को 'इलाख्या नामक' सर्पयोग बनता है। इस दोष के कारण जातक को पुत्र संतान का सुख नहीं मिलता। दोष निवृत्ति पर शन्ति हो जाती।

32. मीनलग्न में पंचमेश पंचम, षष्ठ या द्वादश भाव में हो तथा पंचम भाव शुभ ग्रहों से दृष्ट न हो तो 'अनपत्य योग' बनता है। ऐसे जातक को निर्बीज पृथ्वी की तरह संतान उत्पन्न नहीं होती पर उपाय से दोष शांत हो जाता है।

33. पंचम भाव मंगल बुध की युति हो तो जातक के जुड़वा संतान होती है, पुत्र या पुत्री की कोई शर्त नहीं।

34. जिस स्त्री की जन्म कुण्डली में सूर्यलग्न में और शनि यदि सातवें हो, अथवा सूर्य+शनि की युति सातवें हो, तथा दशम भाव पर गुरु की दृष्टि हो तो 'अनगर्भा योग' बनता है ऐसी स्त्री गर्भधारण योग्य नहीं होती है।

35. जिस स्त्री की जन्म कुण्डली में शनि+मंगल छठे या चौथे स्थान में हो तो 'अनगर्भा योग' बनता है। ऐसे स्त्री गर्भधारण करने योग्य नहीं होती।

36. शुभ ग्रहों के साथ सूर्य+चंद्रमा यदि पंचम स्थान में हो तो 'कुलवर्द्धन योग' बनता है। ऐसी स्त्री दीर्घजीवी, धनी एवं ऐश्वर्यशाली संतानों को उत्पन्न करती है।

37. पंचमेश मिथुन या कन्या राशि में हो, बुध से युत हो, पंचमेश और पंचम भाव पर पुरुष ग्रहों की दृष्टि न हो तो जातक को केवल 'कन्या योग' होता है। पुत्र संतान नहीं होता।

38. मीनलग्न में पंचमेश चंद्रमा धनस्थान में मेषराशि का हो, मंगल वृष में तथा तुला का गुरु चंद्रमा को देख रहा हो तो ऐसे जातक को कोई कन्या न होकर दो पुत्र ही होते हैं।

उदाहरण–लक्ष्मीचन्द्र राठी, 29.9.1958 समय 18.40 नोखा (राज.)

❑❑❑

मीनलग्न और राजयोग

1. यदि मीनलग्न अपने पूर्णांश पर हो, उसमें उच्च का शुक्र हो, उच्च का सूर्य धन स्थान मे हो, उच्च का बुध सप्तम में हो और उच्च का मंगल लाभ स्थान में हो तो जातक राजा के समान ऐश्वर्य एवं वैभव को भोगता है।
2. बुध को छोड़कर उपर्युक्त तीनों ग्रह उच्च के हों तो राजयोग होता है। मीन का चंद्रमा लग्न में, सिंह का स्वगृही सूर्य शत्रु भाव में, कुम्भ का स्वगृही शनि द्वादश में तथा मकर में उच्च का मंगल लाभ स्थान में हो तो जातक राजा के समान ऐश्वर्य एवं वैभव को भोगता है।
3. उच्च का सूर्य स्वगृही मंगल के साथ धन स्थान में, उच्च का चंद्रमा स्वगृही शुक्र के साथ पराक्रम स्थान में, स्वगृही बुध चतुर्थ में और स्वगृही वृश्चिक का मंगल भाग्य स्थान में हो तो जातक राजा के समान ऐश्वर्य एवं वैभव को भोगता है।
4. कर्क का चंद्रमा पंचम स्थान में, उच्च का बुध सप्तम स्थान में, धन का स्वगृही गुरु राज्य स्थान में और मकर का मंगल स्वगृही शनि के साथ एकादश भाव में हो तो जातक राजा के समान ऐश्वर्य एवं वैभव को भोगता है।
5. चार, पांच, छः, तीन उच्च के ग्रह यदि अपने उच्चांश या मित्रांश पर केन्द्र त्रिकोण में बलवान् हो या चार, पांच, छः स्वगृही ग्रह पूर्णबली होकर केन्द्र त्रिकोण में मित्रराशि के होकर बैठे हों तो राजयोग करते हैं। तो जातक राजा के समान ऐश्वर्य एवं वैभव को भोगता है।
6. शुक्र, बुध मीन के लग्न में हो, गुरु, चंद्रमा धन के दशम में हों, उच्च का मंगल एकादश लाभ में हो तो जातक राजा के समान ऐश्वर्य एवं वैभव को भोगता है।
7. मीन का चंद्रमा लग्न में हो, मिथुन का शनि चतुर्थ स्थान में हो, बुध, शुक्र, सूर्य कन्या के सप्तम में हो, वृश्चिक का गुरु नवम भाव में और धन का मंगल

राज्य स्थान में हो तो जातक राजा के समान ऐश्वर्य एवं वैभव को भोगता है।

8. मीन का शुक्र लग्न में और कर्क का गुरु पंचम में हो तो भी राजयोग होता है तो जातक राजा के समान ऐश्वर्य एवं वैभव को भोगता है।

9. मीनलग्न में पूर्ण चंद्रमा, मित्र, शुभ समस्त ग्रहों से दृष्ट हो तो मनुष्य को बड़ा आदमी बनाता है।

10. यदि मीन का गुरु स्वगृही लग्न में हो तो स्वगृही चंद्रमा कर्क का लग्न में हो तो ऐसे योग वाला व्यक्ति बड़ा धनी होता है।

11. यदि मीनलग्न का स्वामी गुरु स्वगृही होकर दशम स्थान में हो, चंद्रमा उच्च का पराक्रम या तीसरे भाव में बैठा हो और सप्तमेश बुध स्वगृही मिथुन का चतुर्थ स्थान में हो और लग्न में उच्च का शुक्र निष्पाप बैठा हो तो मनुष्य बड़ा ही पराक्रमी, बड़ा सरकारी कर्मचारी, ऐश्वर्यमय जीवन व्यतीत करने वाला होता है।

12. यदि मीनलग्न में चंद्रमा हो, सिंह का सूर्य छठे स्थान में हो, मकर का मंगल एकादश स्थान में हो और कुम्भ का शनि द्वादश स्थान में हो तो मनुष्य बड़ा पराक्रमी एवं ऐश्वर्यवान होता है।

13. यदि मीनलग्न में शुक्र, धन स्थान में सूर्य या मंगल, पंचम स्थान में गुरु या चंद्रमा हो तो मनुष्य बड़ा राज्य कर्मचारी होता है।

14. दशमेश लग्न में हो, लग्नेश दशम में या उस पर शुभ दृष्टि हो तो जातक ज्ञानी व उच्च पदस्थ होता है।

15. मीनलग्न हो, लाभेश व भाग्येश शनि मंगल एकादश स्थान में चंद्रमा के साथ हो और गुरु लग्नेश होकर कर्क में बैठ कर उन्हें पूर्ण दृष्टि से देखे तो सुन्दर राजयोग होता है।

16. मीनलग्न हो, लग्न में उच्च का शुक्र हो, गुरु व चंद्रमा धनुराशि में दो तथा मकर में उच्च का मंगल हो तो उत्तम राजयोग होता है।

17. मीनलग्न में चंद्रमा हो, कुंभ में शनि तथा मकर व सिंह में क्रमशः मंगल सूर्य हो तो उत्तम राजयोग होता है।

18. मीनलग्न जन्म काल में तुला, धनु, मीन व लग्न में शनि बैठा हो तो राजकुल में जन्म और राजा होता है।

19. मीन का शुक्र यदि केन्द्र (1/4/7/10) में बैठा हो तो विद्या, कला, बहुगुणों से शोभित कामधेनु के बराबर भोग से पूर्ण, सुन्दर स्त्रियों के साथ विलास करने वाला, देश नगर, देखने में व्यस्त राजा होता है।

20. मीन में शुक्र, बारहवें भाव में बुध, धन भाव में राहु, लग्न में रवि, तीसरे भाव में मंगल हो तो राजयोग होता है।

21. मीनलग्न में गुरु शुक्र, मेष में सूर्य, मकर में मंगल हो तो दास कुल में उत्पन्न होने पर भी छत्रधारी राजा होता है।

22. गुरु शुक्र और चंद्रमा ये तीनों मीनराशि के हों तो इस योग में जन्म लेने वाले को राज्यप्राप्ति होती है और उसकी पत्नी अनके पुत्र वाली होती है।

23. मीनलग्न में मीन का चंद्रमा, मकर का मंगल, सिंह का सूर्य, कुंभ का शनि हो तो राजयोग होता है।

24. मीनलग्न में धन का गुरु चंद्रमा से युक्त, मकर का मंगल और लग्न में उच्च का शुक्र अथवा बुध हो, तो राजयोग होता है।

❑❑❑

मीनलग्न में सूर्य की स्थिति

मीनलग्न में सूर्य की स्थिति प्रथम स्थान में

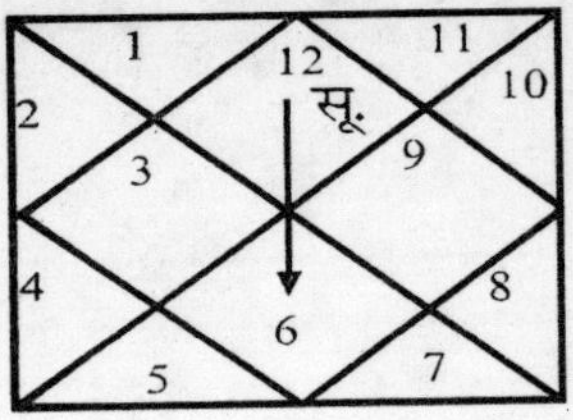

सूर्य मीनलग्न वालों के लिए षष्टेश होने से पापी है, अशुभ फलदायक है। सूर्य यहां प्रथम स्थान में मीन (मित्र) राशि में होगा। छठे भाव का स्वामी, छठे भाव से आठवें होकर लग्न में बैठा है। फलत: जातक को पिता का सुख उत्तम, जातक का पिता समाज का प्रतिष्ठित व्यक्ति होगा। जातक को पिता की सम्पत्ति मिलेगी। जातक के शत्रु बहुत होंगे पर सूर्य के लग्न में होने से शत्रुओं पर विजय मिलेगी। जातक परिश्रमी होगा तथा सुगठित देह का स्वामी होगा।

दृष्टि–लग्नस्थ सूर्य की दृष्टि सप्तम भाव (कन्या राशि) पर होगी। वैवाहिक जीवन सुखी। जातक के उग्र स्वभाव के कारण पति-पत्नी में टकराहट होगी।

निशानी–जातक को सिरदर्द की बीमारी होगी, हाई ब्लड प्रेशर, मस्तिष्क की गर्मी रहेगी।

दशा–सूर्य की दशा-अंतर्दशा मध्यम फलकारी होगी।

सूर्य का अन्य ग्रहों से सम्बन्ध–

1. **सूर्य+चंद्रमा**–'भोजसंहिता' के अनुसार मीनलग्न में सूर्य+चंद्रमा की युति प्रथम स्थान में होने के कारण जातक का जन्म चैत्र कृष्ण अमावस्या को प्रात: सूर्योदय में 6 से 8 के मध्य होता है। षष्टेश एवं पंचमेश की युति लग्न में जातक को आकर्षक व्यक्तित्व का धनी बनायेगा। जातक महान् शिक्षाविद् होगा।
2. **सूर्य+मंगल**–सूर्य के साथ मंगल होने से जातक प्रबल भाग्यशाली होगा। धनी होगा।

3. **सूर्य+बुध**–भोजसंहिता के अनुसार मीनलग्न में सूर्य षष्टेश होगा। प्रथम स्थान में मीनराशिगत यह युति वस्तु षटेश सूर्य की चतुर्थेश+सप्तमेश बुध के साथ युति होगी। बुध यहां नीच का होगा। यहां बैठकर दोनों शुभग्रह सप्तम भाव को पूर्ण दृष्टि से देखेंगे। फलत: जातक तीव्र बुद्धिशाली होगा। जातक धनवान होगा। ज्योतिष-तंत्र-मंत्र एवं आध्यात्म विद्याओं का जानकार होगा। 'कुलदीपक योग' के कारण जातक अपने कुटुम्ब-परिवार का नाम दीपक के समान रोशन करेगा। जातक का भाग्योदय विवाह के तत्काल बाद होगा। जातक समाज का लब्ध-प्रतिष्ठित व्यक्ति होगा।

4. **सूर्य+गुरु**–सूर्य के साथ गुरु 'हंस योग' बनायेगा। जातक राजा के समान पराक्रमी होगा। दीर्घजीवी भी होगा।

5. **सूर्य+शुक्र**–सूर्य के साथ उच्च का शुक्र 'मालव्य योग' बनायेगा। जातक राजा के समान धनी एवं ऐश्वर्यशाली होगा।

6. **सूर्य+शनि**–यहां दोनों ग्रह मीन राशि में होंगे। सूर्य अपनी मित्र राशि में हो तो शनि अपनी शत्रुराशि में होगा। षष्टेश एवं व्ययेश की युति विस्फोटक है। जातक को आर्थिक विषमताओं का सामना करना पड़ेगा। जातक की वाणी स्खलित होती रहेगी। चरित्र विरोधाभासी होगा।

7. **सूर्य+राहु**–राहु सूर्य के साथ होने से जातक गर्म मिजाज का होगा। उसके निर्णय व सोच गलत होगी।

8. **सूर्य+केतु**–सूर्य के साथ केतु होने से जातक उग्र-स्वभाव का होगा। अति उत्साही होगा।

मीनलग्न में सूर्य की स्थिति द्वितीय स्थान में

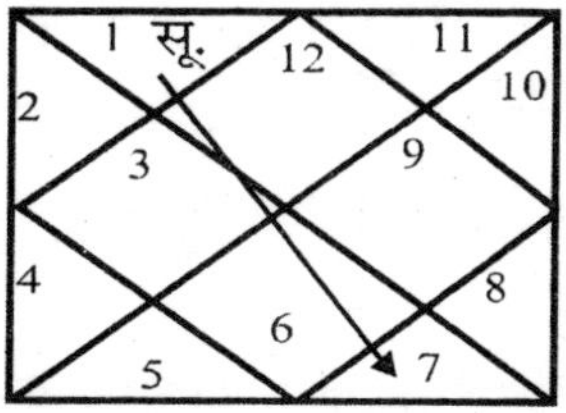

सूर्य मीनलग्न वालों के लिए षष्टेश होने से पापी है, अशुभ फलदायक है। सूर्य यहां द्वितीय स्थान में उच्च का होगा। मेषराशि के दस अंशों तक सूर्य परमोच्च का होगा। जातक का पिता, जातक से अधिक धनवान होगा। जातक को पिता की सम्पत्ति मिलेगी। जातक को धन यश की प्राप्ति होगी। जातक दूरदर्शी एवं महत्वाकांक्षी होगा। शत्रुओं पर विजय निश्चित रूप से होगी।

दृष्टि–द्वितीयभाव गत सूर्य की दृष्टि अष्टम स्थान (तुला राशि) पर होगी। जातक को ननिहाल का सुख श्रेष्ठ, नौकर-चाकर का सुख श्रेष्ठ मिलेगा।

निशानी–जातक के शत्रु नहीं होगे। जातक की भाषा आदेशात्मक होगी।

दशा–सूर्य की दशा-अंतर्दशा में श्रेष्ठ फल मिलेगा। जातक को धन मिलेगा।

सूर्य का अन्य ग्रहों से सम्बन्ध–

1. **सूर्य+चंद्रमा**–'भोजसंहिता' के अनुसार मीनलग्न में सूर्य+चंद्रमा की युति द्वितीय स्थान में (मेषराशि) में होने के कारण जातक का जन्म वैशाख कृष्ण अमावस्या को सूर्योदय से पूर्व प्रात: 4 से 6 के मध्य होता है। षष्टेश एवं पंचमेश की युति जातक को महाधनी बनायेगी क्योंकि यहां सूर्य उच्च का योगकारक चन्द्रमा के साथ होगा।
2. **सूर्य+मंगल**–सूर्य के साथ योगकारक मंगल स्वगृही होने से जातक महाधनी होगा। 'किम्बहुना योग' के कारण जातक बड़ी भूमि का स्वामी या ग्राम का मुखिया होगा।
3. **सूर्य+बुध**–'भोजसंहिता' के अनुसार मीन में सूर्य षष्टेश होगा। द्वितीय स्थान में मेष राशिगत यह युति वस्तुत: षष्टेश सूर्य की चतुर्थेश+सप्तमेश बुध के साथ युति होगी। सूर्य यहां उच्च का होगा। जहां बैठकर दोनों ग्रह अष्टम भाव को देखेंगे। फलत: जातक तीव्र बुद्धिशाली होगा। जातक प्रख्यात धनवान होगा। आमदनी के जरिए दो-तीन प्रकार के रहेंगे। जीवन सभी प्रकार की सुख-सुविधाओं व ऐश्वर्य से परिपूर्ण होगा। जातक समाज का लब्ध-प्रतिष्ठित व्यक्ति होगा।
4. **सूर्य+गुरु**–सूर्य के साथ गुरु होने से जातक को परिश्रम का मीठा फल मिलेगा।
5. **सूर्य+शुक्र**–सूर्य के साथ शुक्र होने से जातक पराक्रमी होगा। जातक के शत्रु बहुत होंगे।
6. **सूर्य+शनि**–यहां दोनों ग्रह मेषराशि में होगा। सूर्य अपनी उच्च राशि में तो शनि अपनी नीच राशि में होकर 'नीचभंगराज योग' बनायेगा। जातक राजा के समान पराक्रमी एवं धनी होगा। पर सही व सच्चा भाग्योदय पिता की मृत्यु के बाद होगा।
7. **सूर्य+राहु**–सूर्य के साथ राहु होने से धन के घड़े में छेद होगा। रुपया एकत्रित नहीं हो पायेगा।
8. **सूर्य+केतु**–सूर्य के साथ केतु होने से धन आयेगा व खर्च होता चला जायेगा।

मीनलग्न में सूर्य की स्थिति तृतीय स्थान में

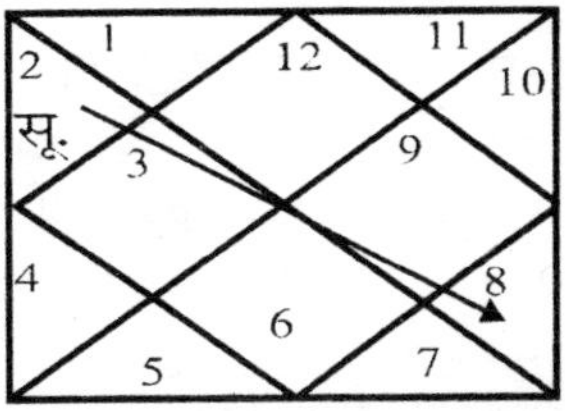

सूर्य मीनलग्न वालों के लिए षष्टेश होने से पापी है, अशुभ फलदायक है। सूर्य यहां तृतीय स्थान में वृष (शत्रु) राशि में होगे। जातक का शौर्य, पराक्रम, साहस, विलक्षण होगा। जातक के भाई-बहन होंगे पर उनसे मनमुटाव रहेगा। जातक को पिता की सम्पत्ति मिलेगी पर पिता से विचार नहीं मिलेंगे। जातक को मित्रों से लाभ होगा। मित्रों द्वारा भाग्योदय के अवसर प्राप्त होंगे।

दृष्टि–तृतीयस्थ सूर्य की दृष्टि नवम स्थान (वृश्चिक राशि) पर होगी फलत: जातक भाग्यशाली होगा। उसे धन, यश, पद और प्रतिष्ठा की प्राप्ति होगी। ऐसा जातक शत्रु पक्ष पर विजय प्राप्त करता है।

निशानी–ऐसा जातक भाई का शत्रु होता है। उसके नौकर क्रूर स्वभाव वाले होते हैं।

दशा–सूर्य की दशा-अंतर्दशा श्रेष्ठ फल देगी।

सूर्य का अन्य ग्रहों से सम्बन्ध–

1. **सूर्य+चंद्रमा**–'भोजसंहिता' के अनुसार मीनलग्न में सूर्य+चंद्रमा की युति तृतीय स्थान में (वृषराशि) में होने के कारण जातक का जन्म ज्येष्ठ कृष्ण अमावस्या को रात्रि 2 से 4 के मध्य होता है। षष्टेश+पंचमेश की युति में यहां चंद्रमा उच्च का होगा। जातक महान् पराक्रमी होगा। कुटुम्ब का सुख मिलेगा। जातक को स्त्री-मित्रों से विशेष लाभ होगा।
2. **सूर्य+मंगल**–सूर्य के साथ मंगल होने से जातक महान् पराक्रमी होगा। मित्रों और भाइयों से लाभ होगा पर छोटे भाई का सुख कमजोर है।
3. **सूर्य+बुध**–'भोजसंहिता' के अनुसार मीनलग्न में सूर्य षष्टेश होगा। तृतीय स्थान में वृष राशिगत यह युति वस्तुत: षष्टेश सूर्य की चतुर्थेश+सप्तमेश बुध के साथ युति कहलायेगी। यहां बैठकर दोनों यह भाग्यभवन को पूर्ण दृष्टि से देखेंगे। फलत: जातक तीव्र बुद्धिशाली, धनी एवं महान् पराक्रमी व्यक्ति होगा। जातक को पिता की सम्पत्ति मिलेगी। उसे मित्रों परिजनों की मदद भी मिलती रहेगी। भाग्योदय 26 वर्ष में होने के संकेत मिलता है। दूसरा भाग्योदय 32 वर्ष में होगा। जातक समाज का लब्ध-प्रतिष्ठित व्यक्ति होगा।

4. **सूर्य+गुरु**–सूर्य के साथ गुरु जातक को मित्रों से लाभ दिलायेगा।
5. **सूर्य+शुक्र**–सूर्य के साथ शुक्र भाइयों में परस्पर मुकदमेबाजी होगी।
6. **सूर्य+शनि**–यहां दोनों ग्रह वृष राशि में होंगे। सूर्य अपनी शत्रु राशि में हो तो शनि मित्रराशि में होगा। षष्टेश एवं व्ययेश की यह युति पराक्रम को भंग करेगी। जातक को छोटे व बड़े दोनों भाइयों का सुख नहीं होगा। मित्र अच्छे व सच्चे न होकर दगाबाज होंगे।
7. **सूर्य+राहु**–सूर्य के साथ राहु भाइयों कुटम्बियों से झगड़ा करायेगा।
8. **सूर्य+केतु**–सूर्य के साथ केतु भाइयों व मित्रों में विद्वेष फैलायेगा।

मीनलग्न में सूर्य की स्थिति चतुर्थ स्थान में

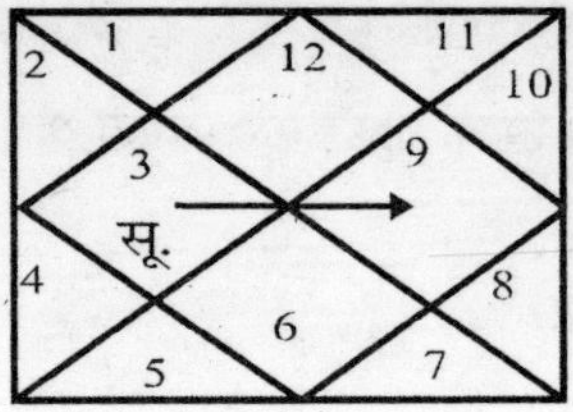

सूर्य मीनलग्न वालों के लिए षष्टेश होने से पापी है, अशुभ फलदायक है। सूर्य यहां चतुर्थ स्थान में मिथुन (मित्र) राशि में होगा। सूर्य यहां छठे भाव में ग्यारहवें स्थान पर होने से ननिहाल, मामा का सुख, नौकरी का लाभ होता है। जातक की माता बीमार रहती है। 50 वर्ष की आयु में जातक का साथ छोड़ देती है। वाहन होगा पर दुर्घटना का भय रहेगा।

दृष्टि–चतुर्थभावगत सूर्य की दृष्टि दशम स्थान (धनुराशि) पर होगी। जातक को सरकारी नौकरी से लाभ होगा। पर नौकरी एक बार छूटेगी। राज्य से सम्मान मिलेगा।

निशानी–ऐसा जातक अपना घर छोड़कर दूर स्थान में आजीविका कमाने हेतु जायेगा।

दशा–सूर्य की दशा-अंतर्दशा लाभ देगी।

सूर्य का अन्य ग्रहों से सम्बन्ध–

1. **सूर्य+चंद्रमा**–'भोजसंहिता' के अनुसार मीनलग्न में सूर्य+चंद्रमा की युति चतुर्थ स्थान (मिथुन राशि) में होने के कारण जातक का जन्म आषाढ़कृष्ण अमावस्या को मध्य राशि 12 से 2 के मध्य होता है। षष्टेश व पंचमेश की युति केंद्र से, हृदय रोग की संभावना को बढ़ायेगी। जातक की माता बीमार रहेगी।
2. **सूर्य+मंगल**–सूर्य के साथ मंगल जातक को माता का सुख देगा। भौतिक सुख देगी। वाहन का सुख होगा।

3. **सूर्य+बुध**–'भोजसंहिता' के अनुसार मीनलग्न में सूर्य षष्टेश होगा। चतुर्थ स्थान मे मिथुनराशिगत यह युति वस्तुत: षष्टेश सूर्य की चतुर्थेश+सप्तमेश बुध के साथ युति कहलायेगी। बुध यहां स्वगृही होगा। बुध के कारण 'भंग योग' एवं 'कुलदीपक योग' बनेगा। जातक माता-पिता, कुटुम्ब-परिवार का नाम दीपक के समान रोशन करेगा। जातक राजा के समान पराक्रमी एवं ऐश्वर्यशाली जीवन जीयेगा। वाहनसुख एवं मकान भाव परिपूर्ण होगा। जातक जाति समाज का अग्रगण्य व्यक्ति होगा।
4. **सूर्य+गुरु**–सूर्य+गुरु की युति में जातक को महत्वाकांक्षी बनायेगी। जातक सफल व्यक्ति होगा।
5. **सूर्य+शुक्र**–जातक को वाहन दुर्घटना का भय रहेगा।
6. **सूर्य+शनि**–यहां दोनों ग्रह मिथुन राशि में होंगे। सूर्य सम राशि में तो शनि मित्र राशि में होगा। षष्टेश एवं व्ययेश की युति से जातक की माता की मृत्यु अल्पायु में होगी अथवा दीर्घकालीक बीमारी से ग्रसित होगी। वाहन दुर्घटना का भय बना रहेगा। माता की मृत्यु के बाद जातक की उन्नति होगी।
7. **सूर्य+राहु**–माता की मृत्यु अल्प आयु में संभव है।
8. **सूर्य+केतु**–माता का स्वास्थ्य चिंता का विषय रहेगा।

मीनलग्न में सूर्य की स्थिति पंचम स्थान में

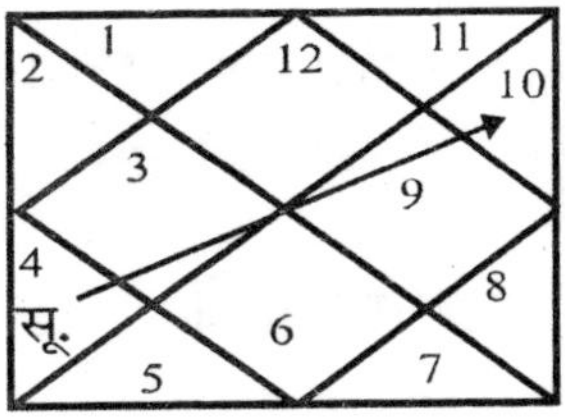

सूर्य मीनलग्न वालों के लिए षष्टेश होने से पापी है, अशुभ फलदायक है। सूर्य यहां पंचम स्थान में कर्क (मित्र) राशि में होगा। ऐसा जातक विद्यावान होगा एवं उच्च शैक्षणिक उपाधि प्राप्त करेगा। जातक को संतान संबंधी कष्ट होगा। पितृ स्थान में नवमें स्थान पर सूर्य होने से जातक को पिता की सम्पत्ति मिलेगी। जातक पिता माता का भक्त होगा।

दृष्टि–पंचमस्थ सूर्य की दृष्टि एकादश भाव (मकर राशि) पर होगी। फलत: जातक को बुद्धि:बल में अचानक धन की प्राप्ति होगी।

निशानी–ऐसे जातक के पास धन स्थिर नहीं रहता। जातक को अपने ही संतान के साथ वैर-भाव रहता है। ऐसे जातक स्वार्थी व अदूरदर्शी होते हैं तथा मानसिक तनाव में रहते हैं।

दशा–सूर्य की दशा-अंतर्दशा उत्तम फल देगी।

सूर्य का अन्य ग्रहों से सम्बन्ध–

1. **सूर्य+चंद्रमा–**'भोजसंहिता' के अनुसार मीनलग्न में सूर्य+चंद्रमा की युति पंचम स्थान (कर्क राशि) में होने के कारण जातक का जन्म श्रावण कृष्ण अमावस्या को रात्रि 12 से 10 के मध्य होता है। षष्टेश व पंचमेश की युति यहां जातक को सुन्दर संतति व उत्तम शिक्षा देगी।
2. **सूर्य+मंगल–**जातक के तीन पुत्र होंगे। पुत्र अधिक होंगे। एक कन्या संभव।
3. **सूर्य+बुध–**भोजसंहिता के अनुसार मीनलग्न में सूर्य षष्टेश होगा। पंचम स्थान में कर्कराशिगत यह युति वस्तुत: षष्टेश सूर्य की चतुर्थेश+सप्तमेश बुध के साथ युति होगी। बुध यहां शत्रुक्षेत्री होगा। यहां बैठकर दोनों ग्रह, लाभस्थान को पूर्ण दृष्टि से देखेंगे। फलत: जातक तीव्र बुद्धिशाली होगा, धनवान होगा, शिक्षित होगा तथा जातक की संतति भी शिक्षित होगा। जातक को जीवन में सभी प्रकार की सुख-सुविधाएं मिलेगी। व्यापार में लाभ होगा। जातक अपनी जाति व समाज का लब्ध-प्रतिष्ठित व्यक्ति होगा।
4. **सूर्य+गुरु–**गुरु यहां उच्च का होगा। ऐसा जातक तंत्र-मंत्र विद्या का जानकार होगा। आध्यात्मिक शक्ति का स्वामी होगा।
5. **सूर्य+शुक्र–**सूर्य, शुक्र की युति से प्रथम संतति हाथ नहीं लगेगी।
6. **सूर्य+शनि–**यहां दोनों ग्रह कर्क राशि में होंगे। सूर्य मित्र राशि में तो शनि शत्रु राशि में होगा। षष्टेश एवं व्ययेश की युति से एकाध संतान की मृत्यु विद्या में बाधा एवं संतान को लेकर परेशानी बनी रहेगी।
7. **सूर्य+राहु–**संतति योग में बाधक है। दुर्भाय मरी हुई संतान हाथ पैदा होगी।
8. **सूर्य+केतु–**एक-दो संतति का गर्भस्राव होगा।

मीनलग्न में सूर्य की स्थिति षष्टम स्थान में

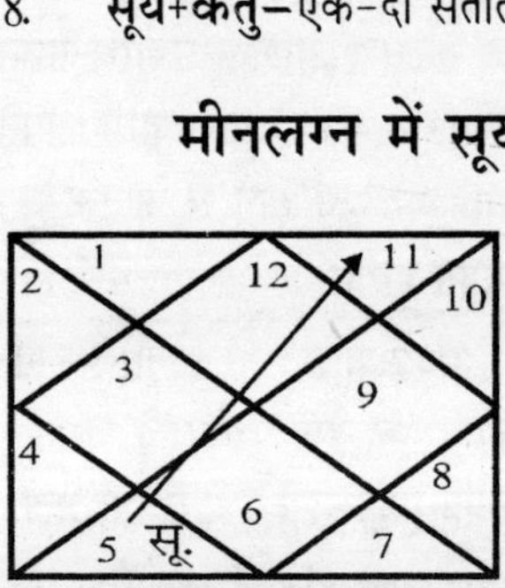

सूर्य मीनलग्न वालों के लिए षष्टेश होने से पापी है, अशुभ फलदायक है। सूर्य यहां छठे स्थान में सिंह राशि में स्वगृही होगा। सूर्य की इस स्थिति में 'हर्षनामक' 'विपरीतराज योग' बनेगा। जातक धनी, मानी, अभिमानी एवं समाज का अग्रगण्य प्रतिष्ठित व्यक्ति होगा। ऐसा जातक साहसी, परिश्रमी, उत्साही, शत्रुहन्ता व अनुशासन प्रिय होता है। पर जातक को पिता की सम्पत्ति नहीं मिलेगी।

दृष्टि–छठे भावगत सूर्य की दृष्टि व्यय स्थान (कुंभराशि) पर होगी। ऐसे जातक को खर्च के कारण परेशानी होगी। खर्च की अधिकता के कारण जातक ऋणग्रस्त हो सकता है।

निशानी–जहां सभ्यता, विनम्रता इत्यादि अन्य प्रयास असफल हो जाते हैं वहां ऐसे जातक डाटी-डपट, झगड़े-टंटे से अपना काम निकालने में पूर्ण सफलता प्राप्त करते हैं।

दशा–सूर्य की दशा-अंतर्दशा उत्तम फल देगी।

सूर्य का अन्य ग्रहों से सम्बन्ध–

1. **सूर्य+चंद्रमा**–'भोजसंहिता' के अनुसार मीनलग्न में सूर्य+चंद्रमा की युति छठे स्थान (सिंह राशि) में होने के कारण जातक का जन्म भाद्र कृष्ण अमावस्या को रात्रि 10 से 8 के मध्य होता है। षष्टेश व पंचमेश की युति यहां 'संतानहीन योग' के कारण हर्षनामक 'विपरीतराज योग' की सृष्टि करेगी। जातक महाधनी एवं वैभवशाली होगा।
2. **सूर्य+मंगल**–सूर्य के साथ मंगल होने से 'धनहीन योग' एवं 'भाग्यहीन योग' दोनों बनेगे। फलत: जातक का जीवन संघर्षमय होगा। जातक डरपोक मनोवृत्ति वाला होगा।
3. **सूर्य+बुध**–'भोजसंहिता' के अनुसार मीनलग्न में सूर्य षष्टेश होगा। छठे स्थान में सिंहराशिगत यह युति वस्तुत: षष्टेश सूर्य की चतुर्थेश+सप्तमेश बुध के साथ युति होगी। सूर्य यहां स्वगृही होगा। यह बैठकर दोनों ग्रह व्यय भाव को देखेंगे। षष्टेश षष्टम स्थान में स्वगृही होने से 'हर्ष योग' बनेगा। फलत: जातक ऋण, रोग व शत्रु का नाश करने में सक्षम होगा। बुध छठे जाने से 'सुखभंग योग' एवं 'विलम्बविवाह योग' बनता है। जातक को माता या बहन का सुख कम मिलेगा। जातक को जीवन में सभी प्रकार की सुख-सुविधाएं सहज में प्राप्त होगी। जातक समाज का अग्रगण्य व प्रतिष्ठित व्यक्ति होगा।
4. **सूर्य+गुरु**–सूर्य के साथ गुरु होने से 'लग्नभंग योग' एवं 'राजभंग योग' बनेगा। जातक को परिश्रम का फल नहीं मिलेगा।
5. **सूर्य+शुक्र**–सूर्य के साथ शुक्र 'पराक्रमभंग योग' बनायेगा पर सरल नामक 'विपरीतराज योग' भी बनायेगा। जातक धनी होगा पर किसी स्त्री की मित्रता के कारण बदनाम होगा।
6. **सूर्य+शनि**–यहां दोनों ग्रह सिंह राशि में होंगे। सूर्य स्वगृही तो शनि शत्रु क्षेत्री होगी। सूर्य के कारण 'हर्षनामक' 'विपरीतराज योग' बनेगा। षष्टेश एवं व्ययेश

की युति शत्रुओं का नाश करेगी। जातक महाधनी एवं पराक्रमी होगा। शनि भी यहां राजयोगप्रदाता है।

7. **सूर्य+राहु**–सूर्य के साथ राहु जातक के आत्मबल को तोड़ेगा एवं शत्रु से भयभीत करेगा। पर जातक दुस्साहसी होगा।

8. **सूर्य+केतु**–सूर्य के साथ केतु जातक की आध्यात्मिक शक्ति को नष्ट करेगा।

मीनलग्न में सूर्य की स्थिति सप्तम स्थान में

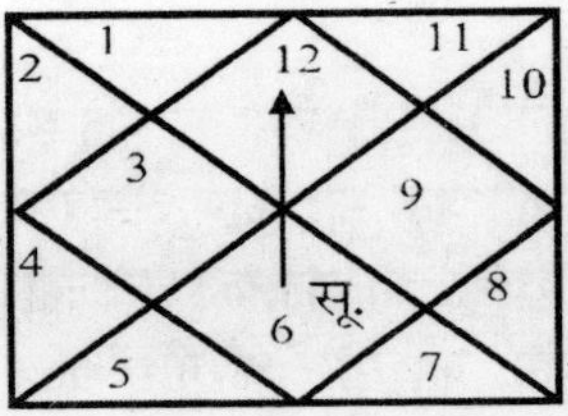

सूर्य मीनलग्न वालों के लिए षष्टेश होने से पापी है, अशुभ फलदायक है। सूर्य यहां सप्तम स्थान में कन्या (मित्र) राशि में होगा। धन, यश, पद-प्रतिष्ठा, नौकरी-व्यवसाय के लिए सूर्य की स्थिति ठीक रहेगी। सूर्य यह स्थिति पति-पत्नी के मध्य वैमनस्य बढ़ायेगी। सूर्य पितृस्थान में ग्यारहवें स्थान पर होने के कारण पिता के साथ जातक के संबंध ठीक रहेंगे।

दृष्टि–सप्तमस्थ सूर्य की दृष्टि लग्नस्थान (मीनराशि) पर होने के कारण जातक को प्रयत्न में सफलता मिलेगी। सम्मान में वृद्धि होगी।

निशानी–जातक विशेष रूप से साहसी व धनी होगा।

दशा–सूर्य की दशा-अंतर्दशा शुभ फल देगी।

सूर्य का अन्य ग्रहों से सम्बन्ध–

1. **सूर्य+चंद्रमा**–'भोजसंहिता' के अनुसार मीनलग्न में सूर्य+चंद्रमा की युति सातवें स्थान (कन्या राशि) में होने के कारण जातक का जन्म अश्विन कृष्ण अमावस्या को सायं 6 से 8 के मध्य होता है। षष्टेश व पंचमेश की युति यहां संतान एवं विवाहसुख में बाधक है। संतान एवं पत्नी के विकलांग होने का भय बना रहेगा।

2. **सूर्य+मंगल**–सूर्य के साथ मंगल कुण्डली को मांगलिक बनायेगा एवं विवाह सुख में विलम्ब या विच्छेद करायेगा।

3. **सूर्य+बुध**–'भोजसंहिता' के अनुसार मीनलग्न में सूर्य षष्टेश होगा। सातवें स्थान में 'कन्याराशिगत' यह युति वस्तुतः षष्टेश सूर्य की चतुर्थेश+सप्तमेश बुध के साथ युति होगी। बुध यहां केन्द्रगत होकर उच्च का होगा तथा दोनों ग्रह लग्न

स्थान को पूर्ण दृष्टि से देखेंगे। बुध के कारण 'लग्नभंग योग' एवं 'कुलदीपक योग' बनेगा। फलतः जातक तीव्र बुद्धिशाली, धनी एवं सौभाग्यशाली व्यक्ति होगा। अपने कुटुम्ब परिवार का नाम दीपक के समान रोशन करेगा। जातक एक राजा के समान पराक्रमी एवं ऐश्वर्यशाली जीवन जीयेगा तथा समाज का अग्रगण्य व्यक्ति होगा।

4. **सूर्य+गुरु**–सूर्य के साथ गुरु राजयोग को प्रबल पुष्ट करेगा। जातक के परिश्रम सार्थक होंगे।
5. **सूर्य+शुक्र**–सूर्य के साथ शुक्र नीच का होने से पेट के रोग में वृद्धि होगी। षष्टेश व अष्टमेश की युति से गृहस्थ सुख में कलह की वृद्धि होकर जीवनसाथी से तलाक (विछोह) हो सकता है।
6. **सूर्य+शनि**–यहां दोनों ग्रह कन्या राशि में होंगे। सूर्य सम राशि में तो शनि मित्र राशि में होगा। षष्टेश एवं व्ययेश की युति वैवाहिक सुख में बाधक है। विलम्ब विवाह संभव है। पत्नी खर्चीली स्वभाव की होगी अथवा पत्नी की बीमारी को लेकर रुपया खर्च होगा।
7. **सूर्य+राहु**–सूर्य के साथ राहु एक पत्नी की मृत्यु के बाद जातक का दूसरा विवाह कराता है।
8. **सूर्य+केतु**–सूर्य के साथ केतु गृहस्थ सुख विनाशक है।

मीनलग्न में सूर्य की स्थिति अष्टम स्थान में

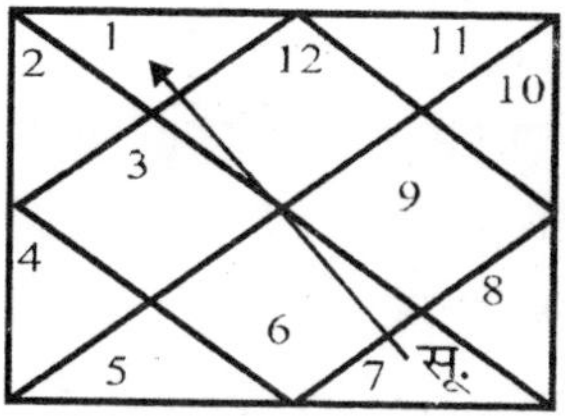

सूर्य मीनलग्न वालों के लिए षष्टेश होने से पापी है, अशुभ फलदायक है। सूर्य यहां अष्टम स्थान में तुलाराशि में नीच का होगा। तुला राशि के 10 अंशों में सूर्य परमनीच का होगा। सूर्य की इस स्थिति में हर्षनामक 'विपरीतराज योग' बनेगा। ऐसा जातक धनी, मानी व यशस्वी होगा। परन्तु पिता का सुख बचपन में नष्ट हो जायेगा। पिता की सम्पत्ति नहीं मिल पायेगी। लग्नेश गुरु यदि कमजोर हो, तो जातक की आयुष्य कमजोर होगी।

दृष्टि–अष्टमस्थ सूर्य की दृष्टि धनस्थान (मेषराशि) पर होगी। फलतः जातक की भाषा कठोर होगी। दाई आंख में रोग होगा।

निशानी–ऐसा जातक शहर के प्रतिष्ठित पंडितों, विद्वानों का शत्रु होता हैं

दशा–सूर्य की दशा-अंतर्दशा शुभफल देगी।

सूर्य का अन्य ग्रहों से सम्बन्ध–

1. **सूर्य+चंद्रमा**–'भोजसंहिता' के अनुसार मीनलग्न में सूर्य+चंद्रमा की युति आठवें स्थान (तुला राशि) में होने के कारण जातक का जन्म कार्तिक कृष्ण अमावस्या को सायं 4 से 6 बजे के मध्य होता है। षष्टेश व पंचमेश की युति यहां 'संतानहीन योग' के कारण हर्षनामक 'विपरीतराज योग' की सृष्टि करेगी। जातक महाधनी एवं वैभवशाली होगा।
2. **सूर्य+मंगल**–सूर्य के साथ मंगल 'धनहीन योग' एवं 'भाग्यहीन योग' की सृष्टि करता है। जातक डरपोक होगा एवं उसमें संघर्ष शक्ति की न्यूनता रहेगी।
3. **सूर्य+बुध**–'भोजसंहिता' के अनुसार मीन में सूर्य षष्टेश होगा। अष्टम स्थान में तुलाराशिगत यह युति वस्तुत: षष्टेश सूर्य की चतुर्थेश+सप्तमेश बुध के साथ युति कहलायेगी। यहां बैठकर दोनों ग्रह धन भाव को पूर्ण दृष्टि से देखेंगे। सूर्य यहां नीच का होगा पर अपनी उच्च राशि को देखेगा। षष्टेश सूर्य के अष्टमेश जाने से 'हर्ष योग' बनेगा। जातक शत्रुओं का नाश करने में सक्षम होगा एवं दीर्घजीवी होगा। जातक को जीवन में सभी सुख-सुविधाएं मिलेगी। जातक जीवन में लब्ध-प्रतिष्ठित व्यक्ति होगा।
4. **सूर्य+गुरु**–सूर्य के साथ गुरु अचानक प्राणभय उत्पन्न करता है।
5. **सूर्य+शुक्र**–सूर्य के साथ शुक्र होने से 'नीचभंगराज योग' बनेगा। जातक राजातुल्य ऐश्वर्यशाली होगा। षष्टेश, अष्टमेश की युति से रोग व शत्रुओं का प्रकोप रहेगा।
6. **सूर्य+शनि**–यहां दोनों ग्रह तुला राशि में होंगे। सूर्य नीच का होगा तो शनि उच्च का होने से 'नीचभंगराज योग' बनेगा। सूर्य के कारण हर्षनामक 'विपरीतराज योग' तथा शनि के कारण विमल नामक 'विपरीतराज योग' बनेगा। जातक राजा के समान पराक्रमी, वैभवशाली एवं धनी होगा।
7. **सूर्य+राहु**–सूर्य के साथ राहु अचानक प्राणभय उत्पन्न करता है।
8. **सूर्य+केतु**–सूर्य के साथ केतु जातक को आत्मबल को नष्ट करता है।

मीनलग्न में सूर्य की स्थिति नवम स्थान में

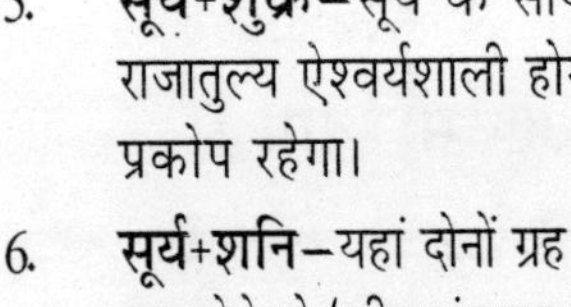

सूर्य मीनलग्न वालों के लिए षष्टेश होने से पापी है, अशुभ फलदायक है। सूर्य यहां नवम स्थान में वृश्चिक (मित्र) राशि में होगा। ऐसा जातक भाग्यशाली व धनी होगा। परदेश जाकर कमायेगा। जातक का धन शुभकार्य में खर्च होगा।

ऐसा जातक रत्न, पत्थर, लकड़ी, हैण्डीक्राफ्ट के कार्यों में लाभ पाने वाला होता है।

दृष्टि–नवम भावगत सूर्य की दृष्टि तृतीय स्थान (वृष राशि) पर होगी। जातक पराक्रमी होगा पर भाई-बहनों से कुछ विरोध रहेगा।

निशानी–पिता की सम्पत्ति को लेकर कोर्ट-केस होगा। पिता की सम्पत्ति नहीं मिलेगी।

दशा–सूर्य की दशा-अंतर्दशा में भाग्योदय के अवसर प्राप्त होंगे। सूर्य की दशा मिश्रित फल देगी।

सूर्य का अन्य ग्रहों से सम्बन्ध–

1. **सूर्य+चंद्रमा**–'भोजसंहिता' के अनुसार मीनलग्न में सूर्य+चंद्रमा की युति नवमें स्थान (वृश्चिक राशि) में होने के कारण जातक का जन्म मार्गशीर्ष कृष्ण अमावस्या को सायं 2 से 4 के मध्य होता है। षष्टेश एवं पंचमेश की युति यहां भाग्योदय में सहायक है। चंद्रमा यहां नीच का होते हुए भी जातक महान् पराक्रमी होगा।
2. **सूर्य+मंगल**–ऐसा जातक महाधनी होगा क्योंकि स्वगृही मंगल धनेश होकर जब भाग्यस्थान में सूर्य के साथ होगा तो जातक बड़ी भू-सम्पत्ति का स्वामी होगा।
3. **सूर्य+बुध**–'भोजसंहिता' के अनुसार मीनलग्न में सूर्य षष्टेश होगा। नवम स्थान में वृश्चिक राशिगत यह युति वस्तुतः षष्टेश सूर्य की चतुर्थेश+सप्तमेश बुध के साथ युति कहलायेगी। यहां बैठकर दोनों ग्रह तृतीय भाव को पूर्ण दृष्टि से देखेंगे। ऐसा जातक तीव्र बुद्धिशाली, धनवान एवं सौभाग्यशाली होगा। जातक का भाग्योदय 26 एवं 32 वर्ष दो चरणों में होगा। जातक पराक्रमी होगा, उसे मित्रों व परिजनों का सहयोग मिलता रहेगा। जातक समाज का अग्रगण्य एवं प्रतिष्ठित व्यक्ति होगा।
4. **सूर्य+गुरु**–सूर्य के साथ गुरु जातक को उन्नति धीमी गति से करायेगा।
5. **सूर्य+शुक्र**–सूर्य के साथ शुक्र भाग्योदय में लगातार दिक्कतें उत्पन्न करेगा।
6. **सूर्य+शनि**–यहां दोनों ग्रह वृश्चिक राशि में होंगे। सूर्य यहां मित्र राशि तो शनि शत्रु राशि में होगा। षष्टेश एवं व्ययेश की युति पिता के सुख में बाधक है। पिता से दूरी रहेगी या पिता से नहीं निभेगी। पिता की मृत्यु के बाद ही जातक का भाग्योदय होगा।
7. **सूर्य+राहु**–सूर्य के साथ राहु जातक का भाग्योदय मध्यम आयु के बाद करायेगा।
8. **सूर्य+केतु**–सूर्य के साथ केतु भाग्योदय में लगातार दिक्कतें उत्पन्न करेगा।

मीनलग्न में सूर्य की स्थिति दशम स्थान में

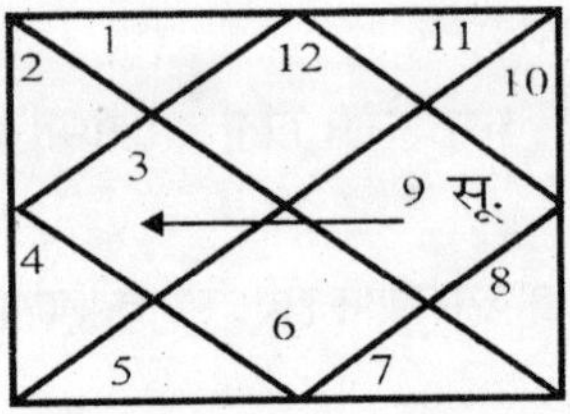

सूर्य मीनलग्न वालों के लिए षष्टेश होने से पापी है, अशुभ फलदायक है। सूर्य यहां दशम स्थान में धनु (मित्र) राशि में होगा। ऐसे जातक को सरकारी नौकरी से लाभ मिलता है। जातक को राज-सरकार से सम्मान मिलता है। जातक को ननिहाल, मामा का सुख ठीक मिलेगा, पर माता-पिता का सुख कमजोर होगा। जातक शत्रुओं पर विजय प्राप्त करने में सफल रहेगा। कोर्ट-कचहरी में मुकदमों के फैसले जातक के अनुकूल रहेंगे।

दृष्टि–दशम भावगत सूर्य की दृष्टि चतुर्थ भाव (मिथुनराशि) पर होगी। जातक को भूमि, मकान, वाहन का सुख मिलेगा पर इन सब सुखों में उसको संतुष्टि नहीं होगी।

निशानी–ऐसा जातक पिता से अधिक धन, दौलत, यश कमाता है।

दशा–सूर्य की दशा-अंतर्दशा में जातक को रोजी-रोजगार के अवसर प्राप्त होंगे। जातक को शत्रुओं का मान-मर्दन करने का अवसर मिलेगा।

सूर्य का अन्य ग्रहों से सम्बन्ध–

1. **सूर्य+चंद्रमा**–'भोजसंहिता' के अनुसार मीनलग्न में सूर्य+चंद्रमा की युति दसवें स्थान (धनुराशि) में होने के कारण जातक का जन्म पौष कृष्ण अमावस्या को दोपहर 12 से 2 के मध्य होता है। षष्टेश व पंचमेश की युति यहां जातक को नौकरी में ऊंचा पद दिलायेगी। जातक राजनीति में कुशल एवं धनवान होगा।
2. **सूर्य+मंगल**–सूर्य के साथ मंगल जातक को धनी एवं राजनीति में सक्रिय व्यक्तित्व के रूप में चमकायेगा।
3. **सूर्य+बुध**–'भोजसंहिता' के अनुसार मीनलग्न में सूर्य षष्टेश होगा। दशम स्थान में धनुराशिगत यह युति वस्तुतः षष्टेश सूर्य की चतुर्थेश+सप्तमेश बुध के साथ युति कहलायेगी। यहां पर केन्द्रवर्ती होकर दोनों ग्रह चतुर्थ भाव को पूर्ण दृष्टि से देखेंगे। बुध के कारण 'कुलदीपक योग' बना। जातक अपने कुटुम्ब-परिवार का नाम दीपक के समान रोशन करेगा। जातक के पास एक से अधिक मकान एवं एक से अधिक वाहन होंगे। जातक को जीवन में सभी प्रकार की सुख-सुविधाएं एवं ऐश्वर्य संसाधनों की प्राप्ति होगी। जातक समाज का अग्रगण्य एवं प्रतिष्ठित व्यक्ति होगा।

4. **सूर्य+गुरु**–सूर्य के साथ गुरु 'हंस योग' के कारण राजातुल्य ऐश्वर्य देगा।
5. **सूर्य+शुक्र**–सूर्य के साथ शुक्र राजदण्ड दिला सकता है।
6. **सूर्य+शनि**–यहां दोनों ग्रह धनु राशि में होंगे। सूर्य यहां मित्र राशि में हो तो शनि सम राशि में होगा। षष्टेश एवं व्ययेश की युति यहां सरकारी नौकरी में बाधक है। राजदण्ड या अवन्नति के कारण परेशानी रहेगी। फिर भी जातक बड़ा भारी महत्वाकांक्षी होगा एवं सफल व्यक्ति कहलायेगा।
7. **सूर्य+राहु**–सूर्य के साथ राहु 'राजयोग' में बाधक है।
8. **सूर्य+केतु**–सूर्य के साथ केतु नौकरी में अवन्नति-रुकावट या दिक्कतें पैदा करेगा।

मीनलग्न में सूर्य की स्थिति एकादश स्थान में

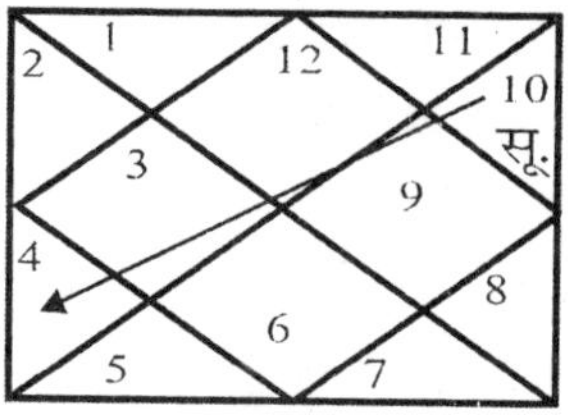

सूर्य मीनलग्न वालों के लिए षष्टेश होने से पापी है, अशुभ फलदायक है। सूर्य यहां एकादश स्थान में मकरराशि व शत्रुक्षेत्री होगा। ऐसे जातक के विरोध बहुत होंगे। विरोधी लोग शारीरिक एवं मानसिक पीड़ा पहुचायेगें। व्यापार व आमदनी के क्षेत्र में कुछ कठिनाई का अनुभव होगा पर बुद्धिबल (इष्ट बल) से जातक सभी प्रकार की कठिनाइयों एवं विरोधियों पर विजय प्राप्त करने में सफल होगा।

दृष्टि–एकादश भाव स्थित सूर्य की सातवीं मित्र दृष्टि पंचम भाव (कर्क राशि) पर होगी। फलतः जातक विद्यावान् होगा। प्रजावान् होगा। शिक्षा के क्षेत्र में पूर्ण सफलता मिलेगी।

निशानी–जातक ईमानदार एवं सिद्धान्तवादी होगा। जिससे उन्नति में काफी दिक्कतें आयेगी।

दशा–सूर्य की दशा-अंतर्दशा शुभफल देगी।

सूर्य का अन्य ग्रहों से सम्बन्ध–

1. **सूर्य+चंद्रमा**–'भोजसंहिता' के अनुसार मीनलग्न में सूर्य+चंद्रमा की युति एकादश स्थान (मकर राशि) में होने के कारण जातक का जन्म माघकृष्ण अमावस्या को दिन में 10 से 12 बजे के मध्य होता है। षष्टेश एवं पंचमेश की युति यहां व्यापार में लाभ देगी। अति उत्तम संतति एवं उच्च शैक्षणिक उपाधि प्रदान करेगी।
2. **सूर्य+मंगल**–सूर्य के साथ मंगल जातक को महान् उद्योगपति बनायेगा।

3. **सूर्य+बुध**–'भोजसंहिता' के अनुसार मीनलग्न में सूर्य षष्टेश होगा। एकादश स्थान मे मकरराशिगत यह युति वस्तुतः षष्टेश सूर्य की चतुर्थेश+सप्तमेश बुध के साथ युति कहलायेगी। सूर्य यहां शत्रुक्षेत्री होगा। यहां बैठकर दोनों ग्रह पंचम भाव को पूर्ण दृष्टि से देखेंगे। फलतः जातक बुद्धिशाली, धनवान एवं भाग्यवान होगा। जातक शिक्षित होगा। उसकी संतति भी शिक्षित होगी। जातक उद्योगपति होगा। जातक जीवन में सभी प्रकार की सुख-सुविधाओं से परिपूर्ण व्यक्तित्व का धनी होगा। जातक समाज का अग्रगण्य लब्ध-प्रतिष्ठित व्यक्ति होगा।
4. **सूर्य+गुरु**–सूर्य के साथ गुरु व्यापार से लाभ, बड़े भाई से लाभ दिलायेगा।
5. **सूर्य+शुक्र**–सूर्य के साथ शुक्र व्यापार में अचानक नुकसान, भागीदारी के धंधे में नुकसान दिलायेगा।
6. **सूर्य+शनि**–यहां दोनों ग्रह मकर राशि में होंगे। शनि यहां स्वगृही तो सूर्य शत्रुक्षेत्री होगी। षष्टेश एवं व्ययेश की युति यहां होने से व्यापार में बाधा रहेगी। भागीदारी में नुकसान। बड़े भाई की मृत्यु एवं संतान को लेकर चिंता बनी रहेगी।
7. **सूर्य+राहु**–सूर्य के साथ राहु चलते व्यापार को बंद करायेगा।
8. **सूर्य+केतु**–सूर्य के साथ केतु गुप्त नुकसान कराता रहेगा।

मीनलग्न में सूर्य की स्थिति द्वादश स्थान में

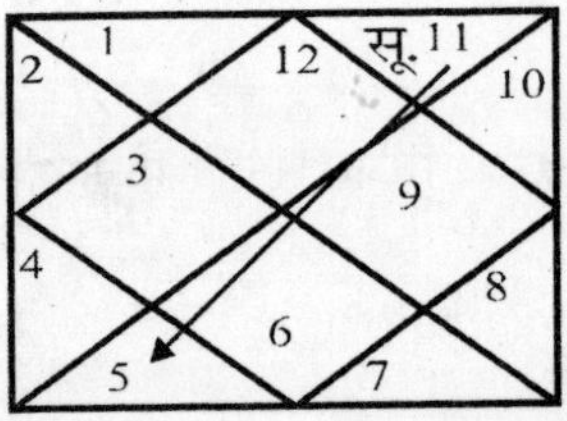

सूर्य मीनलग्न वालों के लिए षष्टेश होने से पापी है, अशुभ फलदायक है। सूर्य यहां द्वादश स्थान में कुम्भराशि में शत्रुक्षेत्री होगा। सूर्य की इस स्थिति में 'हर्षनामक' 'विपरीतराज योग' बनेगा। जातक धनी, मानी, अभिमानी होगा। जातक को ननिहाल व मामा का सुख उत्तम होगा। पिता के साथ बनेगी नहीं। पिता की सम्पत्ति मिलेगी नहीं। जातक के धन का अपव्यय होगा।

दृष्टि–द्वादश भावगत सूर्य की दृष्टि छठे स्थान (सिंहराशि) पर होगी। जातक के शत्रुओं का नाश होगा।

निशानी–जातक परदेश (विदेश) जायेगा। परदेश में अच्छा कमायेगा। Export-Import से लाभ होगा।

दशा–सूर्य की दशा-अंतर्दशा प्रारम्भ में शुभ फल देगी पर अंत में अशुभफल देगी।

सूर्य का अन्य ग्रहों से सम्बन्ध–

1. **सूर्य+चंद्रमा**–'भोजसंहिता' के अनुसार मीनलग्न में सूर्य+चंद्रमा की युति द्वादश स्थान (कुम्भ राशि) में होने के कारण जातक का जन्म फाल्गुण कृष्ण अमावस्या को प्रात: 8 से 10 बजे के मध्य होता है। षष्टेश एवं पंचमेश की युति यहां 'संतानहीन योग' के साथ-साथ हर्षनामक योग 'विपरीतराज योग' की सृष्टि करेगी। जातक महाधनी एवं वैभवशाली होगा।
2. **सूर्य+मंगल**–सूर्य के साथ मंगल धनहीन योग, भाग्यहीन योग एवं कुण्डली को मांगलिक बनाकर जातक के जीवन को संघर्षमय बनायेगा। गृहस्थ सुख में बाधा बढ़ेगी।
3. **सूर्य+बुध**–'भोजसंहिता' के अनुसार मीनलग्न में सूर्य षष्टेश होगा। द्वादश स्थान में 'कुम्भराशिगत' यह युति वस्तुत: षष्टेश सूर्य की चतुर्थेश+सप्तमेश बुध के साथ युति कहलायेगी। सूर्य यहां शत्रुक्षेत्री होगा। जहां बैठकर दोनों ग्रह छठे भाव को पूर्ण दृष्टि से देखेंगे। षष्टेश सूर्य का व्ययभाव में जाने से 'हर्ष योग' बना। ऐसा जातक ऋण, रोग व शत्रु समूह का नाश करने मे संक्षम होता है। जातक तीव्र बुद्धिशाली, तीर्थाटन करने वाला परोपकारी एवं खर्चीले स्वभाव का व्यक्ति होगा। उसे जीवन के सभी प्रकार की सुख-सुविधाओं एवं भौतिक संसाधनों की प्राप्ति सहज ही होगी। बुध के बारहवें स्थान पर जाने से 'सुखभंग योग' एवं 'विलम्बविवाह योग' बना। फिर भी ऐसा जातक समाज का अग्रगण्य, लब्ध प्रतिष्ठित व्यक्ति होगा।
4. **सूर्य+गुरु**–सूर्य के साथ गुरु 'लग्नभंग योग', 'राजभंग योग' बनायेगा। जातक का परिश्रम का फल नहीं मिलेगा।
5. **सूर्य+शुक्र**–सूर्य के साथ शुक्र 'पराक्रमभंग योग' की सृष्टि करेगा। नेत्रपीड़ा में जातक को कष्ट देगा।
6. **सूर्य+शनि**–यहां दोनों ग्रह कुम्भ राशि में होंगे। सूर्य शत्रु क्षेत्री एवं शनि अपनी मूलत्रिकोण राशि में स्वगृही होगा। सूर्य के कारण हर्षनामक 'विपरीतराज योग' तथा शनि के कारण विमल नामक 'विपरीतराज योग' बनेगा। जातक महाधनी, पराक्रमी एवं वैभवशाली होगा, परन्तु खर्चीले स्वभाव से धन एकत्रित नहीं हो पायेगा। जातक को नेत्रपीड़ा रहेगी।
7. **सूर्य+राहु**–सूर्य के साथ राहु जातक को व्यर्थ में भटकायेगा। जीवन के मार्ग कंटकाकीर्ण करेगा।
8. **सूर्य+केतु**–सूर्य के साथ केतु अनष्टि सूचक है।

❑❑❑

मीनलग्न में चंद्र की स्थिति

मीनलग्न में चंद्र की स्थिति प्रथम स्थान में

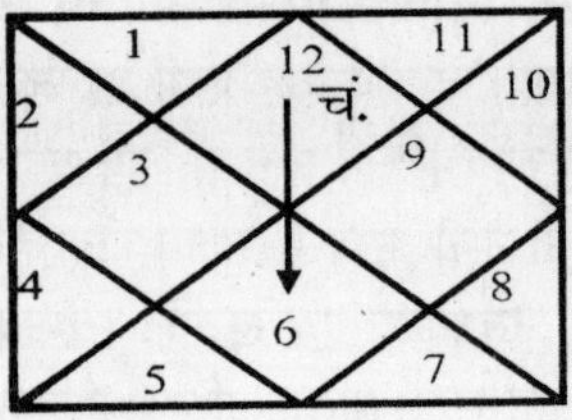

चंद्रमा मीनलग्न में पंचमेश होने से शुभफल एवं योग कारक है। चंद्रमा लग्नेश गुरु का मित्र भी है। चंद्रमा यहां प्रथम स्थान में मीन (मित्र) राशि का है। ऐसे जातक का जन्म पूर्वजन्म के शुभ पुण्यफल के रूप में होता है। जातक का शरीर व चेहरा सुन्दर होगा। जातक का जीवनसाथी सुन्दर होगा। माता का सुख उत्तम होगा।

दृष्टि–लग्नस्थ चंद्रमा की दृष्टि सप्तम भाव (कन्या राशि) पर होने से गृहस्थ सुख श्रेष्ठ, विद्यावान् होगा। बातचीत में कुशल होगा।

निशानी–कन्या संतति अधिक होगी। प्रथम कन्या होगी। पराशर ऋषि के अनुसार ऐसे जातक को एक पुत्र का सुख जरूर मिलेगा।

दशा-चंद्रमा की दशा-अंतर्दशा अति उत्तम फल देगी। इसकी दशा में जातक तीर्थाटन करेगा।

चंद्रमा का अन्य ग्रहों से सम्बन्ध–

1. **चंद्रमा+सूर्य**–'भोजसंहिता' के अनुसार मीनलग्न में सूर्य+चंद्रमा की युति प्रथम स्थान में होने के कारण जातक का जन्म चैत्र कृष्ण अमावस्या को प्रात: सूर्योदय में 6 से 8 के मध्य होता है। षष्टेश एवं पंचमेश की युति लग्न में जातक को आकर्षक व्यक्तित्व का धनी बनायेगा। जातक महान् शिक्षाविद् होगा।
2. **चंद्रमा+मंगल**–यहां प्रथम स्थान में दोनों ग्रह मीनराशि में होंगे। यहां बैठकर दोनों चतुर्थ स्थान मिथुन राशि, सप्तम भाव कन्या राशि एवं अष्टम स्थान तुलाराशि को देखेंगे। फलत: जातक धनवान होगा। लम्बी उम्र का स्वामी होगा।

जीवन में सभी भौतिक उपलब्धियों की प्राप्ति सहज से होगी। परन्तु जातक का सही आर्थिक विकास विवाह के बाद होगा।

3. **चंद्रमा+बुध**–चंद्रमा के साथ बुध जातक को सुन्दर पत्नी एवं अनुकूल ससुराल देगा।

4. **चंद्रमा+गुरु**–'भोजसंहिता' के अनुसार गुरु+चंद्रमा की यह युति वस्तुत पंचमेश चंद्रमा की लग्नेश+दशमेश गुरु के साथ युति है। गुरु यहां स्वगृही होकर बलवान होगा। यहां से ये दोनों ग्रह पंचम भाव, सप्तम भाव एवं भाग्य स्थान को पूर्ण दृष्टि से देखेंगे। गजकेसरी योग की यह सर्वोत्तम स्थित है। यहां 'हंस योग', 'कुलदीपक योग' व 'यामिनीनाथ योग' की सृष्टि हो रही है। जातक का भाग्योदय विवाह के तत्काल बाद होगा। जातक का दूसरा भाग्योदय प्रथम संतति के बाद होगा। 'पद्मसिंहासन योग' के कारण जातक की गिनती समाज के चुनिन्दा प्रतिष्ठित व भाग्यशाली व्यक्तियों में होगी। जातक राजा तुल्य ऐश्वर्य को भोगेगा।

5. **चंद्रमा+शुक्र**–चंद्रमा के साथ उच्च का शुक्र 'मालव्य योग' बनायेगा। जातक राजातुल्य पराक्रमी, ऐश्वर्यशाली एवं कामदेव के समान कमनीय होगा।

6. **चंद्रमा+शनि**–चंद्रमा के साथ शनि जातक को खर्चीले स्वभाव का बनायेगा।

7. **चंद्रमा+राहु**–चंद्रमा के साथ राहु जातक को अनेक कार्यों में उलझाये रखेगा।

8. **चंद्रमा+केतु**–चंद्रमा के साथ केतु जातक को कीर्तिवन्त बनायेगा।

मीनलग्न में चन्द्र की स्थिति द्वितीय स्थान में

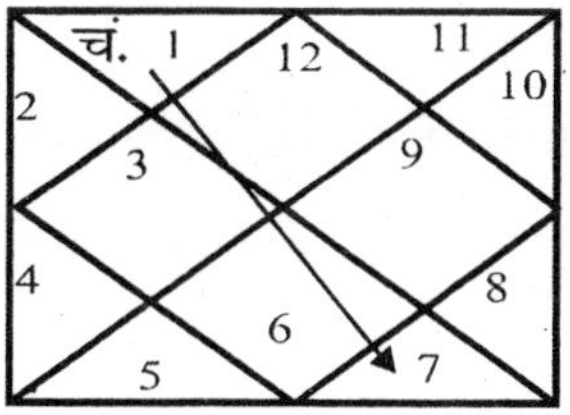

चंद्रमा मीनलग्न में पंचमेश होने से शुभफल एवं योग कारक है। चंद्रमा लग्नेश गुरु का मित्र भी है। चंद्रमा यहां द्वितीय स्थान में मेष (मित्र) राशि में होगा। ऐसे जातक को कुटुम्ब सुख उत्तम होगा। धन श्रेष्ठ। आंख, दांत, गला का रोग नहीं होगा। जातक का वाणी मधुर, माता का सुख भी उत्तम होगा।

दृष्टि–चंद्रमा की दृष्टि अष्टम स्थान (तुला राशि) पर होने से जातक का जलभय रहेगा। कफ प्रकृति के रोग होंगे।

निशानी–'पाराशरहोराशास्त्र' के अनुसार ऐसे जातक के अनेक पुत्र होते हैं। जातक अति धनवान एवं यशस्वी होता है।

दशा–चंद्रमा की दशा–अंतर्दशा उत्तम फल देगी।

चंद्रमा का अन्य ग्रहों से सम्बन्ध–

1. **चंद्रमा+सूर्य**–'भोजसंहिता' के अनुसार मीनलग्न में सूर्य+चंद्रमा की युति द्वितीय स्थान में (मेषराशि) में होने के कारण जातक का जन्म वैशाख कृष्ण अमावस्या को सूर्योदय से पूर्व प्रातः 4 से 6 के मंध्य होता है। षष्टेश एवं पंचमेश की युति जातक को महाधनी बनायेगी क्योंकि यहां सूर्य उच्च का योगकारक चन्द्रमा के साथ होगा।
2. **चंद्रमा+मंगल**–यहां द्वितीय स्थान में दोनों ग्रह मेषराशि में होंगे। मेषराशि में मंगल स्वगृही होगा। फलतः यहां 'महालक्ष्मी योग' बनेगा। यहां बैठकर दोनों ग्रहों की दृष्टियां, पंचमभाव कर्क राशि, अष्टम भाव तुलाराशि एवं भाग्यभवन वृश्चिक राशि पर होगी। फलतः जातक महाधनी होगा। लम्बी उम्र का स्वामी होगा। जातक सौभाग्यशाली होगा। जातक बुद्धिमान, विद्यावान् होगा। जातक की संतति भी धनवान एवं बुद्धिशाली होगी।
3. **चंद्रमा+बुध**–चंद्रमा के साथ बुध जातक को भौतिक उपलब्धि एवं सांसारिक सुख देगा।
4. **चंद्रमा+गुरु**–'भोजसंहिता' के अनुसार मीनलग्न के द्वितीय स्थान में गुरु+चंद्रमा की यह युति वस्तुतः पंचमेश चंद्रमा की लग्नेश+दशमेश गुरु के साथ युति होगी। जहां बैठकर ये दोनों शुभग्रह षष्टम् स्थान, अष्टम स्थान एवं दशम भाव पर होगी। फलतः जातक को ऋण रोग व शत्रु का भय नहीं रहेगा। जातक की आकस्मिक आपदाओं व दुर्घटनाओं से बचाव होता रहेगा। जातक को राज्य सरकार से मान-सम्मान मिलेगा। अधिकारियों से सहयोग व लाभ मिलता रहेगा। जातक समाज का प्रतिष्ठित व्यक्ति होगा।
5. **चंद्रमा+शुक्र**–चंद्रमा के साथ शुक्र जातक को मीठी एवं विनम्र वाणी देगा।
6. **चंद्रमा+शनि**–चंद्रमा के साथ शनि व्यर्थ के खर्च के प्रति जातक का आकर्षण बढ़ायेगा।
7. **चंद्रमा+राहु**–चंद्रमा के साथ राहु उपार्जित धन को नष्ट करेगा।
8. **चंद्रमा+केतु**–चंद्रमा के साथ केतु धनसंग्रह में बाधक है।

मीनलग्न में चंद्र की स्थिति तृतीय स्थान में

चंद्रमा मीनलग्न में पंचमेश होने से शुभफल एवं योग कारक है। चंद्रमा लग्नेश गुरु का मित्र भी है। चंद्रमा यहां तृतीय स्थान में वृषराशि में उच्च का होगा। वृषराशि के तीन अंशों में चंद्रमा परमोच्च का होगा। जातक सहोदरों का प्रिय होगा व

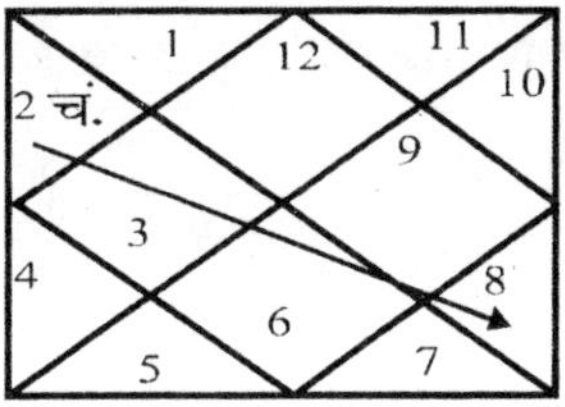

मिलनसार होगा। जातक को माता-पिता, स्त्री-संतान, धन, यश, पद-प्रतिष्ठा का पूरा सुख मिलेगा। जातक लेखक, काव्य-प्रिय व साहित्य प्रेमी होता है। उसके प्रंशसक बहुत होते हैं।

दृष्टि–तृतीयस्थ चंद्रमा की नीच दृष्टि भाग्यस्थान (वृश्चिक राशि) पर होगी। फलतः जातक का भाग्योदय छोटी उम्र में ही होगा।

निशानी–जातक के बहनें व कन्याएं अधिक होगी। ऐसा जातक असहिष्णु एवं चंचल स्वभाव का होगा।

दशा-चंद्रमा की दशा-अंतर्दशा में जातक तीर्थयात्राएं, देशाटन करेगा। संतति लाभ होगा। विद्या में कीर्ति मिलेगी।

चंद्रमा का अन्य ग्रहों से सम्बन्ध–

1. **चंद्रमा+सूर्य**–'भोजसंहिता' के अनुसार मीनलग्न में सूर्य+चंद्रमा की युति तृतीय स्थान (वृष राशि) में होने के कारण जातक का जन्म ज्येष्ठ कृष्ण अमावस्या को मध्य रात्रि 2 से 4 के मध्य होता है। षष्टेश+पंचमेश की युति में यहां चंद्रमा उच्च का होगा। जातक महान् पराक्रमी होगा। कुटुम्ब का सुख मिलेगा। जातक की स्त्री-मित्रों से विशेष लाभ होगा।
2. **चंद्रमा+मंगल**–यहां तृतीय स्थान में दोनों ग्रह वृषराशि में होंगे। वृषराशि में चंद्रमा उच्च का होने से 'महालक्ष्मी योग' बनेगा। यहां बैठकर दोनों ग्रह षष्टम स्थान सिंह राशि, भाग्यस्थान वृश्चिकराशि एवं दशमभाव धनुराशि को देखेंगे। फलतः जातक महाधनी होगा। जातक ऋण-रोग व शत्रु का नाश करने में सक्षम होगा। जातक सौभाग्यशाली होगा तथा कोर्ट-केस, मुकदमेबाजी में सदैव विजयश्री का वरण करेगा।
3. **चंद्रमा+बुध**–चंद्रमा के साथ बुध कुटुम्ब सुख में वृद्धि, माता के सुख में वृद्धि का द्योतक है।
4. **चंद्रमा+गुरु**–'भोजसंहिता' के अनुसार वृषराशि में यह युति वस्तुतः पंचमेश चंद्रमा की लग्नेश+दशमेश गुरु के साथ युति है। यहां चंद्रमा उच्च का होकर बलवान होगा तथा दोनों ग्रह सप्तम स्थान, भाग्य स्थान एवं लाभ स्थान को पूर्ण दृष्टि से देखेंगे। फलतः जातक का भाग्योदय विवाह के बाद होगा। जातक व्यापार व्यवसाय में बड़ा सम्मान नाम व धन कमायेगा। जातक का नाम समाज में भाग्यशाली, प्रतिष्ठित व सफल लोगों में होगा।

5. **चंद्रमा+शुक्र**–चंद्रमा के साथ शुक्र 'किम्बहुनानामकराज योग' बनायेगा। जातक को कुटम्बीजनों से लाभ होगा। बहनें अधिक होगी।
6. **चंद्रमा+शनि**–चंद्रमा के साथ शनि मित्रों से लाभ। जन सम्पर्क से लाभ देगा परन्तु छोटे भाई का सुख कमजोर करेगा।
7. **चंद्रमा+राहु**–चंद्रमा के साथ राहु भाइयों व कुटुम्बियों में विवाद उत्पन्न करेगा।
8. **चंद्रमा+केतु**–चंद्रमा के साथ केतु जातक को कीर्तिवान् बनायेगा।

मीनलग्न में चंद्र की स्थिति चतुर्थ स्थान में

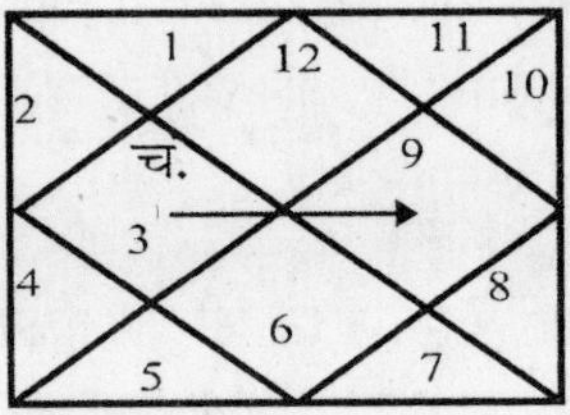

चंद्रमा मीनलग्न में पंचमेश होने से शुभफल एवं योग कारक है। चंद्रमा लग्नेश गुरु का मित्र भी है। चंद्रमा यहां चतुर्थ स्थान में मिथुनराशि का शत्रुक्षेत्री होगा। चंद्रमा यहां 'दिग्बली' होगा। ऐसा जातक को जमीन-जायदाद, स्त्री-संतान, मित्र-रिश्तेदार, धन-यश, पद-प्रतिष्ठा एवं वाहन का सुख मिलेगा। जातक को माता-पिता का सुख मिलता है।

दृष्टि–चतुर्थभावगत चंद्रमा की दृष्टि दशम स्थान (धनुराशि) पर होगी। फलतः जातक को राजकीय सम्मान मिलेगा। जातक राजमंत्री, राजगुरु के पद को प्राप्त करेगा।

निशानी–जातक को माता का सुख तो मिलता है पर माता से विचार नहीं मिलेगा। जातक मानसिक तनाव में रहता है।

दशा-चंद्रमा की दशा-अंतर्दशा अत्यन्त शुभ फल देगी। चंद्रमा की दशा में रोजी-रोजगार के अवसर प्राप्त होंगे।

चंद्रमा का अन्य ग्रहों से सम्बन्ध–

1. **चंद्रमा+सूर्य**–'भोजसंहिता' के अनुसार मीनलग्न में सूर्य+चंद्रमा की युति चतुर्थ स्थान (मिथुन राशि) में होने के कारण जातक का जन्म आषाढ़कृष्ण अमावस्या को मध्य राशि 12 से 2 के मध्य होता है। षष्टेश व पंचमेश की युति केंद्र से, हृदय रोग की संभावना को बढ़ायेगी। जातक की माता बीमार रहेगी।
2. **चंद्रमा+मंगल**–यहां चतुर्थ स्थान में दोनों ग्रह मिथुनराशि में होंगे। मंगल का यहा दिक्बली होगा। चंद्रमा शत्रुक्षेत्री होगा यहां बैठकर दोनों ग्रह सप्तम भाव कन्याराशि, दशम भाव धनुराशि, एवं एकादश भाव मकरराशि को देखेंगे। ऐसा

जातक धनी होगा। जातक की आर्थिक उन्नति विवाह के बाद होगी। जातक व्यापार-व्यवसाय में धन कमायेगा। ऐसे जातक की राजनीति में भी दबदबा प्रभाव रहेगा।

3. **चंद्रमा+बुध**—चंद्रमा के साथ बुध 'भद्र योग' बनायेगा। जातक राजातुल्य पराक्रम व ऐश्वर्यशाली होगा। विद्या एव बुद्धि में तेजस्वी व्यक्ति होगा।
4. **चंद्रमा+गुरु**—'भोजसंहिता' के अनुसार मिथुनराशि में यह युति, वस्तुतः पंचमेश चंद्रमा की लग्नेश+दशमेश गुरु के साथ युति है। चंद्रमा यहां शत्रुक्षेत्री होगा। यहां बैठकर दोनों ग्रह अष्टम स्थान, दशम स्थान एवं व्यय भाव को पूर्ण दृष्टि से देखेंगे। यहां क्रमशः 'पद्मसिंहासन योग'', 'कुलदीपक योग' एवं 'यामिनीनाथ योग' बना। फलतः जातक दीर्घायु प्राप्त करेगा। धन खूब कमायेगा। यात्राएं बहुत कमायेगा। जातक का धन परोपकार के कार्यों में, शुभकार्यों में खर्च होगा। जातक का राजनैतिक वर्चस्व भी उत्तम रहेगा।
5. **चंद्रमा+शुक्र**—चंद्रमा के साथ शुक्र माता के सुख में न्यूनता उत्पन्न करेगा।
6. **चंद्रमा+शनि**—चंद्रमा के साथ शनि, भौतिक उपलब्धियों के भण्डार को भरेगा।
7. **चंद्रमा+राहु**—चंद्रमा के साथ राहु माता की मृत्यु छोटी उम्र में करायेगा।
8. **चंद्रमा+केतु**—चंद्रमा के साथ केतु जातक को लम्बी बीमारी देगा।

मीनलग्न में चन्द्र की स्थिति पंचम स्थान में

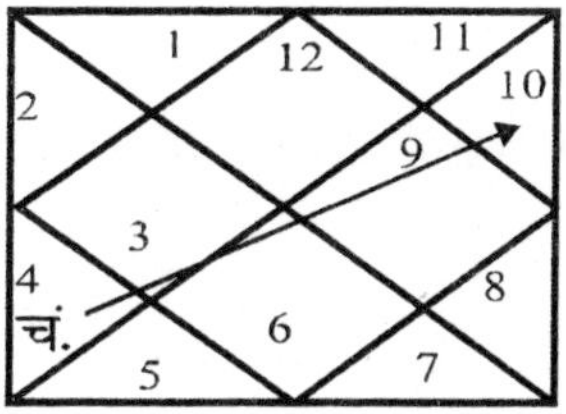

चंद्रमा मीनलग्न में पंचमेश होने से शुभफल एवं योग कारक है। चंद्रमा लग्नेश गुरु का मित्र भी है। चंद्रमा यहां पंचम स्थान में स्वगृही होगा। जातक वाक्पटु होगा। वाणी विनम्र होगी। कल्पना शक्ति प्रखर होगी। जातक उच्च शैक्षणिक डिग्री प्राप्त करेगा। जातक हंसमुख होगा। उसका सोच सकारात्मक होगा। जातक स्वयं यशस्वी होगा एवं उसकी संतान भी यशस्वी होगी। जातक को माता का सुख उत्तम होगा।

दृष्टि—पंचमस्थ चंद्रमा की दृष्टि एकादश स्थान (मकरराशि) पर होगी। फलतः जातक व्यापार द्वारा उत्तम धनार्जन करेगा। बैंक बैलेन्स तगड़ा रहेगा।

निशानी—जातक पुत्रवान होगा पर कन्या संतति अधिक होगी। दो कन्या एक पुत्र का योग बनता है।

दशा-चंद्रमा की दशा-अंतर्दशा में उन्नति प्राप्त होगी। तीर्थयात्रा-देशाटन होगा। धर्नाजन भी होगा एवं यश मिलेगा।

चंद्रमा का अन्य ग्रहों से सम्बन्ध–

1. **चंद्रमा+सूर्य**–'भोजसंहिता' के अनुसार मीनलग्न में सूर्य+चंद्रमा की युति पंचम स्थान (कर्क राशि) में होने के कारण जातक का जन्म श्रावण कृष्ण अमावस्या को रात्रि 12 से 10 के मध्य होता है। षष्टेश व पंचमेश की युति यहां जातक को सुन्दर संतति व उत्तम शिक्षा देगी।
2. **चंद्रमा+मंगल**–यहां पंचम स्थान में दोनों ग्रह कर्कराशि में होंगे। चंद्रमा जहां स्वगृही होगा वहीं मंगल नीचराशि में होने से 'नीचभंगराज योग' बनने से 'महालक्ष्मी योग' की सृष्टि हुई। यहां बैठकर दोनों ग्रह अष्टम भाव तुलाराशि, लाभ स्थान मकरराशि एवं व्ययभाव कुंभराशि को देखेंगे। फलत: जातक महाधनी होगा। लम्बी उम्र का स्वामी होगा। व्यापार-व्यवसाय में धन कमायेगा। पर ऐसे जातक के खर्चे भी बढ़े-चढ़े होंगे।
3. **चंद्रमा+बुध**–चंद्रमा के साथ बुध होने से जातक को कन्या संतति की बाहुल्यता रहेगी।
4. **चंद्रमा+गुरु**–'भोजसंहिता' के अनुसार कर्क राशि में यह युति वस्तुत: पंचमेश चंद्रमा की लग्नेश+दशमेश गुरु के साथ युति है। चंद्रमा यहां स्वगृही एवं गुरु उच्च का अत्यधिक शक्तिशाली स्थिति में है। यहां बैठकर दोनों शुभग्रह भाग्य स्थान, लाभ स्थान एवं लग्न स्थान को देखेंगे। फलत: जातक चहुंमुखी विकास 24 वर्ष की आयु में होना शुरू हो जायेगा। जातक को व्यापार-व्यवसाय में उच्च स्थान की प्राप्ति होगी। जातक भाग्यशाली होगा। शिक्षित होगा तथा उसकी संतति भी शिक्षित होगी।
5. **चंद्रमा+शुक्र**–चंद्रमा के साथ शुक्र विद्या में बाधा के साथ जातक कला व अभिनय के क्षेत्र में उभरेगा।
6. **चंद्रमा+शनि**–चंद्रमा के साथ शनि प्रारम्भिक विद्या में रुकावट परन्तु जातक बड़ा उद्योगपति होगा।
7. **चंद्रमा+राहु**–चंद्रमा के साथ राहु विद्या व संतान सुख में बाधक है।
8. **चंद्रमा+केतु**–चंद्रमा के साथ केतु होने से जातक तेजस्वी विद्यार्थी होगा। उसकी संतति भी तेजस्वी होगी।

मीनलग्न में चंद्र की स्थिति षष्टम स्थान में

चंद्रमा मीनलग्न में पंचमेश होने से शुभफल एवं योग कारक है। चंद्रमा लग्नेश गुरु का मित्र भी है। चंद्रमा यहां छठे स्थान में सिंह (मित्र) राशि में है। चंद्रमा की

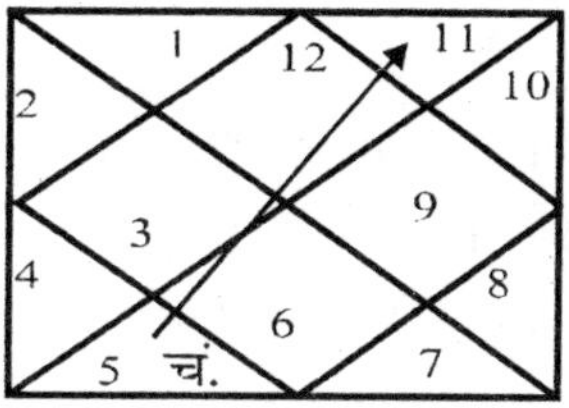

इस स्थिति से 'पुत्रहीन योग' बनता है। महर्षि पाराशर कहते हैं–'पुत्रः शत्रु समो भवेत्', प्रथमतः जातक के पुत्र होवे नहीं। पुत्र होवे तो शत्रु के समान व्यवहार करेगा। संतान के मामले में जातक कष्ट पायेगा। जातक के दत्तक पुत्र होगा! विद्या में भी रुकावट आयेगी।

दृष्टि–षष्टमस्थ चंद्रमा की दृष्टि द्वादश भाव (कुम्भ राशि) पर होगी। फलतः जातक के शत्रु ज्यादा होंगे। जातक परदेश जाकर बसेगा।

निशानी–जातक के पेट के रोग, मूत्ररोग, डाईबीटिज या चर्मरोग की संभावना रहती है। जातक को उधार मांगने की आदत होगी। जातक कर्जदार रहेगा।

दशा-चंद्रमा की दशा-अंतर्दशा अशुभफल देगी।

चंद्रमा का अन्य ग्रहों से सम्बन्ध–

1. **चंद्रमा+सूर्य**–'भोजसंहिता' के अनुसार मीनलग्न में सूर्य+चंद्रमा की युति छठे स्थान (सिंह राशि) में होने के कारण जातक का जन्म भाद्र कृष्ण अमावस्या को रात्रि 10 से 8 के मध्य होता है। षष्टेश व पंचमेश की युति यहां 'संतानहीन योग' के कारण हर्षनामक 'विपरीतराज योग' की सृष्टि करेगी। जातक महाधनी एवं वैभवशाली होगा।
2. **चंद्रमा+मंगल**–यहां षष्टम स्थान में दोनों ग्रह सिंह राशि में होंगे। यहां बैठकर दोनों ग्रहों की दृष्टि अष्टमस्थान तुलाराशि, व्ययस्थान कुंभराशि एवं लग्नस्थान मीनराशि पर होगी। चंद्रमा छठे जाने से 'संततिहीन योग' एवं मंगल छठे जाने से 'धनहीन योग' 'भाग्यभंग योग' भी बनेगा। निसंदेह यह स्थिति शुभद नहीं है। जातक बाहर से धनवान दिखेगा पर अंदर से खोखला होगा।
3. **चंद्रमा+बुध**–चंद्रमा के साथ बुध 'सुखभंग योग', 'विवाहभंग योग' बनायेगा। जातक को भौतिक उपलब्धियों की प्राप्ति हेतु संघर्ष करना पड़ेगा।
4. **चंद्रमा+गुरु**–'भोजसंहिता' के अनुसार सिंह राशि में युति वस्तुत पंचमेश चंद्रमा की लग्नेश+दशमेश गुरु के साथ युति है। गुरु के छठे जाने से 'लग्नभंग योग' एवं 'राज्यभंग योग' बना। चंद्रमा के छठे जाने से 'संतानहीन योग' बना। यहां बैठकर दोनों ग्रह दशमस्थान, व्ययस्थान एवं धन स्थान पर दृष्टिपात करेंगे। फलतः जातक को विद्या में बाधा आयेगी। राज्यपक्ष से सरकारी अधिकारी धोखा देंगे। धन की प्राप्ति तो होगी, निरन्तर होती रहेगी। पर धन खर्च होता

चला जायेगा। रुपयों की बरकत नहीं होगी। फिर भी इस योग के कारण जातक का जीवन सार्थक व सफल होगा।

6. **चंद्रमा+शनि**–चंद्रमा के साथ शनि 'लाभभंग योग' के साथ विमल नामक 'विपरीतराज योग' बनायेगा। जातक धनी-मानी अभिमानी होगा।
7. **चंद्रमा+राहु**–चंद्रमा के साथ राहु गुप्त शत्रुओं के प्रकोप को बढ़ायेगा।
8. **चंद्रमा+केतु**–चंद्रमा के साथ केतु गुप्त रोगों को उत्पन्न करेगा।

मीनलग्न में चंद्र की स्थिति सप्तम स्थान में

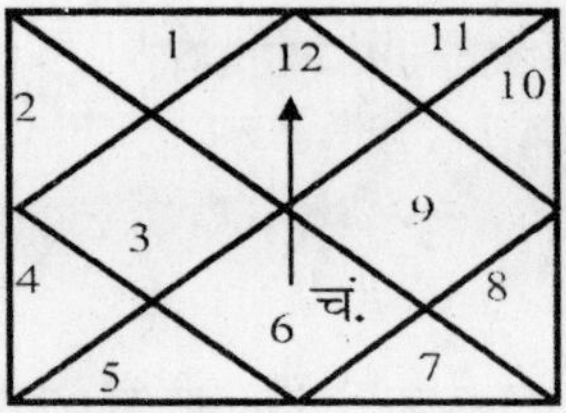

चंद्रमा मीनलग्न में पंचमेश होने से शुभफल एवं योग कारक है। चंद्रमा लग्नेश गुरु का मित्र भी है। चंद्रमा यहां सप्तम स्थान में कन्या में शत्रुराशि में होगा। ऐसे जातक की पत्नी सुन्दर होगी। वैवाहित जीवन अत्यन्त सुखी होगा। माता का सुख उत्तम। संतान का सुख उत्तम। भागीदारी में लाभ। ऐसा जातक परोपकारी एवं धार्मिक होगा। उसे सामाजिक कार्यों में यश मिलेगा। जातक को उच्च शैक्षणिक उपाधि मिलेगी।

दृष्टि–सप्तमस्थ चंद्रमा की दृष्टि लग्न स्थान (मीनराशि) पर होगी। जातक दीखने में सुन्दर कोमल शरीर वाला होगा।

निशानी–जातक प्रेम विवाह करेगा। कन्या संतति अधिक होगी, क्योंकि पंचमेश चंद्रमा भी कन्या राशि में है।

दशा-चंद्रमा की दशा-अंतर्दशा में विवाह होगा। उन्नति होगी। संतान की प्राप्ति होगी।

चंद्रमा का अन्य ग्रहों से सम्बन्ध–

1. **चंद्रमा+सूर्य**–'भोजसंहिता' के अनुसार मीनलग्न में सूर्य+चंद्रमा की युति सातवें स्थान (कन्या राशि) में होने के कारण जातक का जन्म अश्विन कृष्ण अमावस्या को सायं 6 से 8 के मध्य होता है। षष्टेश व पंचमेश की युति यहां संतान एवं विवाहसुख में बाधक है। संतान एवं पत्नी के विकलांग होने का भय बना रहेगा।
2. **चंद्रमा+मंगल**–यहां सप्तम स्थान में दोनों ग्रह कन्याराशि में होंगे। यहां बैठकर दोनों ग्रह दशमभाव धनुराशि, लग्न स्थान मीनराशि एवं धनभाव मेषराशि को

देखेंगे। ऐसा जातक धनवान होगा। जातक अपने परिश्रम से निरन्तर उन्नति पथ की ओर आगे बढ़ता चला जायेगा। जातक का राज्य सरकार कोर्ट, कचहरी में दबदबा प्रभाव अक्षुण्ण बना रहेगा।

3. **चंद्रमा+बुध**–जातक की पत्नी अति उच्च घराने की होगी। ससुराल धनवान होगा। यहां बुध के कारण 'भद्र योग' बना। जातक राजा तुल्य ऐश्वर्यशाली एवं पराक्रमी होगा।

4. **चंद्रमा+गुरु**–'भोजसंहिता' के अनुसार यह युति वस्तुत: पंचमेश चंद्रमा की लग्नेश+दशमेश गुरु के साथ युति है। चंद्रमा यहां शत्रुक्षेत्री है। दोनों शुभग्रह यहां बैठकर लाभ स्थान, लग्न स्थान एवं पराक्रम स्थान को पूर्ण दृष्टि से देखेंगे। गुरु यहां 'कुलदीपक योग', 'पद्मसिंहासन योग' बना रहा है। चंद्रमा यहां नीचराशि गत होता हुआ भी 'यामिनीनाथ योग' बनायेगा। फलत: जातक की पत्नी सुन्दर व संस्कारित होगी। जातक के व्यक्तित्व का चंहुमुखी विकास होगा। उसे व्यापार-व्यवसाय में लाभ होगा। जातक बहुत पराक्रमी एवं यशस्वी होगा।

5. **चंद्रमा+शुक्र**–चंद्रमा के साथ शुक्र होने से जातक की पत्नी सुन्दर होगी पर उसे गुप्त बीमारी रहेगी।

6. **चंद्रमा+शनि**–चंद्रमा के साथ शनि होने से जातक का जीवनसाथी व्यापार प्रिय होगा।

7. **चंद्रमा+राहु**–चंद्रमा के साथ राहु होने से गृहस्थ सुख में बाधा, जीवन साथी की मृत्यु तक संभव है।

8. **चंद्रमा+केतु**–चंद्रमा के साथ केतु होने से जीवनसाथी को दीर्घकालिक बीमारी संभव है।

मीनलग्न में चन्द्र की स्थिति अष्टम स्थान में

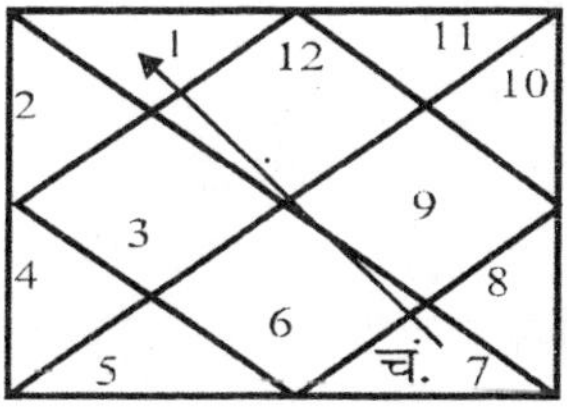

चंद्रमा मीनलग्न में पंचमेश होने से शुभफल एवं योग कारक है। चंद्रमा लग्नेश गुरु का मित्र भी है। चंद्रमा यहां अष्टम स्थान में तुला (सम) राशि में है। चंद्रमा की यह स्थिति 'पुत्रहीन योग' की सृष्टि करती है। पाराशर ऋषि के अनुसार जातक थोड़े पुत्र वाला होता है। जातक को संतान से

वियोग व कष्ट होगा। जातक बाल्यावस्था में बीमार रहेगा। यदि अन्य अशुभ ग्रह साथ हो तो यहां 'बालारिष्ट योग' बनेगा।

दृष्टि–अष्टमस्थ चंद्रमा की दृष्टि धनभाव (मेषराशि) पर होगी। जातक अनेक संसाधनों से धन कमायेगा। वाणी विनम्र होगी।

निशानी–जातक क्रोधी होता है तथा श्वास व दमा की बीमारी से ग्रसित होता है।

दशा-चंद्रमा की दशा-अंतर्दशा अशुभफल देगी।

चंद्रमा का अन्य ग्रहों से सम्बन्ध–

1. **चंद्रमा+सूर्य**–'भोजसंहिता' के अनुसार मीनलग्न में सूर्य+चंद्रमा की युति आठवें स्थान (तुला राशि) में होने के कारण जातक का जन्म कार्तिक कृष्ण अमावस्या को सायं 4 से 6 बजे के मध्य होता है। षष्टेश व पंचमेश की युति यहां 'संतानहीन योग' के कारण हर्षनामक 'विपरीतराज योग' की सृष्टि करेगी। जातक महाधनी एवं वैभवशाली होगा।
2. **चंद्रमा+मंगल**–यहां अष्टम स्थान में दोनों ग्रह तुला राशि में होंगे। यहां बैठकर दोनों ग्रहों की दृष्टियां लाभ स्थान, मकर राशि, धन भाव मेष राशि एवं पराक्रमभाव वृषराशि पर होगी। चंद्रमा आठवें जाने से 'संतानहीन योग' तथा मंगल आठवें जाने से 'धनहीन योग' तथा 'भाग्यभंग योग' बनेगा। निश्चय ही यह स्थिति शुभद नहीं है। ऐसा जातक बाहर से धनवान दिखाई देगा परन्तु भीतर से खोखला होगा।
3. **चंद्रमा+बुध**–चंद्रमा के साथ बुध 'सुखहीन योग' विलम्ब विवाह योग बनाता है। ऐसे जातक को भौतिक उपलब्धियों की प्राप्ति हेतु संघर्ष करना पड़ता है।
4. **चंद्रमा+गुरु**–'भोजसंहिता' के अनुसार यह युति वस्तुत पंचमेश चंद्रमा की लग्नेश+दशमेश गुरु के साथ युति है। गुरु एवं चंद्रमा के अष्टम स्थान में जाने से क्रमशः 'लग्नभंग योग', 'विद्याभंग योग', 'संतानहीन योग' एवं राज्यभंग योग की सृष्टि हो रही है। अष्टम स्थान में बैठकर गुरु व्यय भाव, धन भाव एवं सुख भाव को देखेंगे फलतः जातक धनवान होगा। परन्तु धन की बरकत नहीं होगी। रुपया परोपकार के कार्य में यात्राओं में खर्च होता चला जायेगा। विद्या में रुकावट आयेगी। संतान संबंधी चिंता रहेगी। राज्य सरकार कोर्ट-कचहरी से परेशानी आ सकती है। सावधानी अनिवार्य है। फिर भी इस शुभ योग के कारण जीवन कांटोभरी सेज नहीं रहेगी। संघर्ष के बाद सभी ओर से सफलता निश्चित है।

5. **चंद्रमा+शुक्र–**चंद्रमा के साथ शुक्र सरल नामक 'विपरीतराज योग' एवं 'पराक्रम भंग योग' बनायेगा। जातक धनी होगा, मानी होगा। जीवन में संघर्ष रहेगा।
6. **चंद्रमा+शनि–**चंद्रमा के साथ शनि 'लाभभंग योग' एवं 'विमल नामक विपरीतराज योग बनायेगा। जीवन में संघर्ष रहेगा। जातक धनी-मानी, अभिमानी होगा।
7. **चंद्रमा+राहु–**चंद्रमा के साथ राहु आयु के लिए घातक है।
8. **चंद्रमा+केतु–**चंद्रमा के साथ केतु अनिष्टसूचक है।

मीनलग्न में चंद्र की स्थिति नवम स्थान में

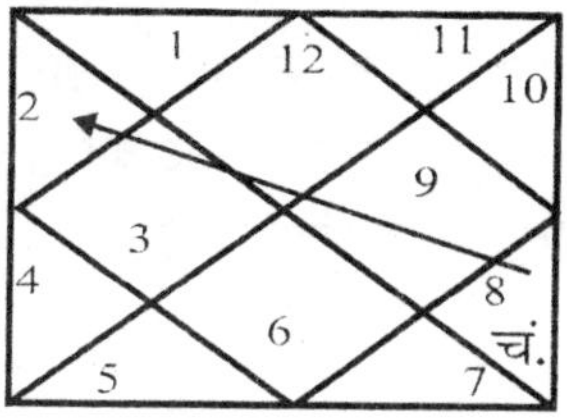

चंद्रमा मीनलग्न में पंचमेश होने से शुभफल एवं योग कारक है। चंद्रमा लग्नेश गुरु का मित्र भी है। चंद्रमा यहां नवम स्थान में वृश्चिक नीच राशि का होगा। वृश्चिक राशि के 3 अंशों में चंद्रमा परमनीच का होगा। पाराशर ऋषि के अनुसार–

सुतेशे भाग्यगे पुत्रो भूपो वा सत्समो भवेत्।
स्वयं व ग्रन्थकर्ता च विख्यातः कुलदीपकः।

ऐसे जातक का पुत्र राजातुल्य पराक्रमी, विख्यात ग्रंथकार एवं कुल में श्रेष्ठ होता है।

दृष्टि–नवम भाव में स्थित सूर्य की दृष्टि तृतीय भाव (वृष राशि) पर होगी। फलतः जातक को भाई-बहन, इष्ट-मित्रों का पूर्ण सुख मिलेगा।

निशानी–जातक के बहनें ज्यादा होगी। जातक को पिता सुख श्रेष्ठ होगा।

दशा-चंद्रमा की दशा-अंतर्दशा में जातक का भाग्योदय होगा।

चंद्रमा का अन्य ग्रहों से सम्बन्ध–

1. **चंद्रमा+सूर्य–**'भोजसंहिता' के अनुसार मीनलग्न में सूर्य+चंद्रमा की युति नवमें स्थान (वृश्चिक राशि) में होने के कारण जातक का जन्म मार्गशीर्ष कृष्ण अमावस्या को सायं 2 से 4 के मध्य होता है। षष्टेश एवं पंचमेश की युति यहां भाग्योदय में सहायक है। चंद्रमा यहां नीच का होते हुए भी जातक महान् पराक्रमी होगा।
2. **चंद्रमा+मंगल–**यहां नवम स्थान में दोनों ग्रह वृश्चिक राशि में होंगे। वृश्चिक राशि में जहां चंद्रमा नीच का होगा वहीं मंगल स्वगृही होने से 'महालक्ष्मी योग' बनेगा तथा 'नीचभंगराज योग' बनेगा। यहां बैठकर दोनों ग्रह, व्यय भाव कुंभराशि, पराक्रम भाव वृष राशि एवं चतुर्थ भाव मिथुन राशि को देखेंगे।

फलतः जातक महाधनी होगा। महान पराक्रमी होगा। ऐसे जातक को जीवन में उत्तम वाहन, उत्तम भवन एवं समस्त भौतिक सुख मिलेंगे। परन्तु ऐसे जातक खर्चीले स्वभाव, उदार मनोवृत्ति वाला परोपकारी व दानी होगा।

3. **चंद्रमा+बुध**–चंद्रमा के साथ बुध जातक के भाग्योदय में प्रबल सहायक है। जातक महान पराक्रमी होगा।

4. **चंद्रमा+गुरु**–'भोजसंहिता' के अनुसार यह युति वस्तुतः पंचमेश चंद्रमा की लग्नेश+राज्येश गुरु के साथ युति है। चंद्रमा यहां नीच का होगा। गुरु के कारण 'पदम्सिंहासन योग' बनेगा। जहां बैठकर ये दोनों शुभग्रह लग्न स्थान, पराक्रम स्थान एवं पंचम भाव को पूर्ण दृष्टि से देखेंगे। फलतः जातक शिक्षित होगा तथा उसकी संतानें भी उच्च शिक्षा प्राप्त करेगी। जातक अपनी संतान के कारण समाज में विशेष प्रतिष्ठा प्राप्त करेगा। जातक का जीवन में चहुमुंखी विकास होगा। राजनीति में दबदबा रहेगा। जातक महान् पराक्रमी एवं यशस्वी होगा।

5. **चंद्रमा+शुक्र**–चंद्रमा के साथ शुक्र जातक को प्रबल पराक्रमी बनायेगा परन्तु पीठ पीछे निन्दा होगी।

6. **चंद्रमा+शनि**–चंद्रमा के साथ शनि जातक के भाग्योदय में दिक्कतें पैदा करेगा। जातक कठोर परिश्रमी होगा।

7. **चंद्रमा+राहु**–चंद्रमा के साथ नीच का राहु भाग्योदय में बाधाएं उत्पन्न करेगा।

8. **चंद्रमा+केतु**–चंद्रमा के साथ उच्च का केतु जातक को तीव्र गति से आगे बढ़ायेगा।

मीनलग्न में चंद्र की स्थिति दशम स्थान में

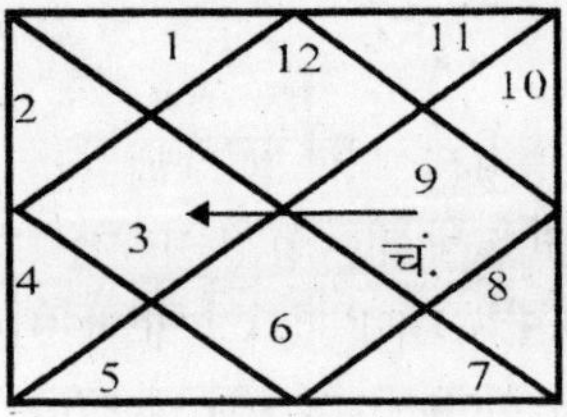

चंद्रमा मीनलग्न में पंचमेश होने से शुभफल एवं योग कारक है। चंद्रमा लग्नेश गुरु का मित्र भी है। चंद्रमा यहां दशम भाव में धनु (मित्र) राशि में होगा। चंद्रमा यहां अपने स्थान से 'षडाष्टक योग' बना रहा है। ऐसा जातक संतान अथवा विद्या को लेकर मानसिक तनाव में रहेगा। फिर भी जातक धनी होगा। पाराशर ऋषि के अनुसार पंचमेश दशमेश दशम में होने से एक प्रकार का 'राजयोग' बनता है। ''अनेक सुखभोगी च ख्यात कीर्ति हारो भवेत्।'' जातक सभी प्रकार के भौतिक सुखों को प्राप्त करता हुआ कीर्तिवान होता है।

दृष्टि–दशम भावगत चंद्रमा की दृष्टि चतुर्थभाव (मिथुनराशि) पर होगी। फलत: माता का सुख श्रेष्ठ, विद्या सुख श्रेष्ठ मिलेगा।

निशानी–जातक अपने कुटुम्ब में श्रेष्ठ व्यक्ति होता है। जातक विद्वान् होता है तथा राज-सरकार द्वारा सम्मानित होता है।

दशा-चंद्रमा की दशा-अंतर्दशा में जातक को अकल्पनीय शुभफलों को प्राप्ति होती है। जातक सपरिवार धार्मिक यात्राओं व देशाटन पर जाता है।

चंद्रमा का अन्य ग्रहों से सम्बन्ध–

1. **चंद्रमा+सूर्य**–'भोजसंहिता' के अनुसार मीनलग्न में सूर्य+चंद्रमा की युति दसवें स्थान (धनुराशि) में होने के कारण जातक का जन्म पौष कृष्ण अमावस्या को दोपहर 12 से 2 के मध्य होता है। षष्टेश व पंचमेश की युति यहां जातक को नौकरी में ऊंचा पद दिलायेगी। जातक राजनीति में कुशल एवं धनवान होगा।
2. **चंद्रमा+मंगल**–यहां दशम स्थान में दोनों ग्रह धनुराशि में होंगे। मंगल यहां दिक्बली होकर 'कुलदीपक योग' बनायेगा। चंद्रमा की 'यामिनीनाथ योग' बनायेगा। दोनों ग्रहों की दृष्टियां, लाभस्थान मीन राशि, चतुर्थ स्थान मिथुन राशि एवं पंचम भाव कर्क राशि पर होगी। फलत: जातक समाज का प्रतिष्ठित व धनी व्यक्ति होगा। निरन्तर उन्नति पथ पर आगे बढ़ता चला जायेगा। जातक उत्तम वाहन, उत्तम भवन का स्वामी होगा। जातक स्वयं तो धनी होगा ही पर उसकी संतति भी उसी की तरह धनवान होगी।
3. **चंद्रमा+बुध**–चंद्रमा के साथ बुध माता का सुख, विवाह का सुख देगा। जातक कुल का नाम रोशन करेगा।
4. **चंद्रमा+गुरु**–'भोजसंहिता' के अनुसार धनु राशि में यह युति वस्तुत: पंचमेश चंद्रमा की लग्नेश+राज्येश गुरु के साथ युति है। ये दोनों शुभग्रह केन्द्र में बैठकर धन स्थान, सुख भाव एवं षष्टम् स्थान को पूर्ण दृष्टि से देखेंगे। गुरु यहां स्वगृही होने से बलवान होगा तथा क्रमश: 'हसं योग', 'कुलदीपक योग', 'यामिनीनाथ योग', 'पद्मसिंहासन योग' की सृष्टि कर रहा है। फलत: जातक का राजनीति में व्यापार में भारी प्रतिष्ठा होगी। जातक राजा तुल्य ऐश्वर्य को भोगेगा। जातक के पास उत्तम वाहन एवं भौतिक संसाधनों की उपलब्धि रहेगी। जातक अपने शत्रुओं का नाश करने में पूर्णत: समर्थ होगा।
5. **चंद्रमा+शुक्र**–चंद्रमा के साथ शुक्र जातक का पराक्रम राजा की भांति बढ़ायेगा।
6. **चंद्रमा+शनि**–चंद्रमा के साथ शनि जातक को व्यापार में लाभ, पद-प्रतिष्ठा दिलायेगा।

7. **चंद्रमा+राहु**–चंद्रमा के साथ राहु रोजी-रोजगार में बाधक है।

8. **चंद्रमा+केतु**–चंद्रमा के साथ केतु संघर्ष का द्योतक है।

मीनलग्न में चंद्र की स्थिति एकादश स्थान में

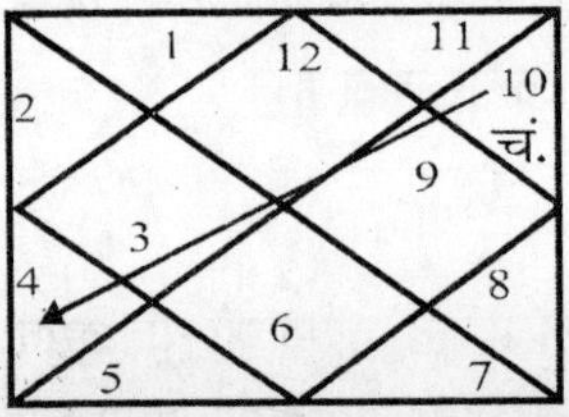

चंद्रमा मीनलग्न में पंचमेश होने से शुभफल एवं योग कारक है। चंद्रमा लग्नेश गुरु का मित्र भी है। चंद्रमा यहां एकादश स्थान में मकर (सम) राशि का होगा। जातक की सभी प्रकार की सुख-सुविधा, समृद्धि एवं उत्तम विद्याओं की प्राप्ति होगी। 'बृहत्पाराशर होराशास्त्र' के अनुसार ऐसा जातक विख्यात ग्रंथकार, लोकप्रिय, धन, पुत्र एवं वैभव से युक्त उत्तम व्यक्तित्व का स्वामी होता है।

दृष्टि–चंद्रमा की दृष्टि पंचम भाव अपने ही घर कर्क राशि पर होने के कारण कन्या संतति अधिक होगी।

निशानी–ऐसे जातक उच्च महत्वाकांक्षी होता है। अपनी उन्नति के प्रति सावधान रहता है।

दशा-चंद्रमा की दशा-अंतर्दशा शुभ फल देगी।

चंद्रमा का अन्य ग्रहों से सम्बन्ध–

1. **चंद्रमा+सूर्य**–'भोजसंहिता' के अनुसार मीनलग्न में सूर्य+चंद्रमा की युति एकादश स्थान (मकर राशि) में होने के कारण जातक का जन्म माघकृष्ण अमावस्या को दिन में 10 से 12 बजे के मध्य होता है। षष्टेश एवं पंचमेश की युति यहां व्यापार में लाभ देगी। अति उत्तम संतति एवं उच्च शैक्षणिक उपाधि प्रदान करेगी।

2. **चंद्रमा+मंगल**–यहां एकादश स्थान में दोनों ग्रह मकर राशि में होंगे। मकर राशि में मंगल उच्च का होने से 'महालक्ष्मी योग' की सृष्टि होगी। यहां बैठकर दोनों ग्रह धनस्थान मेष राशि, पंचम स्थान कर्क राशि एवं षष्टम् स्थान सिंह राशि को देखेंगे। फलत: ऐसा जातक महाधनी होगा। ऋण-रोग व शत्रुओं का नाश करने में पूर्ण सक्षम होगा। जातक निरन्तर उन्नति पथ की ओर आगे बढ़ता चला जायेगा। ऐसा जातक स्वयं तो धनी होगा पर उसकी संतति भी उसकी तरह धनवान होगी। जातक की विशेष आर्थिक उन्नति प्रथम पुत्र प्रजनन के बाद होगी।

3. **चंद्रमा+बुध**–चंद्रमा के साथ बुध होने से जातक को भौतिक उपलब्धियों की प्राप्ति, गृहस्थ सुखों की प्राप्ति होगी।

4. **चंद्रमा+गुरु**–'भोजसंहिता' के अनुसार मकर राशि में यह युति वस्तुत: पंचमेश चंद्रमा की लग्नेश+दशमेश गुरु के साथ युति होगी। गुरु यहां नीच का होगा। जहां बैठकर ये दोनों ग्रह पराक्रम स्थान, पंचम भाव एवं सप्तम भाव को पूर्ण दृष्टि से देखेंगे फलत: जातक की संतति शिक्षित होगी। उसे व्यापार-व्यवसाय में उच्च पद प्राप्त होगा। जातक का भाग्योदय विवाह के तत्काल बाद होगा। जातक महान् पराक्रमी एवं यशस्वी होगा।

5. **चंद्रमा+शुक्र**–चंद्रमा के साथ शुक्र होने से जातक पराक्रमी होगा। उद्योगपति होगा। बड़े व्यापार से लाभ होगा।

6. **चंद्रमा+शनि**–चंद्रमा के साथ शनि होने से जातक उद्योगपति एवं बड़ा व्यापारी होगा। बैंक-बैलेन्स अच्छा रहेगा।

7. **चंद्रमा+राहु**–चंद्रमा के साथ राहु-व्यापार में अचानक घाटा देगा।

8. **चंद्रमा+केतु**–चंद्रमा के साथ केतु व्यापार में रुकावट का द्योतक है।

मीनलग्न में चंद्र की स्थिति द्वादश स्थान में

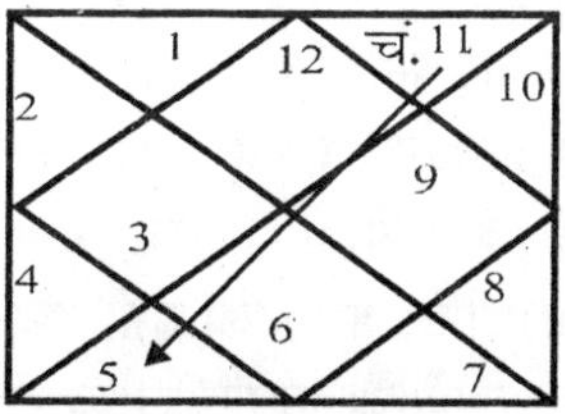

चंद्रमा मीनलग्न में पंचमेश होने से शुभफल एवं योग कारक है। चंद्रमा लग्नेश गुरु का मित्र भी है। चंद्रमा यहां द्वादश स्थान कुम्भ राशि में है। चंद्रमा अपनी राशि में आठवें एवं लग्न में बारहवें होने के कारण पंचम भाव के शुभफलों को तोड़ता है तथा 'पुत्रहीन योग' की सृष्टि करता है। पाराशर ऋषि के अनुसार 'दत्तपुत्रयुतो काऽसौ क्रीतपुत्रान्वितोऽथवा' जातक दत्तक पुत्र अथवा क्रीतपुत्र द्वारा सेवित होता है। जातक मानसिक तनाव में रहेगा तथा उसे नेत्र पीड़ा खासकर बाई आंख में पीड़ा होगी।

दृष्टि–द्वादश स्थानगत चंद्रमा की दृष्टि छठे भाव (सिंह राशि) पर होगी। जातक का माता की मृत्यु छोटी उम्र में होगी। जातक को मामा का सुख उत्तम मिलेगा।

निशानी–जातक के प्रारम्भिक विद्याध्ययन में रुकावटें आयेगी एवं प्रतियोगी परीक्षाओं में असफल होगा।

दशा-चंद्रमा की दशा-अंतर्दशा में अशुभफलों की प्राप्ति होगी।

चंद्रमा का अन्य ग्रहों से सम्बन्ध–

1. **चंद्रमा+सूर्य**–भोजसंहिता के अनुसार मीनलग्न में सूर्य+चंद्रमा की युति द्वादश स्थान (कुम्भ राशि) में होने के कारण जातक का जन्म फाल्गुण कृष्ण अमावस्या को प्रात: 8 से 10 बजे के मध्य होता है। षष्टेश एवं पंचमेश की युति यहां 'संतानहीन योग' के साथ-साथ हर्षनामक योग 'विपरीतराज योग' की सृष्टि करेगी। जातक महाधनी एवं वैभवशाली होगा।
2. **चंद्रमा+मंगल**–यहां द्वादश स्थान में दोनों ग्रह कुंभराशि में होंगे। यहां बैठकर दोनों ग्रहों की दृष्टियां पराक्रम स्थान वृष राशि, षष्टम भाव सिंह राशि एवं सप्तम भाव कन्या राशि पर होगी। चंद्रमा बारहवें जाने से 'संतानहीन योग' तथा मंगल बारहवें जाने से क्रमश: 'धनहीन योग' व 'भाग्यभंग योग' की सृष्टि होगी। निश्चय ही यह स्थिति शुभद नहीं है। ऐसा जातक बाहर से धनवान दिखाई देगा पर भीतर से खोखला होगा।
3. **चंद्रमा+बुध**–चंद्रमा के साथ बुध 'सुखहीन योग' विलम्ब विवाह योग की सृष्टि करेगा। जातक खर्चीले स्वभाव का होगा। संघर्षमय जीवन जीयेगा।
4. **चंद्रमा+गुरु**–'भोजसंहिता' के अनुसार यहां यह युति वस्तुत: पंचमेश चंद्रमा की लग्नेश+राज्येश गुरु के साथ युति है। यहां बैठकर ये दोनों शुभग्रह सुख स्थान, षष्टम भाव एवं अष्टम भाव को पूर्ण दृष्टि से देखेंगे। द्वादश स्थान में इन दोनों ग्रहों के जाने से क्रमश: 'लग्नभंग योग', 'राज्यभंग योग' एवं 'संतानहीनयोग' की सृष्टि हो रही है। वस्तुत: ऐसे जातक को ऋण-रोग व शत्रु का भय नहीं होगा। जातक अपने शत्रुओं का नाश करने में अकेला सक्षम होगा। जातक को प्राकृतिक अपघातों व दुर्घटनाओं से बचाव होता रहेगा। जातक को सभी प्रकार के भौतिक संसाधनों की प्राप्ति सहज में होती रहेगी। जातक खर्चीले स्वभाव का होगा।
5. **चंद्रमा+शुक्र**–चंद्रमा के साथ शुक्र सरलनामक 'विपरीतराज योग' की सृष्टि करेगा। जातक का पराक्रम भंग होगा।
6. **चंद्रमा+शनि**–चंद्रमा के साथ शनि भारी खर्च करायेगा। 'विपरीतराज योग' के कारण जातक धनी-मानी, अभिमानी होगा।
7. **चंद्रमा+राहु**–चंद्रमा के साथ राहु संतान सुख में बाधक है।
8. **चंद्रमा+केतु**–चंद्रमा के साथ केतु विलम्ब संतति करायेगा।

❑❑❑

मीनलग्न में मंगल की स्थिति

मीनलग्न में मंगल की स्थिति प्रथम स्थान में

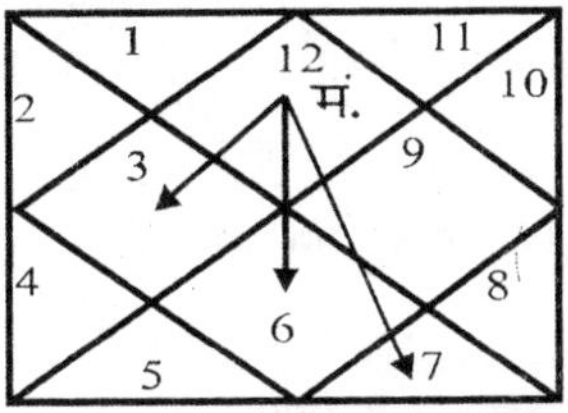

मीनलग्न में मंगल धनेश व भाग्येश है। मंगल यह मारकेश होकर भी मारक का कार्य नहीं करेगा। मंगल हर हालत में शुभ फलदायक है क्योंकि यह लग्नेश गुरु का मित्र भी है। मंगल यहां प्रथम स्थान में मीन (मित्र) राशि में है। फलतः दूसरे व नवमें भाव का शुभ फल देगा। जातक को कुटुम्ब सुख, धनसुख उत्तम मिलेगा। वाणी प्रिय व हितकर होगी। मंगल की यह स्थिति कुण्डली को 'मांगलिक' बनाती है। जातक का विलम्ब विवाह हो या पत्नी बीमार रहें। शुभ ग्रहों की दृष्टि या संबंध से मंगल का शुभत्व और बढ़ेगा। अशुभ ग्रहों की दृष्टि व संबंध से मंगल का पापत्व बढ़ जायेगा।

दृष्टि–लग्नस्थ मंगल की दृष्टि चतुर्थ स्थान (मिथुन राशि), सप्तम भाव (कन्या राशि) एवं अष्टम भाव (तुला राशि) पर होगी। जातक को माता का सुख मिलेगा। गृहस्थ सुख भी उत्तम होगा। जातक दीर्घजीवी होगा एवं स्वस्थ्य शरीर का स्वामी होगा।

निशानी–जातक के पिता के साथ अच्छे संबंध होगे। जातक को पिता की सम्पति मिलेगी। जातक के दाई आंख की रोशनी तेज होगी।

दशा–मंगल की दशा-अंतर्दशा उत्तम फल देगी। जातक को भौतिक उपलब्धियां देगी। वैवाहिक सुख देगी। स्वास्थ्य निर्मल रखेगी।

मंगल का अन्य ग्रहों से सम्बन्ध–

1. **मंगल+चंद्रमा**–यहां प्रथम स्थान में दोनों ग्रह मीनराशि में होंगे। यहां बैठकर दोनों चतुर्थ स्थान मिथुन राशि, सप्तम भाव कन्या राशि एवं अष्टम स्थान

तुलाराशि को देखेंगे। फलतः जातक धनवान होगा। लम्बी उम्र का स्वामी होगा। जीवन में सभी भौतिक उपलब्धियों की प्राप्ति सहज से होगी। परन्तु जातक का सही आर्थिक विकास विवाह के बाद होगा।

2. **मंगल+सूर्य**–मंगल के साथ सूर्य जातक को उग्र स्वभाव का व्यक्ति बनायेगी।
3. **मंगल+बुध**–मंगल के साथ बुध जातक को भौतिक सुख-सुविधाएं दिलायेगा। धनेश सप्तमेश की युति से 'कलत्रमूलधन योग' बनेगा। जातक को ससुराल से धन मिलेगा।
4. **मंगल+गुरु**–मंगल के साथ गुरु 'हंस योग' की सृष्टि करेगा। जातक राजा के समान ऐश्वर्यशाली पराक्रमी होगा।
5. **मंगल+शुक्र**–मंगल के साथ शुक्र 'मालव्य योग' बनायेगा। जातक राजा के समान पराक्रमी एवं ऐश्वर्यशाली होगा।
6. **मंगल+शनि**–मंगल के साथ शनि जातक को खर्चीले स्वभाव का बनायेगा। जातक लड़ाकू होगा।
7. **मंगल+राहु**–मंगल के साथ राहु जातक को विचलित मन-मस्तिष्क वाला बनायेगा।
8. **मंगल+केतु**–मंगल के साथ केतु जातक को यशस्वी बनायेगा।

मीनलग्न में मंगल की स्थिति द्वितीय स्थान में

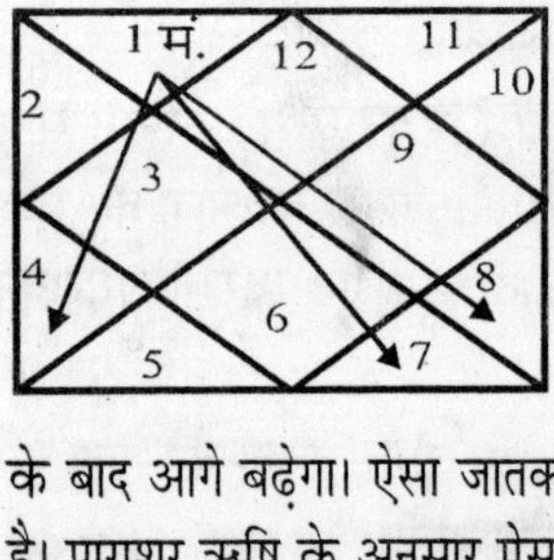

मीनलग्न में मंगल धनेश व भाग्येश है। मंगल यह मारकेश होकर भी माकर का कार्य नहीं करेगा। मंगल हर हालत में शुभ फलदायक है क्योंकि यह लग्नेश गुरु का मित्र भी है। मंगल यहां द्वितीय स्थान में मेषराशि का स्वगृही होगा। ऐसा जातक महाधनी होगा। विद्या में थोड़ी-सी रुक़ावट के बाद आगे बढ़ेगा। ऐसा जातक बोलचाल की भाषा में कटु शब्दों का प्रयोग करता है। पाराशर ऋषि के अनुसार ऐसा जातक भाग्यवान्, राजमान्य, सुशील, सुन्दर, विद्वान व लोकपूज्य होता है।

दृष्टि–धनभाव में स्थित स्वगृही मंगल की दृष्टि पंचम भाव (कर्क राशि), अष्टमभाव (तुला राशि) एवं भाग्य स्थान (वृश्चिक राशि) पर होगी। फलतः गर्भपात की संभावना रहेगी। जातक शत्रुओं का नाश करने में सक्षम होगा। जातक प्रबल भाग्यशाली होगा। भाग्योदय 28 वर्ष की आयु में होगा।

निशानी–जातक का कुटुम्ब सुख कमजोर होगा। भाइयों से बनेगी नहीं। जातक का पिता समाज का धनी व प्रतिष्ठित व्यक्ति होगा पर पिता से बनेगी नहीं।

दशा–मंगल की दशा-अंतर्दशा में जातक का भाग्योदय होगा।

मंगल का अन्य ग्रहों से सम्बन्ध–

1. **मंगल+चंद्रमा**–यहां द्वितीय स्थान में दोनों ग्रह मेषराशि में होगा। मेषराशि में मंगल स्वगृही होगा। फलत: यहां 'महालक्ष्मी योग' बनेगा। यहां बैठकर दोनों ग्रहों की दृष्टियां, पंचम भाव कर्क राशि, अष्टम भाव तुला राशि एवं भाग्यभवन वृश्चिक राशि पर होगी। फलत: जातक महाधनी होगा। लम्बी उम्र का स्वामी होगा। जातक सौभाग्यशाली होगा। जातक बुद्धिमांन, विद्यावान् होगा। जातक की संतति भी धनवान एवं बुद्धिशाली होगी।
2. **मंगल+सूर्य**–सूर्य के साथ मंगल होने से 'किम्बहुना योग' बनेगा। जातक बड़ी भू-सम्पत्ति का स्वामी एवं महाधनी होगा।
3. **मंगल+बुध**–मंगल के साथ बुध होने से पत्नी सुंदर एवं ससुराल धनवान मिलेगा। बलवान धनेश के साथ सप्तमेश होने से 'कलत्रमूलधन योग' एवं 'मातृमूलधन योग' बनेगा। जातक को पत्नी एवं माता दोनों से धन मिलेगा।
4. **मंगल+गुरु**–मंगल के साथ गुरु जातक को ऊंची नौकरी, उत्तम व्यवसाय देगा।
5. **मंगल+शुक्र**–मंगल के साथ शुक्र होने से जातक यार-दोस्तों एवं कुटम्बियों पर खूब पैसा लुटायेगा।
6. **मंगल+शनि**–मंगल के साथ शनि 'नीचभंगराज योग' बनायेगा। जातक राजातुल्य पराक्रमी एवं धनी होगा।
7. **मंगल+राहु**–मंगल के साथ राहु धन संग्रह में रुकावट पैदा करेगा।
8. **मंगल+केतु**–मंगल के साथ केतु जातक को कुशल (प्रखर) वक्ता बनायेगा।

मीनलग्न में मंगल की स्थिति तृतीय स्थान में

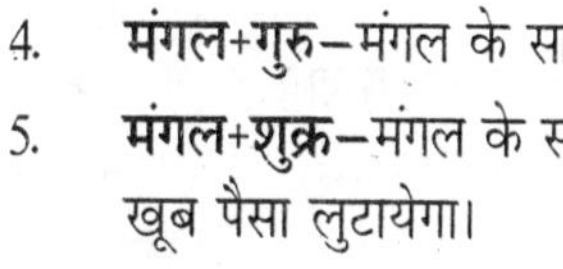

मीनलग्न में मंगल धनेश व भाग्येश है। मंगल यह मारकेश होकर भी माकर का कार्य नहीं करेगा। मंगल हर हालत में शुभ फलदायक है क्योंकि यह लग्नेश गुरु का मित्र भी है। मंगल यहां तृतीय स्थान में वृष (शत्रु) राशि में है। ऐसा जातक साहसी होगा, स्वपुरुषार्थ से आगे बढ़ेगा। जातक

को पिता की सम्पत्ति नहीं मिलेगी। पिता से अलग रहकर धन कमायेगा। पाराशर ऋषि के अनुसार जातक भाई के सुख से युत, धनी, गुणी एवं मित्रों का सच्चा मददगार होगा। जातक को जमीन से जुड़े धंधों में लाभ होगा। विद्युत एवं मशीनरी कार्यों से लाभ होगा।

दृष्टि–तृतीयस्थ मंगल की दृष्टि छठे भाव (सिंह राशि), भाग्य भाव (वृश्चिक राशि) एवं दशम भाव (धनुराशि) पर होगी। जातक के गुप्त शत्रु होगे पर जातक को शत्रुओं पर विजय मिलेगी। जातक भाग्यशाली होगा। भाग्योदय 28 वर्ष की आयु में होगा। जातक का सरकारी क्षेत्र, राजनीति में वर्चस्व होगा।

निशानी–जातक का विलम्ब विवाह होगा या दो विवाह होगा। जातक के छोटा भाई नहीं होगा।

दशा–मंगल की दशा-अंतर्दशा में जातक का भाग्योदय होगा।

मंगल का अन्य ग्रहों से सम्बन्ध–

1. **मंगल+चंद्रमा**–यहां तृतीय स्थान में दोनों ग्रह वृषराशि में होंगे। वृषराशि में चंद्रमा उच्च का होने से 'महालक्ष्मी योग' बनेगा। यहां बैठकर दोनों ग्रह षष्टम स्थान सिंह राशि, भाग्य स्थान वृश्चिक राशि एवं दशम भाव धनु राशि को देखेंगे। फलतः जातक महाधनी होगा। जातक ऋण-रोग व शत्रु का नाश करने में सक्षम होगा। जातक सौभाग्यशाली होगा तथा कोर्ट-केस, मुकदमेबाजी में सदैव विजयश्री का वरण करेगा।
2. **मंगल+सूर्य**–मंगल के साथ सूर्य भातृ सुख में रुकावट डालता है। खासकर बड़े भाई का सुख कमजोर होता है।
3. **मंगल+बुध**–मंगल के साथ बुध होने से जातक का ननिहाल एवं ससुराल दोनों ही पराक्रमी (Powerful) होंगे।
4. **मंगल+गुरु**–मंगल के साथ गुरु होने से जातक का बड़े-बड़े राजनेताओं से सम्पर्क होगा।
5. **मंगल+शुक्र**–मंगल के साथ शुक्र जातक के मित्रों से लाभ, खासकर स्त्री-मित्रों से अधिक लाभ दिलाता है।
6. **मंगल+शनि**–मंगल के साथ शनि कुटम्बियों में विद्वेष वैमनस्य फैलता है।
7. **मंगल+राहु**–मंगल के साथ राहु परिजनों में कलह करायेगा।
8. **मंगल+केतु**–मंगल के साथ केतु जातक को खूब यशस्वी बनायेगा।

मीनलग्न में मंगल की स्थिति चतुर्थ स्थान में

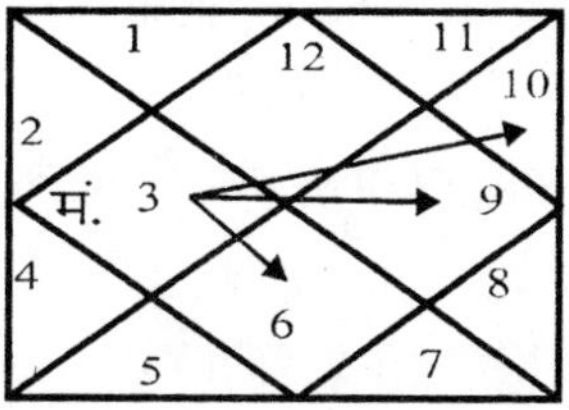

मीनलग्न में मंगल धनेश व भाग्येश है। मंगल यह मारकेश होकर भी माकर का कार्य नहीं करेगा। मंगल हर हालत में शुभ फलदायक है क्योंकि यह लग्नेश गुरु का मित्र भी है। मंगल यहां मिथुन राशि में शत्रुक्षेत्री होगा। यह कुण्डली 'मांगलिक' कहलायेगी। जातक को जमीन-जायदाद, नौकरी-व्यवसाय, भवन, माता, वाहन एवं पद-प्रतिष्ठा का उत्तम सुख मिलेगा। ऐसे जातक का विलम्ब विवाह संभव है।

दृष्टि–चतुर्थभावस्थ मंगल की दृष्टि सप्तम भाव (कन्याराशि), दशम भाव (धनुराशि) एवं एकादश भाव (मकर राशि) पर होगी। ऐसे जातक की स्त्री भाग्यवान् होती है। जातक का भाग्योदय विवाह के बाद होगा। जातक को पिता एवं राज्यपक्ष से सम्मान मिलेगा। एकादश भाव पर उच्च दृष्टि से जातक को घर बैठे अचानक उत्तम लाभ होगा।

निशानी–ऐसा जातक अनावश्यक चिंता व तनाव से घिरा रहता है।

दशा–मंगल की दशा-अंतर्दशा में धन लाभ होगा। सरकारी क्षेत्र में विजय मिलेगी। अचानक लाभ होगा।

मंगल का अन्य ग्रहों से सम्बन्ध–

1. **मंगल+चंद्रमा–**यहां चंतुर्थ स्थान में दोनों ग्रह मिथुन राशि में होंगे। मंगल का यहां दिक्बली होगा। चंद्रमा शत्रुक्षेत्री होगा यहां बैठकर दोनों ग्रह सप्तम भाव कन्या राशि, दशम भाव धनु राशि, एवं एकादश भाव मकर राशि को देखेंगे। ऐसा जातक धनी होगा। जातक की आर्थिक उन्नति विवाह के बाद होगी। जातक व्यापार-व्यवसाय में धन कमायेगा। ऐसे जातक की राजनीति में भी दबदबा प्रभाव रहेगा।
2. **मंगल+सूर्य–**मंगल के साथ सूर्य माता के सुख में न्यूनता एवं वाहन को लेखक धन खर्च के संकेत देता है। भूमि-भवन को लेकर भी विवाद उत्पन्न करता है।
3. **मंगल+बुध–**मंगल के साथ बुध 'भद्र योग' बनायेगा। जातक राजातुल्य पराक्रमी व यशस्वी होगा।
4. **मंगल+गुरु–**मंगल के साथ गुरु जातक को माता-पिता से लाभ दिलायेगा। कुटुम्ब सुख देगा।

5. **मंगल+शुक्र**–मंगल के साथ शुक्र उत्तम वाहन सुख देगा। जातक के पास एक से अधिक मकान होंगे।
6. **मंगल+शनि**–मंगल के साथ शनि भूमि विवाद उत्पन्न करेगा। वाहन दुर्घटना भी संभव है।
7. **मंगल+राहु**–मंगल के साथ राहु माता को बीमार करायेगा। विद्या में रुकावट देगी।
8. **मंगल+केतु**–मंगल के साथ केतु माता के स्वास्थ्य हेतु प्रतिकूल है।

मीनलग्न में मंगल की स्थिति पंचम स्थान में

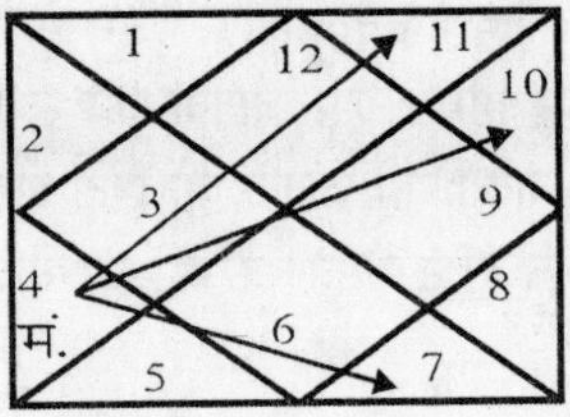

मीनलग्न में मंगल धनेश व भाग्येश है। मंगल यह मारकेश होकर भी माकर का कार्य नहीं करेगा। मंगल हर हालत में शुभ फलदायक है क्योंकि यह लग्नेश गुरु का मित्र भी है। मंगल यहां पंचम स्थान में नीच का होगा। कर्क राशि के अंशों में चंद्रमा परमनीच का होगा। परन्तु मंगल यहां अपनी मेषराशि में चौथे एवं नवमें स्थान में होने के कारण शुभफलदाई है। जातक पुत्र सुख से युक्त, गुरु भक्त, धर्मात्मा एवं पण्डित होता है। जातक धन-यश, पद-प्रतिष्ठा एवं भौतिक उपलब्धियों को प्राप्त करता है।

दृष्टि–पंचमस्थ मंगल की दृष्टि अष्टम स्थान (तुला राशि), एकादश स्थान (मकर राशि) एवं द्वादश भाव (कुम्भ राशि) पर होगी। फलतः जातक अपने शत्रुओं का नाश करेगा। जातक के बड़े भाई एवं पिता से कम बनेगी। जातक फालतू खर्चा बहुत करेगा। कदाचित जातक व्यसनी होगा।

निशानी–जातक की विद्या अधूरी छूट जायेगी। कन्या संतति अधिक होगी। एकाध संतान की मृत्यु (अनायास) होगी।

दशा–मंगल की दशा-अंतर्दशा में जातक को मिश्रित फल मिलेगा।

मंगल का अन्य ग्रहों से सम्बन्ध–

1. **मंगल+चंद्रमा**–यहां पंचम स्थान में दोनों ग्रह कर्कराशि में होंगे। चंद्रमा जहां स्वगृही होगा वहीं मंगल नीचराशि में होने से 'नीचभंगराज योग' बनने से 'महालक्ष्मी योग' की सृष्टि हुई। यहां बैठकर दोनों ग्रह अष्टम भाव तुला राशि, लाभ स्थान मकर राशि एवं व्यय भाव कुंभ राशि को देखेंगे। फलतः जातक

महाधनी होगा। लम्बी उम्र का स्वामी होगा। व्यापार-व्यवसाय में धन कमायेगा। पर ऐसे जातक के खर्चे भी बढ़े-चढ़े होंगे।

2. **मंगल+सूर्य**–मंगल के साथ सूर्य एकाध गर्भपात करायेगा। प्रारंभिक विद्या में रुकावट के बाद जातक तेजी से आगे बढ़ेगा।
3. **मंगल+बुध**–मंगल के साथ बुध जातक के उच्च शैक्षणिक डिग्री (उपाधि) प्रदान करेगा।
4. **मंगल+गुरु**–मंगल के साथ गुरु 'नीचभंगराज योग' बनायेगा। जातक राजा के समान पराक्रमी होगा। संतान पक्ष से सुखी होगा।
5. **मंगल+शुक्र**–मंगल के साथ शुक्र कन्या संतति की बाहुल्यता देगा।
6. **मंगल+शनि**–मंगल के साथ शनि जातक को विदेश यात्रा से लाभ दिलायेगा। विदेशी-व्यापार से भी लाभ है।
7. **मंगल+राहु**–मंगल के साथ राहु संतान सुख में बाधक है।
8. **मंगल+केतु**–मंगल के साथ केतु एकाध गर्भपात करायेगा।

मीनलग्न में मंगल की स्थिति षष्टम स्थान में

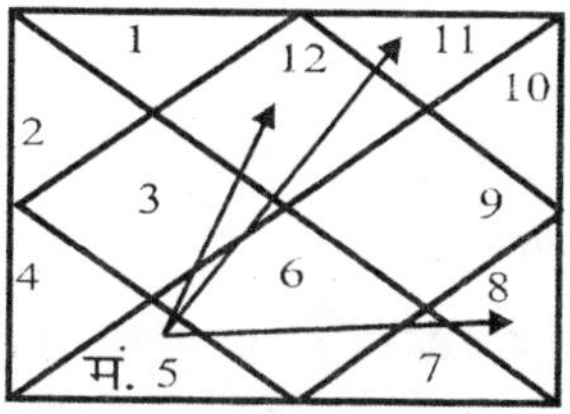

मीनलग्न में मंगल धनेश व भाग्येश है। मंगल यह मारकेश होकर भी माकर का कार्य नहीं करेगा। मंगल हर हालत में शुभ फलदायक है क्योंकि यह लग्नेश गुरु का मित्र भी है। मंगल यहां छठे स्थान में सिंह (मित्र) राशि में होगा। मंगल की इस स्थिति के कारण 'धनहीन योग' एवं 'भाग्यभंग योग' बनेगा। ऐसा जातक परम पराक्रमी, साहसी एवं दृढ़ निश्चयी होता है। परन्तु धन और भाग्य बराबर साथ नहीं देता है। धन एकत्रित करने के प्रयासों में सफलता नहीं मिलेगी। जातक का भाग्योदय विलम्ब से होगा।

दृष्टि–षष्टमस्थ मंगल की दृष्टि भाग्यस्थान (वृश्चिक राशि), द्वादश स्थान (कुंभराशि) एवं लग्नस्थान (मीन राशि) पर होगी। जातक के भाग्योदय में काफी दिक्कतें आयेगी। जातक खर्च करने में लापरवाह होगा। ऋणग्रस्त होने का भय बना रहेगा। जातक को कठोर पुरुषार्थ के बाद सफलता मिलेगी।

निशानी–ऐसा जातक शत्रुओं के लिए खतरनाक शत्रु होता है तथा शत्रुओं को भयाक्रान्त करके नष्ट कर देता है।

दशा–मंगल की दशा-अंतर्दशा मिश्रित फलदायक साबित होगी। मंगल की

दशा को शत्रुता बढ़ेगी। धन की हानि होगी। शत्रुओं पर विजय तो मिलेगी पर कीमत भारी चुकानी पड़ेगी।

मंगल का अन्य ग्रहों से सम्बन्ध–

1. **मंगल+चंद्रमा**–यहां षष्टम स्थान में दोनों ग्रह सिंह राशि में होंगे। यहां बैठकर दोनों ग्रहों की दृष्टि अष्टम स्थान तुला राशि, व्यय स्थान कुंभ राशि एवं लग्न स्थान मीन राशि पर होगी। चंद्रमा छठे जाने से 'संततिहीन योग' एवं मंगल छठे जाने से 'धनहीन योग' 'भाग्यभंग योग' भी बनेगा। निसंदेह यह स्थिति शुभद नहीं है। जातक बाहर से धनवान दिखेगा पर अंदर से खोखला होगा।
2. **मंगल+सूर्य**–मंगल के साथ सूर्य हर्षनामक 'विपरीतराज योग' की सृष्टि करेगा। जातक धनी-मानी होगा। वाहन सुख मिलेगा।
3. **मंगल+बुध**–मंगल के साथ बुध 'सुखभंग योग' एवं विलम्ब विवाह योग बनायेगा। जीवन साथी के चयन में रुकावट आयेगी।
4. **मंगल+गुरु**–मंगल के साथ गुरु 'लग्नभंग योग' एवं 'राजभंग योग' बनायेगा। जातक को परिश्रम का लाभ नहीं मिलेगा। नौकरी में परेशानी आयेगी।
5. **मंगल+शुक्र**–मंगल के साथ शुक्र 'पराक्रमभंग योग' बनायेगा। जातक को झूठी बदनामी मिलेगी।
6. **मंगल+शनि**–मंगल के साथ शनि विमल नामक 'विपरीतराज योग' बनायेगा। जातक धनी-मानी होगा। उसके पास उत्तम वाहन होगा।
7. **मंगल+राहु**–मंगल के साथ राहु 'राजयोग' देगा पर जातक के शत्रु बहुत होंगे।
8. **मंगल+केतु**–मंगल के साथ केतु गुप्त बीमारी या गुप्त शत्रु से भय देगा।

मीनलग्न में मंगल की स्थिति सप्तम स्थान में

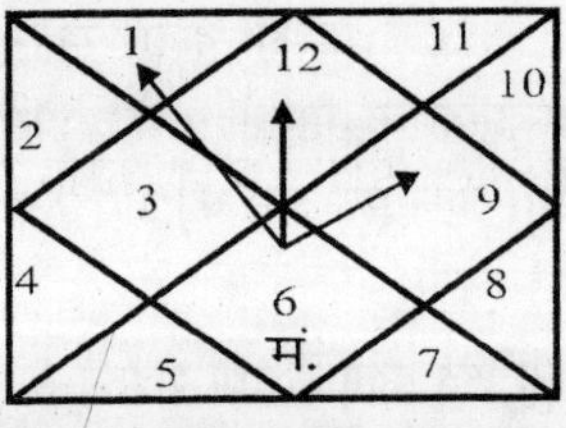

मीनलग्न में मंगल धनेश व भाग्येश है। मंगल यह मारकेश होकर भी माकर का कार्य नहीं करेगा। मंगल हर हालत में शुभ फलदायक है। क्योंकि यह लग्नेश गुरु का मित्र भी है। मंगल यहां सप्तम स्थान में कन्या (शत्रु) राशि में होगा। मंगल की इस स्थिति के कारण कुण्डली 'मांगलिक' कहलाती है। जातक प्रबल पुरुषार्थी एवं परिश्रमी होगा। ऐसा जातक जीवन के हर

क्षेत्र में सफल होगा। जातक को उत्तम पद-प्रतिष्ठा, धन व यश की प्राप्ति होगी। जातक का ससुराल धनी एवं समृद्ध होगा। जातक का वास्तविक भाग्योदय विवाह के बाद होगा।

दृष्टि–सप्तमस्थ मंगल की दृष्टि दशम भाव (धनु राशि), लग्न भाव (मीन राशि) एवं धन भाव (मेष राशि) अपने ही घर पर होगी। फलतः जातक को राजनीति में सफलता मिलेगी। परिश्रम का लाभ मिलेगा एवं जातक अनेक विधियों (Different source of income) से धन प्राप्त करने में सफल होगा।

निशानी–जातक कामी होगा एवं कामक्रीड़ा में स्त्री को परास्त करेगा। पत्नी पर हावी रहेगा।

दशा–मंगल की दशा-अंतर्दशा में जातक का सम्पूर्ण भाग्योदय होगा।

मंगल का अन्य ग्रहों से सम्बन्ध–

1. **मंगल+चंद्रमा**–यहां सप्तम स्थान में दोनों ग्रह कन्याराशि में होंगे। यहां बैठकर दोनों ग्रह दशम भाव धनु राशि, लग्न स्थान मीन राशि एवं धन भाव मेष राशि को देखेंगे। ऐसा जातक धनवान होगा। जातक अपने परिश्रम से निरन्तर उन्नति पथ की ओर आगे बढ़ता चला जायेगा। जातक का राज्य सरकार कोर्ट, कचहरी में दबदबा प्रभाव अक्षुण्ण बना रहेगा।
2. **मंगल+सूर्य**–मंगल के साथ सूर्य होने से रोग निवृत्ति एवं शत्रु नाश में जातक का धन खर्च होगा।
3. **मंगल+बुध**–मंगल के साथ बुध 'भद्र योग' बनायेगा। जातक राजातुल्य ऐश्वर्यशाली पराक्रमी होगा। जातक को माता से एवं पत्नी से बराबर धन लाभ होता रहेगा।
4. **मंगल+गुरु**–मंगल के साथ गुरु 'राज योग' बढ़ायेगा। जातक अपने पुरुषार्थ से बड़ी सम्पत्ति-साम्राज्य की स्थापना करेगा।
5. **मंगल+शुक्र**–मंगल के साथ शुक्र होने से जातक कामी होगा। अन्य स्त्रियों से सम्पर्क बना रहेगा। स्त्री-मित्रों से लाभ है।
6. **मंगल+शनि**–मंगल के साथ शनि होने से गृहस्थ सुख में बाधा, कलह रहेगा। पति-पत्नी के मध्य मनमुटाव संभव है।
7. **मंगल+राहु**–मंगल के साथ राहु एक पत्नी की मृत्यु के बाद 'द्विभार्या योग' कराता है।
8. **मंगल+केतु**–मंगल के साथ केतु दो स्त्रियों से सम्पर्क कराता है।

मीनलग्न में मंगल की स्थिति अष्टम स्थान में

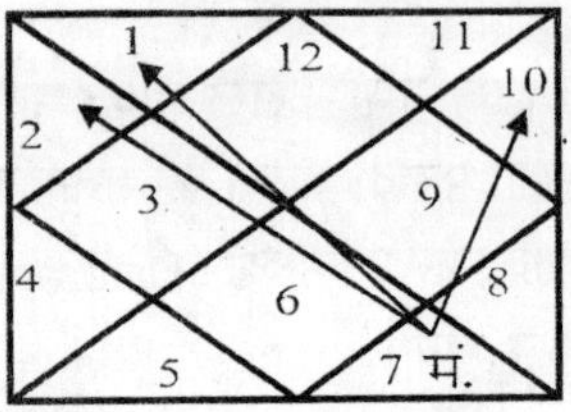

मीनलग्न में मंगल धनेश व भाग्येश है। मंगल यह मारकेश होकर भी माकर का कार्य नहीं करेगा। मंगल हर हालत में शुभ फलदायक है क्योंकि यह लग्नेश गुरु का मित्र भी है। मंगल यहां अष्टम स्थान में तुला (मित्र) राशि में होगा। मंगल की इस स्थिति के कारण कुण्डली 'मांगलिक' होगी। यहां 'धनहीन योग' एवं 'भाग्यभंग योग' भी समान रूप से बनेगा। प्राय: जातक के विवाह में विलम्ब होता है। बचपन के दस वर्ष कष्टपूर्ण रहते हैं। बहुत प्रयत्न करने पर भी जीवन में धनसंग्रह नहीं होता। भाग्य साथ नहीं देता। आगे बढ़ने के लिए संघर्ष बहुत करना पड़ता है। पाराशर कहते हैं–'भाग्येशे मृत्युभावस्थे भाग्यहीनो नरो भवेत्'।

दृष्टि–अष्टमस्थ मंगल की दृष्टि लाभ स्थान (मकर राशि), धन स्थान (मेष राशि) एवं पराक्रम स्थान (वृष राशि) पर होगी। आमदनी अच्छी रहेगी। भाई-बहनों से अंसतोष रहेगा। जातक पराक्रमी होगा। अकस्मात् धन मिलेगा।

निशानी–इस जातक का भाषा ओछी व तेज होगी, जिससे समाज में लोकप्रियता नहीं मिलेगी।

दशा–मंगल की दशा-अंतर्दशा में कष्टानुभूति होगी।

मंगल का अन्य ग्रहों से सम्बन्ध–

1. **मंगल+चंद्रमा**–यहां अष्टम स्थान में दोनों ग्रह तुला राशि में होंगे। यहां बैठकर दोनों ग्रहों की दृष्टियां लाभ स्थान, मकर राशि, धन भाव मेष राशि एवं पराक्रम भाव वृष राशि पर होगी। चंद्रमा आठवें जाने से 'संतानहीन योग' तथा मंगल आठवें जाने से 'धनहीन योग' तथा भाग्यभंग योग बनेगा। निश्चय ही यह स्थिति शुभद नहीं है। ऐसा जातक बाहर से धनवान दिखाई देगा परन्तु भीतर से खोखला होगा।
2. **मंगल+सूर्य**–मंगल के साथ सूर्य हर्षनामक 'विपरीतराज योग' की सृष्टि करता है। जातक धनी-मानी, अभिमानी एवं ऐश्वर्य सम्पन्न होगा।
3. **मंगल+बुध**–मंगल के साथ बुध 'सुखहीन योग', 'विलम्बविवाह योग' कराता है। जातक के दो पत्नियां होगी।
4. **मंगल+गुरु**–मंगल के साथ गुरु 'लग्नभंग योग' एवं 'राजभंग योग' बनाता है। जातक को परिश्रम का फल नहीं मिलेगा।

5. **मंगल+शुक्र**—मंगल के साथ शुक्र सरल नामक 'विपरीतराज योग' बनाता है। जातक धनी-मानी, अभिमानी एवं ऐश्वर्यशाली होगा।
6. **मंगल+शनि**—मंगल के साथ शनि विमल नामक 'विपरीतराज योग' बनाता है। जातक धनी-मानी, अभिमानी एवं वैभवशाली होगा।
7. **मंगल+राहु**—जननेन्द्रि में रोग, बवासीर, भगन्दर, कैंसर जैसी बीमारी देगा। गुर्दे की बीमारी संभव।
8. **मंगल+केतु**—अकाल मृत्यु की संभावना। गंभीर ऑपरेशन संभव।

मीनलग्न में मंगल की स्थिति नवम स्थान में

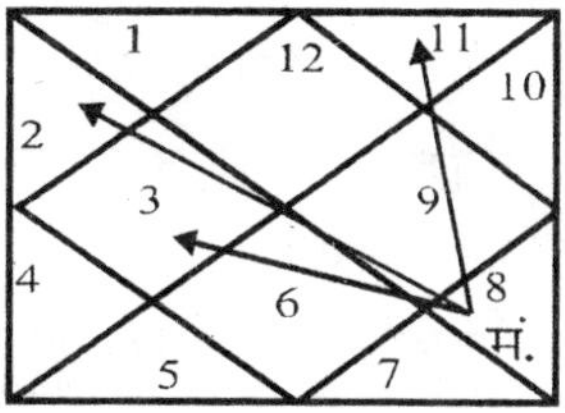

मीनलग्न में मंगल धनेश व भाग्येश है। मंगल यह मारकेश होकर भी माकर का कार्य नहीं करेगा। मंगल हर हालत में शुभ फलदायक है क्योंकि यह लग्नेश गुरु का मित्र भी है। मंगल यहां नवम स्थान में स्वगृही होगा। ऐसा जातक महान् भाग्यशाली एवं बड़ी भू-सम्पत्ति का स्वामी होता है। बृहत्पाराशर होराशास्त्र के अनुसार—

"भागोशे भाग्यभावस्थे, बहुभाग्यसमन्वितः
गुण सौन्दर्य सम्पन्नो, सहजेभ्यः सुख बहु।"

जातक भाग्यशाली होता है। अल्पप्रयत्न के बहुसुख मिलता है। ऐसे जातक को भाइयों एवं अच्छे मित्रों के साथ मिलता है। मकान, वाहन का सुख श्रेष्ठ होगा।

दृष्टि—नवमस्थ मंगल की दृष्टि व्यय भाव (कुम्भ राशि), पराक्रम स्थान (वृष राशि) एवं चतुर्थ स्थान (मिथुन राशि) पर होगी। जातक खर्चीले स्वभाव का होगा। महान् पराक्रमी होगा। जीवन में सभी प्रकार के भौतिक सुख सुविधाओं की प्राप्ति सहज में होगी।

निशानी—जातक की माता बीमार रहेगी। विद्याभ्यास में रुकावटें आयेगी।

दशा—मंगल की दशा-अंतर्दशा अत्यन्त श्रेष्ठ फल देगी।

मंगल का अन्य ग्रहों से सम्बन्ध—

1. **मंगल+चंद्रमा**—यहां नवम स्थान में दोनों ग्रह वृश्चिक राशि में होंगे। वृश्चिक राशि में जहां चंद्रमा नीच का होगा वहीं मंगल स्वगृही होने से 'महालक्ष्मी योग' बनेगा तथा 'नीचभंगराज योग' बनेगा। यहां बैठकर दोनों ग्रह, व्यय भाव

कुंभराशि, पराक्रम भाव वृषराशि एवं चतुर्थभाव मिथुन राशि को देखेंगे। फलतः जातक महाधनी होगा। महान् पराक्रमी होगा। ऐसे जातक को जीवन में उत्तम वाहन, उत्तम भवन एवं समस्त भौतिक सुख मिलेंगे। परन्तु ऐसे जातक खर्चीले स्वभाव, उदार मनोवृत्ति वाला परोपकारी व दानी होगा।

2. **मंगल+सूर्य**–मंगल के साथ सूर्य होने से भाग्योदय में हल्की रुकावट के बाद व्यक्ति आगे बढ़ेगा। भाग्योदय 28 वर्ष की आयु के बाद होगा।
3. **मंगल+बुध**–मंगल के साथ बुध होने से बलवान, धनेश की सप्तमेश, सुखेश से युति होने के कारण 'कलत्रमूलधन योग' एवं 'मातृमूलधन योग' बनेगा। जातक को माता एवं अपनी पत्नी से बराबर धन की प्राप्ति होती रहेगी।
4. **मंगल+गुरु**–मंगल के साथ गुरु होने से जातक को पिता की सम्पत्ति मिलेगी और स्वयं भी खूब धन कमाकर, नई सम्पत्तियों की स्थापना करेगा।
5. **मंगल+शुक्र**–मंगल के साथ शुक्र होने से जातक रंगीन मिजाज का होगा। शौकिन तबियत के कारण भाग्योदय मध्यम गति से होगा।
6. **मंगल+शनि**–मंगल के साथ शनि जातक को उद्योगपति बनायेगा। व्यापार–व्यवसाय में भाग्योदय 32 वर्ष की आयु में होगा।
7. **मंगल+राहु**–मंगल के साथ राहु भाग्योदय में दिक्कतें खड़ी करेगा।
8. **मंगल+केतु**–मंगल के साथ केतु उन्नति के मार्ग में रुकावटें खड़ी करेगा।

मीनलग्न में मंगल की स्थिति दशम स्थान में

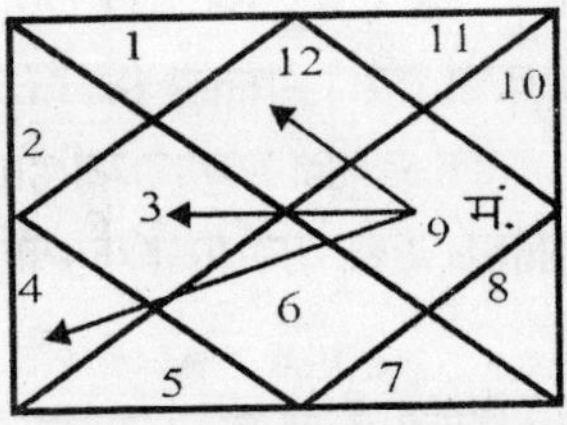

मीनलग्न में मंगल धनेश व भाग्येश है। मंगल यह मारकेश होकर भी माकर का कार्य नहीं करेगा। मंगल हर हालत में शुभ फलदायक है क्योंकि यह लग्नेश गुरु का मित्र भी है। मंगल यहां दशम स्थान में धनु (मित्र) राशि में 'दिग्बली' होकर 'कुलदीपक योग' बनायेगा। ऐसा जातक स्वभाव से उग्र तथा अभिमानी होगा। ऐसा जातक राजा के समान प्रभावशाली व ऐश्वर्यवान होगा। पाराशर ऋषि के अनुसार–"भाग्येशे कर्मभावस्थे, जातो राजा इश तत्समः। मंत्री सेनापतिर्वाऽपि गुणवान् जनपूजितः" ऐसा जातक जनप्रिय होता है तथा राजनीति में ऊंचे पद को प्राप्त करता है।

दृष्टि–दशमशस्थ मंगल की दृष्टि लग्न स्थान (मीन राशि), चतुर्थ भाव (मिथुन राशि) एवं पंचम भाव (कर्क राशि) पर होगी। जातक को परिश्रम का पूरा

लाभ मिलेगा। जातक के पास उत्तम वाहन होगा। विरासत में मकान मिलेगा। जिसकी मरम्मत कराकर जातक रहेगा। विद्या रुकावट के साथ मिलेगी।

निशानी–ऐसे जातक को संतति विलम्ब से होगी। एकाध संतति का वियोग भी होगा। जातक अर्थकारी विद्याओं का जानकार होगा।

दशा–मंगल की दशा-अंतर्दशा में रोजी, रोजगार की प्राप्ति होगी। जमीन से जुड़े हुए धंधे में जातक उन्नति करेगा।

मंगल का अन्य ग्रहों से सम्बन्ध–

1. **मंगल+चंद्रमा**–यहां दशम स्थान में दोनों ग्रह धनुराशि में होंगे। मंगल यहां दिक्बली होकर 'कुलदीपक योग' बनायेगा। चंद्रमा की 'यामिनीनाथ योग' बनायेगा। दोनों ग्रहों की दृष्टियां, लाभ स्थान मीन राशि, चतुर्थ स्थान मिथुन राशि एवं पंचम भाव कर्क राशि पर होगी। फलत: जातक समाज का प्रतिष्ठित व धनी व्यक्ति होगा। निरन्तर उन्नति पथ पर आगे बढ़ता चला जायेगा। जातक उत्तम वाहन, उत्तम भवन का स्वामी होगा। जातक स्वयं तो धनी होगा ही पर उसकी संतति भी उसी की तरह धनवान होगी।
2. **मंगल+सूर्य**–मंगल के साथ सूर्य उत्तम मकान एवं वाहन का सुख देगा। सरकारी वाहन का योग परन्तु अष्टमेश की युति से कुछ रुकावटें आयेगी।
3. **मंगल+बुध**–मंगल के साथ बुध ससुराल एवं मातृपक्ष से धन लाभ का संकेत देता है। जातक प्रखर बुद्धिशाली होगा एवं बुद्धि वैभव से धन कमायेगा।
4. **मंगल+गुरु**–मंगल के साथ गुरु 'हंस योग' बनायेगा। जातक राजातुल्य ऐश्वर्यशाली एवं पराक्रमी होगा।
5. **मंगल+शुक्र**–मंगल के साथ शुक्र जातक को एक से अधिक सुन्दर वाहनों का सुख देगा। ऐश्वर्य बढ़ायेगा।
6. **मंगल+शनि**–मंगल के साथ शनि सरकारी विवाद में उलझायेगा।
7. **मंगल+राहु**–मंगल के साथ राहु अनष्टि सूचक है। पिता की सम्पत्ति जातक को नहीं मिलेगी।
8. **मंगल+केतु**–मंगल के साथ केतु परम्परागत सम्पत्ति की प्राप्ति में बाधक है।

मीनलग्न में मंगल की स्थिति एकादश स्थान में

मीनलग्न में मंगल धनेश व भाग्येश है। मंगल यह मारकेश होकर भी माकर का कार्य नहीं करेगा। मंगल हर हालत में शुभ फलदायक है क्योंकि यह लग्नेश गुरु

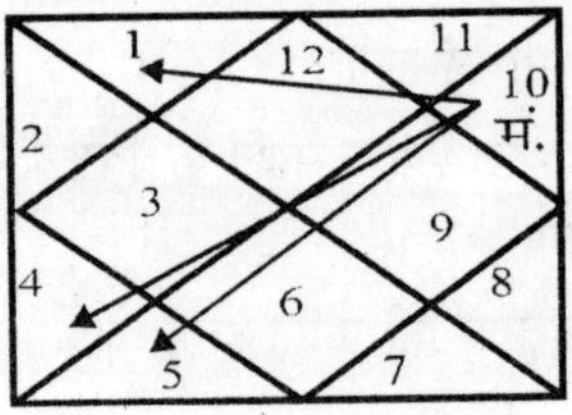

का मित्र भी है। मंगल यहां एकादश स्थान में उच्च का होगा। मकर राशि के अंशों में मंगल परमोच्च का होगा। जातक करोड़पति होगा। बड़ा उद्योगपति होगा। पाराशर ऋषि के अनुसार–

भाग्येशे लाभयावस्थे, धन लाभो दिने दिने।
भक्तो गुरुजनानां च, गुणवान् पुण्यवानपि।

ऐसा जातक दिन-प्रतिदिन व्यापार से लाभ कमाता है। गुरुजनों का भक्त, धर्मात्मा एवं पुण्यात्मा होता है।

दृष्टि–एकादश भावस्थित उच्च के मंगल की दृष्टि धन स्थान (मेष राशि), पंचम भाव (कर्कराशि) एवं छठे स्थान (सिंह राशि) पर होगी। जातक की वाणी धमण्डी होगी। जातक को उच्च शिक्षा मिलेगी। जातक समूल अपने शत्रुओं को नष्ट कर देगा।

निशानी–कुटुम्ब सुख ठीक नहीं। जातक की भाषा कठोर एवं ओछी होने से परिजनों में नहीं बनेगी।

दशा–मंगल की दशा-अंतर्दशा में व्यापार बढ़ेगा। धन लाभ होगा। सकुटुम्ब तीर्थयात्राएं, देशाटन होगा। अचानक लाभ होकर, धन की प्राप्ति होगी।

मंगल का अन्य ग्रहों से सम्बन्ध–

1. **मंगल+चंद्रमा**–यहां एकादश स्थान में दोनों ग्रह मकरराशि में होंगे। मकर राशि में मंगल उच्च का होने से 'महालक्ष्मी योग' की सृष्टि होगी। यहां बैठकर दोनों ग्रह धन स्थान मेष राशि, पंचम स्थान कर्क राशि एवं षष्टम् स्थान सिंह राशि को देखेंगे। फलतः ऐसा जातक महाधनी होगा। ऋण-रोग व शत्रुओं का नाश करने में पूर्ण सक्षम होगा। जातक निरन्तर उन्नति पथ की ओर आगे बढ़ता चला जायेगा। ऐसा जातक स्वयं तो धनी होगा पर उसकी संतति भी उसकी तरह धनवान होगी। जातक की विशेष आर्थिक उन्नति प्रथम पुत्र प्रजनन के बाद होगी।
2. **मंगल+सूर्य**–मंगल के साथ सूर्य लाभ में बाधा पहुंचायेगा परन्तु जातक का पराक्रम तेजस्वी होग।। जातक का समाज में बड़ा नाम होगा।
3. **मंगल+बुध**–बलवान् मंगल के साथ बुध यहां 'कलत्रमूलधन योग' एवं 'मातृमूलधन योग' की सृष्टि कर रहा है। जातक का माता से पत्नी से एवं वाहन से बराबर पैसा मिलेगा।

4. **मंगल+गुरु**–मंगल के साथ गुरु नीच का होने से 'नीचभंगराज योग' बना। जातक राजा के समान पराक्रमी एवं वैभवशाली होगा।
5. **मंगल+शुक्र**–मंगल के साथ शुक्र होनें से जातक रंगीन मिजाज का होगा परन्तु शुक्र, मंगल तथा शनि के धंधे से धन कमायेगा। Source of income will be three sided.
6. **मंगल+शनि**–मंगल के साथ शनि होने से 'किम्बहुना योग' बनेगा। जातक राजा के समान परम प्रतापी होगा। बड़े उद्योग या व्यापार का स्वामी होगा।
7. **मंगल+राहु**–मंगल के साथ राहु लाभ में बाधा पहुंचेगा। व्यापार में परिवर्तन करायेगा।
8. **मंगल+केतु**–मंगल के साथ केतु स्थाई लाभ में बाधक है।

मीनलग्न में मंगल की स्थिति द्वादश स्थान में

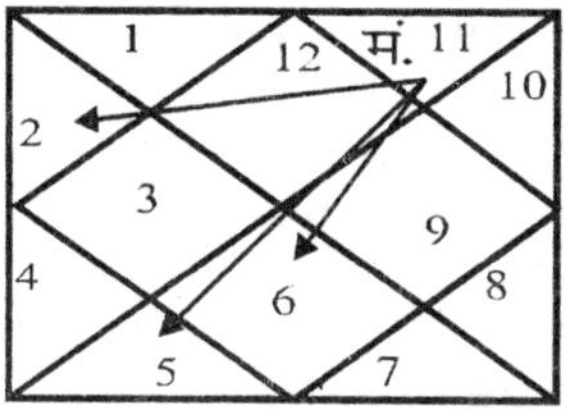

मीनलग्न में मंगल धनेश व भाग्येश है। मंगल यह मारकेश होकर भी माकर का कार्य नहीं करेगा। मंगल हर हालत में शुभ फलदायक है क्योंकि यह लग्नेश गुरु का मित्र भी है। मंगल यहां द्वादश स्थान में कुम्भ राशि में होगा। मंगल की यह स्थिति कुण्डली को 'मांगलिक' बनाती है तथा 'धनहीन योग', 'भाग्यभंग योग' की सृष्टि करती है। ऐसे जातक का विवाह देरी से होता है। धन संग्रह हेतु बहुत प्रयत्न करने पर भी धन एकत्रित नहीं हो पायेगा। भाग्योदय हेतु बहुत प्रयत्न करना पड़ेगा। फिर भी सफलता मुश्किल से मिलेगी। पाराशर ऋषि कहते हैं–शुभकार्ये व्ययो नित्यं, मिर्धनो अतिथि संगमात्।'' ऐसा जातक शुभ कार्य, अतिथि सत्कार एवं मित्रों को खुश करने में धन खर्च करेगा।

दृष्टि–द्वादश भाव स्थित मंगल की दृष्टि पराक्रम स्थान (वृष राशि), छठे स्थान (सिंह राशि) एवं सातवें भाव (कन्या राशि) पर होगी। जातक पराक्रमी होगा पर उडाऊं स्वभाव का होगा। शत्रु बहुत होंगे। गृहस्थ सुख में कमी रहेगी।

निशानी–जातक के दो विवाह होगे। भाइयों और पिता के साथ बनेगी नहीं।

दशा–मंगल की दशा-अंतर्दशा मिश्रित फल देगी।

मंगल का अन्य ग्रहों से सम्बन्ध–

1. **मंगल+चंद्रमा**–यहां द्वादश स्थान में दोनों ग्रह कुंभ राशि में होंगे। यहां बैठकर दोनों ग्रहों की दृष्टियां पराक्रम स्थान वृष राशि, षष्टम भाव सिंह राशि एवं

सप्तम भाव कन्या राशि पर होगी। चंद्रमा बारहवें जाने से 'संतानहीन योग' तथा मंगल बारहवें जाने से क्रमशः 'धनहीन योग' व 'भाग्यभंग योग' की सृष्टि होगी। निश्चय ही यह स्थिति शुभद नहीं है। ऐसा जातक बाहर से धनवान दिखाई देगा पर भीतर से खोखला होगा।

2. **मंगल+सूर्य**–मंगल के साथ सूर्य होने से दुर्घटना का भय रहेगा।
3. **मंगल+बुध**–मंगल के साथ बुध होने से पत्नी की मृत्यु निश्चित है।
4. **मंगल+गुरु**–मंगल के साथ गुरु सरकारी नौकरी में बाधक है। जातक को परिश्रम का फल नहीं मिलेगा।
5. **मंगल+शुक्र**–मंगल के साथ शुक्र आकस्मिक मृत्यु, वाहन दुर्घटना का संकेत देता है।
6. **मंगल+शनि**–मंगल के साथ शनि स्वगृही होगा। जातक बहुत बड़ा कर्जा लेगा। जिससे परेशानी में फंस जायेगा।
7. **मंगल+राहु**–पत्नी के साथ संबंधविच्छेद होगा। जातक एक समय में दो पत्नियां रखेगा। पर दोनों से दुःखी होगा।
8. **मंगल+केतु**–गृहस्थ सुख में न्यूनता रहेगी। पत्नी की मृत्यु संभव है।

❑❑❑

मीनलग्न में बुध की स्थिति

मीनलग्न में बुध की स्थिति प्रथम स्थान में

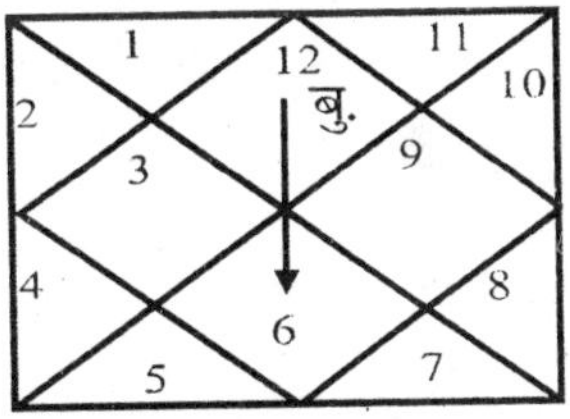

मीनलग्न में बुध सप्तमेश व सुखेश है। बुध एक प्रकार से सहायक मारकेश होने से पापी है, अशुभ फलदायक है। बुध यहां प्रथम स्थान में मीन (नीच) राशि में है। मीनराशि के 15 अंशों में यह परमनीच का हो जायेगा। बुध के कारण 'कुलदीपक योग' बनेगा। जातक का वाक्चातुर्थ तीव्र होगा। बुद्धि तेज, वाणी तेज पर शरीर नाजुक होगा। गृहस्थ सुख उत्तम। भागीदारी के धंधे में लाभ होगा। जातक को धन, यश, पद-प्रतिष्ठा की प्राप्ति होगी।

दृष्टि–बुध की दृष्टि सप्तम भाव (कन्या राशि) पर होगी। फलतः जातक की पत्नी सुन्दर व महत्वाकांक्षी होगी।

निशानी–जातक की कामेच्छा कमती होगी।

दशा–बुध की दशा-अंतर्दशा शुभ फल देगी।

बुध का अन्य ग्रहों से सम्बन्ध–

1. **बुध+चंद्रमा**–बुध के साथ चंद्रमा होने से जातक भाग्यशाली होगी। बड़ा अधिकारी एवं उच्च श्रेणी का विद्वान् होगा।
2. **बुध+सूर्य**–'भोजसंहिता' के अनुसार मीनलग्न में सूर्य षष्टेश होगा। प्रथम स्थान में मीनराशिगत यह युति वस्तु षटेश सूर्य की चतुर्थेश+सप्तमेश बुध के साथ युति होगी। बुध यहां नीच का होगा। यहां बैठकर दोनों शुभग्रह सप्तम भाव को पूर्ण दृष्टि से देखेंगे। फलतः जातक तीव्र बुद्धिशाली होगा। जातक धनवान होगा। ज्योतिष-तंत्र-मंत्र एवं आध्यात्म विद्याओं का जानकार होगा। 'कुलदीपक योग' के कारण जातक अपने कुटुम्ब-परिवार का नाम दीपक के समान रोशन

करेगा। जातक का भाग्योदय विवाह के तत्काल बाद होगा। जातक समाज का लब्ध-प्रतिष्ठित व्यक्ति होगा।

3. **बुध+मंगल**–बुध के साथ मंगल होने से जातक को पत्नी पक्ष ससुराल से धन लाभ होगा।
4. **बुध+गुरु**–बुध के साथ गुरु 'हंस योग' एवं 'नीचभंगराय जोग' बनायेगा। ऐसा जातक राजा के समान पराक्रमी एवं ऐश्वर्यशाली होगा।
5. **बुध+शुक्र**–बुध के साथ शुक्र होने से 'मालव्य योग' एवं 'नीचभंगराज योग' बनेगा। जातक राजा के समान प्रतापी, ऐश्वर्यसम्पन्न एवं वैभवशाली होगा।
6. **बुध+शनि**–बुध के साथ शनि होने से जातक के जीवन में संघर्ष अधिक रहेगा।
7. **बुध+राहु**–बुध के साथ राहु जातक के विचार निम्नगामी बनायेगा। जातक तुनक मिजाजी होगा।
8. **बुध+केतु**–बुध के साथ केतु जातक को यशस्वी जीवन देगा।

मीनलग्न में बुध की स्थिति द्वितीय स्थान में

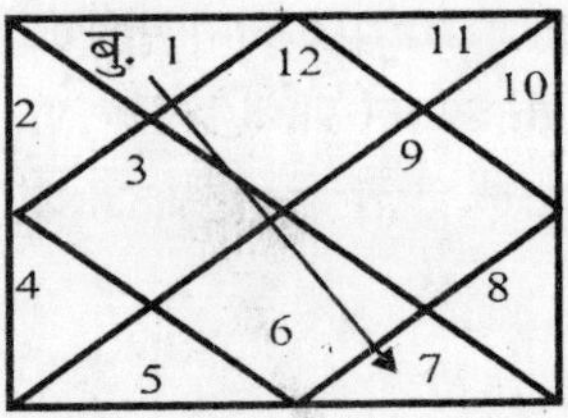

मीनलग्न में बुध सप्तमेश व सुखेश है। बुध एक प्रकार से सहायक मारकेश होने से पापी है, अशुभ फलदायक है। बुध यहां द्वितीय स्थान में मेष (शत्रु) राशि में होगा। बुध यहां चौथे भाव से ग्यारहवें एवं सातवें भाव से आठवें स्थान पर है। ऐसे जातक की बुद्धि श्रेष्ठ, धनसुख श्रेष्ठ, कुटुम्ब सुख श्रेष्ठ होगा। माता का सुख, मकान, वाहन का सुख श्रेष्ठ मिलेगा। जातक अधिक कुटुम्ब परिवार वाला, भोगी, साहसी एवं सामाजिक व्यक्ति होगा।

दृष्टि–द्वितीयस्थ बुध की दृष्टि अष्टम भाव (तुला राशि) पर होगी। ऐसा जातक बुद्धिबल से शत्रुओं का नाश करने में समर्थ होगा।

निशानी–जातक का भाग्योदय विवाह के बाद होगा। जातक का पिता लम्बी बीमारी से ग्रसित होगा।

दशा–बुध की दशा-अंतर्दशा उत्तम फल देगी।

बुध का अन्य ग्रहों से सम्बन्ध–

1. **बुध+चंद्रमा**–बुध के साथ चंद्रमा धन की वृद्धि करायेगा। पत्नी का सुख मिलेगा।

2. **बुध+सूर्य**–'भोजसंहिता' के अनुसार मीन में सूर्य षष्टेश होगा। द्वितीय स्थान में मेष राशिगत यह युति वस्तुत: षष्टेश सूर्य की चतुर्थेश+सप्तमेश बुध के साथ युति होगी। सूर्य यहां उच्च का होगा। जहां बैठकर दोनों ग्रह अष्टम भाव को देखेंगे। फलत: जातक तीव्र बुद्धिशाली होगा। जातक प्रख्यात धनवान होगा। आमदनी के जरिए दो-तीन प्रकार के रहेंगे। जीवन सभी प्रकार की सुख-सुविधाओं व ऐश्वर्य से परिपूर्ण होगा। जातक समाज का लब्ध-प्रतिष्ठित व्यक्ति होगा।

3. **बुध+मंगल**–बुध के साथ मंगल 'कलत्रमूलधन योग' एवं 'मातृमूलधन योग' बनेगा। जातक को पत्नी एवं माता से बराबर धनलाभ होता रहेगा।

4. **बुध+गुरु**–बुध के साथ गुरु होने से जातक को परिश्रम का फल मिलेगा। राज (सरकार) से लाभ मिलेगा।

5. **बुध+शुक्र**–बुध के साथ शुक्र होने से जातक को मित्रों से लाभ रहेगा। जातक की वाणी विनम्र होगी।

6. **बुध+शनि**–बुध के साथ शनि धनहानि करायेगा। जातक व्यापार प्रिय होगा।

7. **बुध+राहु**–बुध के साथ राहु धन संग्रह में रुकावट का काम करेगा। जातक की माता को कष्ट रहेगा।

8. **बुध+केतु**–बुध के साथ केतु धनसंग्रह में बाधक है।

मीनलग्न में बुध की स्थिति तृतीय स्थान में

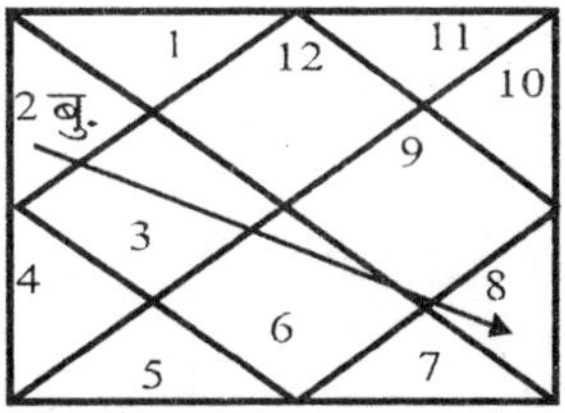

मीनलग्न में बुध सप्तमेश व सुखेश है। बुध एक प्रकार से सहायक मारकेश होने से पापी है, अशुभ फलदायक है। बुध यहां तीसरे स्थान में वृष (मित्र) राशि में होगा। यहां बुध चौथे स्थान से बारहवें एवं दशम भाव से नवमें स्थान पर होने से शुभ है। जातक पराक्रमी होगा। उसे छोटे भाई-बहनों का सुख मिलेगा। मित्रों का सुख मिलेगा। वैवाहिक जीवन सुखी होगा तथा विवाह के बाद जातक का तत्काल भाग्योदय होगा। जातक 'वाक्शूर' होगा, अपने बुद्धिबल से सबको परास्त करने वाला होगा।

दृष्टि–तृतीयस्थ बुध की दृष्टि नवम भाव (वृश्चिक राशि) पर होगी। जातक भाग्यशाली होगा तथा भागीदारी के धंधे में लाभ कमायेगा। जातक अपने धर्म व कर्त्तव्य का पालन करने वाला होगा।

निशानी–जातक को पिता की सम्पत्ति मिलेगी। पाराशर ऋषि के अनुसार 'स्वभुजार्जितवित्तवान्' जातक अपने पुरुषार्थ व परिश्रम में खूब धन एवं यश कमायेगा।

दशा–बुध की दशा-अंतर्दशा में जातक को राजा के यहां मान-प्रतिष्ठा मिलेगी। जातक का जनसम्पर्क एवं पराक्रम बढ़ेगा।

बुध का अन्य ग्रहों से सम्बन्ध–

1. **बुध+चंद्रमा**–बुध के साथ चंद्रमा जातक को कुटुम्ब-परिवार का पूरा सुख देगा। बहन की संख्या अधिक होगी।
2. **बुध+सूर्य**–'भोजसंहिता' के अनुसार मीनलग्न में सूर्य षष्टेश होगा। तृतीय स्थान में वृष राशिगत यह युति वस्तुतः षष्टेश सूर्य की चतुर्थेश+सप्तमेश बुध के साथ युति कहलायेगी। यहां बैठकर दोनों यह भाग्यभवन को पूर्ण दृष्टि से देखेंगे। फलतः जातक तीव बुद्धिशाली, धनी एवं महान् पराक्रमी व्यक्ति होगा। जातक को पिता की सम्पत्ति मिलेगी। उसे मित्रों परिजनों की मदद भी मिलती रहेगी। भाग्योदय 26 वर्ष में होने के संकेत मिलता है। दूसरा भाग्योदय 32 वर्ष में होगा। जातक समाज का लब्ध-प्रतिष्ठित व्यक्ति होगा।
3. **बुध+मंगल**–बुध के साथ मंगल जातक को सुसराल से धन दिलायेगा।
4. **बुध+गुरु**–बुध के साथ गुरु जातक को राज सरकार में ऊंचा पद दिलायेगा।
5. **बुध+शुक्र**–बुध के साथ शुक्र जातक को कुटुम्ब सुख देगा। जातक को भाई-बहनों से लाभ होगा। बहनों की संख्या अधिक होगी।
6. **बुध+शनि**–बुध के साथ शनि भाइयों में विग्रह करायेगा।
7. **बुध+राहु**–बुध के साथ राहु कुटुम्ब में विवाद करायेगा।
8. **बुध+केतु**–बुध के साथ केतु कीर्ति देगा।

मीनलग्न में बुध की स्थिति चतुर्थ स्थान में

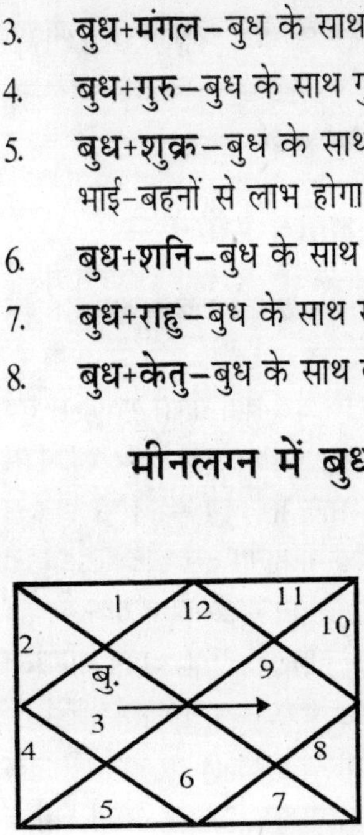

मीनलग्न में बुध सप्तमेश व सुखेश है। बुध एक प्रकार से सहायक मारकेश होने से पापी है, अशुभ फलदायक है। बुध यहां चतुर्थ स्थान में बुध मिथुन राशि में स्वगृही होकर 'कुलदीपक योग' एवं 'भद्रयोग' बनायेगा। बुध यहां सातवें भाव से दसवें स्थान पर होगा। ऐसा जातक राजातुल्य पराक्रमी तथा ऐश्वर्यवान् होता है। जातक विद्वान् होता है। उसे जमीन जायदाद, नौकर-चाकर, वाहन का सुख मिलता है। माता-पिता का सुख मिलता है।

दृष्टि–चतुर्थभावस्थ बुध की दृष्टि दशम स्थान (धनुराशि) पर होगी। ऐसा जातक राजा का मंत्री होता है। पाराशर ऋषि कहते हैं–'मंत्री सर्वधनान्वित:'। ऐसा जातक मिनिस्टर का P.S. या I.S. या R.J.S. होता है तथा राज्य सरकार के शासन में हस्तक्षेप करता है।

निशानी–जातक का ससुराल जातक से अधिक पराक्रमी होता है।

दशा–बुध की दशा-अंतर्दशा में जातक की उन्नति होती है। उसे ऊंची पद-प्रतिष्ठा मिलती है।

बुध का अन्य ग्रहों से सम्बन्ध–

1. **बुध+चंद्रमा**–बुध के साथ चंद्रमा जातक को माता की सम्पत्ति दिलायेगा। ननिहाल पक्ष से लाभ होगा। जातक शिक्षित होगा।
2. **बुध+सूर्य**–'भोजसंहिता' के अनुसार मीनलग्न में सूर्य षष्टेश होगा। चतुर्थ स्थान मे मिथुनराशिगत यह युति वस्तुत: षष्टेश सूर्य की चतुर्थेश+सप्तमेश बुध के साथ युति कहलायेगी। बुध यहां स्वगृही होगा। बुध के कारण 'भंग योग' एवं 'कुलदीपक योग' बनेगा। जातक माता-पिता, कुटुम्ब-परिवार का नाम दीपक के समान रोशन करेगा। जातक राजा के समान पराक्रमी एवं ऐश्वर्यशाली जीवन जीयेगा। वाहनसुख एवं मकान भाव परिपूर्ण होगा। जातक जाति समाज का अग्रगण्य व्यक्ति होगा।
3. **बुध+मंगल**–बुध के साथ मंगल जातक को माता से धन दिलाता है। पत्नी व ससुराल से धन मिलता है।
4. **बुध+गुरु**–बुध के साथ गुरु जातक का दीर्घायु देगा। राजनीति में लाभ एवं चुनाव में विजय देगा।
5. **बुध+शुक्र**–बुध के साथ शुक्र जातक को एक से अधिक वाहन सुख देगा।
6. **बुध+शनि**–बुध के साथ शनि जातक को वाहन से दुर्घटना का भय देता है।
7. **बुध+राहु**–बुध के साथ राहु माता को अल्पायु प्रदान करता है पर जातक का राजयोग शक्तिशाली बनाता है।
8. **बुध+केतु**–बुध के साथ केतु की स्थिति कष्टदायक है। भौतिक सुखों का मार्ग कटंकाकीर्ण होगा।

मीनलग्न में बुध की स्थिति पंचम स्थान में

मीनलग्न में बुध सप्तमेश व सुखेश है। बुध एक प्रकार से सहायक मारकेश होने से पापी है, अशुभ फलदायक है। बुध यहां पंचम स्थान में कर्क (शत्रु) राशि

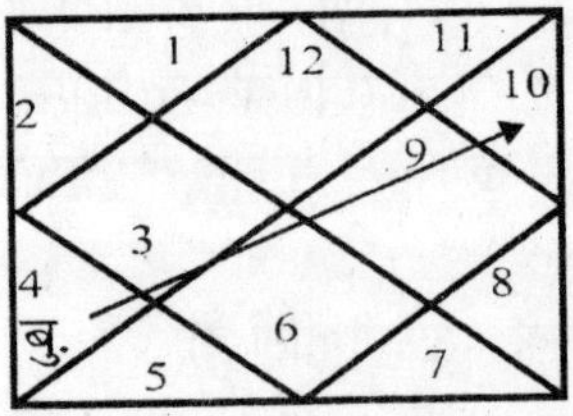

में होगा। बुध यहां चौथे (अपने) स्थान से दूसरे तथा सातवें स्थान से ग्यारहवें स्थान पर स्थित है। ऐसा जातक विद्यावान होगा। मंत्र-तंत्र इत्यादि गूढ विद्याओं का जानकार होगा। उसे उच्च शैक्षणिक उपाधि (Higher Educational Degree) मिलेगी। माता का सुख उत्तम। गृहस्थ सुख अति उत्तम तथा संतान सुख श्रेष्ठ होगा। ऐसा जातक प्रतियोगी परीक्षाओं में निश्चय ही उत्तीर्ण होगा। जातक अच्छा लेखक, पत्रकार, डॉक्टर, सी.ए, एवं कम्प्यूटर विशेषज्ञ होगा।

दृष्टि–पंचमस्थ बुध की एकादश स्थान (मकरराशि) पर दृष्टि होगी। फलतः भागीदारी के कार्यों में लाभ मिलेगा। जातक के मित्र अच्छे होंगे।

निशानी–कन्या संतति अधिक होगी। जातक शल्य चिकित्सा का जानकार होगा। जातक 'प्रति उत्पन्न मति' वाला होगा।

दशा–बुध की दशा-अंतर्दशा अति उत्तम फल देगी।

बुध का अन्य ग्रहों से सम्बन्ध–

1. **बुध+चंद्रमा**–बुध के साथ चंद्रमा प्रथम संतति कन्या देगा। कन्या संतति तेजस्वी होगी। जग में नाम रोशन करेगी।
2. **बुध+सूर्य**–'भोजसंहिता' के अनुसार मीनलग्न में सूर्य षष्टेश होगा। पंचम स्थान में कर्कराशिगत यह युति वस्तुतः षष्टेश सूर्य की चतुर्थेश+सप्तमेश बुध के साथ युति होगी। बुध यहां शत्रुक्षेत्री होगा। यहां बैठकर दोनों ग्रह, लाभस्थान को पूर्ण दृष्टि से देखेंगे। फलतः जातक तीव्र बुद्धिशाली होगा, धनवान होगा, शिक्षित होगा तथा जातक की संतति भी शिक्षित होगी। जातक को जीवन में सभी प्रकार की सुख-सुविधाएं मिलेगी। व्यापार में लाभ होगा। जातक अपनी जाति व समाज का लब्ध-प्रतिष्ठित व्यक्ति होगा।
3. **बुध+मंगल**–बुध के साथ मंगल धन को लेकर ससुराल में विवाद करायेगा। जिसका लाभ जातक को मिलेगा।
4. **बुध+गुरु**–बुध के साथ गुरु जातक को राजनीति में लाभ देगा। जातक खुद तेजस्वी होगा। संतान भी तेजस्वी होंगे।
5. **बुध+शुक्र**–बुध के साथ शुक्र कन्या संतति में वृद्धि करेगा। एक कन्या की अकाल मृत्यु होगी।
6. **बुध+शनि**–बुध के साथ शनि व्यापार में भरपूर लाभ देगा। पर जातक की एक संतति लापता (गुम) हो जायेगी।

7. **बुध+राहु**–बुध के साथ राहु होने से संतान की प्राप्ति शल्य चिकित्सा से होगी। संतान संबंधी चिंता रहेगी।

8. **बुध+केतु**–बुध के साथ केतु एकाध गर्भस्राव-गर्भपात कराता है।

मीनलग्न में बुध की स्थिति षष्टम स्थान में

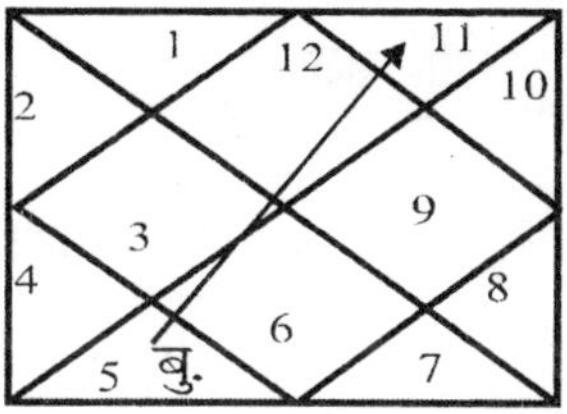

मीनलग्न में बुध सप्तमेश व सुखेश है। बुध एक प्रकार से सहायक मारकेश होने से पापी है, अशुभ फलदायक है। बुध यहां छठे स्थान में सिंह (मित्र) राशि में होगा। बुध की इस स्थिति से 'विलम्बविवाह योग' एवं 'सुखभंग योग' बनता है। बुध अपने घर से तीसरे एवं सातवें घर (कन्या राशि) में बारहवें स्थान पर होने से अशुभ है। जातक को मातृसुख कमजोर होगा। मकान सुख कमजोर। जातक को नौकर-चाकर धोखा देंगे। वाहन भी समय पर धोखा देगा। जातक का विवाह विलम्ब से होगा। पत्नी से विचार कम मिलेगे। भौतिक सुखों की प्राप्ति में न्यूनता बनी रहेगी।

दृष्टि–षष्टमस्थ बुध अपनी मित्र दृष्टि से द्वादश भाव (कुम्भ राशि) को देखेगा। जातक अत्यधिक खर्चीले स्वभाव का होगा। ऐसे जातक शत्रु से ज्यादा बदला लेने में विश्वास नहीं रखते। संघर्ष से कतराते हैं।

निशानी–जातक को मानसिक शान्ति नहीं होगी। शत्रु बहुत होंगे। विद्या में बारम्बार रुकावट आयेगी। जातक ननिहाल (मामा के यहां) सुखी रहेगा। जातक स्वेच्छाचारी होगा।

दशा–बुध की दशा-अंतर्दशा नेष्ट फल देगी।

बुध का अन्य ग्रहों से सम्बन्ध–

1. **बुध+चंद्रमा**–बुध के साथ चंद्रमा 'संततिहीन योग' की सृष्टि करता है। जातक को विद्या एवं संतति से चिन्ता रहेगी।

1. **बुध+सूर्य**–'भोजसंहिता' के अनुसार मीनलग्न में सूर्य षष्टेश होगा। छठे स्थान में सिंहराशिगत यह युति वस्तुत: षष्टेश सूर्य की चतुर्थेश+सप्तमेश बुध के साथ युति होगी। सूर्य यहां स्वगृही होगा। यह बैठकर दोनों ग्रह व्यय भाव को देखेंगे। षष्टेश षष्टम स्थान में स्वगृही होने से 'हर्षयोग' बनेगा। फलत: जातक ऋण, रोग व शत्रु का नाश करने में सक्षम होगा। बुध छठे जाने से 'सुख भंगयोग' एवं 'विलम्बविवाह योग' बनता है। जातक को माता या बहन का सुख कम

मिलेगा। जातक को जीवन में सभी प्रकार की सुख-सुविधाएं सहज रूप से प्राप्त होगी। जातक समाज का अग्रगण्य व प्रतिष्ठित व्यक्ति होगा।

3. **बुध+मंगल**–बुध के साथ मंगल 'धनहीन योग' एवं 'विलम्बविवाह योग' की सृष्टि करेगा। जातक को विवाह संबंधी परेशानी रहेगी।
4. **बुध+गुरु**–बुध के साथ गुरु 'लग्नभंग योग' एवं 'राजभंग योग' बनाता है। जातक को परिश्रम का लाभ नहीं मिलेगा।
5. **बुध+शुक्र**–अष्टमेश शुक्र की युति से दुर्घटना होगी। राजा से दण्ड भी मिल सकता है।
6. **बुध+शनि**–शनि की युति से व्यापार में नुकसान होगा। गृहस्थ सुख भंग होगा।
7. **बुध+राहु**–राजा से दण्ड मिलेगा। कोर्ट-कचहरी में मुकदमा हारेंगे।
8. **बुध+केतु**–जिस पर अधिक विश्वास करेंगे, वो ही धोखा देगा।

मीनलग्न में बुध की स्थिति सप्तम स्थान में

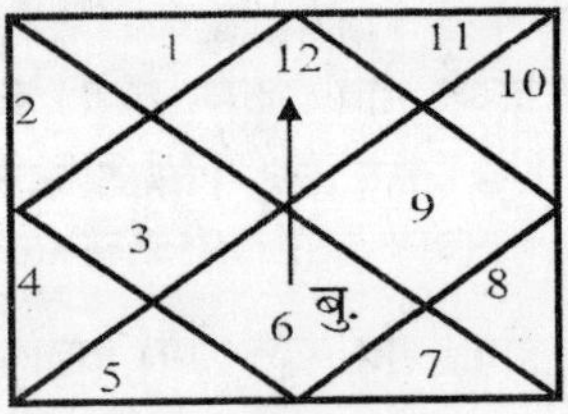

मीनलग्न में बुध सप्तमेश व सुखेश है। बुध एक प्रकार से सहायक मारकेश होने से पापी है, अशुभ फलदायक है। बुध यहां सप्तम स्थान में अपनी उच्च कन्याराशि में होगा। कन्या राशि के अंशों में बुध परमोच्च का होता है। बुध की इस स्थिति के कारण 'कुलदीपक योग', 'भद्र योग' की सृष्टि होगी। यहां बुध चौथे भाव में अपने घर मिथुन राशि से चौथे होने के कारण जातक को भौतिक सुखों की प्राप्ति में चार चांद लगा देगा। जातक के एकाधिक मकान, वाहन होंगे। जातक राजा तुल्य ऐश्वर्यशाली एवं पराक्रमी होगा। जातक को माता का सुख उत्तम, भागीदारी में लाभ मिलेगा।

दृष्टि–बुध यहां सातवीं नीच दृष्टि से लग्नस्थान (मित्रराशि) को देखेगा। जातक को पुरुषार्थ का फल मिलेगा। पाराशर ऋषि के अनुसार 'पित्रार्जितधन त्यागी' ऐसा व्यक्ति स्वयं खूब कमायेगा तथा पिता के द्वारा अर्जित धन का त्याग कर देगा।

निशानी–जातक स्वयं सुन्दर होगा, उसकी पत्नी अप्रतिम सौन्दर्य की मालिका होगी। जातक विद्यावान्, विद्वान् होगा पर सभा में नहीं बोल पायेगा। जो बात जिस समय कहनी हो, नहीं कह पायेगा।

दशा–बुध की दशा-अंतर्दशा में जातक धनी होगा। पद-प्रतिष्ठा एवं ऐश्वर्य को प्राप्त करेगा।

बुध का अन्य ग्रहों से सम्बन्ध–

1. **बुध+चंद्रमा**–बुध के साथ चंद्रमा जातक को विद्या सुख में, बुद्धिबल से आगे बढ़ने के नये मार्ग प्रशस्त करेगा। जातक को अपनी संतान से लाभ होगा। जातक की विशेष उन्नति कन्या संतति के बाद होगी।
2. **बुध+सूर्य**–'भोजसंहिता' के अनुसार मीनलग्न में सूर्य षष्टेश होगा। सातवें स्थान में 'कन्याराशिगत' यह युति वस्तुत: षष्टेश सूर्य की चतुर्थेश+सप्तमेश बुध के साथ युति होगी। बुध यहां केन्द्रगत होकर उच्च का होगा तथा दोनों ग्रह लग्न स्थान को पूर्ण दृष्टि से देखेंगे। बुध के कारण 'भद्र योग' एवं 'कुलदीपक योग' बनेगा। फलत: जातक तीव्र बुद्धिशाली, धनी एवं सौभाग्यशाली व्यक्ति होगा। अपने कुटुम्ब-परिवार का नाम दीपक के समान रोशन करेगा। जातक एक राजा के समान पराक्रमी एवं ऐश्वर्यशाली जीवन जीयेगा तथा समाज का अग्रगण्य व्यक्ति होगा।
3. **बुध+मंगल**–बुध के साथ मंगल होने से 'कलत्रमूलधन योग' बनेगा। विवाह होते ही जातक की किस्मत चमकेगी। ससुराल से धन मिलेगा।
4. **बुध+गुरु**–बुध के साथ बुहस्पति होने से 'लग्नाधिपति योग' बनेगा। जातक को हाथ में लिये गये प्रत्येक कार्य में सफलता मिलेगी।
5. **बुध+शुक्र**–बुध के साथ शुक्र नीच का होने से 'नीचभंगराज योग' बनेगा। जातक राजा के समान ऐश्वर्यशाली एवं धनवान होगा। जातक कामी होगा। जातक की स्त्री सुन्दर होगी।
6. **बुध+शनि**–बुध के साथ शनि होने से जातक व्यापार प्रिय होगा पर गृहस्थ सुख में खटपट रहेगी।
7. **बुध+राहु**–बुध के साथ राहु होने से पत्नी से मनमुटाव की स्थिति रहेगी। अथवा पत्नी की आयु कम होगी।
8. **बुध+केतु**–बुध के साथ केतु होने से पति-पत्नी में हल्की नोक-झोक होती रहेगी।

मीनलग्न में बुध की स्थिति अष्टम स्थान में

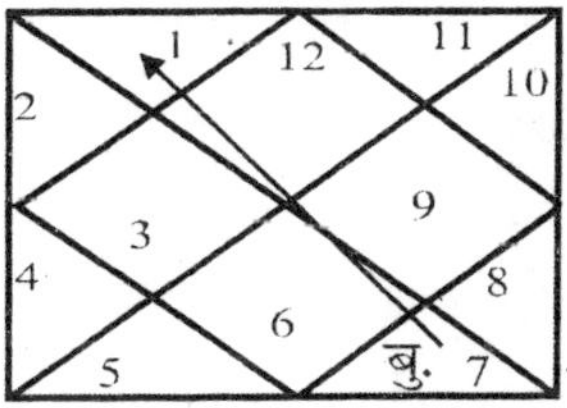

मीनलग्न में बुध सप्तमेश व सुखेश है। बुध एक प्रकार से सहायक मारकेश होने से पापी है, अशुभ फलदायक है। बुध यहां अष्टम स्थान में तुला (मित्र) राशि में होगा। बुध की इस स्थिति में 'विलम्बविवाह योग' एवं 'सुखभंग योग' बनता है।

यहां बुध चौथे भाव (मिथुन राशि) से पांचवे एवं सप्तम भाव (कन्या राशि) से दूसरे स्थान पर है। जातक का विवाह विलम्ब से होगा तथा भौतिक सुखों की प्राप्ति में कुछ-न-कुछ न्यूनता बनी रहेगी। विद्या में विघ्न आयेगे तथा जातक की माता की मृत्यु शीघ्र हो सकती है। जातक किराये के मकान में रहेगा। पिता का सुख कमजोर होगा।

दृष्टि–अष्टमस्थ बुध मित्र दृष्टि से धन स्थान (मेषराशि) को देखेगा। जातक की वाणी विनम्र होगी। जातक शारीरिक परिश्रम के वनिस्पत बुद्धिबल से धन कमाऐगा।

निशानी–जातक नपुसंक होगा। यदि गुरु व मंगल बलवान न हो तो पाराशर ऋषि के अनुसार–''क्लीबसयो भवेत्'' जातक डरपोक, कायर व क्लीब होगा।

दशा–बुध की दशा-अंतर्दशा अनष्टि फल देगी।

बुध का अन्य ग्रहों से सम्बन्ध–

1. **बुध+चंद्रमा**–बुध के साथ चंद्रमा 'संतानहीन योग' की सृष्टि करेगा। जातक की पुत्र संतति विलम्ब से होगी।
2. **बुध+सूर्य**–'भोजसंहिता' के अनुसार मीन में सूर्य षष्टेश होगा। अष्टम स्थान में तुलाराशिगत यह युति वस्तुत: षष्टेश सूर्य की चतुर्थेश+सप्तमेश बुध के साथ युति कहलायेगी। यहां बैठकर दोनों ग्रह धन भाव को पूर्ण दृष्टि से देखेंगे। सूर्य यहां नीच का होगा पर अपनी उच्च राशि को देखेगा। षष्टेश सूर्य के अष्टमेश जाने से 'हर्ष योग' बनेगा। जातक शत्रुओं का नाश करने में सक्षम होगा एवं दीर्घजीवी होगा। जातक को जीवन में सभी सुख-सुविधाएं मिलेगी। जातक जीवन में लब्ध-प्रतिष्ठित व्यक्ति होगा।
3. **बुध+मंगल**–बुध के साथ मंगल 'धनहीन योग' एवं 'भाग्यभंग योग' की सृष्टि करेगा। जातक को भाग्योदय हेतु संघर्ष करना पड़ेगा। एक पत्नी की मृत्यु भी संभव है।
4. **बुध+गुरु**–बुध के साथ गुरु 'लग्नभंग योग' एवं 'राजभंग योग' बनायेगा। जातक को परिश्रम का फल नहीं मिलेगा। रोजगार में दिक्कतें रहेगी।
5. **बुध+शुक्र**–बुध के साथ शुक्र सरलनामक 'विपरीतराज योग' बनायेगा। जातक धनी, मानी-अभिमानी एवं ऐश्वर्य सम्पन्न होगा।
6. **बुध+शनि**–बुध के साथ उच्च का शनि विमल नामक 'विपरीतराज योग' बनायेगा। जातक धनी-मानी, अभिमानी एवं ऐश्वर्यपूर्ण जीवन जीयेगा।

7. **बुध+राहु**–बुध के साथ राहु 'द्विभार्या योग' बनाता है। जातक की पत्नी बीमार होकर गुजर जायेगी।

8. **बुध+केतु**–बुध के साथ केतु गृहस्थ सुख में बाधक है। जातक का जीवन साथी लाइलाज बीमारी से ग्रसित होगा।

मीनलग्न में बुध की स्थिति नवम स्थान में

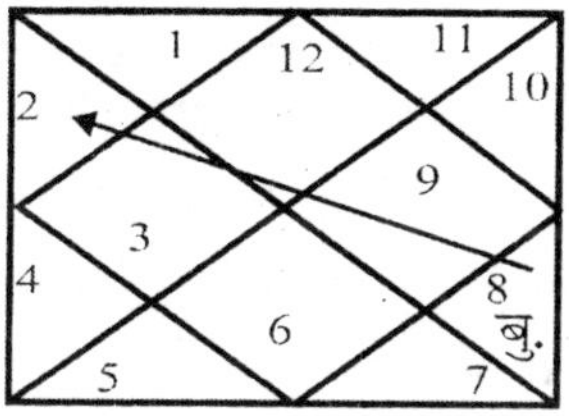

मीनलग्न में बुध सप्तमेश व सुखेश है। बुध एक प्रकार से सहायक मारकेश होने से पापी है, अशुभ फलदायक है। बुध यहां नवम स्थान में वृश्चिक (सम) राशि में होगा। ऐसा जातक भाग्यशाली होगा। धार्मिक होगा। बुध यहां चौथे स्थान (अपने घर) से छठे एवं सातवे भाव (कन्या राशि) से तीसरे स्थान पर होगा। जातक को माता-पिता का सुख उत्तम होगा। ऐसे जातक को जनसम्पर्क एवं मित्रों से लाभ होगा। पाराशर ऋषि के अनुसार–''जात:सर्वजनप्रिय'' ऐसा जातक देवताओं का भक्त, आस्तिक बुद्धिवाला एवं सर्वजनप्रिय होता है। विवाह के बाद जातक का भाग्योदय विशेषरूप से होगा।

दृष्टि–नवमस्थ बुध सातवी मित्र दृष्टि से पराक्रम स्थान (वृषराशि) को देखेगा। जातक महान् पराक्रमी होगा। छोटे भाई-बहन व पिता से संबंध अच्छे रहेंगे। भागीदारी से लाभ है।

निशानी–ऐसे जातक को सामाजिक एवं राजनैतिक पद-प्रतिष्ठा की प्राप्ति होगी।

दशा–बुध की दशा-अंतर्दशा में जातक का भाग्योदय होगा। उसे रोजी-रोजगार के अवसर प्राप्त होगा।

बुध का अन्य ग्रहों से सम्बन्ध–

1. **बुध+चंद्रमा**–बुध के साथ चंद्रमा नीच का होकर भी शीघ्र भाग्योदय में सहायक है। जातक जलीय व्यापार में, विदेश व्यापार एवं रत्न-ज्वैलरी में कमायेगा।

2. **बुध+सूर्य**–'भोजसंहिता' के अनुसार मीनलग्न में सूर्य षष्टेश होगा। नवम स्थान में वृश्चिक राशिगत यह युति वस्तुत: षष्टेश सूर्य की चतुर्थेश+सप्तमेश बुध के साथ युति कहलायेगी। यहां बैठकर दोनों ग्रह तृतीय भाव को पूर्ण दृष्टि से देखेंगे। ऐसा जातक तीव्र बुद्धिशाली, धनवान एवं सौभाग्यशाली होगा।

जातक का भाग्योदय 26 एवं 32 वर्ष दो चरणों में होगा। जातक पराक्रमी होगा, उसे मित्रों व परिजनों का सहयोग मिलता रहेगा। जातक समाज का अग्रगण्य एवं प्रतिष्ठित व्यक्ति होगा।

3. **बुध+मंगल**–बुध के साथ बलवान धनेश होने से 'कलत्रमूलधन योग' होगा एवं 'मातृमूलधन योग' बनेगा। जातक को माता से एवं पत्नी से बराबर धन की प्राप्ति होती रहेगी।

4. **बुध+गुरु**–बुध के साथ गुरु होने से राजनीति में सफलता मिलेगी। जातक गांव या शहर का मुखिया होगा।

5. **बुध+शुक्र**–बुध के साथ शुक्र होने से जातक पराक्रमी होगा। उसे कुटुम्ब सुख मिलेगा। जातक की पत्नी सुन्दर होगी।

6. **बुध+शनि**–बुध के साथ शनि जातक के भाग्योदय में बाधा निरन्तर दिक्कतें उत्पन्न करेगा। 32 से 36 वर्ष के भीतर जातक की किस्मत चमकेगी।

7. **बुध+राहु**–बुध के साथ राहु जातक को एक बार ऊपर चढ़ाकर नीचे गिरायेगा।

8. **बुध+केतु**–बुध के साथ केतु कीर्तिदायक है। जातक महत्वाकांक्षी होगा। उसकी महत्वकांक्षाएं पूर्ण भी होगी।

मीनलग्न में बुध की स्थिति दशम स्थान में

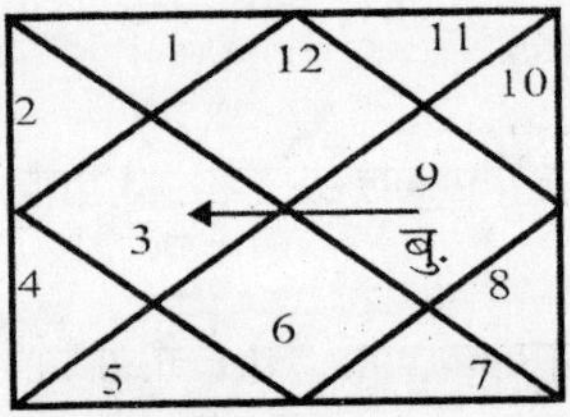

मीनलग्न में बुध सप्तमेश व सुखेश है। बुध एक प्रकार से सहायक मारकेश होने से पापी है, अशुभ फलदायक है। बुध यहां दशम स्थान में धनु (सम) राशि में होगा। बुध की इस स्थिति से 'कुलदीपक योग' की सृष्टि होगी। बुध यहां चौथे भाव से सातवें तथा सातवें भाव से चौथे स्थान पर है। यह बुध विद्यासुख अतिश्रेष्ठ देगा। जातक को उच्च स्तरीय शैक्षणिक डिग्री (Higher Educational Degree) मिलेगी। जातक को माता, भवन एवं वाहन का सुख श्रेष्ठ मिलेगा। पाराशर ऋषि के अनुसार ऐसा जातक राजदरबार या राजनीति में महत्त्वपूर्ण पद प्राप्त करता है–"राजमान्यो नरो भवेत्" जातक अपने कुटुम्ब का नाम दीपक के समान रोशन करेगा।

दृष्टि–दशमस्थ बुध सातवी दृष्टि से चतुर्थभाव अपने घर (मिथुराशि) को देखेगा। जातक को माता की सम्पत्ति मिलेगी। उत्तम वाहन से लाभ होगा।

निशानी–जातक, चार्टर एकाउन्टेट, वकील या कम्प्यूटर के काम से नाम कमायेगा। इंजीनियर दवाई के कार्य में ऐजेंसी व बुद्धिबल से जातक धन कमायेगा।

दशा–बुध की दशा-अंतर्दशा में जातक को गृहस्थ सुख, भौतिक उपलब्धियों की प्राप्ति होगी। जातक को रोजी-रोजगार मिलेगा।

बुध का अन्य ग्रहों से सम्बन्ध–

1. **बुध+चंद्रमा**–बुध के साथ चंद्रमा जातक को व्यापार में लाभ देगा। खास कर Export-Import विदेशी व्यापार में लाभ देगा। राजनीति में लाभ देगा।
2. **बुध+सूर्य**–'भोजसंहिता' के अनुसार मीनलग्न में सूर्य षष्टेश होगा। दशम स्थान में धनुराशिगत यह युति वस्तुत: षष्टेश सूर्य की चतुर्थेश+सप्तमेश बुध के साथ युति कहलायेगी। यहां पर केन्द्रवर्ती होकर दोनों ग्रह चतुर्थ भाव को पूर्ण दृष्टि से देखेंगे। बुध के कारण 'कुलदीपक योग' बना। जातक अपने कुटुम्ब-परिवार का नाम दीपक के समान रोशन करेगा। जातक के पास एक से अधिक मकान एवं एक से अधिक वाहन होंगे। जातक को जीवन में सभी प्रकार की सुख-सुविधाएं एवं ऐश्वर्य संसाधनों की प्राप्ति होगी। जातक समाज का अग्रगण्य एवं प्रतिष्ठित व्यक्ति होगा।
3. **बुध+मंगल**–बुध के साथ 'दिक्बली' मंगल ससुराल से धन लाभ दिलाता रहेगा अथवा जातक की पत्नी (Earning-Lady) कमाऊं महिला होगी एवं वेतन पति को देगी।
4. **बुध+गुरु**–यहां बुध के साथ गुरु की युति 'हंस योग' बनायेगी। सप्तमेश, दशमेश की युति से जातक निश्चय ही राजा किंवा राजपुरुष होगा। उसका बड़ा नाम होगा।
5. **बुध+शुक्र**–बुध के साथ शुक्र जातक को एक से अधिक वाहन एवं मकान का सुख देगा।
6. **बुध+शनि**–बुध के साथ शनि जातक को व्यापार से लाभ देगा। जातक महत्वाकांक्षी व्यापारी होगा एवं उसकी इच्छाएं पूर्ण होगी।
7. **बुध+राहु**–बुध के साथ राहु व्यापार में रुकावट का संकेत देता है। राज (सरकार) से भय उत्पन्न करेगा। कोर्ट-कचहरी में मुकदमा हारेगा।
8. **बुध+केतु**–बुध के साथ, केतु व्यापार में कीर्ति देगा। जातक का अपने व्यापार में बड़ा नाम होगा।

मीनलग्न में बुध की स्थिति एकादश स्थान में

मीनलग्न में बुध सप्तमेश व सुखेश है। बुध एक प्रकार से सहायक मारकेश होने से पापी है, अशुभ फलदायक है। बुध यहां एकादश स्थान में मकर (सम) राशि

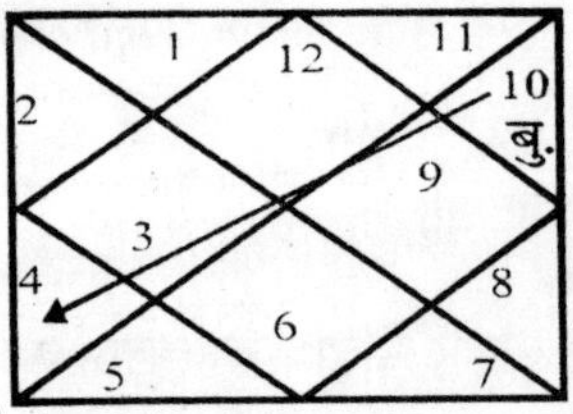

में होगा। बुध यहां चतुर्थ भाव और अपनी राशि में आठवें एवं सप्तम भाव (कन्याराशि) से पांचवे स्थान पर है। यह बुध चौथे भाव का अशुभफल एवं सातवें भाव का शुभ फल देगा। जातक की माता के साथ बनेगी नहीं। मां का सुख कमजोर होगा। जातक मकान एवं वाहन के सुख में भी न्यूनता महसूस करेगा। प्रारम्भिक विद्याध्ययन में भी रुकावटें आयेगी। परन्तु वैवाहित जीवन सुखमय होगा। विवाह के तत्काल बाद जातक उन्नतिमार्ग की ओर आगे बढ़ेगा।

दृष्टि–एकादश भावगत बुध यहां पंचम भाव (कर्क राशि) को देखेगा। जातक को भागीदारी के धंधे में लाभ होगा। जातक उदार हृदय का होगा। परोपकारी होगा। समाजसेवा में विश्वास रखेगा। Educational Degree अधूरी रह जायेगी।

निशानी–ऐसा जातक गुप्त रोगों से आक्रान्त रहेगा। पाराशर ऋषि कहते हैं–'सुखेशे लाभगे जातो, गुप्तरोग भयान्वित:'।

दशा–बुध की दशा-अंतर्दशा मिश्रित फल देगी।

बुध का अन्य ग्रहों से सम्बन्ध–

1. **बुध+चंद्रमा**–यहां बुध+चंद्रमा की युति से कन्या संतति अधिक होगी। जातक् को Educational Degree व उच्च शैक्षणिक उपाधि मिलेगी।
2. **बुध+सूर्य**–'भोजसंहिता' के अनुसार मीनलग्न में सूर्य षष्टेश होगा। एकादश स्थान में मकरराशिगत यह युति वस्तुत: षष्टेश सूर्य की चतुर्थेश+सप्तमेश बुध के साथ युति कहलायेगी। सूर्य यहां शत्रुक्षेत्री होगा। यहां बैठकर दोनों ग्रह पंचम भाव को पूर्ण दृष्टि से देखेंगे। फलत: जातक बुद्धिशाली, धनवान एवं भाग्यवान होगा। जातक शिक्षित होगा। उसकी संतति भी शिक्षित होगी। जातक उद्योगपति होगा। जातक जीवन में सभी प्रकार की सुख-सुविधाओं से परिपूर्ण व्यक्तित्व का धनी होगा। जातक समाज का अग्रगण्य लब्ध-प्रतिष्ठित व्यक्ति होगा।
3. **बुध+मंगल**–बुध के साथ बलवान (उच्च) का मंगल 'कलत्रमूलधन योग' एवं 'मातृमूलधन योग' बनाता है। जातक को माता से एवं पत्नी से धनी की प्राप्ति बराबर होती रहेगी।
4. **बुध+गुरु**–बुध के साथ गुरु नीच का जातक को अध्ययन-अध्यापन, लेखन क्षेत्र में लाभ देगा।

5. **बुध+शुक्र**–बुध के साथ शुक्र जातक को व्यापार में हानि देगा। यदि जातक उद्योगपति है तो एक बार उद्योग बन्द करायेगा।
6. **बुध+शनि**–बुध के साथ स्वगृही शनि जातक को बड़ा उद्योगपति अथवा व्यापारी बनायेगा।
7. **बुध+राहु**–बुध के साथ राहु जातक को बड़े भाई या बड़ी बहन के सुख से वंचित करेगा।
8. **बुध+केतु**–बुध के साथ केतु व्यापार-व्यवसाय में दिक्कतें पैदा करेगा।

मीनलग्न में बुध की स्थिति द्वादश स्थान में

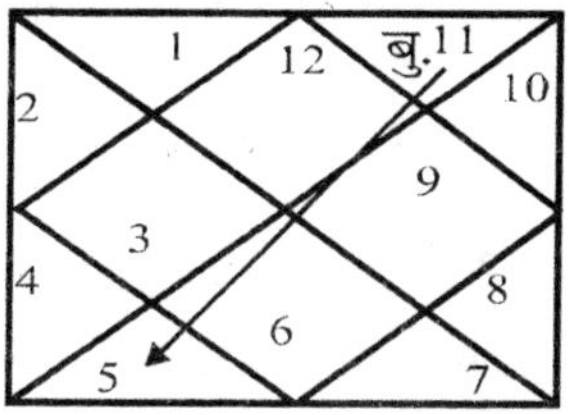

मीनलग्न में बुध सप्तमेश व सुखेश है। बुध एक प्रकार से सहायक मारकेश होने से पापी है, अशुभ फलदायक है। बुध यहां द्वादश स्थान में कुम्भ (सम) राशि में होगा। बुध की इस स्थिति में 'विलम्बविवाह योग' एवं सुखभंग योग बनता है। यह बुध चौथे (मिथुन राशि) से पांचवां एवं सातवें भाव (कन्या राशि) से षडाष्टक योग बनो रहा है। माता का सुख पूर्ण नहीं। माता की मृत्यु छोटी आयु में हो सकती है। मकान का सुख पूर्ण नहीं। विवाह सुख में कमी या विवाह होकर छूट जाय। जातक विदेश जाकर ज्यादा सुखी होता है।

दृष्टि–द्वादशस्थ बुध सातवी मित्र दृष्टि से छठे स्थान (सिंह राशि) को देखेगा। जातक को वृद्धावस्था में संसार से विरक्ति हो जायेगी। गुप्त रोग, चमड़ी की बीमारी। डाईबीटिज़ वगैरा संभव है।

निशानी–जातक का स्वजाति एवं समाज में विरोध होगा। जातक आलसी होगा। पुरुषार्थ में विश्वास कम रखेगा। ख्याली पुलाव पकायेगा।

दशा–बुध की दशा-अंतर्दशा मिश्रित फल देगी।

बुध का अन्य ग्रहों से सम्बन्ध–

1. **बुध+चंद्रमा**–बुध के साथ चंद्रमा विद्या में रुकावट एवं बाई आंख में पीड़ा देगा। यह 'संततिहीन योग' भी बनायेगा।
2. **बुध+सूर्य**–'भोजसंहिता' के अनुसार मीनलग्न में सूर्य षष्टेश होगा। द्वादश स्थान में 'कुम्भराशिगत' यह युति वस्तुत: षष्टेश सूर्य की चतुर्थेश+सप्तमेश बुध के साथ युति कहलायेगी। सूर्य यहां शत्रुक्षेत्री होगा। जहां बैठकर दोनों ग्रह छठे

भाव को पूर्ण दृष्टि से देखेंगे। षष्टेश सूर्य का व्ययभाव में जाने से 'हर्ष योग' बना। ऐसा जातक ऋण, रोग व शत्रु समूह का नाश करने में सक्षम होता है। जातक तीव्र बुद्धिशाली, तीर्थाटन करने वाला परोपकारी एवं खर्चीले स्वभाव का व्यक्ति होगा। उसे जीवन के सभी प्रकार की सुख-सुविधाओं एवं भौतिक संसाधनों की प्राप्ति सहज रूप होगी। बुध के बारहवें स्थान पर जाने से 'सुख भंग योग' एवं 'विलम्बविवाह योग' बना। फिर भी ऐसा जातक समाज का अग्रगण्य, लब्ध प्रतिष्ठित व्यक्ति होगा।

3. **बुध+मंगल**–बुध के साथ मंगल 'धनहीन योग' एवं 'भाग्यहीन योग' बनाता है। जातक को जीवन में धर्नाजन हेतु बहुत संघर्ष करना पड़ेगा।

4. **बुध+गुरु**–बुध के साथ गुरु 'लग्नभंग योग' एवं 'राजभंग योग' बनायेगा। जातक को परिश्रम का फल नहीं मिलेगा।

5. **बुध+शुक्र**–बुध के साथ शुक्र सरल नामक 'विपरीतराज योग' बनायेगा। जातक धनी-मानी, अभिमानी एवं ऐश्वर्यशाली होगा।

6. **बुध+शनि**–बुध के साथ शनि मूलत्रिकोण राशि में स्वगृही होकर 'लाभभंग योग' बनायेगा। जातक को अत्यधिक खर्च के कारण कर्ज लेना पड़ेगा।

7. **बुध+राहु**–बुध के साथ राहु जातक के भाग्योदय में बाधक है। यात्रा में चोरी होगी या धन हानि संभव है।

8. **बुध+केतु**–बुध के साथ केतु व्यर्थ की यात्रा करायेगा। जातक की मृत्यु घर से बाहर होगी।

❑❑❑

मीनलग्न में गुरु की स्थिति

कन्यालग्न में गुरु की स्थिति प्रथम स्थान में

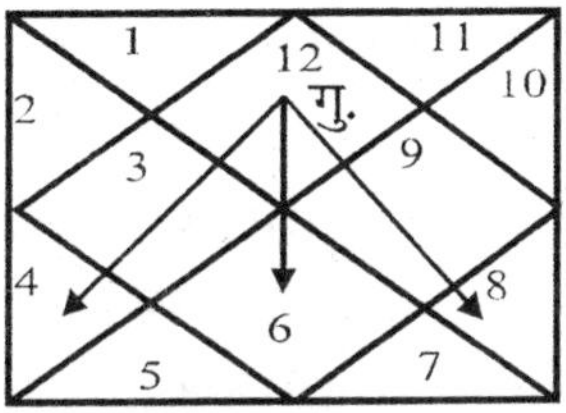

गुरु यहां लग्नेश व राज्येश है। गुरु जीवनदाता (आयुप्रदाता) ग्रह है एवं राजयोगकारक है। अत: हर हालत में यह शुभफल ही देगा। गुरु यहां मीन राशि में स्वगही होगा। जिसके कारण 'कुलदीपक योग', 'केसरी योग', 'हंस योग' एवं 'पद्मसिंहासन योग' बनेगा। ऐसा जातक राजा तुल्य ऐश्वर्य-वैभव को भोगेगा। जातक धर्म-शास्त्रों का ज्ञाता होगा। उत्तम विद्या सुख Higher Educational Degree प्राप्त करेगा। जातक हृष्ट-पुष्ट शरीर का स्वामी होगा। अति पराक्रमी व यशस्वी होगा। अपनी पत्नी के अलावा अन्य स्त्री से भी शारीरिक संबंध रखेगा।

दृष्टि–लग्नस्थ गुरु की दृष्टि पंचम भाव (कर्क राशि), सप्तम भाव (कन्या राशि) एवं नवम भाव (वृश्चिक राशि) पर होगी। जातक को संतान सुख उत्तम होगा। पत्नी सुन्दर, पतिव्रता होगी। जातक पूर्ण भाग्यशाली होगा।

निशानी–ऐसा जातक अपने पिता से अधिक धन, यश, नाम, पद-प्रतिष्ठा अर्जित करता है। जातक स्वयं पुत्रवान होता है।

दशा–गुरु की दशा-अंतर्दशा में जातक का भाग्योदय होगा। उसका चंहुमुखी विकास होगा। जातक का शरीर स्वस्थ रहेगा।

गुरु का अन्य ग्रहों से सम्बन्ध–

1. **गुरु+चंद्रमा**–'भोजसंहिता' के अनुसार गुरु+चंद्रमा की यह युति वस्तुत पंचमेश चंद्रमा की लग्नेश+दशमेश गुरु के साथ युति है। गुरु यहां स्वगृही होकर

बलवान होगा। यहां से ये दोनों ग्रह पंचम भाव, सप्तम भाव एवं भाग्य स्थान को पूर्ण दृष्टि से देखेंगे। 'गजकेसरी योग' की यह सर्वोत्तम स्थित है। यहां 'हंस योग', 'कुलदीपक योग' व 'यामिनीनाथ योग' की सृष्टि हो रही है। जातक का भाग्योदय विवाह के तत्काल बाद होगा। जातक का दूसरा भाग्योदय प्रथम संतति के बाद होगा। 'पद्मसिंहासन योग' के कारण जातक की गिनती समाज के चुनिन्दा प्रतिष्ठित व भाग्यशाली व्यक्तियों में होगी। जातक राजा तुल्य ऐश्वर्य को भोगेगा।

2. **गुरु+सूर्य**–गुरु के साथ सूर्य परिश्रम के पूर्ण लाभ से रुकावट का कार्य करेगा। जातक तेजस्वी होगा।
3. **गुरु+मंगल**–गुरु के साथ मंगल जातक को महाधनी एवं गांव-शहर का प्रमुख बनायेगा। जातक राजा के समान पराक्रमी होगा।
4. **गुरु+बुध**–गुरु के साथ बुध 'नीचभंगराज योग' बनायेगा। जातक राजा के समान पराक्रमी होगा।
5. **गुरु+शुक्र**–गुरु के साथ शुक्र 'किम्बहुनानामक राजयोग' बनायेगा। जातक बड़ा राज्याधिकार I.S., I.A.S. जिलाधीश, मंत्री का सचिव या स्वयं मंत्री होगा।
6. **गुरु+शनि**–गुरु के शनि होने से राजसुख में कुछ न्यूनता रहेगी। जातक व्यापार प्रिय होगा।
7. **गुरु+राहु**–यहां दोनों ग्रह मीन राशि में होगे। लग्नस्थ गुरु स्वगृही होने के कारण 'हंस योग' बनायेगा। पर राहु यहां नीच का होकर गुरु के साथ युति करने से चाण्डालयोग बना। ऐसा जातक अपने धन व शक्ति का दुरुपयोग निन्दनीय कार्यों के लिए करेगा। जातक दूसरों को मूर्ख अपने महाबुद्धिमान् समझेगा।
8. **गुरु+केतु**–गुरु के साथ केतु जातक को महान् कीर्ति देगा।

मीनलग्न में गुरु की स्थिति द्वितीय स्थान में

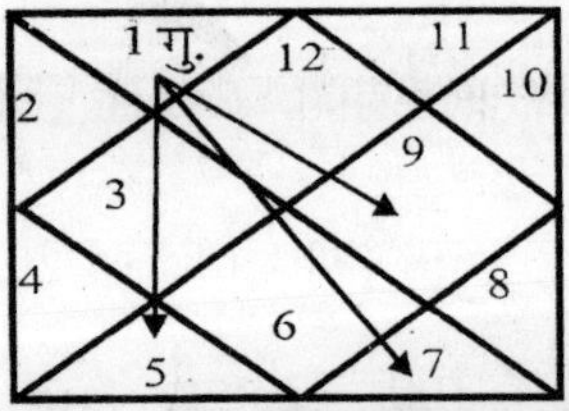

गुरु यहां लग्नेश व राज्येश है। गुरु जीवन दाता (आयुप्रदाता) ग्रह है एवं राजयोगकारक है। अत: हर हालत में यह शुभफल ही देगा। गुरु यहां द्वितीय स्थान में मेष (मित्र) राशि में होगा। ऐसा जातक बड़े कुटुम्ब वाला होगा तथा कुटुम्ब के प्रति अपनी जिम्मेदारी महसूस करता रहेगा। जातक की वाणी गम्भीर एवं हितकारी होगी। जातक शास्त्रों का-ज्ञाता एवं विद्वान होगा। ऐसे जातक युद्धप्रिय नहीं होते अत: शत्रुओं को वाणी एवं बुद्धिमत्ता पूर्ण कार्यों से वशीभूत करके

नष्ट कर देते हैं। ऐसे जातक शत्रु को मित्र बनाने एवं समझौतावादी सिद्धान्त में विश्वास रखते हैं।

दृष्टि–द्वितीय भाव स्थित गुरु की दृष्टि छठे स्थान (सिंह राशि), आठवें स्थान (तुलाराशि) एवं दसवें स्थान (धनुराशि) पर होगी। जातक के पेट के रोग होंगे। जातक भोजन का शौकिन होगा। इस कारण डाइबीटिज़, मंदबुद्धि, चर्बी के रोग होगे। जातक को पिता एवं राजकृपा के अनुकूल परिणाम मिलेंगे।

निशानी–जातक धंधे में अच्छा कमायेगा पर धीमी गति से कमायेगा, जिससे संतुष्टि नहीं होगी। जातक का अपनी पत्नी के अलावा अन्य स्त्रियों से शारीरिक संबंध होगा।

दशा–गुरु की दशा-अंतर्दशा अच्छाफल देगी। गुरु में शुक्र का अंतर खराब फल देगा।

गुरु का अन्य ग्रहों से सम्बन्ध–

1. **गुरु+चंद्रमा**–'भोजसंहिता' के अनुसार मीनलग्न के द्वितीय स्थान में गुरु+चंद्रमा की यह युति वस्तुत: पंचमेश चंद्रमा की लग्नेश+दशमेश गुरु के साथ युति होगी। जहां बैठकर ये दोनों शुभग्रह षष्टम् स्थान, अष्टम स्थान एवं दशम भाव पर होगी। फलत: जातक को ऋण रोग व शत्रु का भय नहीं रहेगा। जातक की आकस्मिक आपदाओं व दुर्घटनाओं से बचाव होता रहेगा। जातक को राज्य सरकार से मान-सम्मान मिलेगा। अधिकारियों से सहयोग व लाभ मिलता रहेगा। जातक समाज का प्रतिष्ठित व्यक्ति होगा।
2. **गुरु+सूर्य**–गुरु के साथ सूर्य उच्च का होने से जातक महाधनी होगा। जातक ऋण-रोग व शत्रुओं का नाश करने में पूर्ण सक्षम होगा।
3. **गुरु+मंगल**–गुरु के साथ मंगल की युति होने से जातक का राजकीय क्षेत्र में प्रभाव रहेगा। राजनीति से धन की प्राप्ति होगी।
4. **गुरु+बुध**–गुरु के साथ बुध होने से जातक को माता एवं पत्नी का पूर्ण सुख मिलेगा।
5. **गुरु+शुक्र**–गुरु के साथ शुक्र होने से जातक पराक्रमी होगा एवं परिजनों में दबदबा रहेगा।
6. **गुरु+शनि**–गुरु के साथ शनि धन हानि करायेगा। जातक व्यापार प्रिय होगा।
7. **गुरु+राहु**–यहां दोनों ग्रह मेषराशि में होंगे। द्वितीयस्थ गुरु मित्र राशि में, तो

राहु विष (शत्रु) राशि में होने से यहां 'चाण्डाल योग' बना। जातक जितना भी धन कमायेगा। उसकी बरकत नहीं होगी। परिश्रम का उचित फल नहीं मिलेगा।

8. **गुरु+केतु**–गुरु के साथ केतु धन संग्रह में बाधक है।

मीनलग्न में गुरु की स्थिति तृतीय स्थान में

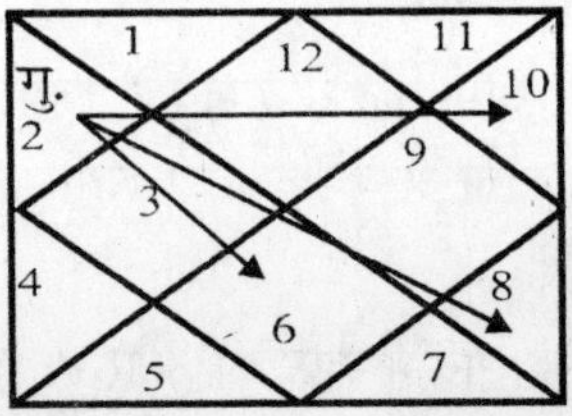

गुरु यहां लग्नेश व राज्येश है। गुरु जीवन दाता (आयुप्रदाता) ग्रह है एवं राजयोगकारक है। अतः हर हालत में यह शुभफल ही देगा। गुरु यहां तृतीय स्थान में वृष (शत्रु) राशि में होगा। गुरु दशम भाव में छठे जाने पर कुछ अशुभफल भी देगा। पाराशर ऋषि के अनुसार–'लग्नेश सहजे जातः सिंह तुल्य–पराक्रमी' लग्नेश यदि तृतीय स्थान में हो तो जातक सिंह के समान पराक्रमी, सब प्रकार की सम्पत्तियों से युक्त, बुद्धिमान व सुखी होता है। संतान भवन से ग्यारहवें स्थान पर गुरु की स्थिति होने से संतान सुख उत्तम। संतान जातक की आज्ञा में रहेगे एवं संतान से लाभ है।

दृष्टि–तृतीयस्थ गुरु की दृष्टि सप्तम भाव (कन्या राशि), भाग्य भाव (वृश्चिक राशि) एवं एकादश स्थान (मकर राशि) पर होगी। जातक का वैवाहिक जीवन सुखी होता है। जातक भाग्यशाली होगा। पिता से संबंध अच्छे होंगे पर पिता की सम्पत्ति मिलेगी नहीं। मित्रों, कुटुम्बियों व बड़े भाई से संबंध मधुर रहेंगे।

निशानी–ऐसा जातक एक समय में दो स्त्रियों के साथ रमण करता है।

दशा–गुरु की दशा-अंतर्दशा में लेखन शक्ति बढ़ेगी। जनसम्पर्क बढ़ेगा। जातक की राजनैतिक लाभ की प्राप्ति होगी। गृहस्थ सुख बढ़ेगा एवं जातक का भाग्योदय होगा।

गुरु का अन्य ग्रहों से सम्बन्ध–

1. **गुरु+चंद्रमा**–'भोजसंहिता' के अनुसार वृषराशि में यह युति वस्तुतः पंचमेश चंद्रमा की लग्नेश+दशमेश गुरु के साथ युति है। यहां चंद्रमा उच्च का होकर बलवान होगा तथा दोनों ग्रह सप्तम स्थान, भाग्य स्थान एवं लाभ स्थान को पूर्ण दृष्टि से देखेंगे। फलतः जातक का भाग्योदय विवाह के बाद होगा। जातक व्यापार व्यवसाय में बड़ा सम्मान, नाम व धन कमायेगा। जातक का नाम समाज में भाग्यशाली, प्रतिष्ठित व सफल लोगों में होगा।

2. **गुरु+सूर्य**–गुरु के साथ सूर्य परिजनों से वैमनस्य करायेगा।

3. **गुरु+मंगल**–गुरु के साथ मंगल होने से जातक स्वपराक्रम से धनोपार्जन करेगा। सरकारी क्षेत्र में जातक का प्रभाव रहेगा।
4. **गुरु+बुध**–गुरु के साथ बुध होने से जातक का ससुराल पराक्रमी होगा। पत्नी घर की प्रमुख महिला होगी।
5. **गुरु+शुक्र**–गुरु के साथ शुक्र जातक को महिला साथी से लाभ देगा।
6. **गुरु+शनि**–गुरु के साथ शनि होने से जातक व्यापार द्वारा धनार्जन करेगा।
7. **गुरु+राहु**–यहां दोनों ग्रह वृष राशि में होंगे। तृतीयस्थ गुरु शत्रु राशि में, तो राहु यहां अपनी उच्च राशि में होने से 'चाण्डाल योग' बना। राहु यहां राजयोग देगा। जातक महान पराक्रमी होगा परन्तु भाई व कुटम्बी जनों में विद्वेष होगा।
8. **गुरु+केतु**–गुरु के साथ केतु जातक को कीर्ति देगा, परन्तु कीर्ति समाज के बाहरी लोगों में ज्यादा होगी।

मीनलग्न में गुरु की स्थिति चतुर्थ स्थान में

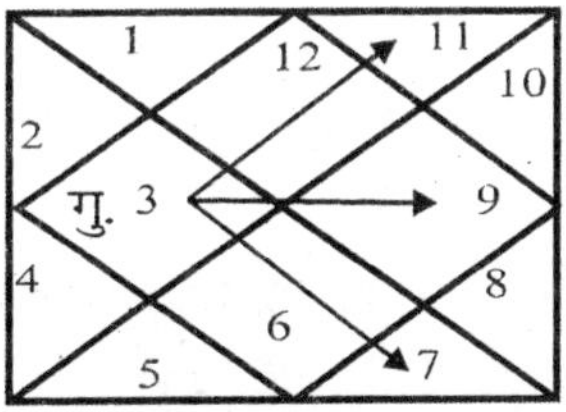

गुरु यहां लग्नेश व राज्येश है। गुरु जीवन दाता (आयुप्रदाता) ग्रह है एवं राजयोगकारक है। अत: हर हालत में यह शुभफल ही देगा। गुरु यहां चतुर्थ स्थान में मिथुन में होगा। गुरु की इस स्थिति से 'कुलदीपक योग', 'केसरी योग' एवं 'पद्मसिंहासन योग' बनेगा। ऐसा जातक मध्यम परिवार में जन्म लेकर भी बहुत ऊंचा उठता है। माता का सुख उत्तम। विद्या का सुख श्रेष्ठ। मकान एवं वाहन सुख श्रेष्ठ। ऐसा जातक धंधे-व्यापार में खूब नाम व दाम कमायेगा। जातक का धन शुभ कार्य में खर्च होगा। जातक पैतृक सम्पत्ति का वारिस होगा।

दृष्टि–चतुर्थ भावगत गुरु की दृष्टि अष्टम स्थान (तुला राशि), दशम भाव अपने ही घर धनुराशि एवं द्वादश भाव (कुम्भ राशि) पर होगी। ऐसा जातक अपने शत्रुओं का नाश करने में समर्थ होता है। राजदरबार में अपना प्रभाव रखता है। धार्मिक कार्य व परोपकार में सद्व्यय करता है।

निशानी–ऐसा जातक धर्मशास्त्र, वेदविद्या का ज्ञाता, मंत्र-तंत्र एवं ज्योतिषशास्त्र का प्रखर ज्ञाता होता है। जातक के पुत्र संतान कम होंगे।

दशा–गुरु की दशा-अंतर्दशा में जातक का सर्वांगीण विकास होगा। परोपकार में रुपया खर्च होगा। जातक को समाज में या राजनीति में पद मिलेगा।

गुरु का अन्य ग्रहों से सम्बन्ध–

1. **गुरु+चंद्रमा**–'भोजसंहिता' के अनुसार मिथुनराशि में यह युति, वस्तुतः पंचमेश चंद्रमा की लग्नेश+दशमेश गुरु के साथ युति है। चंद्रमा यहां शत्रुक्षेत्री होगा। यहां बैठकर दोनों ग्रह अष्टम स्थान, दशम स्थान एवं व्यय भाव को पूर्ण दृष्टि से देखेंगे। यहां क्रमशः पद्मसिंहासन योग', 'कुलदीपक योग' एवं 'यामिनीनाथ योग' बना। फलतः जातक दीर्घायु प्राप्त करेगा। धन खूब कमायेगा। यात्राएं बहुत करेगा। जातक का धन परोपकार के कार्यों में, शुभकार्यों में खर्च होगा। जातक का राजनैतिक वर्चस्व भी उत्तम रहेगा।
2. **गुरु+सूर्य**–गुरु के साथ यहां सूर्य हो तो जातक का व्यक्तित्व निर्मल होगा।
3. **गुरु+मंगल**–गुरु के साथ मंगल होने से जातक स्वपराक्रम से धनार्जन करेगा।
4. **गुरु+बुध**–गुरु के साथ बुध 'भद्र योग' बनायेगा। जातक निश्चय ही राजा के समान पराक्रमी होकर समाज का नाम रोशन करेगा।
5. **गुरु+शुक्र**–गुरु के साथ शुक्र जातक को वाहन सुख दिलायेगा। जातक के पास एक से अधिक वाहन होगे।
6. **गुरु+शनि**–गुरु के साथ शनि जातक को व्यापार प्रिय बनायेगा। वाहन पर धन खर्च होगा।
7. **गुरु+राहु**–यहां दोनों ग्रह मिथुन राशि में होंगे। गुरु यहां शत्रु राशि में होगा जबकि राहु केन्द्रस्थ होकर अपनी मूलत्रिकोण राशि में होने से 'चाण्डाल योग' बना। जातक अत्यधिक महत्वाकांक्षी होगा। जातक भौतिक सुखों की प्राप्ति हेतु अनर्गल व्यय करेगा। मकान व वाहन के रखरखाव में रुपया खर्च होगा।
8. **गुरु+केतु**–गुरु के साथ केतु जातक को अनावश्यक चिन्ता से ग्रसित करेगा।

मीनलग्न में गुरु की स्थिति पंचम स्थान में

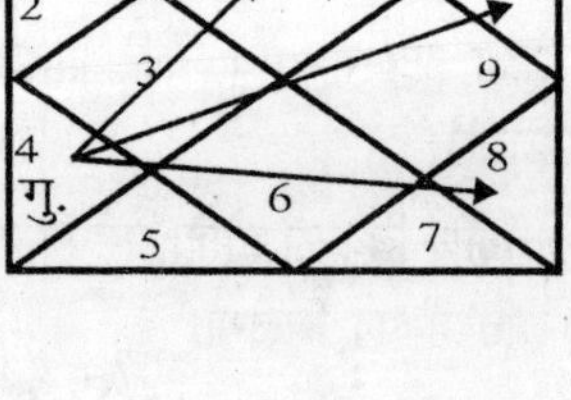

गुरु यहां लग्नेश व राज्येश है। गुरु जीवनदाता (आयुप्रदाता) ग्रह है एवं राजयोगकारक है। अतः हर हालत में यह शुभफल ही देगा। गुरु यहां पंचम स्थान में उच्च का होगा। कर्कराशि के अंशों में गुरु परमोच्च का होगा। ऐसे जातक के पूर्वजन्म का प्रताप तेज होगा। विद्याबल तेज पर संतान सुख

हेतु यह गुरु ठीक नहीं। कन्या संतति अधिक हो। पुत्र संतान विलम्ब से हो। जातक हृष्ट-पुष्ट शरीर वाला, लम्बी आयु का स्वामी होता है। ऐसे जातक पर राजा (राज्यसरकार) की कृपा बनी रहती है। जातक के मित्र अच्छे होंगे। धंधा भी प्रभावशाली होगा।

दृष्टि–पंचमस्थ गुरु की दृष्टि भाग्य स्थान (वृश्चिक राशि), लाभ स्थान (मकर राशि) एवं लग्न स्थान अपने ही घर (मीन राशि) पर होगी। ऐसे जातक के खुद का भाग्य अच्छा, पिता का भाग्य भी उससे अच्छा, जातक धार्मिक यात्राएं करेगा व शुभ कार्य में रुपया खर्च करेगा। जातक को परिश्रमपूर्वक किये गये पुरुषार्थ का पूरा फल मिलेगा।

निशानी–जातक का ज्येष्ठ संतान का नाश होता है। ऐसा पाराशर ऋषि का मत है। पंचम गुरु अल्प संतति देता है।

दशा–गुरु की दशा-अंतर्दशा में जातक की किस्मत चमकेगी। स्वास्थ्य लाभ होगा। राजा से सम्मान मिलेगा।

गुरु का अन्य ग्रहों से सम्बन्ध–

1. **गुरु+चंद्रमा**–'भोजसंहिता' के अनुसार कर्क राशि में यह युति वस्तुत: पंचमेश चंद्रमा की लग्नेश+दशमेश गुरु के साथ युति है। चंद्रमा यहां स्वगृही एवं गुरु उच्च का अत्यधिक शक्तिशाली स्थिति में है। यहां बैठकर दोनों शुभग्रह भाग्यस्थान, लाभस्थान एवं लग्न स्थान को देखेंगे। फलत: जातक चहुंमुंखी विकास 24 वर्ष की आयु में होना शुरू हो जायेगा। जातक को व्यापार-व्यवसाय में उच्च स्थान की प्राप्ति होगी। जातक भाग्यशाली होगा। शिक्षित होगा तथा उसकी संतति भी शिक्षित होगी।
2. **गुरु+सूर्य**–गुरु के साथ सूर्य विद्या में बाधक है। जातक प्रारम्भिक बाधा के बाद उच्च विद्या प्राप्त करने में सफल होगा।
3. **गुरु+मंगल**–गुरु के साथ नीच का मंगल होने से 'नीचभंगराज योग' बनेगा। जातक राजा के समान पराक्रमी एवं ऐश्वर्यशाली होगा।
4. **गुरु+बुध**–गुरु के साथ बुध जातक को तीव्र बुद्धि सम्पन्न दैवज्ञ बनाता है। जातक तंत्र-मंत्र, ज्योतिष का जानकार होता है।
5. **गुरु+शुक्र**–गुरु के साथ शुक्र होने से जातक कलाप्रेमी, अभिनय संगीत एवं उच्च साहित्यिक गतिविधियों में रुचि रखता है।
6. **गुरु+शनि**–गुरु के साथ शनि जातक को व्यावहारिक क्षेत्र में Practical Life में सफलता देगा।

7. **गुरु+राहु**–यहां दोनों ग्रह कर्क राशि में होंगे। गुरु यहां अपनी उच्च राशि में होगा, तो राहु अपनी परम शत्रु राशि में स्थित होकर 'चाण्डाल योग' बनायेगा। जातक के विद्याध्ययन में प्रारम्भिक रुकावटें आयेगी। पुत्र संतति की प्राप्ति हेतु चिंता रहेगी। संतान की चिंता जीवन पर्यन्त बनी रहेगी।

8. **गुरु+केतु**–गुरु के साथ केतु जातक को तीव्र महत्वाकांक्षी बनायेगा। जातक की महत्वाकांक्षा शीघ्र पूरी होगी।

मीनलग्न में गुरु की स्थिति षष्टम स्थान में

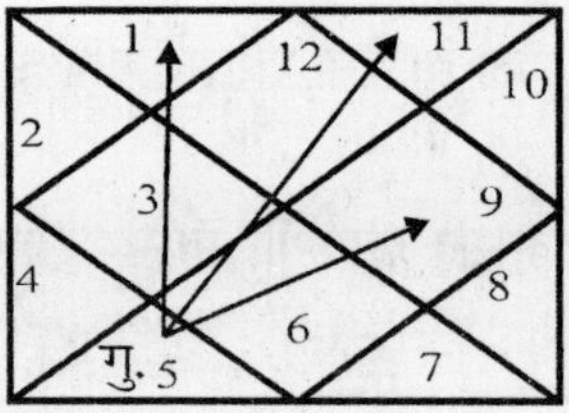

गुरु यहां लग्नेश व राज्येश है। गुरु जीवन दाता (आयुप्रदाता) ग्रह है एवं राजयोगकारक है। अत: हर हालत में यह शुभफल ही देगा। गुरु यहां छठे स्थान में सिंह (मित्र) राशि में होगा। गुरु की इस स्थिति से 'लग्नभंग योग' एवं 'राजभंग योग' बनेगा। ऐसे जातक को परिश्रम का लाभ नहीं मिलेगा। जातक को देहसुख कमजोर रहेगा। फिर भी जातक को मान-सम्मान एवं सामाजिक प्रतिष्ठा बराबर मिलेगी। राजनैतिक व सरकारी-सम्मान मिलता-मिलता रह जायेगा। सम्मान तो मिलेगा पर वैसा स्थान या पद नहीं मिलेगा। जैसा आप चाहते थे।

दृष्टि–षष्टम भावगत सूर्य की दृष्टि दशम भाव अपने ही घर धनु राशि, द्वादश स्थान (कुम्भराशि) एवं धन भाव (मेषराशि) पर होगी। जातक को नौकरी मिलेगी पर उससे वह संतुष्ट नहीं होगा। शुभ कार्य में धन खर्च होगा। कुटुम्बी जन प्रेम रखेगे पर वक्त पर सहायता नहीं करेगे।

निशानी–जातक का विवाह विलम्ब से होगा।

दशा–गुरु की दशा-अंतर्दशा ज्यादा शुभफल नहीं देगी पर एकदम अशुभफल भी नहीं देगी। मनइच्छित् कार्य में रुकावट महसूस करेंगे।

गुरु का अन्य ग्रहों से सम्बन्ध–

1. **गुरु+चंद्रमा**–'भोजसंहिता' के अनुसार सिंह राशि में युति वस्तुत पंचमेश चंद्रमा की लग्नेश+दशमेश गुरु के साथ युति है। गुरु के छठे जाने से 'लग्नभंग योग' एवं 'राज्यभंग योग' बना। चंद्रमा के छठे जाने से 'संतानहीन योग' बना। यहां बैठकर दोनों ग्रह दशम स्थान, व्यय स्थान एवं धन स्थान पर दृष्टिपात करेंगे। फलत: जातक को विद्या में बाधा आयेगी। राज्यपक्ष से सरकारी अधिकारी धोखा देंगे। धन की प्राप्ति तो होगी, निरन्तर होती रहेगी। पर धन खर्च होता

चला जायेगा। रुपयों की बरकत नहीं होगी। फिर भी इस योग के कारण जातक का जीवन सार्थक व सफल होगा।

2. **गुरु+सूर्य**–गुरु के साथ सूर्य हर्षनामक 'विपरीतराज योग' बनायेगा। जातक धनी-मानी, अभिमानी होगा। परन्तु 'लग्नभंग योग' एवं 'राजभंग योग के कारण काफी परेशानियों का सामना करना पड़ेगा।

3. **गुरु+मंगल**–गुरु के साथ मंगल 'धनहीन योग' एवं 'भाग्यभंग योग' बनायेगा।

4. **गुरु+बुध**–यहां गुरु के संग बुध वाहन दुर्घटना देगा।

5. **गुरु+शुक्र**–यहां गुरु के साथ शुक्र होने से सरल नामक 'विपरीतराज योग' बनेगा। जातक धनी, मानी-अभिमानी होगा। वैभवशाली जीवन जीयेगा।

6. **गुरु+शनि**–यहां गुरु के साथ शनि विमल नामक 'विपरीतराज योग' बनायेगा। जातक धनी, मानी-अभिमानी एवं ऐश्वर्यशाली होगा।

7. **गुरु+राहु**–यहां दोनों ग्रह सिंह राशि में होंगे। गुरु यहां अपनी मित्र राशि में, तो राहु अपनी परम शत्रु राशि में स्थित होकर 'चाण्डाल योग' बनायेगा। गुरु के कारण यहां 'लग्नभंग योग' एवं 'राज्यभंग योग' बनेगा। परन्तु यहां राजयोग देगा। जातक के परिश्रम का फल नहीं मिलेगा। बदनामी पीछा नहीं छोड़ेगी। राजदंड संभव है।

8. **गुरु+केतु**–जातक को गुप्त रोग होगा।

मीनलग्न में गुरु की स्थिति सप्तम स्थान में

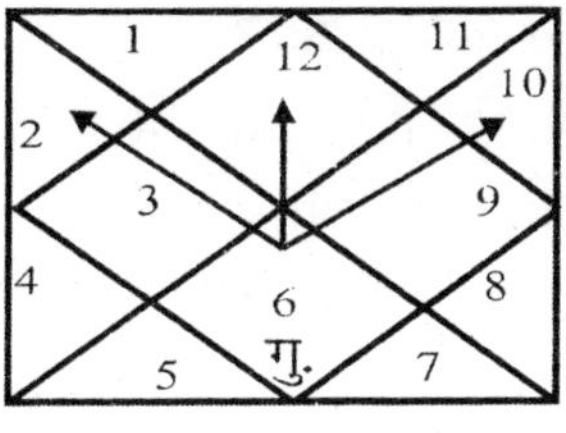

गुरु यहां लग्नेश व राज्येश है। गुरु जीवनदाता (आयुप्रदाता) ग्रह है एवं राजयोगकारक है। अत: हर हालत में यह शुभफल ही देगा। गुरु यहां सप्तम स्थान में कन्या (शत्रु) राशि में होगा। गुरु की इस स्थिति से 'कुलदीपक योग', 'केसरी योग' एवं 'पद्मसिंहासन योग' बनेगा। ऐसा जातक स्वयं सुन्दर होता और उसकी पत्नी भी सुंदर व आकर्षक व्यक्तित्व वाली होती है। जातक स्वस्थ शरीर एवं लम्बी आयु का स्वामी होगा। संतति सुख उत्तम है। बड़े भाई से अच्छा बनेगी। धंधे में लाभ होता रहेगा। आर्थिक, पारावारिक व सामाजिक स्थिति उत्तम श्रेणी की होगी।

दृष्टि–सप्तमस्थ गुरु की दृष्टि एकादश भाव (मकर राशि), लग्न भाव (मीन राशि) एवं पराक्रम भाव (वृष राशि) पर होगी। जातक को धंधे व्यापार से लाभ

हो तथा बड़े भाई के साथ अच्छी निभेगी। जातक को पुरुषार्थ का लाभ मिलेगा। जातक पराक्रमी होगा। मित्र बहुत होंगे।

निशानी–जातक द्वारा संकलित धन का अपव्यय नहीं होगा।

दशा–गुरु की दशा-अंतर्दशा शुभफल देगी।

गुरु का अन्य ग्रहों से सम्बन्ध–

1. **गुरु+चंद्रमा**–'भोजसंहिता' के अनुसार यह युति वस्तुत: पंचमेश चंद्रमा की लग्नेश+दशमेश गुरु के साथ युति है। चंद्रमा यहां शत्रुक्षेत्री है। दोनों शुभग्रह यहां बैठकर लाभ स्थान, लग्न स्थान एवं पराक्रम स्थान को पूर्ण दृष्टि से देखेंगे। गुरु यहां 'कुलदीपक योग', 'पद्मसिंहासन योग' बना रहा है। चंद्रमा यहां नीचराशि गत होता हुआ भी 'यामिनीनाथ योग' बनायेगा। फलत: जातक की पत्नी सुन्दर व संस्कारित होगी। जातक के व्यक्तित्व का चंहुमुखी विकास होगा। उसे व्यापार-व्यवसाय में लाभ होगा। जातक बहुत पराक्रमी एवं यशस्वी होगा।
2. **गुरु+सूर्य**–गुरु के साथ सूर्य होने से जातक का पेट संबंधी बीमारी रहेगी। जातक एक सफल प्रशासक होगा। अनुशासन प्रिय व्यक्ति होगा।
3. **गुरु+मंगल**–गुरु के साथ मंगल होने से जातक भाग्यशाली एवं धनी व्यक्ति होगा।
4. **गुरु+बुध**–गुरु के साथ्र बुध 'हंस योग' बनायेगा। जातक राजा के समान पराक्रमी एवं बुद्धिमान व्यक्ति होगा।
5. **गुरु+शुक्र**–गुरु के साथ नीच का शुक्र जातक को सुन्दर पत्नी का पति बनायेगा पर जीवनसाथी के साथ विचारों में विषमता रहेगी।
6. **गुरु+शनि**–गुरु के साथ शनि गृहस्थ सुख में विषमता उत्पन्न करेगा।
7. **गुरु+राहु**–यहां दोनों ग्रह कन्या राशि में होंगे। गुरु यहां शत्रु राशि में, तो राहु अपनी मित्र राशि में स्वगृही होने से 'चाण्डाल योग' बना। पत्नी व ससुराल से वैमनस्य रहेगा। परिश्रम सार्थक होगा पर रोजी-रोजगार के साधन धीमी गति के रहेंगे।
8. **गुरु+केतु**–गुरु के साथ केतु गृहस्थ सुख में बाधक है।

मीनलग्न में गुरु की स्थिति अष्टम स्थान में

गुरु यहां लग्नेश व राज्येश है। गुरु जीवनदाता (आयुप्रदाता) ग्रह है एवं राजयोगकारक है। अत: हर हालत में यह शुभफल ही देगा। गुरु यहां अष्टम स्थान

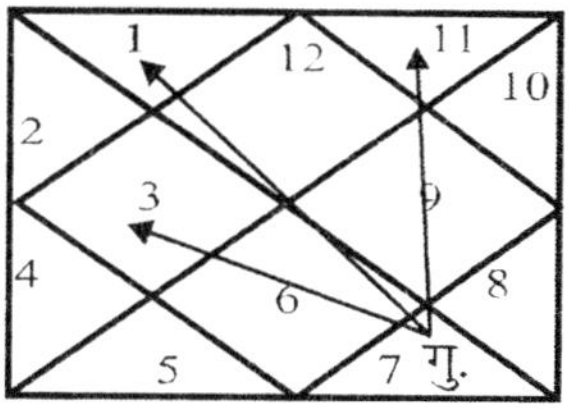

में तुला राशि (शत्रु) में होगा। गुरु की इस स्थिति से 'लग्नभंग योग' एवं 'राजभंग योग' बनेगा। ऐसे जातक की तन्दुरस्ती कमजोर और स्वास्थ्य में सदैव नरमा-गरमी की शिकायत बनी रहेगी। पुरुषार्थ का लाभ नहीं मिलेगा। नौकरी-धंधे व व्यापार में भी जातक को यथेष्ट लाभ की प्राप्ति नहीं होगी। राजनैतिक उन्नति हेतु यह गुरु अच्छा नहीं माना गया है। जातक की विद्या अधूरी छूट जाये और वैवाहिक जीवन में भी संताप रहेगा।

दृष्टि–अष्टमभावगत गुरु की दृष्टि व्यय भाव (कुंभ राशि), धन भाव (मेष राशि) एवं चतुर्थ भाव (मिथुन राशि) पर होगी। जातक खर्चीले स्वभाव का होगा। धन बीमारी में खर्च होगा। भौतिक सुख-सुविधाओं की प्राप्ति दिक्कतों से होगी।

निशानी–ऐसा जातक परस्त्रीगामी होता है तथा अवसर पड़ने पर चोरी, व्यसन एवं कैसा भी कुत्सित काम करने से नहीं चूकता।

दशा–गुरु की दशा-अंतर्दशा शुभ फल नहीं देगी।

गुरु का अन्य ग्रहों से सम्बन्ध–

1. **गुरु+चंद्रमा**–'भोजसंहिता' के अनुसार यह युति वस्तुत पंचमेश चंद्रमा की लग्नेश+दशमेश गुरु के साथ युति है। गुरु एवं चंद्रमा के अष्टम स्थान में जाने से क्रमश: 'लग्नभंग योग', 'विद्याभंग योग', 'संतानहीन योग' एवं 'राज्यभंग योग' की सृष्टि हो रहा है। अष्टमस्थान में बैठकर गुरु व्यय भाव, धन भाव एवं सुख भाव को देखेंगे फलत: जातक धनवान होगा। परन्तु धन की बरकत नहीं होगी। रुपया परोपकार के कार्य में यात्राओं में खर्च होता चला जायेगा। विद्या में रुकावट आयेगी। संतान संबंधी चिंता रहेगी। राज्य सरकार कोर्ट-कचहरी से परेशानी आ सकती है। सावधानी अनिवार्य है। फिर भी इस शुभयोग के कारण जीवन कांटो भर सेज नहीं रहेगी। संघर्ष के बाद सभी ओर से सफलता निश्चित है।
2. **गुरु+सूर्य**–गुरु के साथ सूर्य हर्षनामक 'विपरीतराज योग' बनायेगा। जातक धनी, मानी-अभिमानी एवं साधन सम्पन्न व्यक्ति होगा।
3. **गुरु+मंगल**–गुरु के साथ मंगल 'धनहीन योग' एवं 'भाग्यहीन योग' बनायेगा। ऐसा जातक जीविकोपार्जन के लिए परेशान रहेगा।
4. **गुरु+बुध**–गुरु के साथ बुध 'सुखहीन योग' एवं 'विलम्बविवाह योग' बनाता है। ऐसा जातक पत्नी के वियोग से कष्ट पाता है।

5. **गुरु+शुक्र**–गुरु के साथ शुक्र सरल नामक 'विपरीतराज योग' बनाता है। ऐसा जातक धनी, मानी-अभिमानी एवं ऐश्वर्यशाली होगा।

6. **गुरु+शनि**–गुरु के साथ शनि अष्टम भाव में होने से विमल नाम 'विपरीतराज योग' बनेगा। ऐसा जातक धनी, मानी-अभिमानी एवं ऐश्वर्यशाली होगा।

7. **गुरु+राहु**–यहां दोनों ग्रह तुला राशि में होंगे। गुरु यहां शत्रु राशि में, तो राहु अपनी मित्र राशि में होने से 'चाण्डाल योग' बना। गुरु के कारण यहां 'लग्नभंग योग' एवं 'राजभंग योग' बना। जातक को परिश्रम का फल नहीं मिलेगा। राजदण्ड संभव है। बदनामी पीछा नहीं छोड़ेगी।

8. **गुरु+केतु**–गुरु के साथ केतु राजा के भय उत्पन्न कराता है।

मीनलग्न में गुरु की स्थिति नवम स्थान में

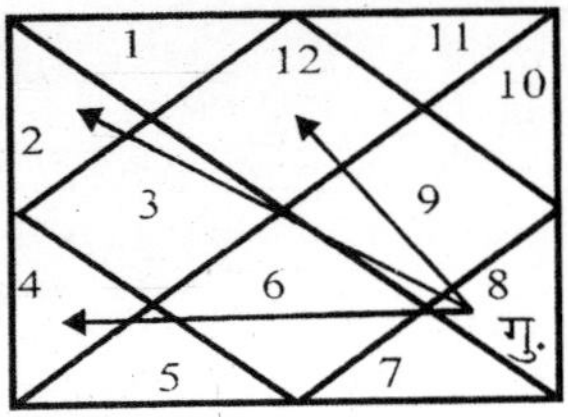

गुरु यहां लग्नेश व राज्येश है। गुरु जीवनदाता (आयुप्रदाता) ग्रह है एवं राजयोगकारक है। अतः हर हालत में यह शुभफल ही देगा। गुरु यहां नवम स्थान में वृश्चिक (राशि) मित्रक्षेत्री होगा। इसके कारण 'पद्मसिंहासन योग' बना। ऐसा जातक निम्न परिवार में जन्म लेकर भी कीचड़ में कमल की तरह खिलता है। जातक भाग्यशूर होता है। उसे प्रतियोगी परीक्षाओं में सफलता मिलती है वह उच्च विद्या अर्जित करता है। जातक महान पराक्रमी होता है। गृहस्थ सुख अत्यन्त श्रेष्ठ। ऐसा जातक जनप्रिय व्यक्तियों में अग्रगण्य होगा।

दृष्टि–नवमस्थ गुरु की दृष्टि लग्नस्थान अपने ही घर मीन राशि पर, पराक्रम स्थान वृष राशि एवं पंचम स्थान (कर्क राशि) पर होगी। जातक हृष्ट-पुष्ट शरीर का स्वामी होगा, पुरुषार्थी होगा। पराक्रमी होगा तथा कुटुम्ब का रक्षक होगा। जातक पुत्रवान् होगा। पुत्र जन्म के बाद जातक का भाग्योदय पराकाष्ठा पर होगा।

निशानी–जातक स्वयं धार्मिक होगा, पत्नी व पुत्र भी धार्मिक होंगे।

दशा–गुरु की दशा-अंतर्दशा में भाग्योदय होगा। अति उत्तम फलों की प्राप्ति होगी।

गुरु का अन्य ग्रहों से सम्बन्ध–

1. **गुरु+चंद्रमा**–'भोजसंहिता' के अनुसार यह युति वस्तुतः पंचमेश चंद्रमा की लग्नेश+राज्येश गुरु के साथ युति है। चंद्रमा यहां नीच का होगा। गुरु के

कारण 'पदम्सिंहासन योग' बनेगा। जहां बैठकर ये दोनों शुभग्रह लग्न स्थान, पराक्रम स्थान एवं पंचम भाव को पूर्ण दृष्टि से देखेंगे। फलत: जातक शिक्षित होगा तथा उसकी संतानें भी उच्च शिक्षा प्राप्त करेगी। जातक अपनी संतान के कारण समाज में विशेष प्रतिष्ठा प्राप्त करेगा। जातक का जीवन में चहुमुंखी विकास होगा। राजनीति में दबदबा रहेगा। जातक महान् पराक्रमी एवं यशस्वी होगा।

2. **गुरु+सूर्य**–गुरु के साथ सूर्य जातक को तेजस्वी व्यक्तित्व का धनी बनायेगा। पर जातक भाग्योदय में कुछ न्यूनता महसूस करता रहेगा।
3. **गुरु+मंगल**–गुरु के साथ स्वगृही मंगल राजसरकार से उच्च पद, प्रतिष्ठा दिलायेगा।
4. **गुरु+बुध**–गुरु के साथ बुध होने से जातक बुद्धिबल से खूब धन कमायेगा।
5. **गुरु+शुक्र**–गुरु के साथ शुक्र होने से जातक पराक्रमी होगा। जनसम्पर्क से लाभ होगा। राजनीति में सफलता मिलेगी।
6. **गुरु+शनि**–गुरु के साथ शनि व्यापार में व्यवधान उत्पन्न करेगा।
7. **गुरु+राहु**–यहां दोनों ग्रह वृश्चिक राशि में होंगे। गुरु यहां मित्र राशि में है, तो राहु यहां नीच राशि में होने से 'चाण्डाल योग' बना। जातक को भाग्योदय हेतु काफी परेशानी-दिक्कतों का सामना करना पड़ेगा। परिश्रम सार्थक होंगे परन्तु सतत संघर्ष से मुक्त नहीं है।
8. **गुरु+केतु**–जातक के धन और मान की हानि होगी।

मीनलग्न में गुरु की स्थिति दशम स्थान में

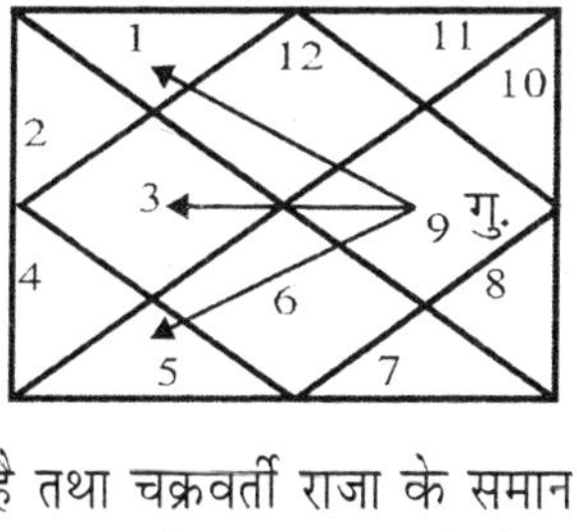

गुरु यहां लग्नेश व राज्येश है। गुरु जीवनदाता (आयुप्रदाता) ग्रह है एवं राजयोगकारक है। अत: हर हालत में यह शुभफल ही देगा। गुरु यहां दशम स्थान में स्वगृही होगा। गुरु के कारण यहां 'कुलदीपक योग', 'केसरी योग', 'पद्मसिंहासन योग' एवं हंस योग बनेगा। ऐसा जातक अच्छे कुल में जन्म लेता है तथा चक्रवर्ती राजा के समान पराक्रमी एवं ऐश्वर्यशाली होता है। जातक बड़े कुटुम्ब-परिवार का स्वामी होगा। जातक के पास एकाधिक भवन, एवं एकाधिक वाहन होंगे। विद्या पूरी होगी। अनुभव भी पूरा होगा। संतान उत्तम होंगे। जाति व समाज में इज्जत होगी।

दृष्टि–दशमस्थ गुरु की दृष्टि धन स्थान (मेष राशि), चतुर्थ भाव (मिथुन राशि) एवं छठे स्थान (सिंह राशि) पर होगी। जातक महाधनी होगी। महासुखी होगा एवं शत्रुओं का नाश करने में पूर्ण सक्षम होगा।

निशानी–ऐसे जातक की वाणी हंस के समान मीठी एवं नीर-क्षीर विवेकी होगी।

दशा–गुरु की दशा-अंतर्दशा अति उत्तम फल देगी। धन, पद-प्रतिष्ठा एवं राजकीय सम्मान प्राप्त होगा।

गुरु का अन्य ग्रहों से सम्बन्ध–

1. **गुरु+चंद्रमा**–'भोजसंहिता' के अनुसार धनु राशि में यह युति वस्तुतः पंचमेश चंद्रमा की लग्नेश+राज्येश गुरु के साथ युति है। ये दोनों शुभग्रह केन्द्र में बैठकर धन स्थान, सुखभाव एवं षष्टम् स्थान को पूर्ण दृष्टि से देखेंगे। गुरु यहां स्वगृही होने से बलवान होगा तथा क्रमशः 'हंस योग', 'कुलदीपक योग', 'यामिनीनाथ योग', 'पद्मसिंहासन योग' की सृष्टि कर रहा है। फलतः जातक का राजनीति में व्यापार में भारी प्रतिष्ठा होगी। जातक राजा तुल्य ऐश्वर्य को भोगेगा। जातक के पास उत्तम वाहन एवं भातिक संसाधनों की उपलब्धि रहेगी। जातक अपने शत्रुओं का नाश करने में पूर्णतः समर्थ होगा।
2. **गुरु+सूर्य**–गुरु के साथ सूर्य जातक को राजपक्ष से लाभ देगा। राजनीति में लाभ देगा।
3. **गुरु+मंगल**–गुरु के साथ मंगल यहां 'दिक्बली' एवं उच्चाभिलाषी होगा। ऐसा जातक धनी, पुरुषार्थी एवं भाग्यशाली होगा। राजनीति में उच्च पद को प्राप्त करेगा।
4. **गुरु+बुध**–गुरु के साथ बुध हो तो जातक के पास एक से अधिक मकान होंगे।
5. **गुरु+शुक्र**–गुरु के साथ शुक्र जातक को पराक्रमी बनायेगा। कुटुम्बियों से सम्पर्क जुड़ा रहेगा।
6. **गुरु+शनि**–गुरु के साथ शनि जातक को बड़ा व्यापारी उद्योगपति बनायेगा।
7. **गुरु+राहु**–यहां दोनों ग्रह धनु राशि में होंगे। गुरु यहां स्वगृही होने से 'हंस योग' बनायेगा। जबकि नीच का होकर 'चाण्डाल योग' बनायेगा। जातक राजा तुल्य पराक्रमी एवं प्रभुत्व सम्पन्न होगा, परन्तु शक्ति व अधिकारों का दुरुपयोग करेगा। पिता से नहीं निभेगी।
8. **गुरु+केतु**–गुरु के साथ केतु राजयोग में कीर्तिप्रदायक है।

मीनलग्न में गुरु की स्थिति एकादश स्थान में

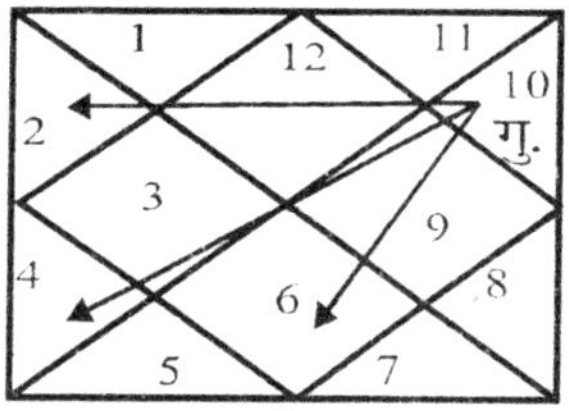

गुरु यहां लग्नेश व राज्येश है। गुरु जीवनदाता (आयुप्रदाता) ग्रह है एवं राजयोगकारक है। अत: हर हालत में यह शुभफल ही देगा। गुरु यहां एकादश स्थान में नीच का होगा। मकर राशि के अंशों में गुरु परमनीच का होता है जातक के मित्र अच्छे होंगे। जातक को धंधे में उत्तम लाभ की प्राप्ति होगी। पाराशर ऋषि के अनुसार–''लग्नेशे लाभगे जात: सदा लाभसमन्वित:'' जातक बहुधंधी होगा तथा हरेक प्रकार के धंधे में लाभ होगा। भागीदारी के धंधे से भी लाभ होगा। विद्या अच्छी होगी। जातक स्वयं पढ़ा-लिखा होगा तथा संतान भी पढ़ी-लिखी व Degree holder होगी।

दृष्टि–एकादश भावगत गुरु की दृष्टि पराक्रम स्थान (वृष राशि), पंचम स्थान (कर्क राशि) एवं सप्तम स्थान (कन्या राशि) पर होगी। जातक पराक्रमी होगा। मित्रों-कुटुम्बियों का शुभचिन्तक होगा। जातक के संतति उत्तम होगी। पत्नी धार्मिक एवं अनुकूल होगी। गृहस्थ सुख श्रेष्ठ मिलेगा।

निशानी–गुरु की यह स्थिति ज्येष्ठ सहोदर भ्राता के लिए हानिकारक है। साथ ही पुत्रवधू के लिए भी यह गुरु ठीक नहीं।

दशा–गुरु की दशा-अंतर्दशा शुभ एवं अनुकूल परिणामों की देने वाली साबित होगी।

गुरु का अन्य ग्रहों से सम्बन्ध–

1. **गुरु+चंद्रमा**–'भोजसंहिता' के अनुसार मकर राशि में यह युति वस्तुत: पंचमेश चंद्रमा की लग्नेश+दशमेश गुरु के साथ युति होगी। गुरु यहां नीच का होगा। जहां बैठकर ये दोनों ग्रह पराक्रम स्थान, पंचम भाव एवं सप्तम भाव को पूर्ण दृष्टि से देखेंगे फलत: जातक की संतति शिक्षित होगी। उसे व्यापार-व्यवसाय में उच्च पद प्राप्त होगा। जातक का भाग्योदय विवाह के तत्काल बाद होगा। जातक महान् पराक्रमी एवं यशस्वी होगा।
2. **गुरु+सूर्य**–गुरु के साथ सूर्य गुप्त शत्रुओं में वृद्धि करायेगा। चर्मरोग संभव है।
3. **गुरु+मंगल**–गुरु के साथ उच्च का मंगल 'नीचभंगराज योग' करायेगा। जातक बड़ा उद्योगपति होगा। राजा के समान पराक्रमी होगा।

4. **गुरु+बुध**–गुरु के साथ बुध भौतिक ऐश्वर्य एवं गृहस्थ सुख में बृद्धि करेगा।
5. **गुरु+शुक्र**–गुरु के साथ शुक्र जातक को पराक्रमी बनायेगा। कुटुम्बियों से व बड़े भाई से लाभ होगा।
6. **गुरु+शनि**–गुरु के साथ शनि होने से 'नीचभंगराज योग' बनेगा। जातक राजा के समान पराक्रमी व धनवान होगा।
7. **गुरु+राहु**–यहां दोनों ग्रह मकर राशि में होंगे। गुरु यहां नीच का होकर दु:खी होगा तो राहु सम (मित्र) राशि का होकर 'चाण्डाल योग' बनायेगा। पर यहां राजयोग देगा। व्यापार-व्यवसाय में नुकसान होगा। जातक को रोजी-रोजगार हेतु दिक्कतों का सामना करना पड़ेगा फिर भी जातक राजसी ठाट-बाट से रहेगा।
8. **गुरु+केतु**–गुरु के साथ केतु व्यापार में लाभदायक है। प्रारंभिक रुकावट के बाद व्यापार चमकेगा।

मीनलग्न में गुरु की स्थिति द्वादश स्थान में

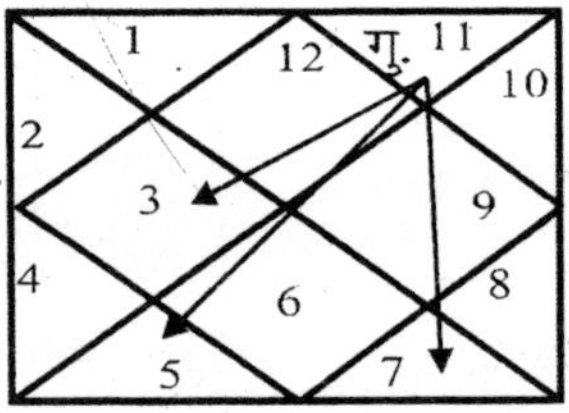

गुरु यहां लग्नेश व राज्येश है। गुरु जीवनदाता (आयुप्रदाता) ग्रह है एवं राजयोगकारक है। अत: हर हालत में यह शुभफल ही देगा। गुरु यहां द्वादश स्थान में कुंभ (सम) राशि का होगा। गुरु की इस स्थिति के कारण 'लग्नभंग योग' एवं 'राजभंग योग' बनेगा। जातक की आयु छोटी एवं शरीर में रोगी की संभावना रहेगी। जातक को परिश्रम का फल नहीं मिलेगा। जातक बद्धिमान, विद्वान होते हुए भी उसकी योग्यता व सलाह का कद्र नहीं होगी। जातक के श्रम, शक्ति एवं धन का अपव्यय होता है। जिसके फलस्वरूप जातक अधैर्यशाली व क्रोधी होता है।

दृष्टि–द्वादशभावगत गुरु की दृष्टि चतुर्थ भाव (मिथुन राशि), छठे स्थान (सिंह राशि) एवं आठवें स्थान (तुला राशि) पर होगी। जातक को भौतिक उपलब्धियों की प्राप्ति हेतु दिक्कतें आयेगी। जातक को रोग एवं शत्रु परेशान करते रहेंगे।

निशानी–गुरु यदि अन्य शुभग्रहों से दृष्ट या युत हो तो जातक देवत्व को प्राप्त होता है। उसके द्वारा किये गये कार्य अमर हो जाते हैं।

दशा–गुरु की दशा-अंतर्दशा अनिष्ट फल देगी।

गुरु का अन्य ग्रहों से सम्बन्ध–

1. **गुरु+चंद्रमा**–'भोजसंहिता' के अनुसार यहां यह युति वस्तुत: पंचमेश चंद्रमा की लग्नेश+राज्येश गुरु के साथ युति है। यहां बैठकर ये दोनों शुभग्रह सुख स्थान, षष्टम भाव एवं अष्टम भाव को पूर्ण दृष्टि से देखेंगे। द्वादश स्थान में इन दोनों ग्रहों के जाने से क्रमश: 'लग्नभंग योग', 'राज्यभंग योग' एवं 'संतानहीन योग'' की सृष्टि हो रही है। वस्तुत: ऐसे जातक को ऋण-रोग व शत्रु का भय नहीं होगा। जातक अपने शत्रुओं का नाश करने में अकेला सक्षम होगा। जातक को प्राकृतिक अपघातों व दुर्घटनाओं से बचाव होता रहेगा। जातक को सभी प्रकार के भौतिक संसाधनों की प्राप्ति सहज में होती रहेगी। जातक खर्चीले स्वभाव का होगा।
2. **गुरु+सूर्य**–गुरु के साथ सूर्य हर्षनामक 'विपरीतराज योग' की सृष्टि करेगा। जातक धनी, मानी-अभिमानी एवं ऐश्वर्यशाली होगा।
3. **गुरु+मंगल**–गुरु के साथ मंगल 'धनहीन योग' एवं 'भाग्यहीन योग' बनायेगा। जातक को धन, विवाह एवं गृहस्थ सुख की प्राप्ति हेतु परेशानियों का सामना करना पड़ेगा।
4. **गुरु+बुध**–गुरु के साथ बुध होने से 'सुखहीन योग' एवं 'विलम्बविवाह योग' बनेगा। जातक को भौतिक उपलब्धियों एवं गृहस्थ सुख की प्राप्ति में परेशानियों का सामना करना पड़ेगा।
5. **गुरु+शुक्र**–गुरु के साथ शुक्र होने से 'पराक्रमभंग योग' बनेगा। जातक बिना कारण ही बदनाम होगा।
6. **गुरु+शनि**–गुरु के साथ शनि लाभभंग योग एवं विमल नामक 'विपरीतराज योग' बनायेगा। जातक धनी-मानी-अभिमानी ह्रोगा। जीवन में परेशान रहेगा।
7. **गुरु+राहु**–यहां दोनों ग्रह कुम्भ राशि में होंगे। गुरु यहां दु:खी होकर सम राशि में होगा तो राहु अपनी मूल त्रिकोण राशि में हर्षित होकर 'चाण्डाल योग' बनायेगा। गुरु के कारण यहा 'लग्नभंग योग' एवं 'राजभंग योग' बनेगा। जातक को परिश्रम का फल नहीं मिलेगा। राजदण्ड मिलेगा। बदनाम पीछा नहीं छोड़ेगी। यात्राएं नुकसानदायक रहेगी। अकाल मृत्यु संभव है।
8. **गुरु+केतु**–गुरु के साथ केतु खराब स्वस्थ एवं व्यर्थ की चिंताएं बढ़ायेगा।

❑❑❑

मीनलग्न में शुक्र की स्थिति

मीनलग्न में शुक्र की स्थिति प्रथम स्थान में

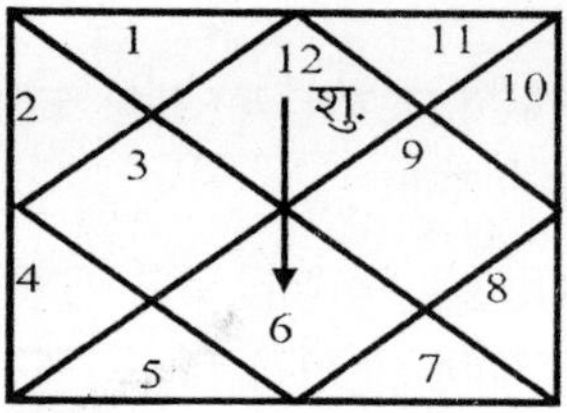

मीनलग्न में शुक्र पराक्रमेश एवं अष्टमेश है। अष्टमेश होने से यह अशुभफलक ही देगा। शुक्र लग्नेश गुरु से शत्रु भाव भी रखता है। शुक्र यहां प्रथम स्थान में मीनराशि में उच्च का होगा। मीन राशि के 27 अंशों में शुक्र परमोच्च का होता है। शुक्र की यह स्थिति 'कुलदीपक योग' एवं 'मालव्य योग' बनाती है। जातक सुन्दर देहयष्टि वाला, सौन्दर्यप्रिय एवं आकर्षक व्यक्तित्व का धनी होगा। जातक राजातुल्य ऐश्वर्य को भोगेगा। जातक संवेदनशील, भावुक, सभ्य एवं विनम्र स्वभाव का होगा। जातक की छोटे भाई-बहनों के साथ ठीक बनेगी।

दृष्टि–लग्नस्थ शुक्र की दृष्टि सप्तम भाव (कन्या राशि) पर होगी। जातक की पत्नी सुन्दर होगी।

निशानी–अष्टमेश लग्न में होने से जातक देहसुख से हीन, शरीर में कुछ न्यूनता पाने वाला एवं ब्राह्मणों का निन्दक होता है अथवा नास्तिक होता है।

दशा–शुक्र की दशा-अंतर्दशा शुभ फल देगी। अष्टमेश होने से कुछ दशा प्रतिकूल भी होगी।

शुक्र का अन्य ग्रहों से सम्बन्ध–

1. **शुक्र+चंद्रमा**–शुक्र के साथ चंद्रमा हो तो जातक की पत्नी अत्यन्त सुन्दर होगी। जातक स्वयं आकर्षक व्यक्तित्व वाला होगा।
2. **शुक्र+सूर्य**–शुक्र के साथ सूर्य जातक की निर्णय शक्ति को कमजोर करेगा।

3. **शुक्र+मंगल**–शुक्र के साथ मंगल जातक को निश्चय ही मंत्री या मंत्री के समकक्ष राजकीय वैभव देगा।

4. **शुक्र+बुध**–शुक्र के साथ बुध 'नीचभंगराज योग' बनायेगा। जातक की पत्नी सुन्दर एवं धनाढ्य होगी।

5. **शुक्र+गुरु**–शुक्र के साथ गुरु 'किम्बहुनानामकराज योग' बनायेगा। जातक राजा किवां उसके समकक्ष वैभव सम्पन्न एवं पराक्रमी व्यक्ति होगा।

6. **शुक्र+शनि**–शुक्र के साथ शनि जातक को व्यापार में दिक्कतें देगा।

7. **शुक्र+राहु**–शुक्र के साथ राहु व्यक्तित्व विकास में बाधक है। जातक गलत कार्यों की ओर प्रवृत्त होगा।

8. **शुक्र+केतु**–शुक्र के साथ केतु जातक को यशस्वी बनायेगा।

मीनलग्न में शुक्र की स्थिति द्वितीय स्थान में

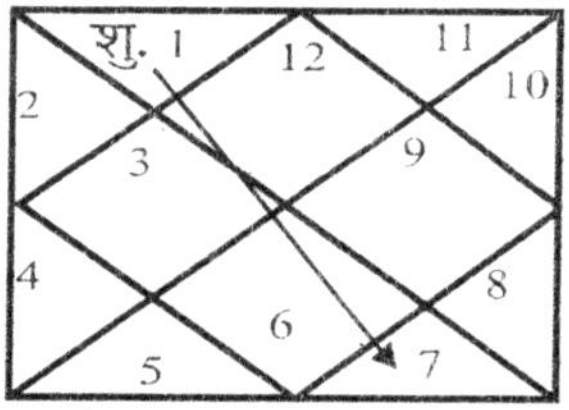

मीनलग्न में शुक्र पराक्रमेश एवं अष्टमेश है। अष्टमेश होने से यह अशुभफलक ही देगा। शुक्र लग्नेश गुरु से शत्रु भाव भी रखता है। शुक्र यहां द्वितीय स्थान में मेष राशि में होगा। ऐसे जातक को इच्छाएं बढ़ी-चढ़ी होती है तथा शीघ्र धनवान होने के लिए लॉटरी, सट्टा, जुएं इत्यादि गलत कार्यों का सहारा लेने में जरा भी संकोच नहीं करते। जातक की भाषा विनम्र होगी। कुटुम्ब में सुख उत्तम होगा। जातक कलाप्रेमी होगा, स्वयं कलाकार होगा। जातक की प्रवृत्ति खर्चीली होगी। जिससे धन संग्रह की असुविधा रहेगी।

दृष्टि–द्वितीयस्थ शुक्र की दृष्टि अपने ही घर अष्टम भाव (तुला राशि) पर होगी। फलतः जातक लम्बी उम्र का स्वामी होगा।

निशानी–जातक के छोटे भाई-बहन न ही होगे, यदि होंगे भी तो उनसे बनेगी नहीं।

दशा–शुक्र की दशा शुभफल देगी परन्तु शक्र में मंगल का अंतर मारक होगा। शुक्र की दशा अपेक्षित शुभफल नहीं दे पायेगी।

शुक्र का अन्य ग्रहों से सम्बन्ध–

1. **शुक्र+चंद्रमा**–शुक्र के साथ चंद्रमा जातक को धनवान बनायेगा। प्रथम संतति के बाद जातक का भाग्योदय होगा।

2. **शुक्र+सूर्य**–शुक्र के साथ उच्च का सूर्य आर्थिक विषमता देते हुए भी जातक को धनी बनायेगा।

3. **शुक्र+मंगल**–शुक्र के साथ मंगल जातक को भाइयों-कुटुंबियों एवं मित्रों से लाभ देगी।
4. **शुक्र+बुध**–शुक्र के साथ बुध होने से जातक का ससुराल धनी व पराक्रमी होगा।
5. **शुक्र+गुरु**–शुक्र के साथ गुरु होने से जातक की वाणी गम्भीर एवं हितकारी होगी।
6. **शुक्र+शनि**–शुक्र के साथ शनि धन संग्रह में बाधक है।
7. **शुक्र+राहु**–शुक्र के साथ राहु आर्थिक विषमताओं के अंबार लगा देगा।
8. **शुक्र+केतु**–शुक्र के साथ केतु धन हानि करायेगा। धन को लेकर परेशानी रहेगी।

मीनलग्न में शुक्र की स्थिति तृतीय स्थान में

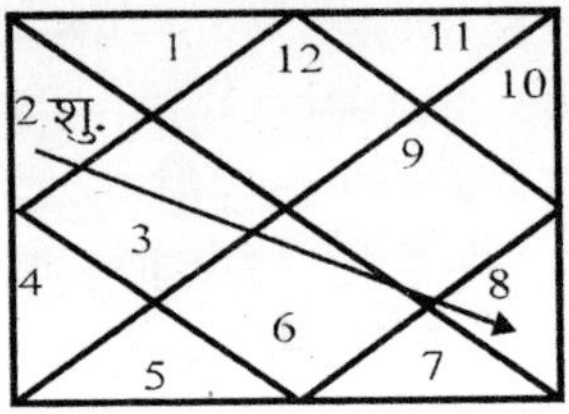

मीनलग्न में शुक्र पराक्रमेश एवं अष्टमेश है। अष्टमेश होने से यह अशुभफलक ही देगा। शुक्र लग्नेश गुरु से शत्रु भाव भी रखता है। शुक्र यहां तृतीय स्थान में स्वगृही होगा। शुक्र यहां आठवें भाव से आठवें स्थान पर है। जातक का कण्ठ अच्छा होगा। जातक स्वयं कलाकार या संगीत मर्मज्ञ होगा। जातक यात्राएं अधिक करेगा एवं जनसम्पर्क सघन रखेगा। जातक भाग्यशाली होगा तथा स्त्री-मित्र उसे भाग्योदय में सहायक होगी।

दृष्टि–तृतीयस्थ स्वगृही शुक्र की दृष्टि 'भाग्य स्थान' पर है। जातक धार्मिक होगा एवं पिता के साथ उसकी ठीक बनेगी।

निशानी–बहनें अधिक होगी। जातक के पास वाहन एवं अन्य सुख-सुविधाएं उपलब्ध होते हुए भी उनका उपयोग कम करेगा। इसके पीछे मुख्य कारण आलसी एवं कंजूस मनोवृत्ति होगी।

दशा–शुक्र की दशा-अंतर्दशा शुभ फल देगी।

शुक्र का अन्य ग्रहों से सम्बन्ध–

1. **शुक्र+चंद्रमा**–शुक्र के साथ चंद्रमा 'किम्बहुना योग' की सृष्टि करेगा। जातक को कुटुम्ब-परिवार का पूर्ण सुख मिलेगा। बहनें अधिक होगी।
2. **शुक्र+सूर्य**–शुक्र के साथ सूर्य परिजनों में विवाद उत्पन्न कराएगा। बड़े भाई का सुख कमजोर रहेगा।

3. **शुक्र+मंगल**–शुक्र के साथ मंगल भाई-बहनों का भरपूर सुख देगा। मित्रों से लाभ रहेगा।

4. **शुक्र+बुध**–शुक्र के साथ बुध होने से जातक की पत्नी एवं माता दोनों पराक्रमी होगी।

5. **शुक्र+गुरु**–शुक्र के साथ गुरु जातक को महान पराक्रमी बनायेगा। जनसम्पर्क तेज होगा।

6. **शुक्र+शनि**–शुक्र के साथ शनि परिजनों में विद्वेष मनमुटाव उत्पन्न करेगा।

7. **शुक्र+राहु**–शुक्र के साथ राहु भाइयों में कलह चरम सीमा पर रहेगा।

8. **शुक्र+केतु**–शुक्र के साथ केतु जातक को पराक्रमी एवं यशस्वी बनायेगा।

मीनलग्न में शुक्र की स्थिति चतुर्थ स्थान में

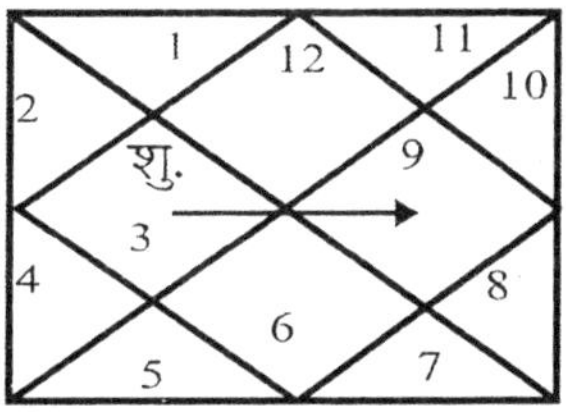

मीनलग्न में शुक्र पराक्रमेश एवं अष्टमेश है। अष्टमेश होने से यह अशुभफलक ही देगा। शुक्र लग्नेश गुरु से शत्रु भाव भी रखता है। शुक्र यहां चतुर्थ स्थान में मिथुन (मित्र) राशि में होगा। शुक्र के कारण कुलदीपक योग बनेगा। मानसागरी के अनुसार शुक्र केन्द्रवर्ती होने से राजयोग देता है। यह शुक्र तीसरे भाव से दूसरे स्थान पर, तथा आठवें भाव से नवमें स्थान पर है। यह शुक्र उत्तम भवन, उत्तम वाहन, घर-गृहस्थ, आजीविका के उन्नत सुख देगा। माता का सुख उत्तम, विद्या का योग भी उत्तम देता है।

दृष्टि–चतुर्थभावगत शुक्र की दृष्टि दशम भाव (धनुराशि) पर होगी। फलतः नौकरी-व्यापार श्रेष्ठ।

निशानी–पति-पत्नी के मध्य यौन-संबंध उत्तम होगा। जातक यदि स्वेच्छाचारी विचारों का नियंत्रण रखेगा तो शुक्र अष्टमेश का अशुभ फल नहीं देगा।

दशा–शुक्र की दशा-अंतर्दशा श्रेष्ठफल देगी। शुक्र की दशा में मंगल व बुध की अंतर दशा कष्टदायक हो सकती है।

शुक्र का अन्य ग्रहों से सम्बन्ध–

1. **शुक्र+चंद्रमा**–शुक्र के साथ चंद्रमा होने से जातक शिक्षित होगा एवं कला प्रेमी होगी।

2. **शुक्र+सूर्य**–शुक्र के साथ सूर्य माता को बीमार करायेगा। जातक की माता से कम बनेगी।

3. **शुक्र+मंगल**–शुक्र के साथ मंगल मित्रों से धन लाभ देगा। जातक भाग्यशाली होगा।
4. **शुक्र+बुध**–शुक्र के साथ बुध 'भद्र योग' करायेगा। जातक राजातुल्य ऐश्वर्यशाली होगा। उसके पास अनेक वाहन होंगे।
5. **शुक्र+गुरु**–शुक्र के साथ गुरु 'केसरी योग' बनायेगा। जातक के पास एक से अधिक मकान होंगे।
6. **शुक्र+शनि**–शुक्र के साथ शनि वाहन दुर्घटना का भय कराता है।
7. **शुक्र+राहु**–शुक्र के साथ राहु माता को कष्ट देगा।
8. **शुक्र+केतु**–शुक्र के साथ केतु भौतिक सुख में बाधक है।

मीनलग्न में शुक्र की स्थिति पंचम स्थान में

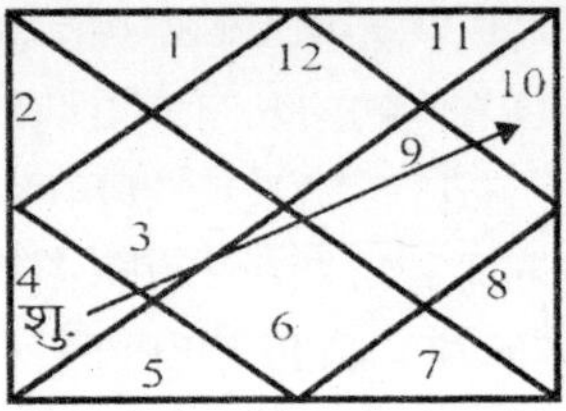

मीनलग्न में शुक्र पराक्रमेश एवं अष्टमेश है। अष्टमेश होने से यह अशुभफलक ही देगा। शुक्र लग्नेश गुरु से शत्रु भाव भी रखता है। शुक्र यहां पंचम स्थान में कर्क राशि में है। शुक्र यहां तीसरे भाव (वृष राशि) से तीसरे एवं आठवें भाव से दशम स्थान पर है। जातक की शिक्षा उत्तम होगी। Educational Degree मिलेगी। कला क्षेत्र में जातक ज्यादा नाम कमायेगा। जातक तंत्र-मंत्र ज्योतिष एवं गूढ विद्याओं का जानकार होगा। जातक को गुप्त धन या किसी मृतक का धन मिलता है।

दृष्टि–पंचमस्थ शुक्र की दृष्टि एकादश स्थान (मकर राशि) पर होगी। ऐसे जातक को मित्रों एवं पड़ोसियों से संबंध ठीक होगा। पति-पत्नी में प्रेम अच्छा रहेगा।

निशानी–जातक के प्रथम कन्या होगी। कन्या संतति अधिक होगी। जातक को जुआ, सट्टा, लॉटरी, शेयर बाजार की लत लगी रहती है। इससे उसे धन भी मिलता है।

दशा–शुक्र की दशा-अंतर्दशा मिश्रित फल देगी। वैसे ठीक जायेगी।

शुक्र का अन्य ग्रहों से सम्बन्ध–

1. **शुक्र+चंद्रमा**–शुक्र के साथ चंद्रमा स्वगृही होने से जातक वेद-विद्या एवं उच्च साहित्य संगीत का जानकार होगा।
2. **शुक्र+सूर्य**–शुक्र के साथ सूर्य प्रारम्भिक विद्या में बाधक है। पुत्र संतान में विलम्ब या कष्ट देगा।

3. **शुक्र+मंगल**–शुक्र के साथ मंगल जातक को धन लाभ देगा। प्रथम संतति के बाद भाग्योदय होगा।

4. **शुक्र+बुध**–शुक्र के साथ बुध प्रथम संतति शल्य चिकित्सा से देगा। जातक को प्रथम संतति कष्ट से होगी।

5. **शुक्र+गुरु**–शुक्र के साथ गुरु उच्च का उत्तम पुत्र लाभ देगा। जातक को राजा (सरकार) से सम्मान मिलेगा।

6. **शुक्र+शनि**–शुक्र के साथ शनि विद्या में बाधक है। उच्च शैक्षणिक डिग्री नहीं मिल पायेगी।

7. **शुक्र+राहु**–शुक्र के साथ राहु विद्या व संतान सुख में बाधक है।

8. **शुक्र+केतु**–शुक्र के साथ केतु विद्या में रुकावट लायेगा।

मीनलग्न में शुक्र की स्थिति षष्टम स्थान में

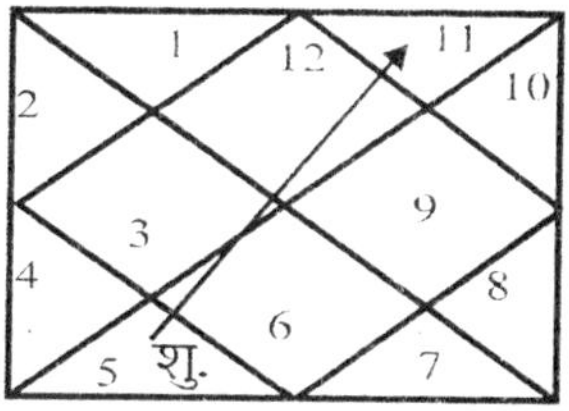

मीनलग्न में शुक्र पराक्रमेश एवं अष्टमेश है। अष्टमेश होने से यह अशुभफलक ही देगा। शुक्र लग्नेश गुरु से शत्रु भाव भी रखता है। शुक्र यहां छठे स्थान में सिंह (शत्रु) राशि में होगा। शुक्र यहां अष्टमेश होकर छठे जाने से 'सरल नामक' 'विपरीतराज योग' बनायेगा। पराक्रमेश छठे जाने से 'पराक्रमभंग योग' भी बनेगा। ऐसा जातक धनी, मानी-अभिमानी एवं साधन सम्पन्न होता है। जातक को मामा का सुख श्रेष्ठ, नौकर-चाकर का सुख श्रेष्ठ पर वैवाहिक जीवन में कटुता आयेगी। कई बार पराक्रम भंग, मानभंग होने के अवसर भी आयेगे। पाराशर ऋषि के अनुसार ऐसा जातक शत्रुओं पर विजय जरूर प्राप्त करता है।

दृष्टि–छठे भावगत शुक्र की दृष्टि द्वादश भाव (कुंभ राशि) पर होगी। जातक खर्चीले स्वभाव का होगा। देश-आराम पर रुपया खर्च करेगा। विदेश गमन से लाभ है।

निशानी–ऐसे जातक को बाल्यावस्था में सर्प और जल का भय रहता है। जातक के दो विवाह योग बनते हैं।

दशा–शुक्र की दशा-अंतर्दशा में धन संग्रह होगा। भौतिक उपलब्धियों की प्राप्ति होगी।

शुक्र का अन्य ग्रहों से सम्बन्ध–

1. **शुक्र+चंद्रमा**–शुक्र के साथ चंद्रमा 'संतानहीन योग' देता है। जातक को विद्या एवं संतान में बाधा आयेगी।
2. **शुक्र+सूर्य**–शुक्र के साथ सूर्य होने से हर्षनामक 'विपरीतराज योग' बना। जातक धनवान होगा। ऐश्वर्यवान होगा।
3. **शुक्र+मंगल**–शुक्र के साथ मंगल 'धनहीन योग' एवं 'भाग्यहीन योग' बनायेगा। जातक का जीवन संघर्षमय रहेगा।
4. **शुक्र+बुध**–शुक्र के साथ बुध 'सुखहीन योग' एवं 'विवाहभंग योग' करायेगा। विवाह सुख में बाधा आयेगी।
5. **शुक्र+गुरु**–शुक्र के साथ गुरु 'लग्नभंग योग' एवं 'राजभंग योग' बनाता है। जातक को परिश्रम का लाभ नहीं मिलेगा।
6. **शुक्र+शनि**–शुक्र के साथ शनि 'लाभभंग योग' एवं विमलनामक 'विपरीतराज योग' बनाता है। जातक धनी, मानी-अभिमानी होगा।
7. **शुक्र+राहु**–शुक्र के साथ राहु जातक को राजयोग बनायेगा। शत्रुओं का नाश होगा।
8. **शुक्र+केतु**–शुक्र के साथ केतु गुप्त शत्रु देगा। गुप्त बीमारी देगा।

मीनलग्न में शुक्र की स्थिति सप्तम स्थान में

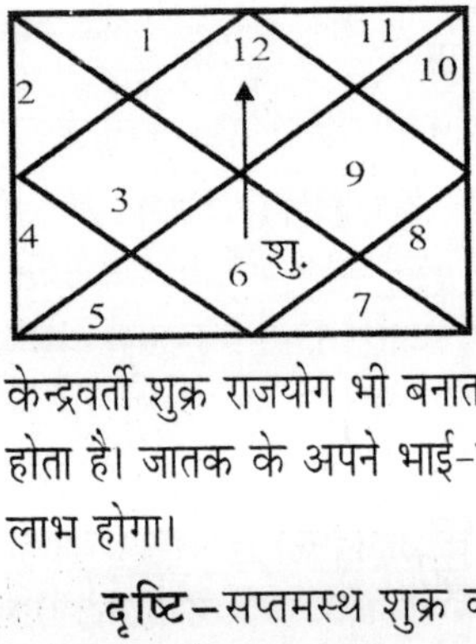

मीनलग्न में शुक्र पराक्रमेश एवं अष्टमेश है। अष्टमेश होने से यह अशुभफलक ही देगा। शुक्र लग्नेश गुरु से शत्रु भाव भी रखता है। शुक्र यहां सप्तम स्थान में नीच का होगा। कन्या राशि के अंशों में शुक्र परमनीच का होता है। शुक्र यहां 'कुलदीपक योग' बना रहा है मानसागरी के अनुसार केन्द्रवर्ती शुक्र राजयोग भी बनाता है। ऐसा जातक सुन्दर दिखने का शौकीन व कामी होता है। जातक के अपने भाई-बहन, मित्रों में खूब बनेगी। भागीदारी के व्यापार में लाभ होगा।

दृष्टि–सप्तमस्थ शुक्र की दृष्टि लग्न स्थान (मीन राशि) पर होगी। ऐसे जातक का चेहरा व व्यक्तित्व आकर्षक होगा। जातक द्वारा परिश्रमपूर्वक किये गये पुरुषार्थ का फल मिलेगा।

निशानी–जातक के दो पत्नी होती है। पाराशर होराशास्त्र के अनुसार–"रन्ध्रेशे दारभावस्थे तस्य भार्या द्वयं भवेत्।" अशुभ ग्रहों की युति व दृष्टि से यह योग सार्थक हो सकता है।

दशा–शुक्र की दशा-अंतर्दशा मिश्रित फल देगी। मंगल की अंतर्दशा मारक का काम करेगी।

शुक्र का अन्य ग्रहों से सम्बन्ध–

1. **शुक्र+चंद्रमा**–शुक्र के साथ चंद्रमा होने से जातक की पत्नी अत्यधिक सुन्दर होगी। जातक कामी होगा।
2. **शुक्र+सूर्य**–शुक्र के साथ सूर्य वैवाहिक सुख में बाधक होगा।
3. **शुक्र+मंगल**–शुक्र के साथ मंगल जातक को धनवान एवं भाग्यशाली बनायेगा।
4. **शुक्र+बुध**–शुक्र के साथ बुध होने से 'नीचभंगराज योग' की सृष्टि होगी। जातक राजा के समान ऐश्वर्यशाली होगा।
5. **शुक्र+गुरु**–शुक्र के साथ गुरु होने से 'लग्नाधिपति योग' बनेगा। जातक को प्रत्येक कार्य में सफलता मिलेगी।
6. **शुक्र+शनि**–शुक्र के साथ शनि होने से पत्नी से विचारधारा नहीं मिलेगी।
7. **शुक्र+राहु**–शुक्र के साथ राहु गृहस्थ सुख में बाधक है। जातक के दो विवाह होंगे।
8. **शुक्र+केतु**–शुक्र के साथ केतु पत्नी से मनमुटाव करायेगा।

मीनलग्न में शुक्र की स्थिति अष्टम स्थान में

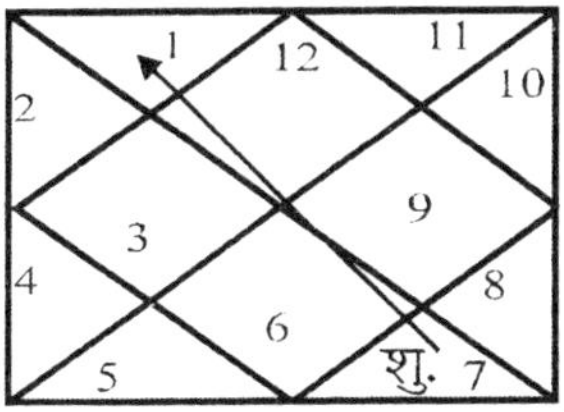

मीनलग्न में शुक्र पराक्रमेश एवं अष्टमेश है। अष्टमेश होने से यह अशुभफलक ही देगा। शुक्र लग्नेश गुरु से शत्रु भाव भी रखता है। शुक्र यहां अष्टम स्थान में स्वगृही होगा। अष्टमेश अष्टम में जाने से 'सरलनामक' 'विपरीतराज योग' एवं 'पराक्रमभंग योग' बनता है। तीसरे भाव के छठे स्थित होने के कारण यह शुक्र वैवाहिक जीवन के आनंद को बिगाड़ेगा। जातक के दो विवाह हो सकते हैं। 'विपरीतराज योग' के कारण जातक धनी, मानी व अभिमानी होगा। भौतिक सुख-संसाधनों की जीवन में कमी नहीं होगी। जातक गीत-संगीत, कला व अभिनय का शौकिन होगा। जातक लम्बी उम्र का स्वामी होगा।

दृष्टि–अष्टम भावगत शुक्र की दृष्टि धन स्थान (मेष राशि) पर होगी। जातक धनी होगा व अनेक साधनों से धन कमायेगा।

निशानी–जातक की वाणी मीठी होगी तथा दाई आंख की रोशनी तेज होगी। परन्तु जातक में परनिन्दा का दुर्गुण होगा।

दशा–शुक्र की दशा-अंतर्दशा में जातक धनवान होगा एवं भौतिक उपलब्धियों को प्राप्त करेगा। स्वास्थ्य ठीक रहेगा।

शुक्र का अन्य ग्रहों से सम्बन्ध–

1. **शुक्र+चंद्रमा**–शुक्र के साथ चंद्रमा 'संतानहीन योग' बनाता है। जातक के गृहस्थ सुख में बाधा रहेगी।
2. **शुक्र+सूर्य**–शुक्र के साथ सूर्य 'नीचभंगराज योग' बनाता है। हर्षनामक 'विपरीतराज योग' बना। जातक धनी-मानी एवं सम्पूर्ण ऐश्वर्य संसाधनों से परिपूर्ण जीवन जीयेगा।
3. **शुक्र+मंगल**–शुक्र के साथ मंगल 'धनहीन योग' एवं 'भाग्यहीन योग' बनायेगा। फलत: जातक का जीवन संघर्षमय होगा।
4. **शुक्र+बुध**–शुक्र के साथ बुध होने से 'सुखहीन योग' एवं 'विलम्बविवाह योग' बनायेगा। फलत: जातक का वैवाहिक जीवन प्रश्नवाचक होगा।
5. **शुक्र+गुरु**–शुक्र के साथ गुरु होने से 'लग्नभंग योग' एवं 'राजभंग योग' बना। ऐसे जातक को राजदण्ड मिल सकता है।
6. **शुक्र+शनि**–शुक्र के साथ शनि होने से विमल नामक 'विपरीतराज योग' बनेगा। जातक धनी होगा यहां पर 'किम्बहुना य़ोग' भी बनेगा। जातक राजा के समान पराक्रमी होगा।
7. **शुक्र+राहु**–शुक्र के साथ राहु गुप्त बीमारी एवं विवाह सुख में बाधा उत्पन्न करेगा।
8. **शुक्र+केतु**–शुक्र के साथ केतु जातक को वैवाहिक कष्ट देगा।

मीनलग्न में शुक्र की स्थिति नवम स्थान में

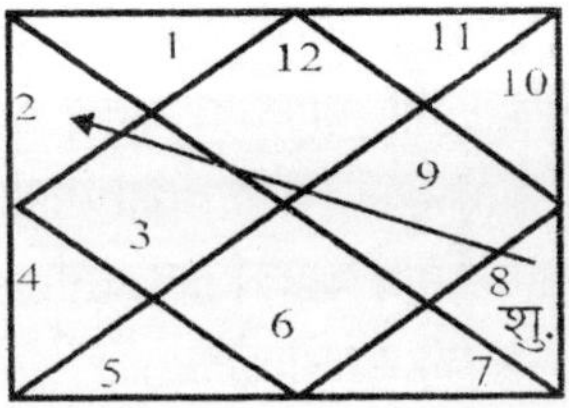

मीनलग्न में शुक्र पराक्रमेश एवं अष्टमेश है। अष्टमेश होने से यह अशुभफलक ही देगा। शुक्र लग्नेश गुरु से शत्रु भाव भी रखता है। शुक्र यहां नवम स्थान में वृश्चिक राशि में होगा। शुक्र यहां तीसरे स्थान से सातवें एवं आठवें से दूसरे स्थान पर

स्थित है। जातक को पिता एवं भाग्य का सुख उत्तम। जातक को सहोदर का सुख मिलता है। जातक का भाग्योदय कला के क्षेत्र में होता है। धन सुरक्षा एवं अमानत के मामले में जातक का ज्यादा विश्वास नहीं किया जा सकता। जातक रंगीन मिजाज का गैर जिम्मेदार व्यक्ति होगा।

दृष्टि—नवम भावगत शुक्र की दृष्टि पराक्रम स्थान अपने ही घर वृषराशि पर होगी। फलत: जातक अपने कुटुम्ब का रक्षक होगा। मित्र बहुत होंगे पर स्त्री-मित्रों से लाभ अधिक है।

निशानी—जातक के बहने अधिक होगी। पत्नी दुष्ट स्वभाव की होगी।

दशा—शुक्र की दशा-अंतर्दशा में जातक का भाग्योदय होगा।

शुक्र का अन्य ग्रहों से सम्बन्ध—

1. **शुक्र+चंद्रमा**—शुक्र के साथ नीच का चंद्रमा जातक को उच्च श्रेणी का कलाकार, संगीतप्रेमी एवं साहित्यकार बनायेगा।
2. **शुक्र+सूर्य**—शुक्र के साथ सूर्य भाग्योदय में अवरोध उत्पन्न करेगा।
3. **शुक्र+मंगल**—शुक्र के साथ बलवान धनेश की युति 'भतृमूलधन योग' बनायेगी। जातक को भाइयों, कुटम्बियों एवं मित्रों से धनलाभ होगा।
4. **शुक्र+बुध**—शुक्र के साथ बुध जातक को माता-पिता से लाभ दिलायेगा। जातक बुद्धिबल से आगे बढ़ेगा।
5. **शुक्र+गुरु**—शुक्र के साथ गुरु होने से जातक को स्त्री-मित्रों से विशेष लाभ होगा।
6. **शुक्र+शनि**—शुक्र के साथ शनि, व्यापार से लाभ दिलवायेगा।
7. **शुक्र+राहु**—शुक्र के साथ राहु भाग्योदय में बाधक है।
8. **शुक्र+केतु**—शुक्र के साथ केतु होने से अन्य स्त्रियों के कारण बदनामी मिलेगी।

मीनलग्न में शुक्र की स्थिति दशम स्थान में

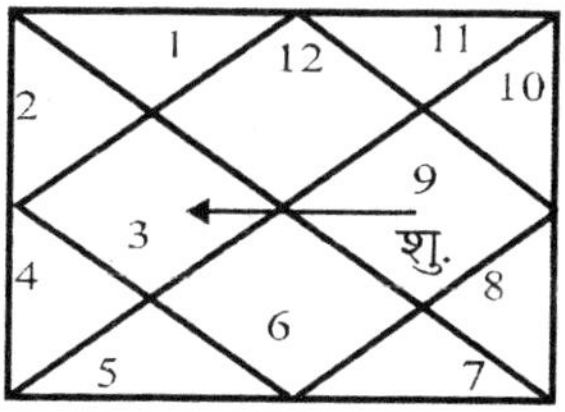

मीनलग्न में शुक्र पराक्रमेश एवं अष्टमेश है। अष्टमेश होने से यह अशुभफलक ही देगा। शुक्र लग्नेश गुरु से शत्रु भाव भी रखता है। शुक्र यहां दशम स्थान में धनु राशि का होगा। शुक्र कुलदीपक योग बनायेगा। 'मानसागरी' के अनुसार केन्द्रवर्ती शुक्र 'राजयोग' देता है। शुक्र यहां अपनी वृषराशि से आठवें एवं तुला राशि से तीसरे

स्थान पर स्थित है। ऐसे जातक को मकान, भू-सम्पत्ति, नौकरी-व्यवसाय एवं धन-सम्पत्ति का बराबर लाभ होगा। पाराशर ऋषि कहते है कि अष्टमेश दशम स्थान पर होने से 'पितृसौख्यविवर्जित!' जातक को पिता का सुख नहीं होगा। नौकरी प्राप्ति हेतु भी काफी दिक्कतों का सामना करना पड़ेगा।

दृष्टि—दशम भावगत शुक्र की दृष्टि चतुर्थ भाव (मिथुन राशि) पर होगी। माता-पिता का सुख सामान्य। विद्या सुख श्रेष्ठ। जातक शुक्र के धंधे से कमायेगा। वकील, डाक्टर बने तो यश-प्रतिष्ठा अच्छी मिलेगी।

निशानी—जातक चुगलखोर होगा। दूसरों की बात अपने पेट में नहीं पचा पायेगा।

दशा—शुक्र की दशा-अंतर्दशा मध्यम फल देगी।

शुक्र का अन्य ग्रहों से सम्बन्ध—

1. **शुक्र+चंद्रमा**—शुक्र के साथ चंद्रमा जातक को राज (सरकार) से धन दिलायेगा। राजनीति से लाभ मिलेगा।
2. **शुक्र+सूर्य**—शुक्र के साथ सूर्य राजा से कष्ट दिला सकता है। कोर्ट-कचहरी से परेशानी होगी।
3. **शुक्र+मंगल**—शुक्र के साथ मंगल 'दिक्बली' एवं 'उच्चाभिलाषी' होगा। ऐसा व्यक्ति राजा से उच्च पद-प्रतिष्ठा को प्राप्त करेगा।
4. **शुक्र+बुध**—शुक्र के साथ बुध माता का सुख, वाहन का सुख एवं नौकर-चाकर का सुख मिलेगा।
5. **शुक्र+गुरु**—शुक्र के साथ गुरु 'हंस योग' बनायेगा। जातक राजा के समान पराक्रमी एवं ऐश्वर्यशाली होगा।
6. **शुक्र+शनि**—शुक्र के साथ शनि होने से जातक व्यापार प्रिय होगा। उद्योगपति होगा।
7. **शुक्र+राहु**—शुक्र के साथ राहु व्यापार में बाधक है।
8. **शुक्र+केतु**—शुक्र के साथ केतु कोर्ट-कचहरी के चक्कर लगवायेगा।

मीनलग्न में शुक्र की स्थिति एकादश स्थान में

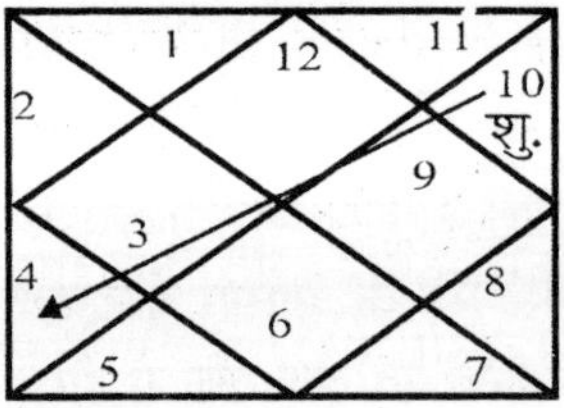

मीनलग्न में शुक्र पराक्रमेश एवं अष्टमेश है। अष्टमेश होने से यह अशुभफलक ही देगा। शुक्र लग्नेश गुरु से शत्रु भाव भी रखता है। शुक्र यहां एकादश स्थान में मकर (मित्र) राशि में है। शुक्र की यह स्थिति राजनैतिक एवं सामाजिक सुख में

बाधक है। ऐसे जातक की माता-पिता के साथ नहीं बनेगी। मित्र भी ज्यादा अच्छे नहीं होंगे। मकान एवं वाहन सुख तो होगा पर हाथ हमेशा तंग रहेगा। ऐसे जातक की बाल्यावस्था कष्टपूर्ण, युवावस्था अति उत्तम परन्तु वृद्धावस्था में संतान की चिन्ता रहेगी।

दृष्टि–एकादश स्थान में स्थित शुक्र की दृष्टि पंचम भाव (कर्क राशि) पर होगी। फलतः प्रथम कन्या होगी। संतान के रूप में कन्या संतति अधिक होगी। जातक को प्रारम्भिक विद्या में बाधा होगी।

निशानी–गृहस्थ सुख मध्यम। दिखलाई देने में पति-पत्नी में प्रेम होगा पर दोनों एक-दूसरे पर विश्वास नहीं करेंगे।

दशा–शुक्र की दशा-अंतर्दशा शुभ फल नहीं देगी। जातक की पत्नी किंवा संतति बीमार रहे।

शुक्र का अन्य ग्रहों से सम्बन्ध–

1. **शुक्र+चंद्रमा**–शुक्र के साथ चंद्रमा जातक को उच्च शिक्षा दिलायेगा। जातक साहित्य-संगीत में रुचि रखेगा।
2. **शुक्र+सूर्य**–शुक्र के साथ सूर्य उद्योग में गड़बड़ उत्पन्न करेगा।
3. **शुक्र+मंगल**–शुक्र के साथ उच्च का मंगल जातक को करोड़पति बनायेगा।
4. **शुक्र+बुध**–शुक्र के साथ बुध जातक को उत्तम जीवनसाथी देगा।
5. **शुक्र+गुरु**–शुक्र के साथ गुरु जातक को प्रयत्न करने से सफलता मिलेगी।
6. **शुक्र+शनि**–शुक्र के साथ शनि जातक को धनवान एवं विपुल सम्पत्ति का स्वामी बनायेगा।
7. **शुक्र+राहु**–शुक्र के साथ राहु व्यापार सुख में बाधक है।
8. **शुक्र+केतु**–शुक्र के साथ केतु व्यापार में रुकावटें उत्पन्न करेगा।

मीनलग्न में शुक्र की स्थिति द्वादश स्थान में

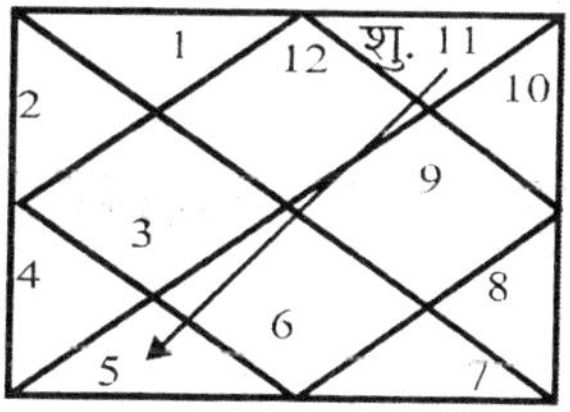

मीनलग्न में शुक्र पराक्रमेश एवं अष्टमेश है। अष्टमेश होने से यह अशुभफल ही देगा। शुक्र लग्नेश गुरु से शत्रु भाव भी रखता है। शुक्र यहां द्वादश स्थान में कुम्भ (मित्र) राशि का होगा। अष्टमेश का द्वादश में जाने से सरल नामक 'विपरीतराज योग' बनेगा। तृतीयेश का बारहवें जाने से पराक्रमभंग

योग भी बनेगा। यह शुक्र धन-यश, पद-प्रतिष्ठा का लाभ देगा। भौतिक सुख-सम्पत्ति बनी रहेगी। जातक का वैवाहिक जीवन सुखी, स्त्री संतान सुख श्रेष्ठ रहेगा। जातक विलासी जीवन जीयेगा। जातक ज्यादातर सरकारी या पराये पैसें पर मौज करेगा।

दृष्टि–द्वादश भावगत शुक्र की दृष्टि छठे स्थान (सिंह राशि) पर होगी। जातक के गुप्त शत्रु होंगे। गुप्त रोग की भी संभावना बनी रहेगी।

निशानी–जातक का पैसा कुकार्य, व्यसन, जुआं, मौज-शौक में खर्च होगा। जातक पर कर्जा होगा। पर जातक उसकी चिंता नहीं करेगा।

दशा–शुक्र की दशा-अंतर्दशा शुभ फल देगी।

शुक्र का अन्य ग्रहों से सम्बन्ध–

1. **शुक्र+चंद्रमा**–शुक्र के साथ चंद्रमा 'संतानहीन योग' बनाता है। जातक को गृहस्थ सुख में न्यूनता महसूस होती रहेगी।
2. **शुक्र+सूर्य**–शुक्र के साथ सूर्य हर्षनामक 'विपरीतराज योग' बनाता है। जातक धनवान एवं अभिमानी होगा पर नेत्रपीड़ा रहेगी।
3. **शुक्र+मंगल**–शुक्र के साथ मंगल 'धनहीन योग' एवं 'भाग्यहीन योग' बनाता है। जातक के दो पत्नियां होगी।
4. **शुक्र+बुध**–शुक्र के साथ बुध 'सुखहीन योग' एवं 'विलम्बविवाह योग' बनाता है। जातक को भौतिक सुखों में न्यूनता का आभास होता रहेगा।
5. **शुक्र+गुरु**–शुक्र के साथ गुरु होने से जातक को परिश्रम का फल नहीं मिलेगा। 'लग्नभंगयोग' एवं 'राजभंग योग' के कारण समाज में उचित सम्मान नहीं मिलेगा।
6. **शुक्र+शनि**–शुक्र के साथ शनि 'लाभभंग योग' एवं विमल नामक 'विपरीतराज योग बनाता है। जातक धनी-मानी एवं अभिमानी होगा।
7. **शुक्र+राहु**–शुक्र के साथ राहु वैवाहिक सुख में बाधक है।
8. **शुक्र+केतु**–शुक्र के साथ केतु व्यर्थ के खर्च एवं गुप्त रोगों की संभावना बनायेगा।

❑❑❑

मीनलग्न में शनि की स्थिति

मीनलग्न में शनि की स्थिति प्रथम स्थान में

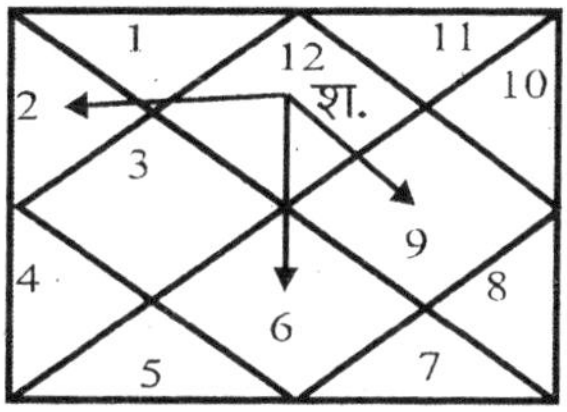

मीनलग्न में शनि लाभेश एवं खर्चेश होने से अशुभ फलदायक है। यह लग्नेश गुरु का शत्रु है तथा मुख्य मारकेश होने से परमपापी ग्रह है। यहां प्रथम स्थान में शनि मीन (सम) राशि में है। ऐसा जातक जिद्दी व हठी स्वभाव का होता है। ऐसे जातक को व्यापार-व्यवसाय-धंधे में लाभ होता है परन्तु जातक कमाई का बहुत अधिक हिस्सा फालतू कार्यों में खर्च कर देता है। गृहस्थ सुख भी संदेहास्पद रहेगा।

दृष्टि–लग्नस्थ शनि की दृष्टि पराक्रम स्थान (वृष राशि), सप्तम भाव (कन्या राशि) एवं दशम स्थान (धनु राशि) पर होगी। ऐसा जातक पराक्रमी होगा पर कुख्यात होगा। पत्नी से कम बनेगी। सरकारी नौकरी से लाभ कमजोर रहेगा।

निशानी–ऐसा जातक अपनी उम्र (वय) से अधिक दिखता है। पत्नी व जातक के मध्य उम्र का अन्तराल अधिक होगा।

दशा–शनि की दशा-अंतर्दशा मिश्रित फल देगी।

शनि का अन्य ग्रहों से सम्बन्ध–

1. **शनि+सूर्य**–यहां दोनों ग्रह मीन राशि में होंगे। सूर्य अपनी मित्र राशि में हो तो शनि अपनी शत्रुराशि में होगा। षष्टेश एवं व्ययेश की युति विस्फोटक है। जातक को आर्थिक विषमताओं का सामना करना पड़ेगा। जातक की वाणी स्खलित होती रहेगी। चरित्र विरोधाभासी होगा।
2. **शनि+चंद्रमा**–शनि के साथ चंद्रमा जातक को अंग्रेजी शिक्षा एवं विदेशी भाषा में दक्ष बनायेगा।

3. **शनि+मंगल**–शनि के साथ मंगल जातक को धनी व भाग्यशाली तो बनायेगा पर जातक लड़ाकू होगा।
4. **शनि+बुध**–शनि के साथ बुध होने से जातक का गृहस्थ जीवन सुखी होगा। जातक विद्यावान होगा।
5. **शनि+गुरु**–शनि के साथ गुरु 'हंस योग' बनायेगा। ऐसा जातक राजा के समान पराक्रमी एवं जनसम्पर्क वाला होगा।
6. **शनि+शुक्र**–शनि के साथ शुक्र 'मालव्य योग' बनायेगा। जातक राजा के समान पराक्रमी एवं ऐश्वर्यशाली होगा।
7. **शनि+राहु**–शनि के साथ राहु जातक को क्रोधी, हठी, दंभी एवं खुराफाती दिमाग वाला बनायेगा।
8. **शनि+केतु**–शनि के साथ केतु जातक को विचलित मन-मस्तिष्क वाला व्यक्ति बनायेगा।

मीनलग्न में शनि की स्थिति द्वितीय स्थान में

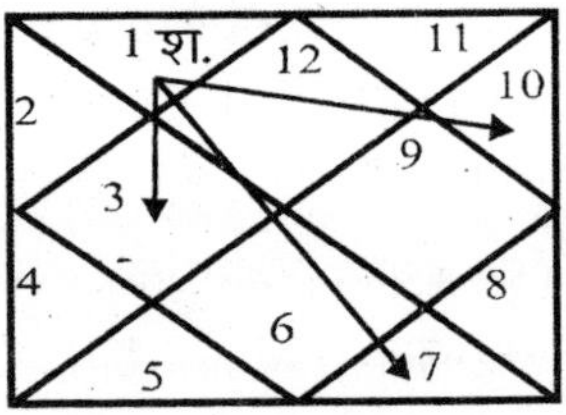

मीनलग्न में शनि लाभेश एवं खर्चेश होने से अशुभ फलदायक है। यह लग्नेश गुरु का शत्रु है तथा मुख्य मारकेश होने से परमपापी ग्रह है। शनि द्वितीय स्थान में नीच राशि का होगा। मेष राशि के 20 अंशों में शनि परमनीच का होता है। जातक का कुटुम्ब सुख कमजोर, वांणी अपवित्र व खराब होगी। जातक कमाते हुए भी खर्च नहीं करेगा। कंजूस होगा। कफ की बीमारी होगी। शरीर कमजोर होगा तथा फालतू कार्यों में रुपया खर्च होगा।

दृष्टि–धनभावस्थ शनि की दृष्टि चतुर्थ स्थान (मिथुन राशि), अष्टम स्थान (तुला राशि) एवं एकादश स्थान अपने ही घर मकर राशि पर होगी। जातक की कुटम्बी जातक का साथ नहीं देंगे। जातक के शत्रु बहुत होगे।

निशानी–विद्या में विलम्ब तथा निष्फलता। जातक पुराने मकान में मरम्मत करा कर रहेगा। माता से नहीं बनेगी।

दशा–शनि की दशा-अंतर्दशा खराब फल देगी।

शनि का अन्य ग्रहों से सम्बन्ध–

1. **शनि+सूर्य**–यहां दोनों ग्रह मेषराशि में होंगे। सूर्य अपनी उच्च राशि में तो शनि अपनी नीच राशि में होकर 'नीचभंगराज योग' बनायेगा। जातक राजा के समान

पराक्रमी एवं धनी होगा। पर सही व सच्चा भाग्योदय पिता की मृत्यु के बाद होगा।

2. **शनि+चंद्रमा**–शनि के साथ चंद्रमा जातक को धनवान बनायेगा। जातक बुद्धिमान होगा।
3. **शनि+मंगल**–शनि के साथ मंगल 'नीचभंगराज योग' बनायेगा। जातक राजा के समान पराक्रमी एवं सम्पत्ति वाला होगा।
4. **शनि+बुध**–शनि के साथ बुध यहां दाम्पत्य जीवन के सुखों को नष्ट करेगा।
5. **शनि+गुरु**–शनि के साथ गुरु जातक को रोजी-रोजगार विलम्ब से देगा। जातक की उन्नति धीमी गति से होगी।
6. **शनि+शुक्र**–शनि के साथ शुक्र जातक को पराक्रमी बनायेगा पर धन संग्रह में बाधा आयेगी। जातक मित्रों पर धन लुटायेगा।
7. **शनि+राहु**–शनि के साथ राहु धन के घड़े में छेद है। कितना भी रुपया कमाओं, बरकत नहीं होगी।
8. **शनि+केतु**–शनि के साथ केतु आर्थिक संकट उत्पन्न करेगा।

मीनलग्न में शनि की स्थिति तृतीय स्थान में

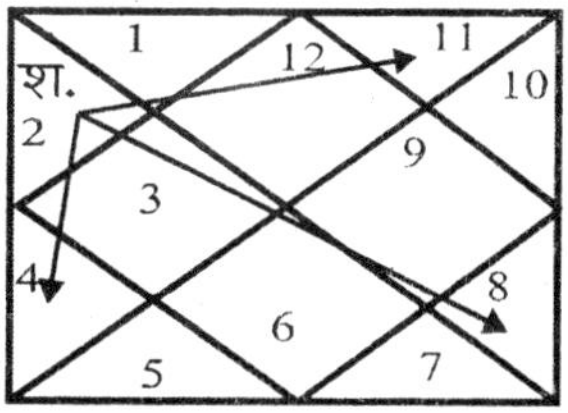

मीनलग्न में शनि लाभेश एवं खर्चेश होने से अशुभ फलदायक है। यह लग्नेश गुरु का शत्रु है तथा मुख्य मारकेश होने से परमपापी ग्रह है। शनि यहां तृतीय स्थान में वृष (मित्र) राशि में होगा। जातक की भाई-बहनों व कुटम्बियों से बनेगी नहीं। पाराशर ने इस शनि को 'भ्रातृसौख्यविवर्जित' कहा है। जातक को पिता का सुख कमजोर, पिता की सम्पत्ति मिलेगी नहीं। भाग्योदय हेतु संघर्ष रहेगा। जातक परदेश (विदेश) जाकर कमा सकता है। विदेशी भाषा पढ़ने से पराक्रम बढ़ेगा।

दृष्टि–तृतीयस्थ शनि की दृष्टि पंचम स्थान (कर्क राशि), भाग्य स्थान (वृश्चिक राशि) एवं द्वादश स्थान (कुम्भ राशि) पर होगी। फलतः विद्या में बाधा, संतति विलम्ब से हो।

निशानी–जातक दूसरों की तरक्की सम्पन्नता देखकर चिढ़ेगा। पर छिन्द्रान्वेषक व द्वेषी होगा। जातक डरपोक होगा।

दशा–शनि की दशा-अंतर्दशा अशुभफल देगी।

शनि का अन्य ग्रहों से सम्बन्ध–

1. **शनि+सूर्य–**यहां दोनों ग्रह वृष राशि में होंगे। सूर्य अपनी शत्रु राशि में हो तो शनि मित्रराशि में होगा। षष्टेश एवं व्ययेश की यह युति पराक्रम को भंग करेगी। जातक को छोटे व बड़े दोनों भाइयों का सुख नहीं होगा। मित्र अच्छे व सच्चे न होकर दगाबाज होंगे।
2. **शनि+चंद्रमा–**शनि के साथ चंद्रमा उच्च का होने से जातक पराक्रमी होगा। कुटुम्ब व परिवार का सुख होगा पर छोटे भाई का सुख नहीं होगा।
3. **शनि+मंगल–**शनि के साथ मंगल भाइयों का सुख देगा। मित्र भाग्यशाली होगा।
4. **शनि+बुध–**शनि के साथ बुध होने से भाई-बहन दोनों का सुख होगा। भाई-बहन पढ़े-लिखे होंगे।
5. **शनि+गुरु–**शनि के साथ गुरु जातक को राजसुख देगा। जातक पराक्रमी होगा।
6. **शनि+शुक्र–**शनि के साथ शुक्र जातक को भाई-बहनों का सुख देगा। स्त्री-मित्रों से लाभ है।
7. **शनि+राहु–**शनि के साथ राहु भाइयों में विवाद-विग्रह करायेगा।
8. **शनि+केतु–**शनि के साथ केतु भाइयों में मनमुटाव की स्थिति पैदा करेगा।

मीनलग्न में शनि की स्थिति चतुर्थ स्थान में

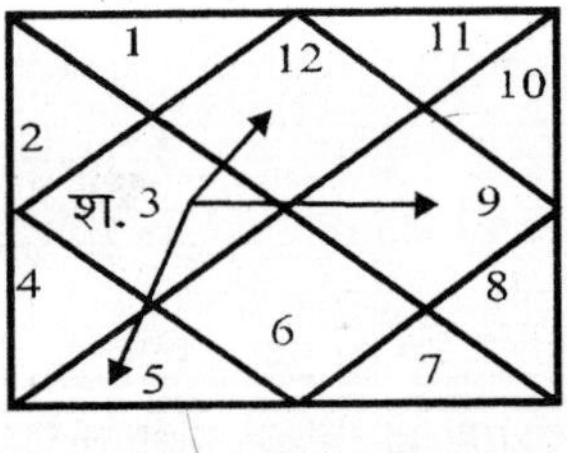

मीनलग्न में शनि लाभेश एवं खर्चेश होने से अशुभ फलदायक है। यह लग्नेश गुरु का शत्रु है तथा मुख्य मारकेश होने से परमपापी ग्रह है। चतुर्थ स्थान में शनि मिथुन (मित्र) राशि में है। जातक का विद्या सुख उत्तम जातक विदेशी भाषा पढ़ेगा। जातक पुराने मकान में रहेगा। मां होगी पर माता बीमार रहेगी। वाहन सुख मिलेगा, पर वाहन पुराना होगा। खर्चा खायेगा। जातक निराशावादी होगा।

दृष्टि–चतुर्थ भावगत शनि की दृष्टि छठे स्थान (सिंह राशि), दसवें स्थान (धनु राशि) एवं लग्न भाव (मीन राशि) पर होगी। जातक के शत्रु होंगे। रोजी-रोजगार की प्राप्ति में दिक्कतें आयेगी। जातक नकारात्मक विचारों वाला होगा।

निशानी–जातक कोर्ट-कचहरी के चक्कर काटता रहेगा।

दशा–शनि की दशा-अंतर्दशा खराब फल देगी।

शनि का अन्य ग्रहों से सम्बन्ध–

1. **शनि+सूर्य**–यहां दोनों ग्रह मिथुन राशि में होंगे। सूर्य सम राशि में तो शनि मित्र राशि में होगा। षष्टेश एवं व्ययेश की युति से जातक की माता की मृत्यु अल्पायु में होगी अथवा दीर्घकालीक बीमारी से ग्रसित होगी। वाहन दुर्घटना का भय बना रहेगा। माता की मृत्यु के बाद जातक की उन्नति होगी।
2. **शनि+चंद्रमा**–शनि के साथ चंद्रमा जातक को पढ़ा-लिखा एवं सभ्य व्यक्ति बनायेगा।
3. **शनि+मंगल**–शनि के साथ मंगल जातक को धनवान एवं भाग्यशाली बनायेगा। जातक के पास अनेक वाहन होंगे।
4. **शनि+बुध**–शनि के साथ बुध जातक को राजा तुल्य पराक्रमी बनायेगा। 'भद्र योग' के कारण जातक के पास अनेक मकान होंगे।
5. **शनि+गुरु**–शनि के साथ गुरु 'केसरी योग' एवं 'कुलदीपक योग' बनायेगा। जातक कुटुम्ब परिवार का नाम रोशन करेगा। यशस्वी होगा।
6. **शनि+शुक्र**–शनि के साथ शुक्र जातक को अनेक वाहनों का स्वामी बनायेगा।
7. **शनि+राहु**–शनि के साथ राहु माता का मृत्यु अल्प आयु में करायेगा।
8. **शनि+केतु**–शनि के साथ केतु से माता को दीर्घकालीक बीमारी होगी।

मीनलग्न में शनि की स्थिति पंचम स्थान में

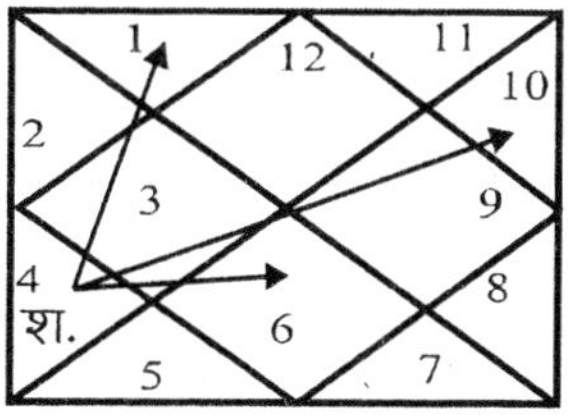

मीनलग्न में शनि लाभेश एवं खर्चेश होने से अशुभ फलदायक है। यह लग्नेश गुरु का शत्रु है तथा मुख्य मारकेश होने से परमपापी ग्रह है। पंचम स्थान में शनि कर्क (शत्रु) राशि में है। जातक के प्रारम्भिक विद्याध्ययन में रुकावटें आयेगी। पाराशर ऋषि ने इस शनि को 'सुतविद्याविवर्जितः' कहा है। फलतः यह शनि उत्तम विद्या एवं पुत्र संतति में बाधक है। जातक तंत्र-मंत्र, विद्या व टोटकों में रुचि रखेगा एवं विदेशी भाषा का जानकार होगा। जातक की भाषा ओछी होगी। दन्तरोग एवं नेत्रविकार की शिकायत रहेगी।

दृष्टि–पंचमस्थ शनि की दृष्टि सप्तम भाव (कन्या राशि), एकादश स्थान अपने ही घर मकर राशि एवं धन भाव (मेष राशि) पर होगी। जातक के वैवाहिक

सुख में बाधा आयेगी। विवाह विलम्ब से होगा। बड़े भाई का सुख होगा। व्यापार से लाभ पर धन संग्रह में निरन्तर बाधा बनी रहेगी।

निशानी–जातक अंधश्रद्धालु होगा। प्राचीन मान्यताओं में विश्वास रखेगा।

दशा–शनि की दशा-अंतर्दशा कष्टदायक साबित होगी।

शनि का अन्य ग्रहों से सम्बन्ध–

1. **शनि+सूर्य**–यहां दोनों ग्रह कर्क राशि में होंगे। सूर्य मित्र राशि में तो शनि शत्रु राशि में होगा। षष्टेश एवं व्ययेश की युति से एकाध संतान की मृत्यु विद्या में बाधा एवं संतान को लेकर परेशानी बनी रहेगी।
2. **शनि+चंद्रमा**–शनि के साथ चंद्रमा जातक को प्रारम्भिक रुकावट के साथ उच्च शिक्षा देगा।
3. **शनि+मंगल**–शनि के साथ मंगल प्रथम संतति को हाथ नहीं लगने देगा। एकाध गर्भपात संभव है।
4. **शनि+बुध**–शनि के साथ बुध जातक को संघर्ष के साथ विद्याध्ययन करायेगा।
5. **शनि+गुरु**–शनि के साथ उच्च का गुरु राजसुख देगा। उच्च शैक्षणिक उपाधि दिलायेगा।
6. **शनि+शुक्र**–शनि के साथ शुक्र संतति हानि करायेगा। कन्या संतति अधिक देगा।
7. **शनि+राहु**–शनि के साथ राहु जातक को संतति सुख में बाधा डालेगा। संतान प्रथमत: होगी नहीं यदि होगी तो कपूत होगी।
8. **शनि+केतु**–शनि के साथ केतु प्रारम्भिक विद्या एवं संतान में बाधक है।

मीनलग्न में की स्थिति शनि षष्टम स्थान में

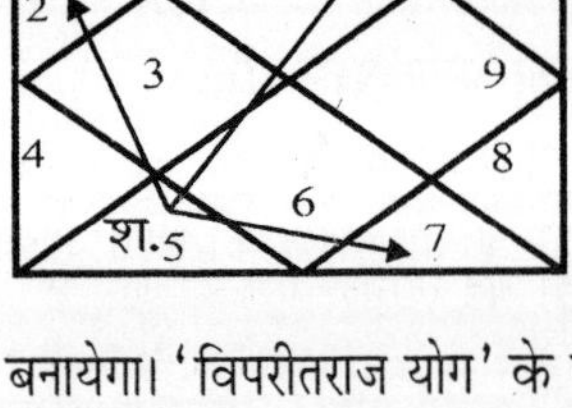

मीनलग्न में शनि लाभेश एवं खर्चेश होने से अशुभ फलदायक है। यह लग्नेश गुरु का शत्रु है तथा मुख्य मारकेश होने से परमपापी ग्रह है। शनि यहां छठे स्थान में सिंह राशि का शत्रुक्षेत्री होगा। शनि के कारण विमल नामक 'विपरीतराज योग' बनेगा। लाभेश छठे होने से 'लाभभंग योग' भी बनायेगा। 'विपरीतराज योग' के कारण जातक धनी होगा। परिश्रमी व पुरुषार्थी होगा। भौतिक संसाधन, वाहन-मकान सुख होगा परन्तु विरोधियों से सामना करना पड़ेगा। व्यापार-व्यवसाय जमाने में दिक्कतें आयेगी। भाई-बहनों में मनोमालिन्यता रहेगी।

दृष्टि—छठे भावगत शनि की दृष्टि अष्टम भाव (तुला राशि), द्वादश भाव (कुम्भ राशि) एवं पराक्रम स्थान (वृष राशि) पर होगी। जातक के शत्रु बहते होंगे। जातक का रुपया व्यर्थ में खर्च होंगे। नौकर-चाकर एवं मित्र दगा देंगे। अति मित्रता घातक होगी।

निशानी—जातक परस्त्रीगामी होगा। जातक परदेश (विदेश) जाकर धन कमायेगा।

दशा—शनि की दशा-अंतर्दशा प्रतिकूल फल देगी।

शनि का अन्य ग्रहों से सम्बन्ध—

1. **शनि+सूर्य**—यहां दोनों ग्रह सिंह राशि में होंगे। सूर्य स्वगृही तो शनि शत्रु क्षेत्री होगी। सूर्य के कारण 'हर्षनामक' 'विपरीतराज योग' बनेगा। षष्टेश एवं व्ययेश की युति शत्रुओं का नाश करेगी। जातक महाधनी एवं पराक्रमी होगा। शनि भी यहां राजयोगप्रदाता है।
2. **शनि+चंद्रमा**—शनि के साथ चंद्रमा 'संतति हीन योग' बनाता है। जातक को गुप्त शत्रु एवं गुप्त रोगों से सावधान रहना चाहिए।
3. **शनि+मंगल**—शनि के साथ मंगल होने से 'धनहीन योग' एवं 'भाग्यहीन योग' बनता है। जातक का जीवन संघर्षमय रहेगा।
4. **शनि+बुध**—शनि के साथ बुध 'सुखहीन योग' एवं 'विलम्बविवाह योग' बनाता है। जातक को भौतिक सुखों की प्राप्ति हेतु संघर्ष करना पड़ेगा।
5. **शनि+गुरु**—शनि के साथ गुरु 'लग्नभंग योग' एवं 'राजभंग योग' बनाता है। जातक को परिश्रम का फल नहीं मिलेगा। राजदण्ड मिल सकता है।
6. **शनि+शुक्र**—शनि के साथ शुक्र 'सरल नामक' 'विपरीतराज योग' बनाता है। जातक धनी-मानी एवं ऐश्वर्य सम्पन्न होगा।
7. **शनि+राहु**—शनि के साथ राहु शत्रुओं का नाश करता है।
8. **शनि+केतु**—शनि के साथ केतु गुप्त शत्रुओं को उत्पन्न करता है।

मीनलग्न में शनि की स्थिति सप्तम स्थान में

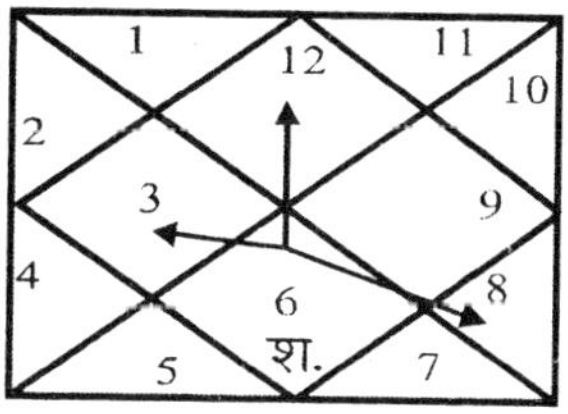

मीनलग्न में शनि लाभेश एवं खर्चेश होने से अशुभ फलदायक है। यह लग्नेश गुरु का शत्रु है तथा मुख्य मारकेश होने से परमपापी ग्रह है। यहां सप्तम स्थान में शनि कन्या राशि में मित्र क्षेत्री है। यह शनि भौतिक सुख-समृद्धि देगा। जातक को

विवाह सुख देगा पर पत्नी के लिए यह शनि ठीक नहीं। प्रथमतः जातक का विवाह विलम्ब से हो, तत्पश्चात् बीमारी से पत्नी की मृत्यु संभव है। पाराशर ऋषि कहते हैं कि व्ययेश यदि सातवें हो तो–'तस्यभार्या सुखं नैव' उस जातक की पत्नी का सुख नहीं रहता है। पत्नी की बीमारी में बहुत रुपया खर्च होता रहेगा।

दृष्टि–सप्तमस्थ शनि की दृष्टि भाग्य स्थान (वृश्चिक राशि), लग्न स्थान (मीन राशि) एवं चतुर्थ स्थान (मिथुनराशि) पर होगी। जातक को भाग्योदय हेतु संघर्ष करना पड़ेगा, जातक निराशावादी एवं एकान्तप्रिय होगा। माता का सुख कमजोर।

निशानी–ऐसे जातक को पिता का सुख एवं पिता की सम्पत्ति नहीं मिलेगी। जातक दिखने में गंदा एवं बड़ी उम्र वाला दिखाई देगा।

दशा–शनि की दशा-अंतर्दशा अशुभफल देगी।

शनि का अन्य ग्रहों से सम्बन्ध–

1. **शनि+सूर्य**–यहां दोनों ग्रह कन्या राशि में होंगे। सूर्य सम राशि में तो शनि मित्र राशि में होगा। षष्टेश एवं व्ययेश की युति वैवाहिक सुख में बाधक है। विलम्ब विवाह संभव है। पत्नी खर्चीली स्वभाव की होगी अथवा पत्नी की बीमारी को लेकर रुपया खर्च होगा।
2. **शनि+चंद्रमा**–शनि के साथ चंद्रमा जातक को स्त्री सुख देगा।
3. **शनि+मंगल**–शनि के साथ मंगल कुण्डली को 'डबल मांगलीक' बनायेगा। जातक के विवाह सुख में न्यूनता रहेगी।
4. **शनि+बुध**–शनि के साथ बुध 'भद्र योग' बनायेगा। जातक राजा के समान ऐश्वर्यशाली व पराक्रमी होगा।
5. **शनि+गुरु**–शनि के साथ गुरु 'कुलदीपक योग', 'केसरी योग' बनायेगा। जातक को उत्तम गृहस्थ सुख की प्राप्ति होगी।
6. **शनि+शुक्र**–शनि के साथ शुक्र गृहस्थ सुख में बाधक है। जातक को गुप्तेन्द्रि संबंधी रोग होंगे।
7. **शनि+राहु**–शनि के साथ राहु पत्नी की अकालमृत्यु का कारण बनता है।
8. **शनि+केतु**–शनि के साथ केतु पत्नी से मनमुटाव कराता है।

मीनलग्न में शनि की स्थिति अष्टम स्थान में

मीनलग्न में शनि लाभेश एवं खर्चेश होने से अशुभ फलदायक है। यह लग्नेश गुरु का शत्रु है तथा मुख्य मारकेश होने से परमपापी ग्रह है। शनि यहां अष्टम स्थान

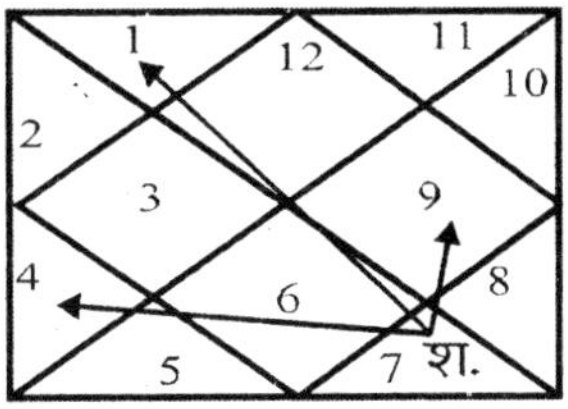

में उच्च का होगा। तुलाराशि के 20 अंशों में शनि परमोच्च का होता है। शनि की इस स्थिति में 'विमलनामक' 'विपरीतराज योग' बना। साथ ही लाभेश अष्टम में जाने से 'लाभभंग योग' भी बना। 'विपरीतराज योग' के कारण जातक धनी होगा। जातक के मित्र भी धनी होंगे। जातक के पास मकान-सुख का सुख होगा। परन्तु नौकरी-व्यापार में असफलता ज्यादा मिलेगी। परिश्रम का लाभ नहीं मिलेगा।

दृष्टि–अष्टम स्थान में स्थिति शनि की दृष्टि दशम भाव (धनु राशि), धन भाव (मेषराशि) एवं पंचम भाव (कर्क राशि) पर होगी। जातक को व्यापार में दिक्कते आयेगी। जातक की वाणी कटु होगी। दन्त रोग होगा। जातक को कन्या संतति अधिक होगी।

निशानी–जातक के जीवन में लगातार उतार-चढ़ाव (Up & Down) आते रहेंगे।

दशा–शनि की दशा मिश्रित फल देगी।

शनि का अन्य ग्रहों से सम्बन्ध–

1. **शनि+सूर्य**–यहां दोनों ग्रह तुला राशि में होंगे। सूर्य नीच का होगा तो शनि उच्च का होने से 'नीचभंगराज योग' बनेगा। सूर्य के कारण हर्षनामक 'विपरीतराज योग' तथा शनि के कारण विमल नामक 'विपरीतराज योग' बनेगा। जातक राजा के सामन पराक्रमी, वैभवशाली एवं धनी होगा।
2. **शनि+चंद्रमा**–शनि के साथ चंद्रमा 'संतानहीन योग' बनाता है। जातक को विद्या एवं संतित सुख में बाधा महसूस होगी।
3. **शनि+मंगल**–शनि के साथ मंगल 'धनहीन योग' एवं 'भाग्यहीन योग' बनाता है। जातक को भाग्य व उन्नति के मामले में दिक्कतों का सामना करना पड़ेगा।
4. **शनि+बुध**–शनि के साथ बुध 'सुखहीन योग' एवं 'विलम्बविवाह योग' बनाता है। जातक को गृहस्थ सुख हेतु परेशानी उठानी पड़ेगी।
5. **शनि+गुरु**–शनि के साथ गुरु 'लग्नभंग योग' एवं 'राजभंग योग' बनाता है। फलत: जातक को राजदण्ड के प्रति सावधान रहना चाहिए।
6. **शनि+शुक्र**–शनि के साथ शुक्र 'किम्बहुना योग' बनाता है। जातक राजातुल्य पराक्रमी होगा। ऐश्वर्य सम्पन्न होगा।

7. **शनि+राहु**–शनि के साथ राहु व्यापार में भारी नुकसान करायेगा।
8. **शनि+केतु**–शनि के साथ केतु व्यापार की सफलता में तकलीफ देगा।

मीनलग्न में शनि की स्थिति नवम स्थान में

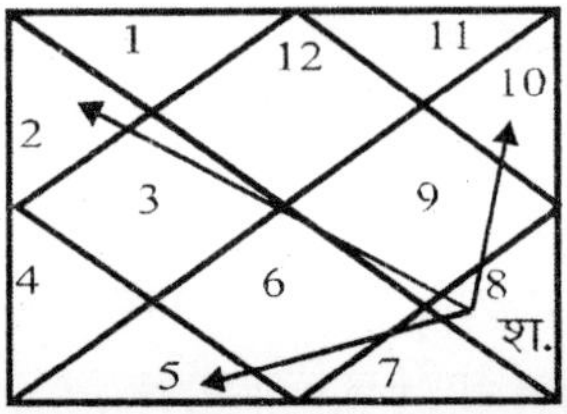

मीनलग्न में शनि लाभेश एवं खर्चेश होने से अशुभ फलदायक है। यह लग्नेश गुरु का शत्रु है तथा मुख्य मारकेश होने से परमपापी ग्रह है। यहां नवम स्थान में शनि वृश्चिक राशि में शत्रुक्षेत्री होगा। ऐसे जातक को भौतिक एवं आध्यात्मिक सुख मिलते हैं। जातक भाग्यशाली होगा। बहुधंधी होगा। बहुत प्रकार के धंधे से अर्जित करेगा। ऐसा जातक समाज सेवा व शुभ कार्य में भी रुपया खर्च करेगा। परन्तु पिता से विचारधारा बिलकुल नहीं मिलेगी। जातक के गुप्त व प्रकट शत्रु बहुत होंगे। शत्रुओं पर विजय मिलेगी।

दृष्टि–नवमस्थ शनि की दृष्टि एकादश स्थान अपने ही घर मकर राशि पर होगी, पराक्रम स्थान (वृष राशि) एवं छठे स्थान (सिंह राशि) पर होगी। जातक को व्यापार में लाभ होगा। जातक पराक्रमी होगा। मित्र बहुत होंगे।

निशानी–जातक अत्यधिक स्वार्थी होगा। जातक गुरुद्वेषी होगा। अपने मित्रों से वैरभाव रखेगा।

दशा–शनि की दशा-अंतर्दशा शुभफल देगी। भाग्योदय करायेगी।

शनि का अन्य ग्रहों से सम्बन्ध–

1. **शनि+सूर्य**–यहां दोनों ग्रह वृश्चिक राशि में होंगे। सूर्य यहां मित्र राशि तो शनि शत्रु राशि में होगा। षष्टेश एवं व्ययेश की युति पिता के सुख में बाधक है। पिता से दूरी रहेगी या पिता से नहीं निभेगी। पिता की मृत्यु के बाद ही जातक का भाग्योदय होगा।
2. **शनि+चंद्रमा**–शनि के चंद्रमा नीच का विषभोजन का भय कराता है। जातक शिक्षित होगा।
3. **शनि+मंगल**–शनि के साथ बलवान मंगल प्रारंभिक संघर्ष के पश्चात् व्यापार में भारी धनलाभ करायेगा।
4. **शनि+बुध**–शनि के साथ बुध जातक का भाग्योदय विवाह के बाद करायेगा।
5. **शनि+गुरु**–शनि के साथ गुरु जातक को व्यापार में सफलता धीमीगति से देगा।

6. **शनि+शुक्र**–शनि के साथ शुक्र जातक को पराक्रमी बनायेगा। जातक का मित्र-क्षेत्र विस्तृत होगा।
7. **शनि+राहु**–शनि के साथ राहु भाग्योदय में पूर्ण बाधक है।
8. **शनि+केतु**–शनि के साथ केतु भाग्य उन्नति में थोड़ी दिक्कतें उत्पन्न करेगा।

मीनलग्न में शनि की स्थिति दशम स्थान में

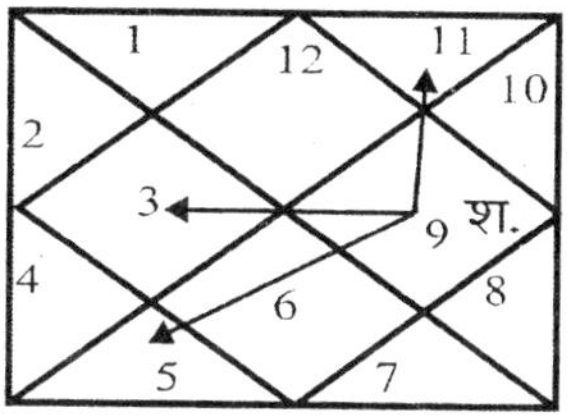

मीनलग्न में शनि लाभेश एवं खर्चेश होने से अशुभ फलदायक है। यह लग्नेश गुरु का शत्रु है तथा मुख्य मारकेश होने से परमपापी ग्रह हैं। शनि दशम स्थान में धनु (शत्रु) राशि में है। ऐसा जातक शनि के धंधे से कमायेगा। भागीदारी के धंधे से लाभ होगा। पिता सुख, नौकरी-व्यवसाय का सुख थोड़ी देरी से मिलेगा। ऐसे जातक का विवाह देर से होता है। पति-पत्नी के बीच कटाकट रहेगी। जातक को मकान का सुख, वाहन का सुख मिलेगा। नौकरी-व्यापार में उच्च पद-प्रतिष्ठा को प्राप्त करेगा, परन्तु इन सभी का अन्त दु:खद होगा। मकान में झगड़ा, वाहन में खर्चा एवं व्यापार में उधारी से घाटा लगेगा।

दृष्टि–दशमस्थ शनि की दृष्टि व्यय भाव (कुम्भ राशि), चतुर्थभाव (मिथुन राशि) एवं छठे स्थान (सिंह राशि) पर रहेगी। जातक खर्चीले स्वभाव का होगा। माता बीमार रहेगी। भौतिक सुख मध्यायु में मिलेंगे। जातक के शत्रु बहुत होंगे।

निशानी–जातक की विद्या अधूरी रहेगी।

दशा–शनि की दशा-अंतर्दशा मिश्रित फल देगी। जातक को ऊपर ले जाकर, नीचे गिरायेगी।

शनि का अन्य ग्रहों से सम्बन्ध–

1. **शनि+सूर्य**–यहां दोनों ग्रह धनु राशि में होंगे। सूर्य यहां मित्र राशि में हो तो शनि सम राशि में होगा। षष्टेश एवं व्ययेश की युति यहां सरकारी नौकरी में बाधक है। राजदण्ड या अवन्नति के कारण परेशानी रहेगी। फिर भी जातक बड़ा भारी महत्वाकांक्षी होगा एवं सफल व्यक्ति कहलायेगा।
2. **शनि+चंद्रमा**–शनि के साथ चंद्रमा जातक को राजयोग देगा। जातक का राजनीति में सफलता मिलेगी।
3. **शनि+मंगल**–शनि के साथ मंगल 'दिक्बली' एवं उच्चाभिलाषी होगा। जातक राजा जैसे पद-प्रतिष्ठा को प्राप्त करने के लिए प्रबल महत्वाकांक्षी होगा।

4. **शनि+बुध**–शनि के साथ बुध होने से जातक व्यवहारिक ज्ञान से परिपूर्ण होगा। बुद्धिशाली होगा।
5. **शनि+गुरु**–शनि के साथ गुरु 'केसरी योग', 'कुलदीपक योग' एवं 'हंस योग' बनायेगा। जातक राजा के समान पराक्रमी एवं यशस्वी होगा।
6. **शनि+शुक्र**–शनि के साथ शुक्र की युति जातक को पराक्रमी बनायेगी। उसका मित्र क्षेत्र विस्तृत होगा।
7. **शनि+राहु**–शनि के साथ राहु कोर्ट-कचहरी में नुकसान करायेगा।
8. **शनि+केतु**–शनि के साथ केतु राजपक्ष से भय उत्पन्न करेगा।

मीनलग्न में शनि की स्थिति एकादश स्थान में

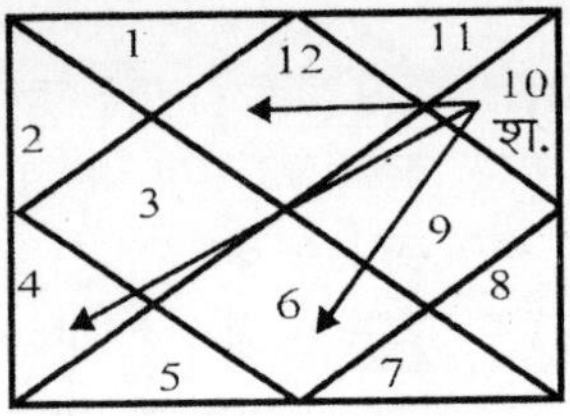

मीनलग्न में शनि लाभेश एवं खर्चेश होने से अशुभ फलदायक है। यह लग्नेश गुरु का शत्रु है तथा मुख्य मारकेश होने से परमपापी ग्रह है। शनि यहां एकादश स्थान में स्वगृही होगा। ऐसा जातक उद्योगपति होगा। स्वगृही शनि ज्येष्ठ सहोदर, यश, धन, सम्पत्ति एवं वाहन के लिए समृद्धिकारक है। ऐसा जातक बहुत प्रकार के धंधे करेगा। सभी में बराबर सफलता मिलेगी। "Source of income will be from many sided and all will be sucessful" माता-पिता मददगार रहेंगे। जातक अच्छी विद्या प्राप्त करेगा एवं अपने धंधे में दक्ष Master-hand होगा।

दृष्टि–एकादश भाव स्थित स्वगृही शनि की दृष्टि लग्न स्थान (मीन राशि), पंचमस्थान (कर्क राशि) एवं सप्तम भाव (कन्या राशि) पर होगी। जातक को परिश्रमपूर्वक किये हुए प्रयासों में सफलता मिलेगी। संतति सुख उत्तम एवं गृहस्थ सुख भी उत्तम श्रेणी का होगा।

निशानी–ऐसे जातक को दूसरों की कमाई हुई धन-सम्पत्ति मिलती है। जातक नित-नई योजनाएं बनाते रहेगा।

दशा–शनि की दशा-अंतर्दशा शुभफल देगी।

शनि का अन्य ग्रहों से सम्बन्ध–

1. **शनि+सूर्य**–यहां दोनों ग्रह मकर राशि में होंगे। शनि यहां स्वगृही तो सूर्य शत्रुक्षेत्री होगी। षष्टेश एवं व्ययेश की युति यहां होने से व्यापार में बाधा

रहेगी। भागीदारी में नुकसान। बड़े भाई की मृत्यु एवं संतान को लेकर चिंता बनी रहेगी।

2. **शनि+चंद्रमा**–शनि के साथ चद्रंमा जातक को प्रबल बुद्धिशाली एवं धनवान बनायेगा।
3. **शनि+मंगल**–शनि के साथ मंगल 'किम्बहुना' नामक 'राज योग' बनायेगा। जातक राजा के समकक्ष पराक्रमी होगा। जातक करोड़पति होगा।
4. **शनि+बुध**–शनि के साथ बुध जातक को महाधनी बनायेगा। जातक उद्योगपति होगा।
5. **शनि+गुरु**–शनि के साथ गुरु 'नीचभंगराज योग' बनायेगा। जातक राजा के समान पराक्रमी एवं यशस्वी होगा।
6. **शनि+शुक्र**–शनि के साथ शुक्र जातक को स्त्री-मित्रों से लाभ दिलायेगा।
7. **शनि+राहु**–शनि के साथ राहु व्यापार में सरकारी अड़चनों का उत्पन्न करेगा।
8. **शनि+केतु**–शनि के साथ केतु व्यापार में रुकावटें उत्पन्न करेगा।

मीनलग्न में शनि की स्थिति द्वादश स्थान में

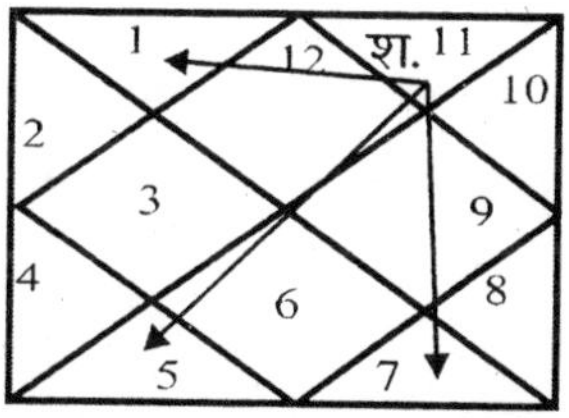

मीनलग्न में शनि लाभेश एवं खर्चेश होने से अशुभ फलदायक है। यह लग्नेश गुरु का शत्रु है तथा मुख्य मारकेश होने से परमपापी ग्रह है। शनि यहां द्वादश स्थान में अपनी मूलत्रिकोण राशि में होगा। शनि की इस स्थिति में 'विलम नामक' 'विपरीतराज योग' बनेगा। परन्तु लाभेश बारहवें होने से 'लाभभंग योग' भी बनेगा। ऐसा जातक धनी होगा। मकान-वाहन, नौकर-चाकर सुख होगा। परन्तु खर्च के प्रति लापरवाह होने के कारण कर्जदार होगा। लाभेश बारहवें जाने के कारण धंधे में सफलता नहीं मिलेगी।

दृष्टि–द्वादश भावगत शनि की दृष्टि धन स्थान (मेष राशि), छठे भाव (सिंह राशि) एवं अष्टम भाव (तुला राशि) पर होगी। कुटुम्ब सुख न मिले, जातक को आंख, दांत के रोग होंगे। शत्रु बहुत होंगे। अचानक दुर्घटना का भय रहेगा।

निशानी–जातक धमण्डी होगा तथा 'सुपिरियर काम्पलेक्स' से ग्रसित होकर सभी से द्वेषभाव रखेगा। जातक का जाति में अपमान होगा। जाति भाइयों से दूर रहने में ही लाभ है।

दशा–शनि की दशा-अंतर्दशा खराब फलदेगी। व्यर्थ की यात्राएं करायेगी। व्यर्थ का धन खर्च होगा। जातक परदेश जाकर कमायेगा।

शनि का अन्य ग्रहों से सम्बन्ध–

1. **शनि+सूर्य**–यहां दोनों ग्रह कुम्भ राशि में होंगे। सूर्य शत्रु क्षेत्री एवं शनि अपनी मूलत्रिकोण राशि में स्वगृही होगा। सूर्य के कारण हर्षनामक 'विपरीतराज योग' तथा शनि के कारण विमल नामक 'विपरीतराज योग' बनेगा। जातक महाधनी, पराक्रमी एवं वैभवशाली होगा, परन्तु खर्चीले स्वभाव से धन एकत्रित नहीं हो पायेगा। जातक को नेत्रपीड़ा रहेगी।
2. **शनि+चंद्रमा**–शनि के साथ चंद्रमा 'संतानहीन योग' की सृष्टि करेगा। जातक को विद्या एवं संतानसुख में बाधा महसूस होगी।
3. **शनि+मंगल**–शनि के साथ मंगल 'धनहीन योग' व 'भाग्यहीन योग' बनाता है। जातक को भाग्योदय हेतु काफी संघर्ष करना पड़ेगा।
4. **शनि+बुध**–शनि के साथ बुध 'सुखहीन योग' व 'विलम्बविवाह योग' बनाता है। जातक को भौतिक सुखों की प्राप्ति हेतु संघर्ष करना पड़ेगा।
5. **शनि+गुरु**–शनि के साथ गुरु 'लग्नभंग योग' एवं 'राजभंग योग' बनाता है। जातक को परिश्रम का फल नहीं मिलेगा।
6. **शनि+शुक्र**–शनि के साथ शुक्र 'सरल नामक' 'विपरीतराज योग' बनाता है। जातक धनी-मानी अभिमानी व ऐश्वर्यसम्पन्न होगा।
7. **शनि+राहु**–शनि के साथ राहु, व्यर्थ के खर्च, चिंता एवं 'जलयोग' कराता है।
8. **शनि+केतु**–शनि के साथ केतु व्यर्थ की यात्रा एवं खर्च करायेगा।

❑❑❑

मीनलग्न में राहु की स्थिति

मीनलग्न में राहु की स्थिति प्रथम स्थान में

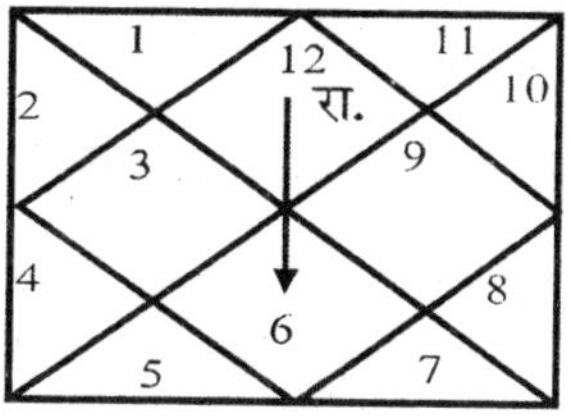

मीनलग्न वालों के लिए राहु शुभ नहीं हैं क्योंकि मीन राशि में राहु नीच का माना गया है। यह लग्नेश गुरु का शत्रु है। अतः राहु मीन में शत्रुवत् अशुभ फल देगा। जातक शत्रु पर विजय प्राप्त करेगा। जातक के शारीरिक सौन्दर्य व स्वास्थ्य में कमी रहेगी। जातक उम्र में अधिक वय का दिखाई देगा।

दृष्टि–लग्नस्थ राहु की दृष्टि सप्तम भाव (कन्या राशि) पर होगी। पत्नी एवं बालक बीमार रहेंगे। संसार से विरक्ती रहेगी।

निशानी–विवाह प्रायः बड़ी उम्र की स्त्री से होता है। कठोर परिश्रम करने पर भी जातक को ऋण, रोग व शत्रु परेशान करते रहेंगे।

दशा–राहु की दशा-अंतर्दशा में अशुभ फलों की प्राप्ति होगी।

राहु का अन्य ग्रहों से सम्बन्ध–

1. **राहु+सूर्य**–राहु के साथ सूर्य जातक को गुप्त शत्रुओं द्वारा मानसिक चिन्ता दिलायेगा।
2. **राहु+चंद्रमा**–राहु के साथ चंद्रमा परिश्रम का लाभ दिलायेगा। जातक ख्याली पुलाव ज्यादा पकायेगा।
3. **राहु+मंगल**–जातक के दाम्पत्य जीवन में कटुता आयेगी।
4. **राहु+बुध**–राहु के साथ नीच का बुध जातक की सोच को विध्वंसक विस्फोटक बनायेगा।

5. **राहु+गुरु**–यहां दोनों ग्रह मीन राशि में होंगे। लग्नस्थ गुरु स्वगृही होने के कारण 'हंस योग' बनायेगा। पर राहु यहां नीच का होकर गुरु के साथ युति करने से 'चाण्डाल योग' बना। ऐसा जातक अपने धन व शक्ति का दुरुपयोग निन्दनीय कार्यों के लिए करेगा। जातक दूसरों को मूर्ख अपने महाबुद्धिमान् समझेगा।
6. **राहु+शुक्र**–राहु के साथ उच्च का शुक्र जातक को राजातुल्य पराक्रमी एवं वैभवशाली बनायेगा।
7. **राहु+शनि**–राहु के साथ शनि जातक को नकारात्मक चिन्तन देगा।

मीनलग्न में राहु की स्थिति द्वितीय स्थान में

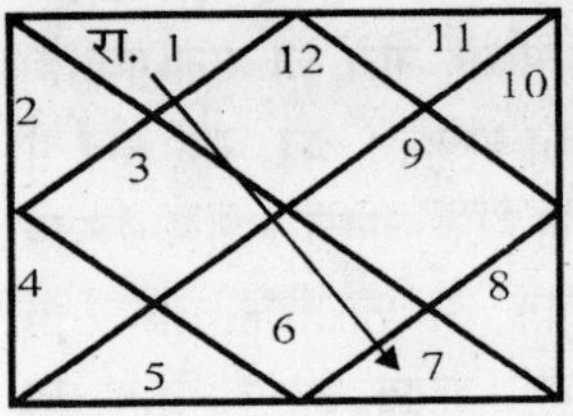

मीनलग्न वालों के लिए राहु शुभ नहीं हैं क्योंकि मीन राशि में राहु नीच का माना गया है। यह लग्नेश गुरु का शत्रु है। अतः राहु मीन में शत्रुवत् अशुभ फल देगा। यहां द्वितीय स्थान में राहु मेष (शत्रु) राशि में होगा। ऐसा जातक द्विअर्थी भाषा बोलेगा। जातक को मुख रोग की संभावना रहेगी। धन के धड़े में छेद होने से पैसा पास में रुकेगा नहीं।

दृष्टि–यहां द्वितीयस्थ राहु की दृष्टि अष्टम भाव (तुला राशि) पर होगी। जातक के गुप्त शत्रु जातक को कष्ट देंगे। जातक रोगी होगा।

निशानी–जातक का स्वभाव उतावला होगा। भाषा कटु एवं लडाकू (झगड़ालू) होगी।

दशा–राहु की दशा-अंतर्दशा में आर्थिक तकलीफ देखनी पड़ेगी। लोगों से अकारण झगड़ा होगा। जातक परेशान रहेगा।

राहु का अन्य ग्रहों से सम्बन्ध–

1. **राहु+सूर्य**–राहु के साथ सूर्य, धन की वजह से किसी काम को रुकने नहीं देगा। फिर भी अर्था भाव बना रहेगा।
2. **राहु+चंद्रमा**–राहु के साथ चंद्रमा धन संग्रह करायेगा पर 80% धन फालतू कार्यों में खर्च होगा।
3. **राहु+मंगल**–राहु के साथ धनेश मंगल स्वगृही होने से जातक महाधनी होगा। जातक मुक्तहस्त से धन खर्च करेगा।

4. **राहु+बुध**–राहु के साथ बुध होने से जातक बुद्धिबल से रुपया कमायेगा।
5. **राहु+गुरु**–यहां दोनों ग्रह मेषराशि में होंगे। द्वितीयस्थ गुरु मित्र राशि में, तो राहु विष (शत्रु) राशि में होने से यहां 'चाण्डाल योग' बना। जातक जितना भी धन कमायेगा। उसकी बरकत नहीं होगी। परिश्रम का उचित फल नहीं मिलेगा।
6. **राहु+शुक्र**–राहु के साथ शुक्र धन संग्रह में बाधक है। जातक अपने यार-दोस्तों पर रुपया लुटायेगा।
7. **राहु+शनि**–राहु के साथ शनि धनसंग्रह में बाधक है। जातक कर्जदार होगा।

मीनलग्न में राहु की स्थिति तृतीय स्थान में

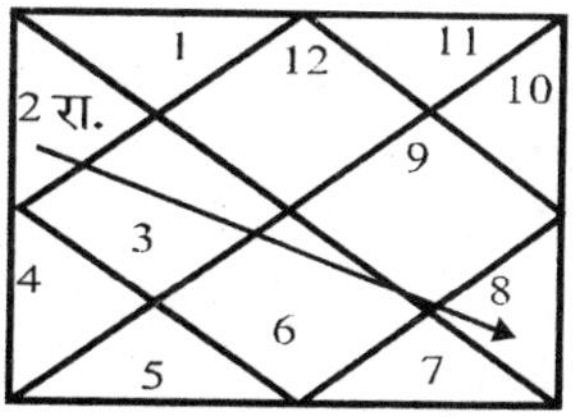

मीनलग्न वालों के लिए राहु शुभ नहीं हैं, क्योंकि मीन राशि में राहु नीच का माना गया है। यह लग्नेश गुरु का शत्रु है। अतः राहु मीन में शत्रुवत् अशुभ फल देगा। यहां तृतीय स्थान में राहु वृष राशि में उच्च का होगा। 'त्रिषट् एकादशे राहु' के अनुसार यहां राहु 'राजयोग कारक' है। जातक धनवान एवं पराक्रमी होगा। जातक साहसी होगा एवं प्रबल पुरुषार्थ व हिम्मत से आगे बढ़ेगा। मित्र मददगार साबित होंगे।

दृष्टि–तृतीयस्थ राहु की दृष्टि नवम स्थान (वृश्चिक राशि) पर होगी। जातक भाग्यशाली होगा।

निशानी–विषम परिस्थितियों में भी जातक आगे बढ़ेगा। जीवन का स्तर उच्च का होगा।

दशा–राहु की दशा-अंतर्दशा में शुभ फल मिलेगे। जातक का पराक्रम बढ़ेगा। मित्र भाग्योदय में मददगार साबित होंगे।

राहु का अन्य ग्रहों से सम्बन्ध–

1. **राहु+सूर्य**–राहु के साथ सूर्य भाइयों में विवाद-विद्वेष उत्पन्न करेगा।
2. **राहु+चंद्रमा**–राहु के साथ चंद्रमा उच्च का होने से जातक का पराक्रम तेज होगा।
3. **राहु+मंगल**–राहु के साथ मंगल होने से जातक के पास बैंक-बैलेंस होगा एवं भाइयों में भी संबंध बना रहेगा।

4. **राहु+बुध**–राहु के साथ बुध जातक को भाई-बहन दोनों का सुख देगा।
5. **राहु+गुरु**–यहां दोनों ग्रह वृष राशि में होंगे। तृतीयस्थ गुरु शत्रु राशि में, तो राहु यहां अपनी उच्च राशि में होने से 'चाण्डाल योग' बना। राहु यहां राजयोग देगा। जातक महान पराक्रमी होगा परन्तु भाई व कुटम्बियों में विद्वेष होगा।
6. **राहु+शुक्र**–राहु के साथ शुक्र भाइयों में विवाद करायेगा।
7. **राहु+शनि**–राहु के साथ शनि भाई-कुटम्बियों मे मनमुटाव पैदा करेगा।

मीनलग्न में राहु की स्थिति चतुर्थ स्थान में

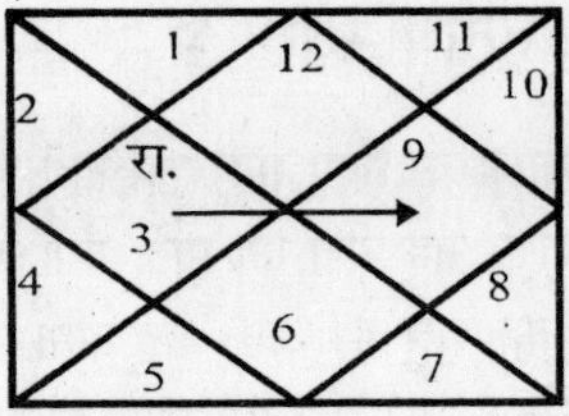

मीनलग्न वालों के लिए राहु शुभ नहीं हैं क्योंकि मीन राशि में राहु नीच का माना गया है। यह लग्नेश गुरु का शत्रु है। अत: राहु मीन में शत्रुवत् अशुभ फल देगा। यहां चतुर्थ स्थान में राहु मिथुन में उच्च का माना गया है। ऐसा जातक धनवान होगा पर सुखी नहीं होगा। जीवन में भौतिक उपलब्धियां मिलती रहेगी। पर परेशानियां भी बढ़ती रहेगी। पिता से विचार नहीं मिलेंगे। परन्तु भूमि-भवन एवं वाहन का सुख मिलेगा।

दृष्टि–चतुर्थस्थ राहु की दृष्टि दशम स्थान (धनु राशि) पर होगा। फलत: जातक का राज सरकार, राजनीति में विशिष्ट प्रभाव होगा।

निशानी–जातक के दो माता या दो पत्नी संभव है।

दशा–राहु की दशा-अंतर्दशा मिश्रित फल देगी।

राहु का अन्य ग्रहों से सम्बन्ध–

1. **राहु+सूर्य**–राहु के साथ सूर्य होने से जातक को माता-पिता का सुख एकदम न्यून रहेगा।
2. **राहु+चंद्रमा**–राहु के साथ चंद्रमा माता को बीमार करेगा या अल्पायु देगा।
3. **राहु+मंगल**–राहु के साथ मंगल भौतिक सुखों में व्यवधान उत्पन्न करेगा।
4. **राहु+बुध**–राहु के साथ बुध 'भद्र योग' बनायेगा। जातक राजातुल्य पराक्रमी होगा।
5. **राहु+गुरु**–यहां दोनों ग्रह मिथुन राशि में होंगे। गुरु यहां शत्रु राशि में होगा जबकि राहु केन्द्रस्थ होकर अपनी मूलत्रिकोण राशि में होने से 'चाण्डाल योग' बना। जातक अत्यधिक महत्वाकांक्षी होगा। जातक भौतिक सुखों की प्राप्ति हेतु अनर्गल व्यय करेगा। मकान व वाहन के रखरखाव में रुपया खर्च होगा।

6. **राहु+शुक्र**–राहु के साथ शुक्र वाहन दुर्घटना करायेगा।
7. **राहु+शनि**–राहु के साथ शनि होने से नौकर चोरी करके भाग जायेगा। नौकर दगाबाज होंगे।

मीनलग्न में राहु की स्थिति पंचम स्थान में

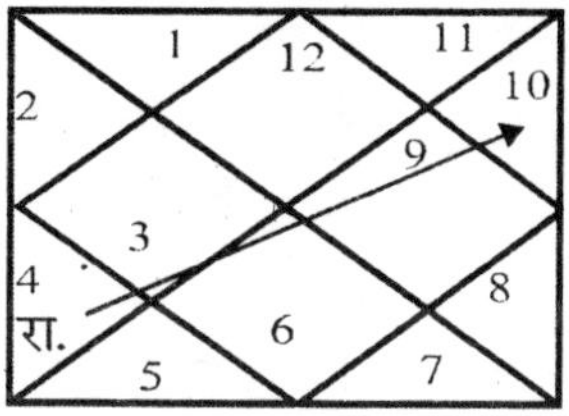

मीनलग्न वालों के लिए राहु शुभ नहीं हैं क्योंकि मीन राशि में राहु नीच का माना गया है। यह लग्नेश गुरु का शत्रु है। अत: राहु मीन में शत्रुवत् अशुभ फल देगा। राहु यहां पंचमस्थान में कर्क (शत्रु) राशि में होगा। ऐसे जातक को प्रारम्भिक विद्याध्ययन में रुकावट आयेगी। संतान पक्ष में भी दिक्कतें आयेगी। प्रथमत: संतान होगी नहीं। यदि हई तो नष्ट होने के अवसर ज्यादा है। पूजा-पाठ एवं दृष्ट बल से संतान सुख मिलेगा।

दृष्टि–पंचमस्थ राहु की दृष्टि एकादश स्थान (मकर राशि) पर होगी। ऐसे जातक को व्यापार-व्यवसाय में नुकसान होगा। यदि व्यापार शनि से संबंधित है तो निश्चित ही बड़ा नुकसान होगा।

निशानी–जातक के प्रथम कन्या होगी तथा संतान से अपेक्षित सहयोग प्रेम व स्नेह नहीं मिलेगा।

दशा–राहु की दशा-अंतर्दशा अशुभफल देगी।

राहु का अन्य ग्रहों से सम्बन्ध–

1. **राहु+सूर्य**–राहु के साथ सूर्य होने से ज्येष्ठ संतति हाथ नहीं लगेगी।
2. **राहु+चंद्रमा**–राहु के साथ स्वगृही चंद्रमा, जातक को प्रारंभिक संघर्ष के बाद उच्च विद्या देगा।
3. **राहु+मंगल**–राहु के साथ नीच का मंगल पुत्र संतति में बाधक है। एक-दो गर्भपात संभव है।
4. **राहु+बुध**–राहु के साथ बुध प्रारम्भिक शिक्षा में बाधक है।
5. **राहु+गुरु**–यहां दोनों ग्रह कर्क राशि में होंगे। गुरु यहां अपनी उच्च राशि में होगी, तो राहु अपनी परम शत्रु राशि में स्थित होकर 'चाण्डाल योग' बनायेगा। जातक के विद्याध्ययन में प्रारम्भिक रुकावटें आयेगी। पुत्र संतति की प्राप्ति हेतु चिंता रहेगी। संतान की चिंता जीवनपर्यन्त बनी रहेगी।

6. **राहु+शुक्र**–राहु के साथ शुक्र पुत्र संतान की हानि करायेगा।
7. **राहु+शनि**–राहु के साथ शनि व्यापार में बाधक है।

मीनलग्न में राहु की स्थिति षष्टम् स्थान में

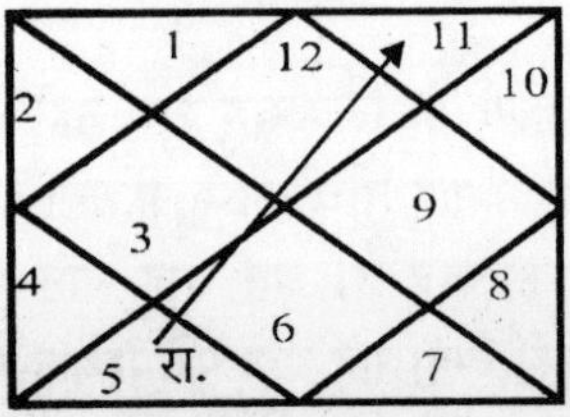

मीनलग्न वालों के लिए राहु शुभ नहीं हैं क्योंकि मीन राशि में राहु नीच का माना गया है। यह लग्नेश गुरु का शत्रु है। अत: राहु मीन में शत्रुवत् अशुभ फल देगा। यहां छठे स्थान में राहु सिंह (शत्रु) राशि में स्वगृही होगा। 'त्रिषट एकादशे राहु' सूत्र के अनुसार यहां विपरीतराज योग बनता है। जातक सुखी, धनवान, कीर्तिवान् होता है। ऐसा जातक शत्रुहन्ता होता है। ऐसा जातक प्रतिकूल परिस्थितियों का सामना करता हुआ आगे बढ़ता है। शत्रु का समूल नाश करता है फिर भी शत्रुओं में दैहिक व मानसिक कष्ट पाता है।

दृष्टि–छठे भाव में स्थिति राहु की दृष्टि व्यय भाव (कुम्भ राशि) पर होगी। जातक खर्चीले स्वभाव का होगा।

निशानी–ऐसा जातक आक्रामक नीति में विश्वास रखता है। तामसिक मनोवृत्ति वाला होता है। शत्रु को छोड़ता नहीं। जिद्द का पक्का होता है।

दशा–राहु की दशा-अंतर्दशा मिश्रित फल देगी।

राहु का अन्य ग्रहों से सम्बन्ध–

1. **राहु+सूर्य**–यहां सूर्य साथ में होने से जातक को 'हर्षनामक' 'विपरीतराज योग' का फायदा मिलेगा। जातक धनी होगा। सभी भौतिक सुविधाएं होगी पर नेत्र रोग व गुदा के रोग अवश्य होंगे।
2. **राहु+चंद्रमा**–चंद्रमा साथ होने से जातक का चरित्र खराब होगा। पूत्र कपूत होंगे।
3. **राहु+मंगल**–राहु के साथ मंगल 'धनहीन योग' एवं 'भाग्यहीन योग' की उत्पन्न करता है। जातक का भाग्योदय हेतु संघर्ष करना पड़ेगा।
4. **राहु+बुध**–राहु के साथ बुध 'विवाहभंग योग' एवं 'सुखहीन योग' बनाता है। जातक के विवाह में बाधा आयेगी। सुख प्राप्ति हेतु जातक तरसेगा।
5. **राहु+गुरु**–यहां दोनों ग्रह सिंह राशि में होंगे। गुरु यहां अपनी मित्र राशि में, तो राहु अपनी परम शत्रु राशि में स्थित होकर 'चाण्डाल योग' बनायेगा। गुरु के कारण यहां 'लग्नभंग योग' एवं 'राज्यभंग योग' बनेगा। परन्तु यहां

'राजयोग' देगा। जातक के परिश्रम का फल नहीं मिलेगा। बदनामी पीछा नहीं छोड़ेगी। राजदंड संभव है।

6. **राहु+शुक्र**–राहु के साथ शुक्र सरल नामक 'विपरीतराज योग' बनाता है जातक धनी-मानी एवं साधन सम्पन्न होगा।

7. **राहु+शनि**–राहु के साथ शनि विमल नामक 'विपरीतराज योग' बनाता है। जातक धनी-मानी एवं वैभव सम्पन्न होगा।

मीनलग्न में राहु की स्थिति सप्तम स्थान में

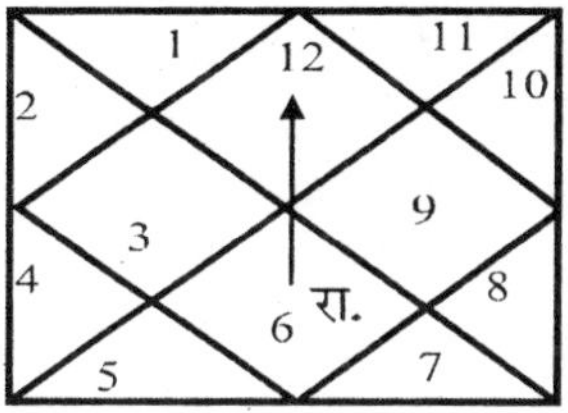

मीनलग्न वालों के लिए राहु शुभ नहीं हैं क्योंकि मीन राशि में राहु नीच का माना गया है। यह लग्नेश गुरु का शत्रु है। अत: राहु मीन में शत्रुवत् अशुभ फल देगा। सप्तम स्थानगत राहु यहां कन्या राशि में स्वगृही होगा। ऐसा जातक स्वतंत्र विचार वाला होगा। अपनी मनपसंद शादी करता है। वासना तीव्र होती है तथा पर युवती में रत रहने की मनोवृत्ति तीव्र होती है। जिससे दाम्पत्य जीवन बिखरता है।

दृष्टि–सप्तमस्थ राहु की दृष्टि लग्न स्थान (मीन राशि) पर होगी। फलत: परिश्रमपूर्वक किये गये प्रयासों में जातक को बराबर सफलता मिलेगी।

निशानी–यदि शुभ ग्रहों की युति या दृष्टि संबंध न हो तो जातक के दो विवाह होंगे।

दशा–राहु की दशा-अंतर्दशा मिश्रित फल देगी।

राहु का अन्य ग्रहों से सम्बन्ध–

1. **राहु+सूर्य**–राहु के साथ सूर्य विवाह विच्छेद करायेगा।

2. **राहु+चंद्रमा**–राहु के साथ चंद्रमा पत्नी सुख देगा। संतान सुख भी देगा। पर पत्नी बीमार रहेगी।

3. **राहु+मंगल**–राहु के साथ मंगल जातक का विलम्ब विवाह करायेगा। पति-पत्नी में नोक-झोक होती रहेगी।

4. **राहु+बुध**–राहु के साथ बुध 'भद्र योग' बनायेगा। जातक राजा के समान पराक्रमी होगा। भाग्योदय विवाह के बाद होगा।

5. **राहु+गुरु**–यहां दोनों ग्रह कन्या राशि में होंगे। गुरु यहां शत्रु राशि में, तो राहु अपनी मित्र राशि में स्वगृही होने से 'चाण्डाल योग' बना। पत्नी व ससुराल

से वैमनस्य रहेगा। परिश्रम सार्थक होगा पर रोजी-रोजगार के साधन धीमी गति के रहेंगे।

6. **राहु+शुक्र**–राहु के साथ शुक्र जातक को गलत औरतों से संबंध करायेगा।

7. **राहु+शनि**–राहु के साथ शनि पत्नी की मृत्यु करायेगा।

मीनलग्न में राहु की स्थिति अष्टम स्थान में

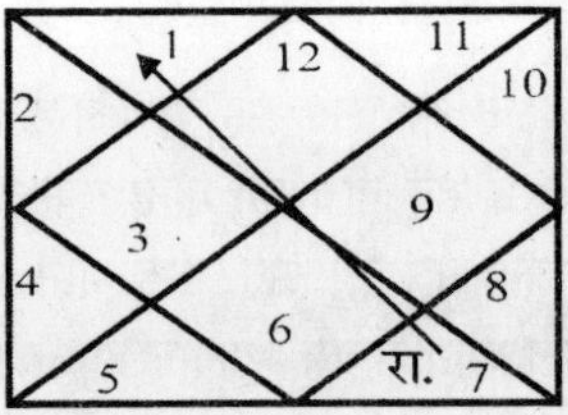

मीनलग्न वालों के लिए राहु शुभ नहीं हैं क्योंकि मीन राशि में राहु नीच का माना गया है। यह लग्नेश गुरु का शत्रु है। अतः राहु मीन में शत्रुवत् अशुभ फल देगा। यहां अष्टम भाव में राहु तुला (मित्र) राशि में होगा। ऐसा जातक वात रोगी होगा। बीमार रहेगा। जातक के पिता की सम्पत्ति नष्ट होगा। भयानक शत्रु द्वारा हमला, वाहन दुर्घटना से प्राणों का भय रहेगा। जातक को शत्रु परेशान करेंगे। धन के अत्यधिक खर्च के कारण जातक को परेशानी रहेगी।

दृष्टि–अष्टमस्थ राहु की दृष्टि धन भाव (मेष राशि) पर होगी। जातक कर्जदार होगा।

निशानी–जातक को कुटम्बियों का सुख नहीं मिलेगा।

दशा–राहु की दशा-अंतर्दशा में अनिष्टफलों की प्राप्ति होगी।

राहु का अन्य ग्रहों से सम्बन्ध–

1. **राहु+सूर्य**–हर्षनामक 'विपरीतराज योग' के कारण जातक साधन सम्पन्न एवं धनी होगा पर राजदण्ड जरूर मिलेगा। दाये टांग की हड्डी टूटेगी। दुर्घटना का योग प्रबल है। नेत्र पीड़ा होगी।

2. **राहु+चंद्रमा**–राहु के साथ चंद्रमा 'संतति हीन योग' बनाता है। जातक के जीवन में विद्या व संतान को लेकर चिंता रहेगी।

3. **राहु+मंगल**–राहु के साथ मंगल 'द्विभार्या योग' कराता है। जीवन में दूसरी स्त्री से संबंध रहेगा।

4. **राहु+बुध**–राहु के साथ बुध गृहस्थ सुख में बाधक है। जीवनसाथी की मृत्यु संभव।

5. **राहु+गुरु**–यहां दोनों ग्रह तुला राशि में होंगे। गुरु यहां शत्रु राशि में, तो राहु अपनी मित्र राशि में होने से 'चाण्डाल योग' बना। गुरु के कारण यहां

'लग्नभंग योग' एवं 'राजभंग योग' बना। जातक को परिश्रम का फल नहीं मिलेगा। राजदण्ड संभव है। बदनामी पीछा नहीं छोड़ेगी।

6. **राहु+शुक्र**–राहु के साथ शुक्र 'सरलनामक' 'विपरीतराज योग' करायेगा। जातक धनी, मानी-अभिमानी होगा पर गलत स्त्रियों के चक्कर में रहेगा।

7. **राहु+शनि**–शनि यहां उच्च का होकर विमल नामक 'विपरीतराज योग' की सृष्टि करेगा। पर जातक की दुर्घटना व अकालमृत्यु का भय बना रहेगा।

मीनलग्न में राहु की स्थिति नवम् स्थान में

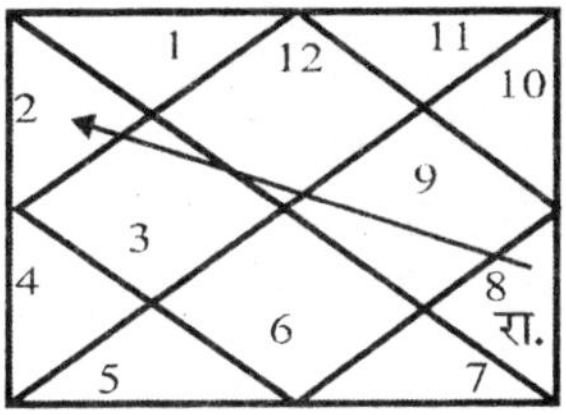

मीनलग्न वालों के लिए राहु शुभ नहीं हैं क्योंकि मीन राशि में राहु नीच का माना गया है। यह लग्नेश गुरु का शत्रु है। अतः राहु मीन में शत्रुवत् अशुभ फल देगा। राहु यहां नवम स्थान में वृश्चिक (शत्रु) राशि में होगा। ऐसा जातक साहसी, पराक्रमी, परिश्रमी, दूरदर्शी, समाज व जाति का नेता होगा। जातक अपने शत्रुओं का नाश करने में सक्षम-समर्थ होगा।

दृष्टि–नवमस्थ राहु की दृष्टि पराक्रम स्थान (वृषराशि) पर होगी।

निशानी–जातक नास्तिक विचारों वाला होगा। जातक रण क्षेत्र में शौर्यवान् होगा। छोटे भाई से कम बनेगी।

दशा–राहु की दशा-अंतर्दशा में शुभ फल मिलेंगे।

राहु का अन्य ग्रहों से सम्बन्ध–

1. **राहु+सूर्य**–राहु के साथ सूर्य भाग्योदय में बाधक है।

2. **राहु+चंद्रमा**–राहु के साथ चंद्रमा नीच का होते हुए भी जातक का भाग्योदय शीघ्र होगा। विदेश में कमायेगा।

3. **राहु+मंगल**–राहु के साथ मंगल जातक ऐश्वर्यशाली व वैभवशाली जीवन जीयेगा पर लड़ाकू होगा।

4. **राहु+बुध**–राहु के साथ बुध जातक का भाग्योदय विवाह के बाद करायेगा। जातक पराक्रमी होगा।

5. **राहु+गुरु**–यहां दोनों ग्रह वृश्चिक राशि में होंगे। गुरु यहां मित्र राशि में है, तो राहु यहां नीच राशि में होने से 'चाण्डाल योग' बना। जातक को भाग्योदय हेतु काफी परेशानी-दिक्कतों का सामना करना पड़ेगा। परिश्रम सार्थक होंगे परन्तु सतत संघर्ष से मुक्त नहीं है।

6. **राहु+शुक्र**—राहु के साथ शुक्र जातक का भाग्योदय शीघ्र करायेगा पर स्त्री-मित्र से धोखा है।
7. **राहु+शनि**—राहु के साथ शनि जातक को उन्नति मार्ग की ओर आगे बढ़ायेगा पर रुकावट के साथ।

मीनलग्न में राहु की स्थिति दशम स्थान में

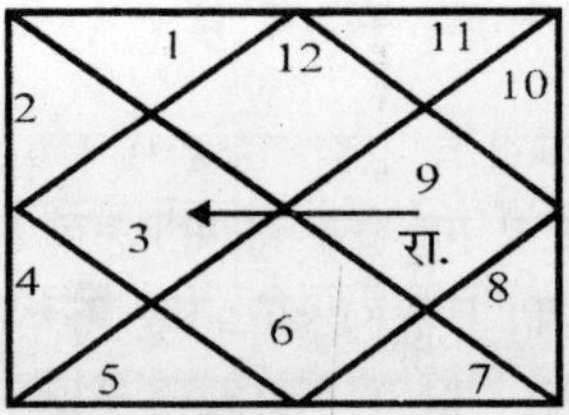

मीनलग्न वालों के लिए राहु शुभ नहीं हैं क्योंकि मीन राशि में राहु नीच का माना गया है। यह लग्नेश गुरु का शत्रु है। अत: राहु मीन में शत्रुवत् अशुभ फल देगा। यहां दशम स्थान में राहु धनु (शत्रु) राशि में होगा। राहु यहां नीच का होने से जातक का आत्मविश्वास, मनोबल कमजोर रहेगा। जातक शास्त्रज्ञाता एवं विद्वान होगा। यशस्वी होगा। जातक की उन्नति, भाग्योदय जन्म भूमि में दूरस्थ देशों में होगी।

दृष्टि—दशमस्थ राहु की दृष्टि चतुर्थ भाव (मिथुन राशि) पर होगी। जातक को भौतिक सुखों की प्राप्ति में बाधा आयेगी।

निशानी—जातक परम स्वार्थी एवं षड्यंत्रकारी होंगे। संतान कमाती होगी।

दशा—राहु की दशा-अंतर्दशा में मानभंग होगा।

राहु का अन्य ग्रहों से सम्बन्ध—

1. **राहु+सूर्य**—राहु के साथ सूर्य राजकाज में बाधक तत्व का काम करेगा। कोर्ट से सजा संभव।
2. **राहु+चंद्रमा**—राहु के साथ चंद्रमा जातक उन्नति के साथ आगे बढ़ेगा पर सदैव चिंताग्रस्त रहेगा।
3. **राहु+मंगल**—राहु के साथ मंगल, जातक महान् पराक्रमी एवं महत्वाकांक्षी होगा। मंगल का दिक्बली होकर उच्चाभिलाषी है। जातक के सभी शत्रु परास्त होंगे।
4. **राहु+बुध**—राहु के साथ बुध जातक को अनेक वाहन देगा। मकान देगा।
5. **राहु+गुरु**—यहां दोनों ग्रह धनु राशि में होंगे। गुरु यहां स्वगृही होने से 'हंस योग' बनायेगा। जबकि नीच का होकर 'चाण्डाल योग' बनायेगा। जातक राजा तुल्य पराक्रमी एवं प्रभुत्व सम्पन्न होगा, परन्तु शक्ति व अधिकारों का दुरुपयोग करेगा। पिता से नहीं निभेगी।

6. **राहु+शुक्र**–राहु के साथ शुक्र होने से जातक के पास अनेक वाहन होंगे पर दुर्घटना का भय रहेगा।
7. **राहु+शनि**–राहु के साथ शनि जातक को व्यापार में हानि करायेगा।

मीनलग्न में राहु की स्थिति एकादश स्थान में

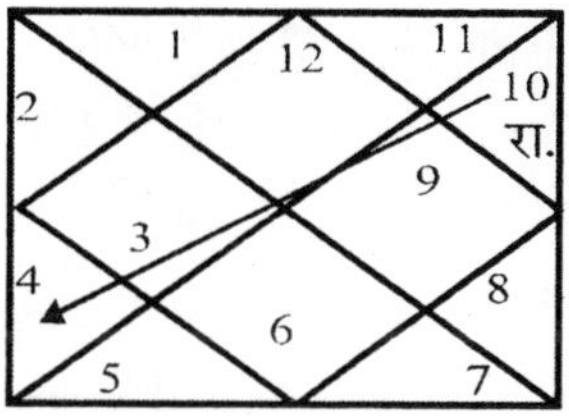

मीनलग्न वालों के लिए राहु शुभ नहीं हैं क्योंकि मीन राशि में राहु नीच का माना गया है। यह लग्नेश गुरु का शत्रु है। अत: राहु मीन में शत्रुवत् अशुभ फल देगा। यहां एकादश स्थान में राहु मकर (मित्र) राशि में होगा। जातक धनवान होगा। संतान उत्तम होगी। यह राहु 'त्रिषट् एकादशे राहु' 'राजयोग कारक' है। जातक को अचानक धन मिलेगा। जातक हिम्मत नहीं हारेगा। युक्ति बल से अपना कार्य निकालने में सफल होगा।

दृष्टि–एकादश भाव स्थित राहु की दृष्टि पंचम स्थान (कर्क राशि) पर होगी। जातक रहस्यमय एवं गढ़ विद्याओं का जानकार होगा।

निशानी–जातक म्लेच्छों निम्न जाति के लोगों से धन कमायेगा।

दशा–राहु की दशा-अंतर्दशा में शुभ फल मिलेगे।

राहु का अन्य ग्रहों से सम्बन्ध–

1. **राहु+सूर्य**–राहु के साथ सूर्य व्यापार में हानि करायेगा। बड़े भाई से नुकसान है।
2. **राहु+चंद्रमा**–राहु के साथ चंद्रमा जातक उच्चं शिक्षा प्राप्त करेगा पर चिन्ताग्रस्त रहेगा।
3. **राहु+मंगल**–राहु के साथ मंगल जातक उद्योगपति व करोड़पति होगा।
4. **राहु+बुध**–राहु के साथ बुध जातक पढ़ा-लिखा होगा बुद्धिजीवी एवं कूटनीतिज्ञ होगा।
5. **राहु+गुरु**–यहां दोनों ग्रह मकर राशि में होंगे। गुरु यहां नीच का होकर दु:खी होगा तो राहु सम (मित्र) राशि का होकर 'चाण्डाल योग' बनायेगा। पर यहां 'राजयोग' देगा। व्यापार-व्यवसाय में नुकसान होगा। जातक को रोजी-रोजगार हेतु दिक्कतों का सामना करना पड़ेगा फिर भी जातक राजसी ठाट-बाट से रहेगा।

6. **राहु+शुक्र**–राहु के साथ शुक्र जातक व्यापारी होगा पर व्यापर में कष्ट करेगा।

7. **राहु+शनि**–राहु के साथ शनि होने से जातक के व्यापार में उतार-चढ़ाव आते रहेंगे।

मीनलग्न में राहु की स्थिति द्वादश स्थान में

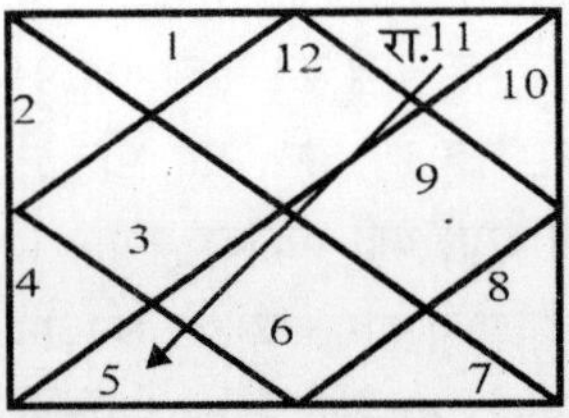

मीनलग्न वालों के लिए राहु शुभ नहीं हैं क्योंकि मीन राशि में राहु नीच का माना गया है। यह लग्नेश गुरु का शत्रु है। अत: राहु मीन में शत्रुवत् अशुभ फल देगा। यहां द्वादश स्थान में राहु कुम्भ, मूलत्रिकोण राशि में होगा। जातक की नेत्र रोग होगा। जातक पापकर्म में रुचि लेगा। मृत्युकाल बिगड़ेगा। मृत्यु के बाद गति अशुभ। कुंभ राशि में राहु अशुभफल नहीं देगा। अत: शत्रुओं पर विजय प्राप्त करेगा। परोपकार, धार्मिक कार्य में रुपया खर्च करेगा।

दृष्टि–द्वादशस्थ राहु की दृष्टि छठे स्थान (सिंह राशि) पर होगी। फलत: खराब लोगों की सौबत होगी।

निशानी–जातक परदेश भूमि में धर्नाजक करेगा। विदेश यात्रा करेगा।

दशा–राहु की दशा-अंतर्दशा में खर्च की चिंता एवं मानसिक परेशानी है।

राहु का अन्य ग्रहों से सम्बन्ध–

1. **राहु+सूर्य**–राहु के साथ सूर्य नेत्रपीड़ा देगा। जातक को दिवा स्वप्न आयेंगे। बुरे विचार आयेंगे। हर्षनामक 'विपरीतराज योग' के कारण।

2. **राहु+चंद्रमा**–राहु के साथ चंद्रमा 'संतानहीन' योग बनायेगा। जातक विद्या एवं संतान संबंधी न्यूनता अनुभव करेगा।

3. **राहु+बुध**–राहु के साथ मंगल 'धनहीन योग', 'भाग्यहीन योग' एवं मांगलिक योग बनायेगा। जातक के गृहस्थ जीवन में भारी संघर्ष रहेगा।

4. **राहु+मंगल**–राहु के साथ बुध 'सुखहीन योग', 'विलम्बविवाह योग' बनाता है। जातक को यात्रा से कष्ट होगा। नींद कम आयेगी।

5. **राहु+गुरु**–यहां दोनों ग्रह कुम्भ राशि में होंगे। गुरु यहां दु:खी होकर सम राशि में होगा तो राहु अपनी मूल त्रिकोण राशि मे हर्षित होकर 'चाण्डाल योग' बनायेगा। गुरु के कारण यहा 'लग्नभंग योग' एवं 'राजभंग योग' बनेगा। जातक

को परिश्रम का फल नहीं मिलेगा। राजदण्ड मिलेगा। बदनाम पीछा नहीं छोड़ेगी। यात्राएं नुकसानदायक रहेगी। अकाल मृत्यु संभव है।

6. **राहु+शुक्र**–राहु के साथ शुक्र सरल नामक 'विपरीतराज योग' बनायेगा। जातक धनी-मानी एवं ऐश्वर्यशाली होगा।

7. **राहु+शनि**–राहु के साथ शनि जातक को कर्जदार बनायेगा। शनि के कारण विमल नामक 'विपरीतराज योग' बना फलस्वरूप जातक धनी-मानी एवं वैभवशाली जीवन जीयेगा।

❑❑❑

मीनलग्न में केतु की स्थिति

मीनलग्न में केतु की स्थिति प्रथम स्थान में

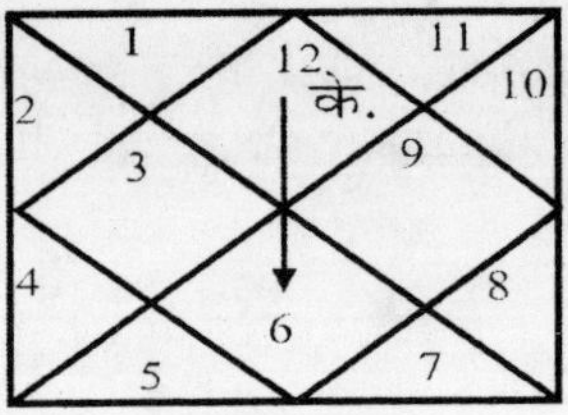

मीनलग्न वालों के लिए केतु शुभ है क्योंकि मीन राशि में केतु मूलत्रिकोण माना गया है, जो उच्च के ग्रह जैसा शुभफल देगा। ऐसा जातक महत्वाकांक्षी होता है। जातक का व्यक्तित्व आकर्षक होगा। जातक की पत्नी बीमार रहे जातक लड़ाईखोर व दम्भी होगा। जातक बड़ी हिम्मत के साथ अपने संघर्षपूर्ण जीवन की बीताता है।

दृष्टि–लग्नस्थ केतु का प्रभाव सप्तम स्थान (कन्या राशि) पर होगी। फलतः गृहस्थ सुख में बाधा बनी रहेगी।

निशानी–ऐसा जातक दूसरों को दु:खी करके आनन्दित होता है।

दशा–केतु की दशा-अंतर्दशा शुभफल देगी।

केतु का अन्य ग्रहों से संबंध–

1. **केतु+सूर्य**–केतु के साथ सूर्य होने से जातक के गुप्त शत्रु, जातक की छवि बिगाड़ने की कोशिश करेंगे।
2 **केतु+चंद्रमा**–केतु के साथ चंद्रमा जातक को गुप्त विद्याओं का जानकार बनायेगा।
3. **केतु+मंगल**–केतु के साथ मंगल होने से जातक पराक्रमी होगा। लड़ाकू होगा।
4. **केतु+बुध**–केतु के साथ बुध नीच का होने से जातक की बुद्धि निम्नगामी होगी। सोच का स्तर हल्का होगा। बदले की भावना ज्यादा रहेगी।
5. **केतु+गुरु**–केतु के साथ गुरु होने से 'हंस योग' बनेगा। जातक राजा के समान पराक्रमी एवं ऐश्वर्यसम्पन्न होगा।

6. **केतु+शुक्र**–केतु के साथ शुक्र होने से 'मालव्य योग' बनेगा। जातक राजा के समान पराक्रमी एवं विलासी जीवन जीयेगा।
7. **केतु+शनि**–केतु के साथ शनि होने से जातक को आर्थिक विषमता एवं शारीरिक विषमता से सामना करना पड़ेगा।

मीनलग्न में केतु की स्थिति द्वितीय स्थान में

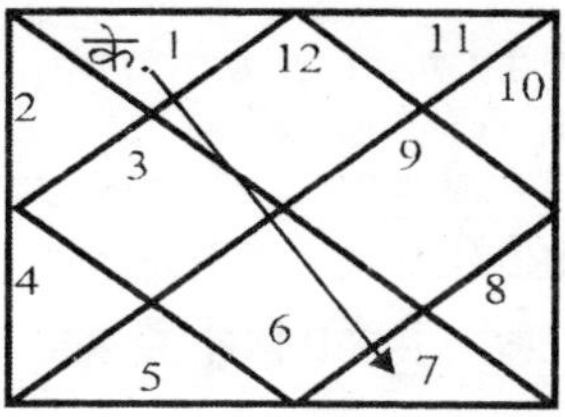

मीनलग्न वालों के लिए केतु शुभ है क्योंकि लग्नेश गुरु का मित्र है। यहां द्वितीय स्थान में केतु मेष (मित्र) राशि में होगा। ऐसा जातक धन संग्रह करने में कठिनाई का अनुभव करेगा। जातक कठिन परिश्रम करेगा। जातक की भाषा कड़वी होगा। कभी-कभी आकस्मिक रूप से धन की प्राप्ति होगी। अपनी तीव्र ग्राही बुद्धि के कारण जातक परेशानियों पर विजय प्राप्त करने में सफल होगा।

दृष्टि–द्वितीयस्थ केतु की दृष्टि अष्टम स्थान (तुला राशि) पर होगी। जातक को धंधें में अपयश मिलेगा।

निशानी–जातक को नेत्र रोग।

दशा–केतु की दशा-अंतर्दशा शुभ फल् देने वाली साबित होगी।

केतु का अन्य ग्रहों से संबंध–

1. **केतु+सूर्य**–केतु के साथ सूर्य उच्च का होने से जातक धनी तो होगा पर आर्थिक उतार-चढ़ाव आता रहेगा।
2. **केतु+चंद्रमा**–केतु के साथ चंद्रमा होने से जातक धनवान होगा एवं विद्यावान भी होगा पर चिंताग्रस्त रहेगा।
3. **केतु+मंगल**–केतु के साथ मंगल जातक को महाधनी बनायेगा। जातक के पास धन आयेगा व खर्च होता चला जायेगा।
4. **केतु+बुध**–केतु के साथ बुध होने से जातक बुद्धि बल से धनार्जन करेगा।
5. **केतु+गुरु**–केतु के साथ गुरु होने से जातक स्व. पुरुषार्थ से उत्तम धनार्जन करेगा।
6. **केतु+शुक्र**–केतु के साथ शुक्र होने से जातक धन का संग्रह ढंग से नहीं कर पायेगा।
7. **केतु+शनि**–केतु के साथ शनि होने से जातक के धन संग्रह में रुकावट रहेगी।

मीनलग्न में केतु की स्थिति तृतीय स्थान में

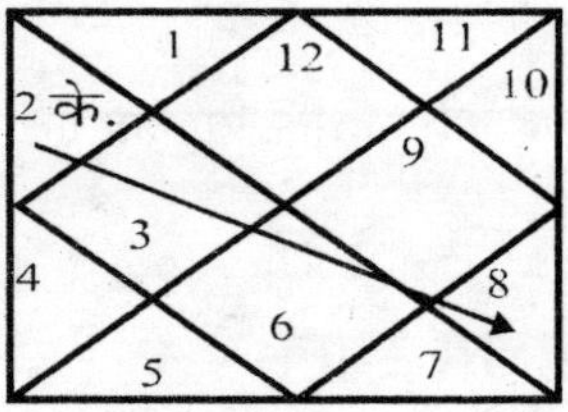

मीनलग्न वालों के लिए केतु शुभ है क्योंकि लग्नेश गुरु का मित्र है। यहां तृतीय स्थान में केतु वृष (नीच) राशि का है। ऐसा जातक अत्यधिक पराक्रमी, हिम्मत वाला होता है जातक कीर्तिवान् होता है। अपने सतत पुरुषार्थ के द्वारा जीवन की सभी समस्याओं पर सफलता प्राप्त करने में कामयाब होता है।

दृष्टि–तृतीयस्थ केतु की दृष्टि भाग्यभवन (वृश्चिक राशि) पर होगी। फलतः मित्रों की मदद से जातक का भाग्योदय होगा।

निशानी–जातक उदार मनोवृत्ति वाला समाजसेवी होगा।

दशा–केतु की दशा-अंतर्दशा में भाग्योदय के अवसर मिलेगे। मित्रों की मदद से कार्य बनेगा।

केतु का अन्य ग्रहों से संबंध–

1. **केतु+सूर्य**–केतु के साथ सूर्य जातक को कुटम्बियों से विवाद करायेगा।
2. **केतु+चंद्रमा**–केतु के साथ चंद्रमा होने से जातक को परिजनों मित्रों से लाभ होगा। समाज में कीर्ति बनी रहेगी।
3. **केतु+मंगल**–केतु के साथ मंगल होने से भाइयों में संबंध ठीक रहेंगे। पिता से धन लाभ होगा।
4. **केतु+बुध**–केतु के साथ बुध होने से जातक को भाई-बहनों का सुख रहेगा।
5. **केतु+गुरु**–केतु के साथ गुरु होने से परिश्रम का लाभ मिलेगा।
6. **केतु+शुक्र**–केतु के साथ शुक्र होने से मित्रों से लाभ रहेगा।
7. **केतु+शनि**–केतु के साथ शनि होने से परिजनों में विवाद रहेगा।

मीनलग्न में केतु की स्थिति चतुर्थ स्थान में

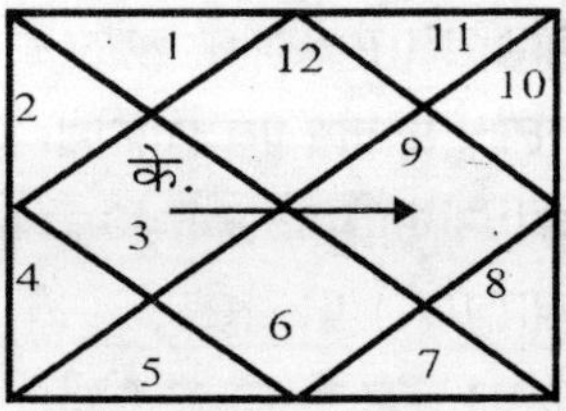

मीनलग्न वालों के लिए केतु शुभ है, क्योंकि लग्नेश गुरु का मित्र है। यहां तृतीय स्थान में केतु मिथुन राशि में नीच का होगा। जातक माता के पक्ष में कष्ट प्राप्त करेगा। भूमि, भवन, मकान व घरेलू सुख में कमी रहेग़ी। ऐसा जातक घोर संकट में भी

विचलित नहीं होता। हिम्मत के साथ प्रतिकूल परिस्थितियों को अनुकूल करने की विशेष योग्यता इस जातक में होगी।

दृष्टि–चतुर्थभावगत केतु की दृष्टि दशम स्थान (धनु राशि) पर होगी। फलत: जातक में अन्तप्रेरणा की विशेष शक्ति होगी।

दशा–केतु की दशा-अंतर्दशा मध्यम फल देगी।

केतु का अन्य ग्रहों से संबंध–

1. **केतु+सूर्य**–केतु के साथ सूर्य माता को बीमारी देगा। नौकरों से कष्ट देगा। वाहन से दुर्घटना संभव है।
2. **केतु+चंद्रमा**–केतु के साथ चंद्रमा भौतिक सुखों में वृद्धि करेगा।
3. **केतु+मंगल**–केतु के साथ मंगल भूमि लाभ देगा। जातक धनी एवं भाग्यशाली होगा।
4. **केतु+बुध**–केतु के साथ बुध 'भद्र योग' बनायेगा। जातक राजा के समान पराक्रमी होगा।
5. **केतु+गुरु**–केतु के साथ गुरु 'कुलदीपक योग', 'केसरी योग' बनायेगा। जातक पराक्रमी होगा तथा राजनीति में उसका दबदबा रहेगा।
6. **केतु+शुक्र**–केतु के साथ शुक्र होने से घर-परिवार में किसी स्त्री को लेकर विवाद रहेगा।
7. **केतु+शनि**–केतु के साथ शनि होने से घर के नौकर दगाबाज होकर, चोरी करके भाग जायेगा।

मीनलग्न में केतु की स्थिति पंचम स्थान में

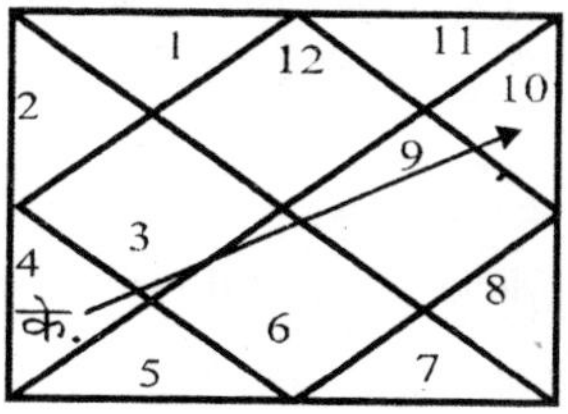

मीनलग्न वालों के लिए केतु शुभ है क्योंकि लग्नेश गुरु का मित्र है। यहां पंचमस्थ केतु कर्क (शत्रु) राशि में होगा। ऐसे जातक को संतान पक्ष में कष्ट व कमी महसूस होगी। विद्याध्ययन के क्षेत्र में प्रारम्भिक रुकावटें आयेगी। धन नाश एवं संतान नाश की प्रबल संभावना बनी रहेगी।

दृष्टि–पंचमस्थ केतु की दृष्टि एकादश स्थान (मकर राशि) पर होगी।

केतु का अन्य ग्रहों से संबंध–

1. **केतु+सूर्य**–केतु के साथ सूर्य, पंचम स्थान में प्रथम संतति का नाश करेगा।
2. **केतु+चंद्रमा**–केतु के साथ चंद्रमा जातक को प्रारम्भिक रुकावट के बाद उच्च शैक्षणिक उपाधि दिलायेगा।
3. **केतु+मंगल**–केतु के साथ मंगल नीच का होने से जातक लड़ाकू होगा। उसकी संतति भी लडाकू होगी। पर जातक धनवान होगा।
4. **केतु+बुध**–केतु के साथ बुध होने से जातक बुद्धिमान, विद्यावान् होगा, परन्तु संतानें शल्यचिकित्सा द्वारा प्राप्त होगी।
5. **केतु+गुरु**–केतु के साथ गुरु उच्च का शैक्षणिक उपाधि प्रदान करेगा।
6. **केतु+शुक्र**–केतु के साथ शुक्र एकाध संतति की अकाल मृत्यु करायेगा। जातक को कन्या संतति अधिक होगी।
7. **केतु+शनि**–केतु के साथ शनि एकाध संतति की रोग द्वारा मृत्यु करायेगा।

मीनलग्न में केतु की स्थिति षष्टम् स्थान में

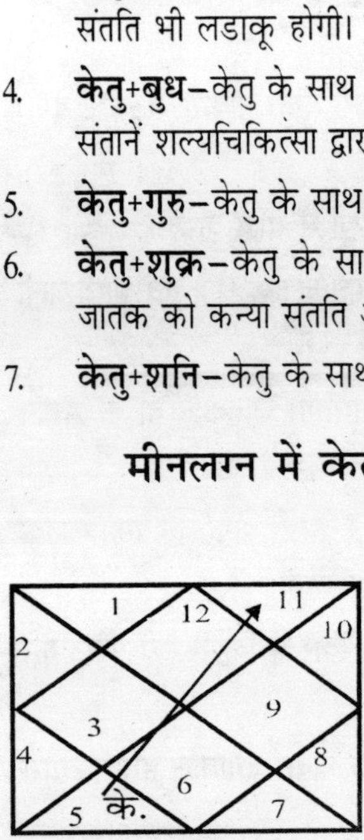

मीनलग्न वालों के लिए केतु शुभ है क्योंकि केतु लग्नेश गुरु का मित्र है। यहां छठे स्थान में केतु सिंह मूलत्रिकोण राशि में होगा। ऐसा जातक शत्रुपक्ष का निरन्तर विजय प्राप्त करता है। जहां प्रेम से काम नहीं सुलझता वहां ऐसा जातक लड़ाई-झगड़े में सफलता प्राप्त कर लेगा। जातक हिम्मत व बहादुरी से उन्नति पथ पर आगे बढ़ता हो ऐसा जातक विपरीत लिंगियों को अपनी ओर आकर्षित करने में पूर्ण सफल होगा।

दृष्टि–छठे स्थान में स्थित केतु की दृष्टि व्यय भाव (कुंभ राशि) पर होगी, फलतः जातक खर्चीले स्वभाव का होगा।

निशानी–जातक को कोई गंभीर रोग होगा।

दशा–केतु की दशा-अंतर्दशा में कर्जा उतरेगा। जातक स्थाई संपत्ति खरीदेगा।

केतु का अन्य ग्रहों से संबंध–

1. **केतु+सूर्य**–केतु के साथ सूर्य 'हर्षनामक' 'विपरीतराज योग' कराता है। जातक धनी-मानी, अभिमानी एवं ऐश्वर्यसम्पन्न होगा।

2. **केतु+चंद्रमा**–केतु के साथ चंद्रमा 'संतंतिहीन योग' कराता है। जातक को विद्या एवं संतान की तकलीफ रहेगी।

3. **केतु+मंगल**–केतु के साथ मंगल 'धनहीन योग' एवं 'भाग्यहीन योग' बनाता है। जातक को धनप्राप्ति हेतु काफी परेशानियों का सामना करना पड़ेगा।

4. **केतु+बुध**–केतु के साथ बुध 'सुखहीन योग' 'विलम्बविवाह योग' बनाता है। जातक के गृहस्थ सुख में कमी रहेगी।

5. **केतु+गुरु**–केतु के साथ गुरु 'लग्नभंग योग' एवं 'राजभंग योग' बनता है।

6. **केतु+शुक्र**–केतु के साथ शुक्र सरलनामक 'विपरीतराज योग' बनायेगा। जातक धनी, मानी-अभिमानी एवं ऐश्वर्यशाली होगा।

7. **केतु+शनि**–केतु के साथ शनि विमलनामक 'विपरीतराज योग' बनायेगा, ऐसा जातक धनी, मानी-अभिमानी होकर एवं वैभवशाली जीवन जायेगा।

मीनलग्न में केतु की स्थिति सप्तम स्थान में

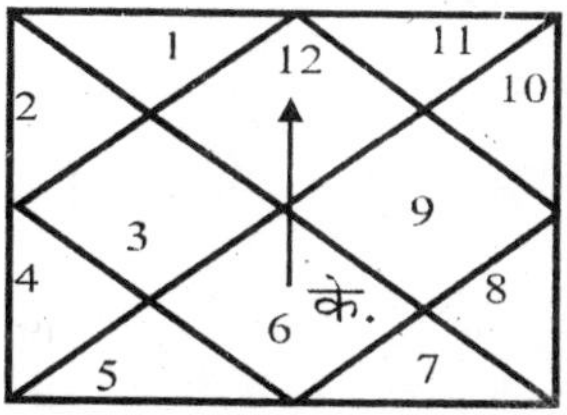

मीनलग्न वालों के लिए केतु शुभ है क्योंकि केतु लग्नेश गुरु का मित्र है। यहां केतु सप्तम स्थान में केतु कन्या राशि में होगा। ऐसा जातक स्त्री एवं व्यवसाय के क्षेत्र में कुछ अशांति एवं कठिनाई अनुभव करेगा। नौकरी में तकलीफ होगी। केतु के साथ अन्य पापग्रह की युति या दृष्टि हो तो जातक पत्नी का अकाल मृत्यु होगी अथवा विवाह विच्छेद की नौबत आयेगी।

दृष्टि–सप्तमस्थ केतु की दृष्टि लग्न स्थान (मीन राशि) पर होगी। फलतः ऐसा जातक अनेक प्रकार के धंधे बदलते रहेगा।

निशानी–जातक को मूत्राशय के रोग होंगे।

दशा–केतु की दशा-अंतर्दशा

केतु का अन्य ग्रहों से संबंध–

1. **केतु+सूर्य**–केतु के साथ सूर्य वैवाहिक सुख में बाधक है।

2. **केतु+चंद्रमा**–केतु के साथ चंद्रमा पत्नी सुख देगा। संतान सुख भी देगा पर पत्नी से कुछ चिंता बनी रहेगी।

3. **केतु+मंगल**–केतु के साथ मंगल जातक के वैवाहिक सुख में विलम्ब का द्योतक है।

4. **केतु+बुध**–केतु के साथ बुध 'भद्र योग' बनायेगा। जातक राजा के समान पराक्रमी एवं यशस्वी होगा।
5. **केतु+गुरु**–केतु के साथ गुरु परिश्रम का लाभ देगा। जातक को राज (सरकार) से मान्यता मिलेगी।
6. **केतु+शुक्र**–केतु के साथ शुक्र जातक को कामी बनायेगा। जातक सैक्सी होगा।
7. **केतु+शनि**–केतु के साथ शनि पत्नी की मृत्यु, पति के रहते करायेगा।

मीनलग्न में केतु की स्थिति अष्टम स्थान में

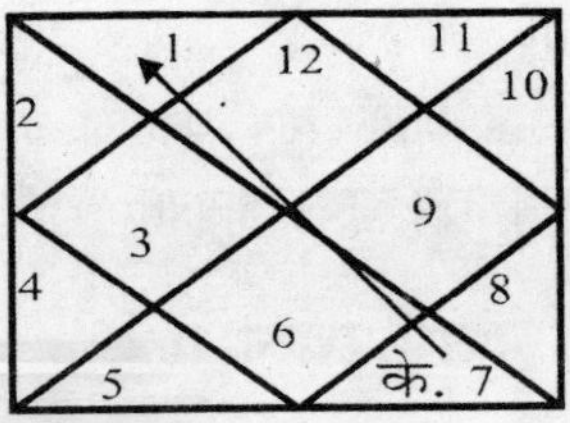

मीनलग्न वालों के लिए केतु शुभ है क्योंकि केतु लग्नेश गुरु का मित्र है। यहां अष्टम स्थान में केतु तुला (मित्र) राशि में होगा। ऐसे जातक को अनेक बार मृत्यु तुल्य संकटों का सामना करना पड़ेगा पर बचाव होता रहेगा। जीवन में अनेक तकलीफें, कष्ट व दिक्कतें आयेगी। पर चिंता, संघर्ष का धैर्यपूर्वक मुकाबला करता हुआ जातक उन्नति पथ पर आगे बढ़ेगा।

दृष्टि–अष्टमस्थ केतु की दृष्टि धन भाव (मेष राशि) पर होगी। जातक का धनरोग एवं शत्रुनाश पर खर्च होगा।

निशानी–अचानक दुर्घटना की संभावना है।

दशा–केतु की दशा-अंतर्दशा कष्टदायक साबित होगी।

केतु का अन्य ग्रहों से संबंध–

1. **केतु+सूर्य**–केतु के साथ सूर्य निश्चय ही दुर्घटना देगा।
2. **केतु+चंद्रमा**–केतु के साथ चंद्रमा 'संतानहीन योग' बनायेगा। जातक को संतति सुख में अवरोध महसूस होगा। विद्या में भी बाधा आयेगी।
3. **केतु+मंगल**–केतु के साथ मंगल जातक का विजातीय स्त्री से प्रेम संबंध करायेगा।
4. **केतु+बुध**–केतु के साथ बुध गृहस्थ सुख में वैमन्यस्ता उत्पन्न करेगा। बुध के कारण 'सुखहीन योग' एवं 'विलम्बविवाह योग' बनेगा।
5. **केतु+गुरु**–केतु के साथ गुरु 'लग्नभंग योग' 'राजभंग योग' बनेगा। जातक को सरकारी दण्ड मिल सकता है।

6. **केतु+शुक्र**–केतु के साथ शुक्र सरलनामक 'विपरीतराज योग' बनायेगा। जातक धनी-मानी, अभिमानी एवं ऐवश्र्यपूर्ण जीवन जीयेगा।
7. **केतु+शनि**–केतु के साथ शनि विमल नामक 'विपरीतराज योग' बनायेगा। जातक को दुर्घटना का भय रहेगा।

मीनलग्न में केतु की स्थिति नवम स्थान में

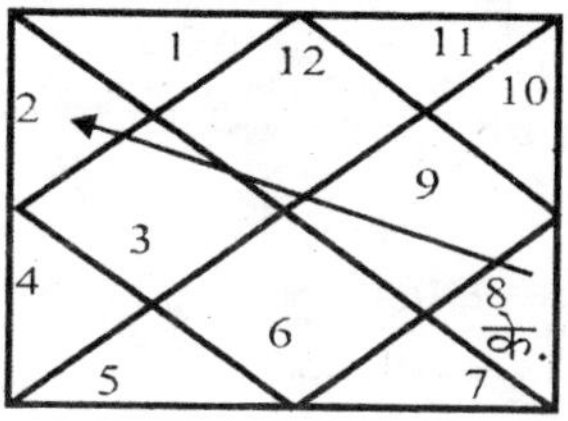

मीनलग्न वालों के लिए केतु शुभ है क्योंकि केतु लग्नेश गुरु का मित्र है यहां नवम स्थान में केतु वृश्चिक (मित्र) राशि में होगा। ऐसा जातक भाग्यपक्ष में कठिनाइयों का अनुभव करते हुए भी विचलित नहीं होता। पिता की सम्पत्ति का वांछित हिस्सा नहीं मिलता। फिर भी जातक निराश नहीं होता। धार्मिक कार्यक्रम व अनुष्ठानों के संचालन में रुकावटें आती है। कुटुम्ब व समाज के लिए काम करते हुए भी पूरा यश नहीं मिल पाता।

दृष्टि–नवमस्थ केतु की दृष्टि तृतीय भाव (वृष राशि) पर होने से भाई-बहनों व कुटुम्ब में कम बनेगी।

निशानी–जातक किसी मुसीबत में फंसकर, बाहर निकलेगा।

दशा–केतु की दशा-अंतर्दशा रुकावट के साथ उन्नति देगी। केतु की दशा में पिता की मृत्यु संभव।

केतु का अन्य ग्रहों से संबंध–

1. **केतु+सूर्य**–केतु के साथ सूर्य जातक का भाग्योदय शीघ्र करायेगा।
2 **केतु+चंद्रमा**–केतु के साथ चंद्रमा 'विषभोजन' का भय देगा।
3. **केतु+मंगल**–केतु के साथ मंगल जातक को वैभवशाली जीवन, एवं रौबीला व्यक्तित्व देगा।
4. **केतु+बुध**–केतु के साथ बुध जातक का भाग्योदय विवाह के बाद होगां।
5. **केतु+गुरु**–केतु के साथ गुरु जातक को पराक्रमी बनायेगा। जातक का स्वास्थ्य उत्तम रहेगा।
6. **केतु+शुक्र**–केतु के साथ शुक्र स्त्री-मित्र से लाभ देगा।
7. **केतु+शनि**–केतु के साथ शनि जातक का भाग्योदय व्यापार से करायेगा।

मीनलग्न में केतु की स्थिति दशम स्थान में

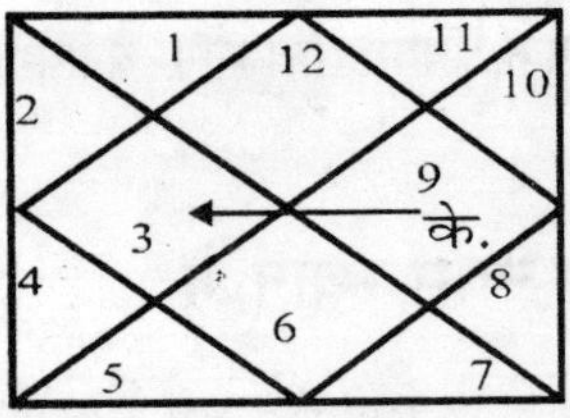

मीनलग्न वालों के लिए केतु शुभ है क्योंकि केतु लग्नेश गुरु का मित्र है, यहां दशम स्थान में केतु धनु मूलत्रिकोण राशि में है। ऐसे जातक को पिता का सुख, राज्य में सम्मान एवं व्यवसाय में उन्नति प्राप्त होती है। ऐसा व्यक्ति अपनी उन्नति के लिए गुप्त युक्तियों का सहारा लेता है। जातक कई बार शंकास्पद व्यक्तियों द्वारा आकस्मिक धन लाभ होगा।

दृष्टि–दशमस्थ केतु की दृष्टि चतुर्थ भाव (मिथुन राशि) पर होगी। फलत: जातक को माता का सुख कम मिलेगा।

निशानी–जातक लम्बी मुसाफरी में धन अर्जित करेगा।

दशा–केतु की दशा-अंतर्दशा में शुभ फलों की प्राप्ति होगी।

केतु का अन्य ग्रहों से संबंध–

1. **केतु+सूर्य**–केतु के साथ सूर्य राज (सरकार) से बाधा उत्पन्न करेगा।
2 **केतु+चंद्रमा**–केतु के साथ चंद्रमा वाला जातक जलीय व्यापार से कमायेगा। जन्म भूमि (स्थान) से ज्यादा कमायेगा।
3. **केतु+मंगल**–केतु के साथ मंगल वाला जातक महान् तेजस्वी होगा। मंगल यहां 'दिक्बली' एवं उच्चाभिलाषी है। जातक अपने शत्रुओं को समूल नष्ट करने में सक्षम होगा।
4. **केतु+बुध**–केतु के साथ बुध होने से जातक के पास एक से अधिक वाहन होंगे। धंधे भी एक से अधिक प्रकार के होंगे।
5. **केतु+गुरु**–केतु के साथ गुरु 'हंस योग' बनायेगा। जातक राजा के समान पराक्रमी होगा। यशस्वी होगा।
6. **केतु+शुक्र**–केतु के साथ शुक्र जातक को तेज वाहन से भय दिलायेगा।
7. **केतु+शनि**–केतु के साथ शनि जातक को नौकरों से नुकसान दिलायेगा। वफादार नौकर मिलना मुश्किल होगा।

मीनलग्न में केतु की स्थिति एकादश स्थान में

मीनलग्न वालों के लिए केतु शुभ है क्योंकि केतु लग्नेश गुरु की मित्र है। यहां एकादश स्थान में मकर मूलत्रिकोण राशि का है। ऐसे जातक की व्यापार

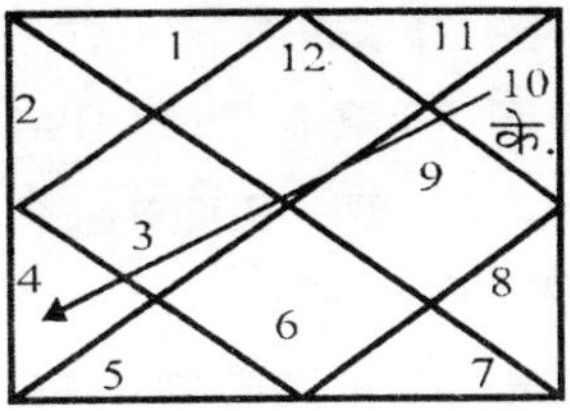

व्यवसाय में अच्छी आमदनी होती है। जातक उद्योगपति होगा। अपने कारोबार को आगे बढ़ाने के लिए बहुत परिश्रम करता है पर परिश्रम का बराबर लाभ नहीं मिल पाता। फिर भी जातक को स्थाई सम्पत्ति खरीदेगा। जातक के पास कवित्व शक्ति होगी।

दृष्टि–एकादश भावस्थित केतु की दृष्टि पंचम भाव (कर्क राशि) पर होगी। फलत: जातक को प्रारम्भिक विद्या एवं पुत्र संतान की प्राप्ति में कुछ रुकावटें महसूस होगी।

निशानी–जातक महान हिम्मती व धैर्यवान् एवं बहादुर होगा। जातक को अपने क्षेत्र का सर्वोच्च पद कभी प्राप्त नहीं होगा।

दशा–केतु की दशा-अंतर्दशा शुभ फल देगी।

केतु का अन्य ग्रहों से संबंध–

1. **केतु+सूर्य**–केतु के साथ सूर्य व्यापार के लिए संघर्षदायक स्थिति बनायेगा।
2. **केतु+चंद्रमा**–केतु के साथ चंद्रमा जातक उच्च शिक्षा दिलायेगा। विदेश व्यापार करायेगा।
3. **केतु+मंगल**–केतु के साथ मंगल जातक को उद्योगपति बनायेगा।
4. **केतु+बुध**–केतु के साथ बुध के कारण जातक तीव्र (प्रतिउत्पन्न) बुद्धिवाला होगा। कूटनीतिज्ञ होगा।
5. **केतु+गुरु**–केतु के साथ गुरु होने से जातक विद्यावन्त व यशस्वी होगा। उसकी सलाह सभी मानेंगे।
6. **केतु+शुक्र**–केतु के साथ शुक्र जातक को उच्च श्रेणी का व्यापारी बनायेगा।
7. **केतु+शनि**–केतु के साथ शनि जातक के व्यापारिक जीवन में उतार-चढ़ाव देता रहेगा।

मीनलग्न में केतु की स्थिति द्वादश स्थान में

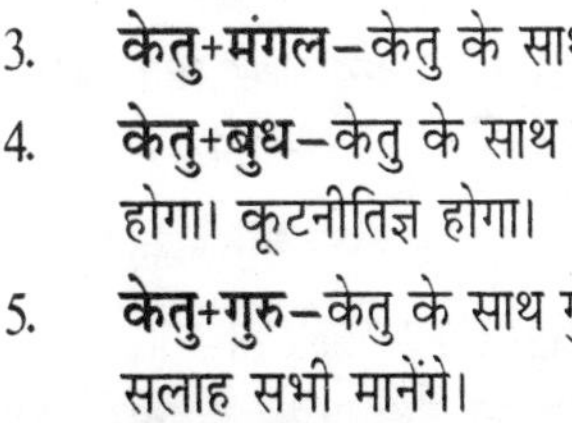

मीनलग्न वालों के लिए केतु शुभ है क्योंकि लग्नेश गुरु का मित्र है यहां द्वादश स्थान में केतु कुंभ (मित्र) राशि में है। ऐसा जातक गूढ विज्ञान, रहस्यमय विद्याओं में रुचि रखेगा। जातक खर्चीले स्वभाव का होगा। यात्राएं बहुत करेगा। जातक धर्म

एवं परोपकार के कार्य पर रुपया खर्च करेगा। जातक को अपने से निम्न वर्ग के लोगों से लाभ की संभावना अधिक रहेगी। जातक की वृद्धावस्था सुखमय होगी।

दृष्टि–द्वादशभावगत केतु की दृष्टि छठे स्थान (सिंह राशि) पर होगी। फलतः जातक के गुप्त शत्रु बहुत होंगे। गुप्त रोगों की संभावना रहेगी।

निशानी–ऐसे जातक को सपने आयेगे वे सच होंगे। नेत्र रोग की संभावना रहेगी। बाई आंख का ऑपरेशन होगा जो सफल होगा।

दशा–केतु की दशा-अंतर्दशा में स्थान परिवर्तन होगा। कई प्रकार के धंधों में बदलाव होगा।

केतु का अन्य ग्रहों से संबंध–

1. **केतु+सूर्य**–केतु के साथ सूर्य हर्ष नामक 'विपरीतराज योग' बनायेगा। जातक धनी, मानी-अभिमानी होगा। निरन्तर यात्रा में रुचि रखेगा।
2. **केतु+चंद्रमा**–केतु के साथ चंद्रमा 'संतानहीन योग' बनायेगा। जातक संतान एवं विद्या में अवरोध महसूस करेगा।
3. **केतु+मंगल**–केतु के साथ मंगल 'धनहीन योग' व 'भाग्यभंग योग' बनाता है। जातक को काफी संघर्षों का सामना करना पड़ेगा।
4. **केतु+बुध**–केतु के साथ बुध 'सुखहीन योग' एवं 'विलम्बविवाह योग' बनाता है। जातक का गृहस्थ जीवन कष्टमय रहता है।
5. **केतु+गुरु**–केतु के साथ गुरु 'लग्नभंग योग' एवं 'राजभंग योग' बनाता है।
6. **केतु+शुक्र**–केतु के साथ शुक्र हर्षनामक 'विपरीतराज योग' बनायेगा। जातक धनी-मानी, अभिमानी होकर एवं ऐश्वर्यपूर्ण जीवन जीयेगा। पर वाहन दुर्घटना का भय रहेगा।
7. **केतु+शनि**–केतु के साथ शनि "विमल नामक' 'विपरीतराज योग' बनायेगा। ऐसा जातक धनी-मानी, अभिमानी होकर वैभवशाली जीवन जीयेगा। अधिक खर्च के कारण स्थाई कर्ज होने का भय बना रहेगा।

❑❑❑

गुरुवार व्रत कथा

बृहस्पतिदेव देवताओं के गुरु हैं। देवगुरु गुरु देव जी विद्या, बुद्धि, धन, वैभव, मान, सम्मान, यश-पद तथा संतान प्रदान करने वाले कृपालु व दया के सागर हैं। नवग्रहों में गुरु, गुरु सबसे बड़े व शक्तिशाली हैं तथा विद्वान हैं। गुरुवार के उपवास एवं श्रद्धापूर्वक पूजन से गुरु गुरु सहित सभी ग्रह प्रसन्न रहते हैं।

बुध का तांत्रिक मंत्र–ॐ बूं बृहस्पते नमः।।

विधि विधान–गुरुवार को नित्यकर्मों से निवृत्त होकर स्वच्छ वस्त्र धारण कर किसी पवित्र स्थान पर श्री नारायण भगवान की प्रतिमा स्थापित करें। जल के लोटे में गुड़ व चने की दाल डालकर रखें, प्रसाद के रूप मे चने व मुनक्का का प्रयोग करें। गुरु के तांत्रिक मंत्र का जाप इक्कीस अथवा ग्यारह बार करें तत्पश्चात् व्रत कथा पढ़ें और अंत में केले के पेड़ को जल लें। गुड़ व चने का भोग प्रभु को लगा स्वयं भी प्रेम से प्रसाद खाएं तथा दिन में एक समय भोजन करें। भोजन में पीली वस्तुओं का प्रयोग करना चाहिए।

व्रत कथा–किसी नगर में एक व्यापारी रहता था। वह दूर-दूर देशों की यात्रा करता और व्यापार किया करता था। उसका व्यापार बहुत अच्छा चल रहा था। उसे धन-सम्पत्ति की कोई कमी न थी। वह निर्धनों को दान किया करता था। उसके द्वार से कोई याचक खाली नहीं लौटता था। व्यापारी की पत्नी उसके सर्वथा विपरीत थी। उसे पति के दान कर्म से बहुत चिढ़ होती। वह किसी को एक पैसा भी नहीं देना चाहती थी।

एक बार व्यापारी दूसरे देश की यात्रा को गया था। उसके पीछे बृहस्पतिदेव एक भिक्षुक का वेष धरकर व्यापारी की कंजूस पत्नी के पास पहुंचे और उससे भिक्षा की याचना करने लगे। व्यापारी की पत्नी ने कहा–"हे साधु महाराज, मैं अपने पति के दान-पुण्य से तंग आ गई हूं। वह अपने धन को दूसरों को बांटकर व्यर्थ ही नष्ट करता है। आप कोई ऐसा उपाय बताएं जिससे मेरा सारा धन नष्ट हो जाए, न धन होगा और न ही मुझे उसे व्यर्थ ही नष्ट होते देख दुख होगा।" बृहस्पतिदेव

जी ने कहा–''पुत्री, तुम भी विचित्र स्त्री हो। प्रत्येक स्त्री की कामना होता है कि उसका घर धन-धान्य से पूर्ण हो और तुम चाहती हो कि तुम्हारा सारा धन नष्ट हो जाए। यदि तुम्हारे पास अधिक धन है तो तुम उस धन को पुण्य के कामों में खर्च करो, धर्मशालाएं बनवाओ, प्यासों के लिए प्याऊं खुलवाओ। इससे तुम्हें प्रसिद्धि भी मिलेगी और तुम मोक्ष की भी भागी बनोगी।''

व्यापारी की पत्नी भी बड़ी जिद्दी थी। उस पर महात्मा जी की बात का कोई प्रभाव नहीं पड़ा। उसने कहा–''मुझे आपकी सलाह नहीं चाहिए। यदि आप मुझे सलाह ही देना चाहते हैं तो कृप्या मुझे धन को नष्ट करने का कोई उपाय बताइये।''

साधु के रूप धरे हुए बृहस्पतिदेव जी ने कहा–''ठीक है, यदि तेरी ऐसी ही इच्छा है तो यही सही। सात गुरुवार तक घर को लीपना, पीली मिट्टी से बालों को धोना, भट्टी चढ़ाकर कपड़े धोना, मांस-मदिरा का सेवन करना। ऐसा करने से तुम्हारा सारा धन नष्ट हो जाएगा।''

उस स्त्री ने गुरु देवता के कहे अनुसार कार्य किए। केवल छः गुरुवार ही व्यतीत हुए और उसका सम्पूर्ण धन ही नष्ट हो गया, यहां तक कि उसे दोनों वक्त के खाने के भी लाले पड़ गए। उधर उस स्त्री का पति जहाज से वापस लौट रहा था कि उसका माल से भरा जहाज समुद्र में डूब गया। वह किसी प्रकार अपने प्राण बचाकर अपने देश लौटा। घर आकर उसने देखा कि उसका सब कुछ नष्ट हो गया। उसकी लड़की ने रोते हुए बताया कि उसकी पत्नी भी परलोक सिधार गई। व्यापारी ने अपनी पुत्री से इसका कारण पूछा तो लड़की ने सारा वृतांत कह सुनाया।

अब व्यापारी जंगल से लकड़ियां ले आता और उन्हें नगर में ले जाकर बेच देता और उससे जो भी कुछ प्राप्त होता उसका अपना और अपनी पुत्री का पेट भरता था किंतु उनका निर्वाह बड़ी मुश्किल से हो पाता था।

एक दिन उसकी पुत्री ने दही खाने की इच्छा प्रकट की किन्तु व्यापारी के पास एक भी पैसा नहीं था। कितु पुत्री से किस प्रकार कहता कि कल का सेठ आज अपनी एकमात्र पुत्री को दही भी नहीं खिला सकता। वह पुत्री से दही लाने के लिए कहकर जंगल में लकड़ियां काटने चल दिया। चलते हुए वह सोचने लगा कि पहले मैं क्या था। चलते-चलते थककर व्यापारी पेड़ के नीचे बैठ गया और बहुत व्याकुल हुआ। उस दिन गुरुवार था। उसकी ऐसी दशा देखकर गुरु देव साधु का वेश बनाकर उसके पास आए और उसने बोले–''इस सुनसान जंगल में अकेले बैठकर क्या सोच रहे हो?'' व्यापारी ने दुःखी मन से सारा वृतांत साधु को कह सुनाया। गुरु देव जी ने कहा, तुम्हारा इसमें कोई दोष नहीं। तुम्हारी पत्नी ने बृहस्पति भगवान का अपमान किया

था जिस कारण तुम्हें इतना कष्ट पहुंचा। किंतु अब तुम्हारे दिन फिर जाएंगे। तुम नियमानुसार बृहस्पतिदेव जी का पूजन व उपवास गुरुवार के दिन किया करो।

दो पैसे के चने व मुनक्का मंगाकर जल के लोटे में थोड़ी-सी शक्कर डालकर उस अमृत और प्रसाद को सारे परिवार वालों तथा कथा सुनने वालों में बांटा करो तथा स्वयं भी प्रेमपूर्वक प्रसाद को खाया करो। बृहस्पतिदेव तुम्हारे कष्टों को अवश्य और शीघ्र ही दूर करेंगे।''

साधु के ऐसे वचनों को सुनकर व्यापारी ने कहा-''हे महाराज! मुझे लकड़ियां बेचकर इतना भी धन नहीं मिलता कि मैं अपनी एकमात्र पुत्री को दही भी खिला पाऊं। अपनी पुत्री को रोज यह आश्वसान देकर आता हूं कि आज उसे दही अवश्य ही खिलाऊंगा, आज भी इसी सोच में यहां बैठा हूं।''

बृहस्पतिदेव जी ने कहा-''हे वत्स! तुम चिंतित न हो। गुरुवार के दिन तुम लकड़ियां बेचने शहर जाना। उस दिन तुम्हें लकड़ियों के विक्रय में चार पैसे अधिक प्राप्त होंगे। उन पैसों में से दो पैसे की दही लाकर तुम अपनी पुत्री को खिलाना तथा दो पैसे के चना और मुनक्का लाकर बृहस्पतिदेव जी की कथा करना, जल में थोड़ी-सी शक्कर डालकर अमृत बनाना तथा कथा का प्रसाद सब में बांटना और खुद भी खाना तो तुम्हारें सम्पूर्ण मनोरथ पूर्ण हो जाएंगे।'' इतना कहकर बृहस्पतिदेव जी अन्तर्ध्यान हो गए।

गुरुवार के दिन उस व्यापार ने जंगल में से लकड़ियां एकत्र कीं और शहर में बेचने के लिए गया। उस दिन उसे पहले से चार पैसे अधिक मिले। उस धन से उसने दो पैसे की दही लाकर अपनी कन्या को दी तथा दो पैसे के चने और मुनक्का मंगाकर अमृत बनाकर प्रसाद बांटा तथा प्रेम से खाया।

उसी दिन से उसकी सभी कठिनाइयां दूर हो गई। वह सुखपूर्वक रहने लगा, किंतु अगले गुरुवार को वह व्यापारी भगवान बृहस्पतिदेव की कथा करना तथा व्रत रखना भूल गया।

इसने भगवान बृहस्पतिदेव उससे रुष्ट हो गए। शुक्रवार को उस नगर के राजा ने अपने महल में बहुत बड़े यज्ञ का आयोजन किया और अपने नगर में घोषणा करवाई कि आज कोई भी व्यक्ति अपने घर में अग्नि न प्रज्वलित करें तथा समस्त जनता मेरे महल में आकर भोजन ग्रहण करें। जो इस आज्ञा का अवहेलना करेगा। उसे सूली पर लटकाया जाएगा।

राजा की आज्ञानुसार सभी नगरवारी राजा के महल में भोजन करने के लिये गए किंतु वह व्यापारी और उसकी लड़की तनिक विलंब से पहुंचे। अतः राजा ने उन दोनों को अपने महल के भीतर ले जाकर भोजन कराया।

जब वह पिता-पुत्री दोनों भोजन करने चले गए तो महारानी की दृष्टि उस खूटी पर पड़ी जिस पर उसका नौलखा हार टंगा हुआ था। उस खूंटी पर अब हार नहीं था। महारानी को विश्वास हो गया कि हारा लकड़हारा और उसकी लड़की ही ले गए हैं।

तत्काल सिपाहियों को बुलाकर दोनों बाप-बेटी को कैद करके जेल में डलवा दिया। जेल में कैद होकर बाप-बेटी दोनों अत्यंत दुखी हो गए। वहां उन्होंने भगवान बृहस्पतिदेव का स्मरण किया। उसकी पुकार सुनकर भगवान बृहस्पति जी जेल में प्रकट हुए तथा कहने लगे कि हे भक्त राज! तुम पिछले सप्ताह गुरु देवता की कथा करना भूल गए थे जिसके कारण तुम्हारा यह हाल हुआ है।

परन्तु अब भी तुम किसी प्रकार की चिंता मत करो। अगले गुरुवार के दिन तुम्हें कैदखाने के द्वार पर दो पैसे पड़े मिलेंगे। तुम वह पैसे उठाकर चने तथा मुनक्का मंगला लेना तथा विधिपूर्वक बृहस्पति देवता का पूजन तथा कथा करना तो तुम्हारे सब दु:ख दूर हो जाएंगे।

गुरुवार के दिन उस व्यापारी को जेल के मुख्य द्वार पर दो पैसे पड़े हुए मिले। बाहर सड़क पर एक स्त्री जा रही थी। व्यापारी ने उस स्त्री को बुलाकर कहा कि बहन तुम मुझे बाजार से दो पैसे के चने और मुनक्का ला दो ताकि मैं भगवान बृहस्पति देव की कथा कर सकूं।

उस स्त्री ने कहा कि मैं अपने बेटे के विवाह के लिये कपड़े सिलवाने जा रही हूं। अत: मैं तुम्हारे बृहस्पति भगवान को क्या जानूं। इतना कहकर वह स्त्री वहां से चली गई। व्यापारी दुखी हो गया।

थोड़ी देर के बाद वहां से एक और स्त्री निकली। व्यापारी ने उस स्त्री को बुलाकर कहा कि बहन मुझे बाजार से दौ पैसे के चने और मुनक्का ला दो, मुझे गुरु देवी की कथा करनी है।

वह स्त्री भगवान गुरु के नाम सुनकर गद्‌गद होकर बोली–"बलिहारी जाऊं, भगवान के नाम पर मैं तुम्हें अभी चने और मुनक्का लाकर देती हूं मेरा इकलौता बेटा मर गया है। मैं तो उसके लिये कफन लेने जा रही थी मगर अब पहले तुम्हारा काम करूंगी उसके बाद बेटे के लिये कफन लाऊंगी।"

इतना कहकर उस स्त्री ने व्यापारी से पैसे लिये और बाजार से चने मुनक्का ले आई और स्वयं भी बृहस्पति देवता की कथा सुनकर प्रसाद लेकर अपने घर की ओर रवाना हुई।

स्त्री ने देखा कि लोग उसके बेटे की लाश को 'राम-नाम सत्य है', कहते हुए शमशान की ओर लेकर जा रहे हैं। उस स्त्री ने कहा कि भाई मुझे अपने लाड़ले

का मुख तो देख लेने दो। लोगों ने अर्थी को जमीन पर रखा। तब उसी स्त्री ने प्रसाद और अमृत अपने मृत पुत्र के मुख में डाला। प्रसाद और अमृत के मुख में पड़ते ही उसका मृत पुत्र उठ खड़ा हुआ और अपनी माता से प्रेमपूर्वक मिला।

दूसरी ओर जिस स्त्री ने भगवान बृहस्पति का निरादर किया था। वह जब अपने पुत्र के विवाह के लिये कपड़े लेकर लौटी तो घोड़ी ने एक ऐसी छलांग मारी कि उसका पुत्र घोड़ी से जमीन पर आ गिरा और घायल हो गया एवं कुछ क्षण पश्चात ही मर गया।

तब वह स्त्री रोकर गुरु भगवान से कहने लगी कि हे देव मेरा अपराध क्षमा करो, मेरा अपराध क्षमा करो। उसकी पुकार सुनकर भगवान बृहस्पति देवता साधु का रूप धरकर वहां आए और कहने लगे, ''देवी, अधिक शोर मचाने की कोई आवश्यकता नहीं। तुमने गुरुवार देवता का निरादर किया था जिसका यह फल तुम्हें मिला है। तुम जेल खाने जाकर उस भक्त से क्षमा याचना करो तो सब ठीक हो जाएगा। ऐसा सुनकर वह स्त्री शीघ्रतापूर्वक जेलखाने पहुंची तथा उस व्यापारी से हाथ जोड़कर कहने लगी–''हे भक्तराज, मैंने तुम्हारा कहना नहीं माना तथा तुम्हें चने और मुनक्का लाकर नहीं दिया। इस कारण गुरु देवता मुझसे रुष्ट हो गए तथा मेरा इकलौता बेटा घोड़ी से गिरकर मर गया।''

व्यापारी ने कहा–''हे माता तू चिंता मत कर। गुरु देवता सबका कल्याण करेंगे। तुम अगले गुरुवार को आकर गुरु देव की कथा सुनना, तब तक अपने पुत्र के शव को फुल, इत्र, घी आदि सुंगधित वस्तुओं में डालकर रख दो।'' उस स्त्री ने ऐसा ही किया। गुरुवार का दिन भी आ गया। वह स्त्री दो पैसे के चनें और मुनक्का लेकर तथा पवित्र जल का लोटा भरकर जेलखाने पहुंची तथा श्रद्धा के साथ भगवान गुरु की कथा सुनी। जब कथा समाप्त हुई तो अमृत और प्रसाद लाकर अपने मृत पुत्र के मुख में डाला। प्रसाद के मुख में पड़ते ही उसके पुत्र की सांस आने लगी तथा वह उठकर खड़ा हो गया। तब वह स्त्री प्रेमपूर्वक भगवान का गुणगान करती हुई अपने पुत्र के साथ घर को रवाना हुई।

उसी रात्रि स्वप्न में राजा को बृहस्पति देवता ने दर्शन दिये तथा कहा–''हे राजा, तुने जिस व्यापारी और उसकी पुत्री को जेल में बंद कर रखा है वह दोनों निर्दोष हैं। अब तू दिन निकलते ही दोनों को मुक्त कर दे। तेरा नौलखाहार उसी खूंटी पर लटका है।'' दिन निकला तो रानी ने अपना हार खूंटी पर लटका देखा। राजा ने उस व्यापारी को जेल से मुक्त कर अपने-अपने अपराध के लिये क्षमा मांगी तथा उसको अपना आधा राज्य देकर तथा उसकी लड़की का उच्च कुल में विवाह कर दहेज में अनमोल हीरे-जवाहरात दिये। इस प्रकार वह दोनों पिता-पुत्री सुखपूर्वक जीवन यापन करने लगे।

गुरुवार व्रत का दूसरी कथा

एक दिन इन्द्र अहंकारपूर्वक सिंहासन पर बैठे थे और बहुत से देवता ऋषि, गन्धर्व, किन्नर आदि सभी सभा में उपस्थित थे। जिस समय गुरु जी सभा में आए तो सभी देवतागण उसके सम्मान में खड़े हो गए किंतु इंद्रराज गर्व के कारण अपने सिंहासन से न उठे। यद्यपि वह सदैव उनके आदर के लिये उठते थे। गुरु जी इसे अपना अनादर समझकर वहां से उठकर चले गए।

तब इन्द्र को बड़ा दुख हुआ कि मैंने गुरुदेव का अनादर किया, मुझसे बहुत भारी भूल हो गई। उनकी कृपा से ही तो मुझे यह वैभव प्राप्त हुआ है। उनके क्रोध से यह सब वैभव नष्ट हो जाएगा। अतः मुझे उनके पास जाकर क्षमा मांग लेना चाहिए। जिससे उनका क्रोध शांत हो तथा मेरा कल्याण हो। ऐसा विचार कर इंद्र बृहस्पति जी से क्षमा मांगने चल दिए।

गुरु बृहस्पति जी ने अपने योगबल के द्वारा यह जान लिया था कि इन्द्र अपने अपराध के लिये क्षमा मांगने आ रहे हैं, किंतु क्रोधवश उनसे भेंट करना उचित ना समझकर बृहस्पति देव अन्तर्ध्यान हो गए। जब इंद्र ने गुरु जी को आश्रम में न देखा तो वे निराश होकर लौट गए। जब दैत्यों के राजा वृष वर्मा ने यह समाचार सुना तो उसने अपने गुरु शुक्राचार्य के आज्ञा से इंद्रपुरी को चारों ओर से घेर लिया। गुरु की कृपा न प्राप्त होने के कारण देवता हारने लगे।

तब देवताओं ने जाकर ब्रह्माजी से सारा वृतान्त कह सुनाया तथा उनसे रक्षा के लिये निवेदन किया। ब्रह्माजी ने कहा कि तुमने बृहस्पति देवता को क्रोधित कर घोर अपराध किया है। त्वष्टा ऋषि के पुत्र विश्वरूपा बड़े तपस्वी और ज्ञानी हैं। तुम उन्हें अपना पुरोहित बनाओ, तभी कल्याण हो सकता है। यह सुनकर इन्द्र त्वष्टा ऋषि के पास गये। तथा विनयपूर्वक कहने लगे कि आप हमारे पुरोहित बन जाएं ताकि हमारा कल्याण हो। त्वष्टा ऋषि ने उत्तर दिया कि पुरोहित बनने से तपोबल घट जाता है किंतु तुम्हारे कहने से मेरा पुत्र विश्वरूपा पुरोहित बनकर तुम्हारी रक्षा करेगा।

विश्वरूपा ने पुरोहित बनकर देवताओं की सहायता की तथा हरी इच्छा से इन्द्र वृष वर्मा से युद्ध में जीतकर इंद्रासन पर स्थित हुए। विश्वरूपा के तीन मुख थे। एक मुख से वह सोम पल्ली लता का रस निकालकर पीते थे। दूसरे मुख से मदिरा पीते थे तथा तीसरे मुख से अन्नादि भोजन करते थे। इंद्र ने कुछ समयोपरान्त कहा कि हे देव मैं आपकी कृपा से यज्ञ करना चाहता हूं। विश्वरूपा की आज्ञानुसार यज्ञ प्रारम्भ हो गया। एक दैत्य ने आकर विश्वरूपा से कहा कि तुम्हारी माता दैत्य की कन्या है। इस कारण दैत्यों के कल्याण के लिये एक आहुर्ति दैत्यों के नाम पर भी दे दिया करो।

विश्वरूपा उस दैत्य का कहा मानकर आहुति देते समय दैत्यों का नाम भी धीरे से लेने लगे। इसी कारण यज्ञ के द्वारा देवताओं के तेज में वृद्धि नहीं हुई। इंद्र ने यह वृतान्त जानते ही क्रोधित होकर विश्वरूपा के तीनों सिर काट डाले। मद्यपान करने वाले मुख से भंवरा, सोमपल्ली का रस पीने वाले मुख से कबूतर तथा अन्न खाने वाले मुख से तीतर उत्पन्न हुआ।

विश्वरूपा के मरते ही इंद्र का स्वरूप ब्रह्महत्या के प्रभाव में बदल गया। देवताओं द्वारा एक वर्ष तक पश्चाताप करने पर भी ब्रह्महत्या का वह पाप कम न हुआ तो सब देवताओं की विनती पर ब्रह्माजी गुरु बृहस्पतिजी के साथ लेकर इंद्रपुरी पहुंचे। उस ब्रह्महत्या के चार भाग किये। उसमें से एक भाग पृथ्वी को दिया। इस कारण पृथ्वी असमतल तथा कहीं-कहीं बीज बोने योग्य भी नहीं होती। साथी ही ब्रह्मा जी ने यह वरदान भी दिया कि पृथ्वी में गड्ढा होगा जो समय पाकर स्वयं भर जाएगा।

दूसरा भाग वृक्षों को दिया जिसमें से गोंद बहता है। इसी के कारण गूगल के अतिरिक्त सभी प्रकार के वृक्षों के गोंद अशुद्ध समझा जाता है। वृक्षों को यह वरदान भी दिया कि ऊपर से सूख जाने पर जड़ पुनः फुट जाएगी।

तीसरा भाग स्त्रियों को दिया, इसी कारण स्त्रियां हर महीने रजस्वला होकर पहले दिन चांडालिनी, दूसरे दिन ब्रह्मघातिनी और तीसरे दिन धोबिन के समान रहकर चौथे दिन शुद्ध होती है। साथ ही उनको संतान प्राप्ति का वरदान दिया।

चौथा भाग समुद्र को दिया जिससे फेन तथा सिवाल आदि जल के ऊपर आ जाते हैं। जल को यह वरदान दिया कि वह जिस वस्तु में डाला जाएगा वह बोझ से बढ़ जाएगी। इस प्रकार से ब्रह्मा जी ने सभी देवताओं को ब्रह्महत्या के पाप से मुक्त किया।

गुरु देवता अत्यंत दयालु हैं। जैसी जिसकी कामना होती है वह पूर्ण करते है। इस व्रत को करने से व्यक्ति अनेक प्रकार के कष्टों से मुक्ति पाता है। जो व्यक्ति प्रेमपूर्वक यह कथा पढ़ेगा उसकी सभी इच्छाएं पूर्ण होंगे।

बृहस्पति देव की आरती

ॐ जय गुरु देवा ॐ जय बृहस्पति देवा।
छिन-छिन भोग लगाऊं कदली फल मेवा।।ॐ
तुम पूरण परमात्मा तुम अन्तर्यामी।
जगत पिता जगदीश्वर तुम सबके स्वामी।।ॐ
चरणामृत निज निर्मल सब पातक हर्ता।

सकल मनोरथा दायक कृपा करो भर्ता।।ॐ
तन मन धन अपर्णकर जो जन शरण पड़े।
प्रभु संकट तब होकर आकर द्वार खड़े।।ॐ
दीन दयाल, दया निधि भक्तन हितकारी।
पाप दोष सब हर्ता भव बंधन हारी।।ॐ
सकल मनोरथ दायक सब संशय तारी।
विषय विकार मिटाओ संतन सुखकारी।।ॐ
जो कोई आरती प्रेम सहित गावे।
ज्येष्ठानन्द आनंदकर सो निश्चय पावो।।ॐ

❑❑❑

गुरु स्तोत्रम्

पदच्छेद-एवम्-सन्धिच्छेद सहित

विनियोग–

अस्य श्री बृहस्पतिस्तोत्रस्य गृत्समद-ऋषिः, अनुष्टुप-छनः, बृहस्पतिर्देवता, बृहस्पतिप्रीत्यर्थे जपे विनियोग।

स्त्रोतम्–

गुरुः, बृहस्पतिः, जीवः, सुराचार्यः, विदाम्बरः।
वागीशः, धिषणः, दीर्घ, श्मश्रुः, पीताम्बरः, युवा।।
सुधाद्रष्टिः, ग्रहाधीशः, ग्रहपीड़ा, अपहारकः।
दयाकर, सौम्य मूर्तिः, सुरार्च्यः, कुड्मल द्युतिः।।
लोक पूज्यः, लोक गुरु, नीतिज्ञः नीति कारकः।
तारापति, च, आंङ्गिरसः, वेद विद्या पिता महः।।
भक्त्या, बृहस्पतिम्, स्मृत्वा, नामानि, एतानि, य, पठेत्।
अरोगी, बलवान्, श्रीमान, पुत्रवान्, सः, भवेत्, नरः।।
जीवेत्, वर्षशतम्, मर्त्यः, पापम्, नश्यति, नश्यति।
यः पूजयेत् गुरुदिने पीतगन्धा क्षतात्मजै।
पुष्प दीप उपहारश्चः च पूजयित्वा बृहस्पतिम्
ब्राह्मणान् भोजयित्वा च पीड़ा शांतिः भवेत् सुरोः।।

गुरु मंगल स्त्रोतम्

जीव च आङ्गिर गोवज उत्तर मुखः दीर्घ-उतरा सस्थित।
पीत, अश्चत्थ, समुद्धि-सिन्धु जनित च आपः, अथ, मीनाधिपः।

सूर्येन्दु, क्षितिज-प्रियः बुध सितौ शत्रु समा न अपरे,
सप्ताङ्कात् विभवः शुभ, सुरगुरुः कुर्यात् सदा मंगलम्।।

नोट–भगवान गुरु बुद्धि प्रदाता देव हैं, इसलिए यह देव गुरु हैं। बुद्धि विहीन जातक पशुतुल्य होता है। हर क्षेत्र में बुद्धि बल की आवश्यकता पड़ती है। अतः उपरोक्त स्तोत्र का नित्य 108 पाठ करने से बुद्धि बल समान रूप से जीवनपर्यन्त बना रहता है।

अथ गुरु मंत्र

विनियोग–बृहस्पति मंत्रस्य गृत्समद ऋषिः, अनुष्टुप्छन्दः, ब्रह्म देवता, बृहस्पतिप्रीत्यर्थे जपे विनियोगः।

(नीचे लिखे कोष्ठक के अंगों को छूते रहें)

अथ देहांगन्यास–बृहस्पते शिरसि (सिर) अतियदय्यो ललाटे (माथा), अर्हाद्युमत् मुखे (मुख) विभाति क्रतुमत् हृदये (हृदय) जनेषु नाभौ (नाभि) यद्दीदयत् कट्याम (कमर) शवसऋतप्रजात ऊर्वो (छाती) तदस्मासु द्रविणं जान्वोः (घुटने) धेहि गुल्फायोः (गुल्फ) चित्रं पादयोः (पैर)।

अथ करन्यास–बृहस्पतेऽअतियदर्य्यो अंगुष्ठाभ्यां नमः। अर्हाद्युमत् तर्जनीभ्यां नमः। विभाति क्रतुमत् मध्यमाभ्यां नमः। जनेषु अनाभिकाभ्या नमः। यद्दीदयच्छवसऋतप्रजाततदस्मासु कनिष्ठिकाभ्यां नमेः द्रविणंधेहित चित्रम् करतलकरपृष्ठाभ्यां नमः।

अथ हृदयादिन्यास–बृहस्पतेऽअतिदर्य्यो हृदय नमः (हृदय) अर्हाद्युमत् शिरसे स्वाहा। विभाति क्रतुमत् शिखायै वषट् (शिखा)। जनेषु कवचाय हुं (दोनों कन्धे) यद्दीदयच्छवसऋतप्रजाततदस्मासु नेत्रत्रयाय वौषट् (दोनों नेत्र)। द्रविणं धेहित चित्रम् अस्त्रय फट्। (दायां हाथ सिर से धुमा कर बायें हाथ पर दो अंगुलियों से ताली बजाएं।)

अथ ध्यानम्–पीताम्बरः पीतवपुः किरीटी चतुर्भुजः देव गुरुः प्रशान्तः।
तथा अक्ष सूत्रम् कमण्डलुम् च दण्डम् च विभद्र वरदः अस्तु महाम्।।

बृहस्पति का आह्वान–

बुध्यायस्यसमोनास्ति देवताना च पुरोहितः।
त्राता च सर्वदेवानां गुरुमावह्याम्यहम्।।1।।
अहो वाचस्पतोपीत संजातः सिंधुमण्डले।

एह्या गिरसगोत्रेय हयारूढचतुर्भुजः।।2।।
दंडाक्षसूत्रवरदः कमण्डलुधरप्रभो।
महाइन्द्रेति संपूज्यो विधवात्युत्तरेदले।।3।।
ॐ महाइन्द्रोवज्रहस्तः षोडशीषर्म्ययच्छतु
हंतुपापमानं योग्सयान्द्वेष्टियं च वयं दिष्मः।।26/10।।

उत्तरे गुरु स्थापयामि—

गुरुगायत्री—ॐ अंगिरोजाताय विद्महे वाचस्पतये धीमहि तन्नो गुरुः प्रचोदयात्।

बीज मंत्र—ॐ ग्राँ ग्रीं ग्रौं सः भूर्भुव स्वः ॐ बृहस्पतेऽअतियदर्य्योऽअर्हाद्युमद्विभाति। क्रुतमज्जनेषु यद्दीदयच्छवसऽऋत प्रजात तदस्मास द्रवणिन्धेहि चित्रम्। ॐ स्व भुवः भुसः ग्रौं ग्रीं ॐ सः गुरुवे नमः।

जपमंत्र—ॐ ग्रां ग्रीं ग्रौ सः गुरुवे नमः एकोनविशंतिसहस्त्रणि। 9000 प्रतिदिन।

❑❑❑

मीनलग्न में रत्न धारण का वैज्ञानिक विवेचन

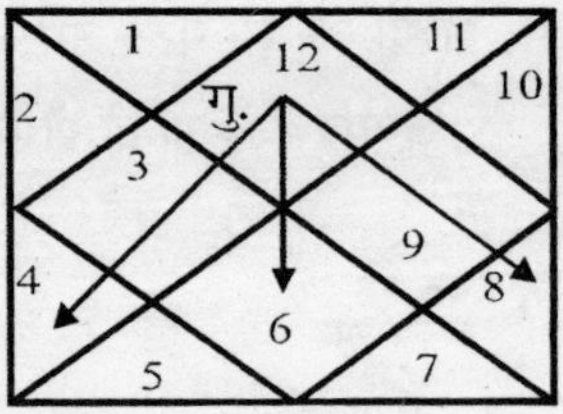

1. **माणिक्य**–मीनलग्न के जातकों को माणिक्य धारण करना लाभदायक न होगा क्योंकि इस लग्न में सूर्य षष्ठ भाव का स्वामी होता है। इस लग्न में एक अपवाद हो सकता है क्योंकि सूर्य लग्नेश गुरु का मित्र है, अत: यदि वह षष्ठ का स्वामी होकर षष्ठ भाव में ही स्थिति हो तो सूर्य की महादशा में भी माणिक्य धारण नहीं किया जा सकता।

2. **मोती**–मीनलग्न, ये चंद्र पंचम त्रिकोण (सुख भाव) का स्वामी होता है। मोती धारण करने से जातक को संतान सुख, विद्या-लाभ तथा यश, मान प्राप्त होता है। अत: मोती धारण करने से भाग्योन्नति भी होती है। चंद्र की महादशा में मोती धारण करना विशेष फलदायी होगा।

3. **मूंगा**–मीनलग्न के लिए मंगल द्वितीय भाव और नवम त्रिकोण का स्वामी होने के कारण अत्यन्त शुभ ग्रह माना गया है। अत: इस लग्न के जातक को मूंगा धारण करना विशेष रूप से लाभप्रद होगा। यदि इस लग्न के जातक मूंगा या मोती या पीले पुखराज के साथ धारण करें तो उन्हें सब प्रकार का सुख प्राप्त होगा।

4. **पन्ना**–मीनलग्न के लिए बुध चतुर्थ और सप्तम का स्वामी होने के कारण केन्द्राधिपति दोष से दूषित है। तब यदि बुध लग्न द्वितीय, पंचम, दशम या एकादश में स्थित हो या स्वराशि में सप्तम में भी हो तो आर्थिक दृष्टि से बुध की महादशा में शुभ फलदायक होगा। जिसकी आयु का अन्त निकट हो उन्हें पन्ना धारण नहीं करना चाहिए।

5. **पुखराज**–मीनलग्न के लिए गुरुलग्न तथा दंशम का स्वामी होने से शुभ ग्रह है। इस लग्न के जातक पीला पुखराज धारण करके अपनी मनोकामनाएं पूर्ण कर सकते हैं। गुरु की महादशा में इसका धारण विशेष रूप से हितकारी होगा। यदि पुखराज नवम के स्वामी मंगल के रत्न मूंगे के साथ धारण किया जाए तो और भी उत्तम फल होगा। पुखराज आपका जीवन रत्न है।

6. **हीरा**–मीनलग्न के लिए शुक्र तृतीय और अष्टम का स्वामी होने के कारण अत्यन्त अशुभ ग्रह माना गया है। इस लग्न के जातक को हीरा कभी भी धारण नहीं करना चाहिए।

7. **नीलम**–मीनलग्न में शनि एकादश और द्वादश का स्वामी होने के लिए अशुभ ग्रह माना गया है। इसके अतिरिक्त शनि लग्नेश का शत्रु भी है तब भी एकादश का स्वामी होकर शनि यदि द्वितीय, चतुर्थ, पंचम, नवम या लग्न में स्थित हो तो शनि की महादशा में नीलम धारण करने से आर्थिक लाभ हो सकता है। परंतु इसके जातक के लिए नीलम नहीं पहनना ही उचित होगा।

विशिष्ट उद्देश्य पूरक संयुक्त रत्न

1. **संतान हेतु**–मोती सवा पांच रत्ती, पुखराज सवा पांच रत्ती सुवर्ण में। गजकेसरी योग बनाते हैं।
2. **भाग्योदय हेतु**–मूंगा सवा पांच रत्ती, पुखराज सवा पांच रत्ती सुवर्ण में।
3. **आरोग्य हेतु**–पुखराज-मोती, सवा चार-पांच रत्ती चांदी में।
4. **स्थाई लक्ष्मी हेतु**–मूंगा सवा चार-मोती सवा चार-पुखराज सवा चार सुवर्ण में। गजकेसरी योग, महालक्ष्मी योग एवं किम्बहुना परम योग बनता है। ऐसा मंत्रपूत लॉकेट पहनकर व्यक्ति तीनों लोकों में सभी प्रकार के कार्य करने में समर्थ हो जाता है।

❑❑❑

गुरु की शांति के विविध उपाय

1. गुरु के कारण उत्पन्न समस्त अरिष्टों के शमन के लिए रुद्राष्टाध्यायी एवं शिवसहस्त्र नाम का पाठ अथवा नित्य रुद्राभिषेक करना अमोघ है।
2. वैदिक या तांत्रिक गुरु मंत्र का जप तथा कवच एवं स्तोत्र पाठ अथवा भगवान दत्तात्रेय के तांत्रिक मंत्र का अनुष्ठान भी लाभप्रद है।
3. सौभाग्यवश जो लोग किसी समर्थ गुरुदव की चरण-शरण में हैं, वे नित्य गुरु पूजन एवं गुरुध्यान करने से समस्त भौतिक एवं अभौतिक तापों से निवृत्त हो जाते हैं।
4. प्रश्नमार्ग के अनुसार गुरु महाविष्णु का प्रतिनिधित्व करता है अतः कम-से-कम पुरुष सूक्त का जप और हवन अथवा सुदर्शन होम भी कल्याणकारी है।
5. अधिक न कर सकें, तो मासिक सत्य नारायण व्रत कथा एवं गुरुवार तथा एकादशी का व्रत ही कर लें।
6. राहु मंगल आदि क्रूर एवं पाप ग्रहों से दूषित गुरु कृत संतान बाधा योग में शतचंडी अथवा हरिवंश पुराण एवं संतान गोपाल मंत्र का अनुष्ठान करें।
7. ब्राह्मण एवं देवता के सम्मान, सदाचरण, फलदार वृक्ष लगवाने एवं फलों के दान (विशेषकर केला, नारंगी आदि पीले फल) से गुरु देव प्रसन्न होते हैं।
8. पंचम भाव स्थिति शनि गुरु के अरिष्ट शमनार्थ 40 दिन तक वट वृक्ष की 108 प्रदक्षिणा करना बहुत हितकारी होती है।
9. जिस स्त्रियों के विवाह में गुरु कृत बाधा से विलंब सूचित हो, उन्हें उत्तम पुखराज धारण करना चाहिए तथा केला या पीपल वृक्ष का पूजन करना चाहिए।
10. गुरु को बलवान करने एवं धनप्राप्ति हेतु पुखराज युक्त "गुरुयंत्र" धारण करें।
11. चमेली के पुष्प (9 अथवा 12) लेकर उन्हें जल में प्रवाहित करें।
12. पीले कनेर के पुष्प गुरु प्रतिमा पर चढ़ाएं।

13. 13 अथवा 21 गुरुवार व्रत रखें।
14. गुरु लीलामृत का पाठन अथवा श्रवण करें।
15. दत्त भगवान का विधिवत् पूजन करें।
16. कुछ स्वर्ण का दान करें–सिर्फ गुरुवार के दिन ही।
17. स्वर्ण जल का पान करें। ''स्वर्ण-जल'' से तार्प्य ऐसे जल से है जिसमें स्वर्ण को डुबोया गया हो।
18. पीत-वस्त्रों का दान किसी सौभाग्यवती को दें।
19. ''स्वर्ण-जल'' से स्नान करें।
20. गुरु के होरा में निर्जल रहे।
21. मिथुन या कन्या लग्न में गुरु छठे, आठवें या बारहवें स्थान में हो तो गुरु के अशुभ प्रभाव से बचने के लिए शुद्ध सोने के दो टुकड़े या पुखराज रत्न बराबर वजन के ले। विवाह समय एक टुकड़ा संकल्पपूर्वक नदी में बहा दे तथा दूसरा अपने पास रखें। जब तक दूसरा टुकड़ा जातक के पास रहेगा। उसको गुरु का कुप्रभाव स्पर्श नहीं कर पाएगा तथा उसका वैवाहिक जीवन सुखमय रहेगा।
22. गुरुवार का व्रत 5 या 11 या 43 बार रखना।
23. हरि पूजन करना या पीपल का पालन करना।
24. श्रीविष्णु भगवान् का नमस्कार करना।
25. पुखराज पहनना, पुखराज के अभाव में हल्दी की गट्टी पीले रंग के धागे में बांध कर दायीं भुजा पर बांधना।
26. चांदी की कटोरी में केसर/हल्दी का तिलक करना।
27. शुद्ध सोना धारण करना (गुरु षष्ठ भाव को छोड़कर)।
28. नाभि (धुनी) पर केसर लगाना या केसर खाना।
29. ब्राह्मण, कुल पुरोहित या साधु की सेवा करना।
30. गरुड़ पूजा (गरुड़ पुराण) का पाठ करना।
31. घर की दीवारों पर पीला रंग करना।
32. पीले फूल (गेंदा या सूरजमुखी) लगाना।
33. गुरु उच्च का हो तो बृहस्पति की चीजों का दान न देना
34. गुरु नीच का हो तो गुरु की चीजों का दान न लेना।

उपरोक्त उपाय 5 या 11 या 43, दिन या सप्ताह या मास लगातार करने चाहिए।

35. गुरु पीड़ा की विशेष शांति हेतु सफेद सरसों, दयमंती के पुत्र, मुलैठी और मालती के पुष्प मिलाकर 9 गुरुवार तक नियमित स्नान करे।

36. गुरु पीड़ा का विशेष शांति हेतु कोई तीन जाति के श्वेत पुष्प श्री गुरुदेव एवं इष्ट का ध्यान करते हुए 9 गुरुवार तक नियमित स्नान करें।

37. यदि गुरु बिगड़ा हुआ है तो ऐसे व्यक्ति ने इस जन्म या पूर्व जन्म में फलदार वृक्षों को कटाया है। कुलगुरु, कुल देवता या किसी आदरणीय व्यक्ति का अपमान किया है जिसके कारण जातक को संतानसुख नहीं होता। ऐसे में जातक को गुरु के वैदिक मंत्रों को 19,000 बार जप करने चाहिए। गुरु संबंधी वस्तुओं का दान करते हुए, वृद्ध लोगों का आदर करते हुए गुरु की सेवा करें एवं गुरुवार को नियमित व्रत करें।

38. हरिवंश पुराण के अनुसार पितरों की तिथि, श्राद्ध यज्ञ करना चाहिए।

39. प्रति गुरुवार पीपल की सात परिक्रमा करें।

40. प्रति गुरुवार विष्णु के मंदिर में सात पीले पुष्प चढावे। 27 गुरुवार तक तो एक इष्छा जरूर पूर्ण होगी।

❑❑❑

प्रबुद्ध पाठकों के लिए अनमोल सुझाव फलादेश करते समय कृपया ध्यान रखें

1. बिना फलादेश ज्योतिष शास्त्र निर्गन्ध पुष्प है अत: फलादेश करते समय कृपया जल्दबाजी न करें। फलादेश करते समय अपने खुद के साथ जोर-जबरदस्ती न करे। यथा आपका ध्यान कन्य कार्य में है। आपके पास समय का अभाव है, परन्तु सामने वाला पृच्छक आप पर दबाव डाल रहा है कि मेरी तो ट्रेन जा रही है, बस जा रही है, प्लेन जा रहा है, अभी का अभी बताओ क्या होने वाला है? जो फलादेश आवेश व जल्दीबाजी में होगा वो फलादेश गलत हो जायेगा। क्योंकि फलादेश करते समय चित्त शान्त होना चाहिए।
2. जन्म कुण्डली का अध्ययन एकान्त में करें। गम्भीरतापूर्वक करें। आलतू-फालतू लोगों को पास न बैठावें। जहां तक हो सके दैवज्ञ विद्वान् के पास अकेला पृच्छक (जिज्ञासु) ही होना चाहिए।
3. दैवज्ञ को फलादेश करने के पूर्व सरस्वती अथवा अपने इष्ट देव का स्मरण करना चाहिए।
4. फलादेश प्रारम्भ करने के पूर्व जिज्ञासु सज्जन से फल-पुष्प दक्षिणा भेट इत्यादि स्वीकार करके, उसे प्रभुचरणों में समर्पित करके ही आगे प्रवृत होना चाहिए।
5. यह शास्त्रवचन है कि जो दैवज्ञ ज्योतिषी के समीप और ईश्वर के दरबार में खाली हाथ जाता है, वह खाली हाथ ही वापस लौटता है।
6. आगन्तुक पृच्छक से हमेशा प्रश्न लिखित में लिखकर ले और प्रत्युत्तर हमेशा मय हस्ताक्षर, तारीख और समय के साथ लिखित में लिखकर देने का साहस रखें, तभी आत्मविश्वास एवं साधना दोनों बढ़ेगी।
7. घटना घटित होने के बाद उसकी सफलता एवं असफलता के कारणों की पुष्टि ज्योतिषीय सिद्धान्तों के आधार पर निरन्तर करते रहना चाहिए। फलित सत्य

होने पर ज्यादा फूले नहीं? क्योंकि यह सत्यखोजी ऋषियों की कृपा से हुआ है तथा फलित सत्य होने पर निराश या हताश नहीं होना चाहिए क्योंकि गलती हमेशा व्यक्तिगत ही होता है। **'मनुष्य मात्र भूल का पात्र'** गलती हममें है, ऋषियों की वाणी में नहीं, ऐसा विश्वास रखना चाहिए।

8. जन्मपत्रिका को लग्न के अनुसार देखना सीखे।

शास्त्र कहते हैं–

9. **फलानि ग्रहचारेण सूचयन्ति मनीषिण।**
को वक्तां तारतम्यस्य तमेकं वेधसं विना॥

ग्रहों की स्थिति पर से जानकार दैवज्ञ शुभ-अशुभ फलों की सूचना करते हैं, परन्तु (फलों के) कम अथवा अधिक प्रमाण तो एक मात्र जगत्सृष्टा ब्रह्मा के सिवाय कौन कह सकेगा? फिर भी ईश्वर के पश्चात् ज्योतिषी वह पहला व्यक्ति है, जो निश्चयपूर्वक आपके भूत, भविष्य एवं वर्तमान बताने की सामर्थ्य रखता है।

10. **पापत्वे सति नीचत्वे ऊच्चत्वे वापि किं फलम्।**
ते योगाः कि करिष्यन्ति स्वदशानामनागमे।

ग्रहों की अशुभत्व, नीचत्व अथवा उच्चत्व इनका योग होने पर भी यदि उनकी दशा नहीं आती हो तो उनके फल कहां से प्राप्त होंगे? और क्यों मिलना चाहिये? दशाओं में ग्रहों के शुभ-अशुभ फल प्राप्त होते हैं। इस जगह **'दशा'** शब्द से **'महादशा'** और **'अंतर्दशा'** इन दोनों का बोध होता है। दशा में विशेष फल मिलता है।

11. **मित्रशत्रुसमायोगे फलं मिश्रं शुभं विदुः।**
केन्द्रत्रिकोणेप्युच्चत्वे मित्रग्रहसमन्विते॥

मित्र और शत्रु ग्रहों का योग हो तो मिश्रफल जानना। केन्द्र त्रिकोण अथवा उच्च, स्थानों में मित्र ग्रहों से युक्त ग्रह हों तो शुभफल जानना चाहिए।

12. **मित्रराशिगत वापि मन्त्रिणा यदि वीक्षिते।**
मित्रयुक्ते बलवपि राजतुल्यो भवेन्नरः॥

मित्र ग्रहों के स्थान में स्थित, मित्रग्रह से युक्त और बलवान ऐसा ग्रह यदि गुरु से दृष्ट हो तो मनुष्य उस समय राजातुल्य ऐश्वर्य को भोगता है।

13. कोई ग्रह यदि राहु के साथ बैठा है। जब ऐसे ग्रह की दशा हो तो उस दशा में अरिष्ट होता है।

14. जब लग्नेश अष्टम स्थान में हो तो उसकी दशा में बहुत दुःख होता है।

15. जब ग्रह **'दिग्बल'** से युक्त हो तो उसकी दशा में बड़ी प्रतिष्ठा उसी दिशा में मिलती है, जिसका वह स्वामी हो।

16. जब पाप ग्रह (शनि, राहु, केतु या दु:स्थान के स्वामी) की महादशा में, शुभ ग्रह की अंतर्दशा हो तो आरंभ से कष्ट होता है और अंत में सुख होता है।

17. जब शुभ ग्रह की महादशा हो, तो पाप ग्रह की अंतर्दशा हो तो आरंभ में सुख होता है और अंत में भय होता है।

18. जब क्रूर ग्रह की महादशा हो, उसमें क्रूर ग्रह की अंतर्दशा, यदि वे दोनों आपस में शत्रु हों तो मृत्यु होती है, परन्तु जब वे आपस में मित्र हों तो जीवन में संदेह होता है।

19. जब दो ग्रह एक दूसरे से छठे अथवा आठवें स्थान में स्थित हों तो उनके दशांतर में बड़ा भय होता है।

20. जब मंगल (मारकेश) की महादशा में शनि (अन्य मारकेश) की अंतर्दशा हो तो मनुष्य की मृत्यु संभव है।

21. जब पाप ग्रह क्रूर राशि में स्थित छठे अथवा आठवें स्थान में हों, शुक्र अथवा सूर्य की उस पर दृष्टि हों तो अपनी दशा में मृत्यु करता है।

22. जब लग्नेश की दशा में, लग्नेश के शत्रु की अंतर्दशा हो तो अकस्मात् मृत्यु हो जाती है। ऐसा सत्याचार्य कहते हैं।

23. जिस ग्रह की महादशा हो उससे 6, 8, 12 स्थानों में स्थित ग्रह की अंतर्दशा शुभ नहीं होती है। शेष स्थानों में स्थित शुभ ग्रह की महादशा तथा पापग्रह की अंतर्दशा कष्ट देने वाली होती है।

24. जब कर्म, लग्न, लाभ, पराक्रम, सुख तथा त्रिकोण (पंचम, नवम) स्थित शुभ ग्रह हो और वह स्वगृही हो अथवा उच्च का हो अथवा मित्र घर का हो, अथवा मित्र नवांश का हों तो उस ग्रह की दशा शुभ होती हैं। परन्तु जो ग्रह 8-12, 6-7-2 स्थानों में अथवा अष्टमेश में हो अथवा शत्रु के घर का हों पाप ग्रह हों, अथवा नीच का हो अथवा अस्तंगत हो उसकी दशा शुभ नहीं होती है।

25. जब मित्र ग्रह की महादशा में, मित्र ग्रह की अंतर्दशा हो, अथवा शुभ ग्रह की महादशा में शुभ ग्रह की अंतर्दशा हो तो वह शुभ होती है। परन्तु जब शत्रु ग्रह की महादशा में शत्रु ग्रह की अंतर्दशा हों अथवा पाप ग्रह की महादशा में, पाप ग्रह की अंतर्दशा हो तो शुभ नहीं होती है। यदि शुभ तथा पाप ग्रह अथवा शत्रु तथा मित्र ग्रहों की दशा और अंतर्दशा मिश्रित हो तो मिश्रित फल होता है।

26. उक्त दशाओं के साथ-साथ गोचर में चलायमान ग्रहों का शुभाशुभ प्रभाव जन्मकुण्डली पर घटित करके देखना चाहिए तथा बाद में अन्तिम निर्णय पर पहुंचना चाहिए।

27. पृच्छक जब आपके पास आता है। उस समय शकुन क्या कहते हैं? प्रकृति के रहस्यमय घटनाओं का सूक्ष्म अध्ययन भी मन-मस्तिष्क में रखना चाहिए। वे तत्काल फल चमत्कारी रूप में देते हैं। मान लीजिए कोई आपसे प्रश्न पूछने आया और बिजली चली गई। कोई बर्तन अचानक गिर कर टूट गया? पास में रोने की, झगड़े का कलह की आवाजें आ गई तो जातक का कार्य हर्गिज नहीं होगा। जिज्ञासु सज्जन के आते ही कहीं से कोई फल-मिठाई पुष्प लेकर आ गया। अचानक रोशनी आ गई। टेलीफोन में अचानक शुभ समाचार मिल गये। बैंड-बाजे नगाड़े की आवाज आ गई तो निश्चित ही आगन्तुक सज्जन का कार्य होगा। ज्योतिषशास्त्र के विद्वान् को शुभाशुभ शकुन शास्त्र का भी पूरा-पूरा ज्ञान होना चाहिए।

❑❑❑

दृष्टांत कुण्डलियां

स्वामी रामतीर्थ

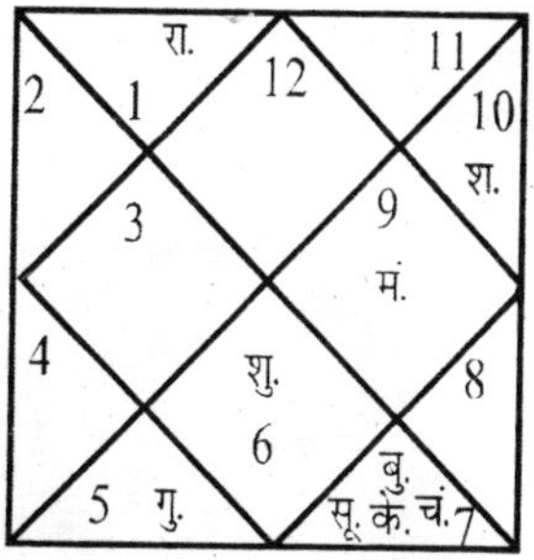

जन्म तिथि–22.10.1873, जन्म समय–16.40 बजे, जन्म स्थान-गुजरांवाला (पाकिस्तान)। गोस्वामी तुलसीदास के वंशज रामतीर्थ की सगाई दो वर्ष एवं विवाह दस वर्ष की आयु में हो गया। 14 वर्ष की आयु में मैट्रिक तथा 21 वर्ष की आयु में एम.ए. प्रथम श्रेणी से उत्तीर्ण किया। 24 वर्ष की आयु 25.10.1897 में उन्होंने संन्यास ले लिया। सन् 1898 में उन्हें आत्म साक्षात्कार हुआ। वे अमेरिका गए। विदेश में भारत की दिव्य विद्याओं का प्रचार किया। लग्नेश गुरु छठे, चंद्रमा आठवें होने से वे कुल 33 वर्ष तक ही जीवित रहे तथा गंगाजी के भंवर में फंस कर जल समाधि ली।

विश्वकवि रवीन्द्रनाथ टैगोर

जन्म तिथि–7.5.1861, जन्म समय–2.51 बजे प्रात, जन्म स्थान-बंगाल। विश्वकवि रवीन्द्रनाथ टैगोर के द्वितीय भाव में उच्च का सूर्य के साथ 'बुधादित्य योग' के कारण उनकी वाणी एवं कविताएं तेजस्वी थी। मंगल एवं शुक्र ने परस्पर पर राशि परिवर्तन करके उन्हें अतुल कीर्ति प्रदान की। चंद्र एवं गुरु ने परस्पर राशि परिवर्तन

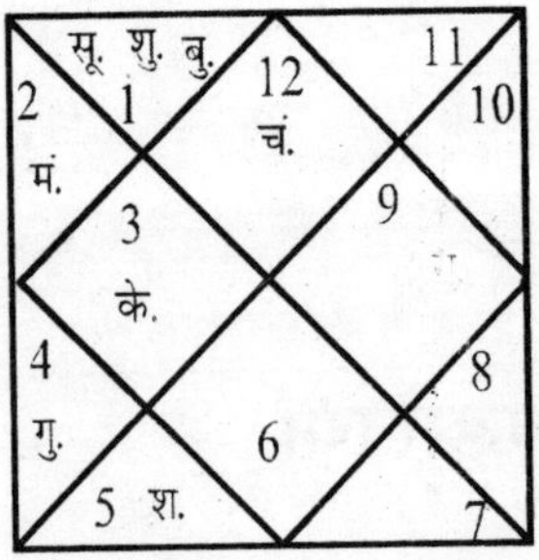

करके लग्न एवं पंचम (अध्यात्म स्थान) दोनों को शक्तिशाली बनाया। द्वादेश शनि अष्टम में होने से 'विमल नामक' 'विपरीतराज योग' से उन्हें नोबल पुरस्कार मिला। विश्वव्यापी कीर्ति मिली।

मां आनन्दमयी

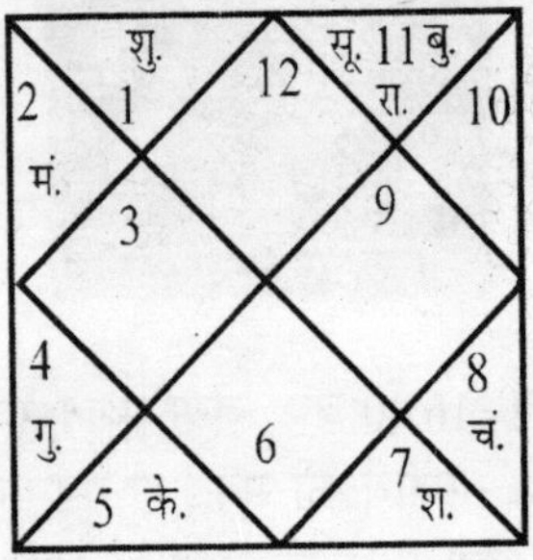

जन्म तिथि–30.4.1896। मां आनन्दमयी की कुण्डली में चारों केन्द्र खाली है। उच्चपदस्थ गुरु ने उन्हें आध्यात्मिक ज्ञान प्रदान किया। द्वादश में 'बुधादित्य योग' एवं राहु ने उन्हें संन्यासी बनाया। अष्टम भाव में शनि में विमल नाम 'विपरीतराज योग' बनाया। फलत उन्हें जबरदस्त राजकीय मान्यता मिली। भारत की प्रधानमंत्री इंदिरागांधी उनकी अनन्य भक्त थी। शुक्र एवं मंगल ने परस्पर राशि परिवर्तन करके उन्हें विश्व व्यापी कीर्ति प्रदान की।

शंकराचार्य गोवर्धन मठ, श्री भारतीय कृष्णतीर्थ

जन्म तिथि–19.3.1868, जन्म समय–6.33 बजे। श्री भारतीय कृष्ण तीर्थ सन् 1946 से 1960 तक गोवर्धन पीठ के शंकराचार्य पद पर आरूढ़ रहे। वे इस पीठ की परम्परा में 143वें शंकराचार्य रहे और बड़ी भारी कीर्ति अर्जित की। इसका कारण

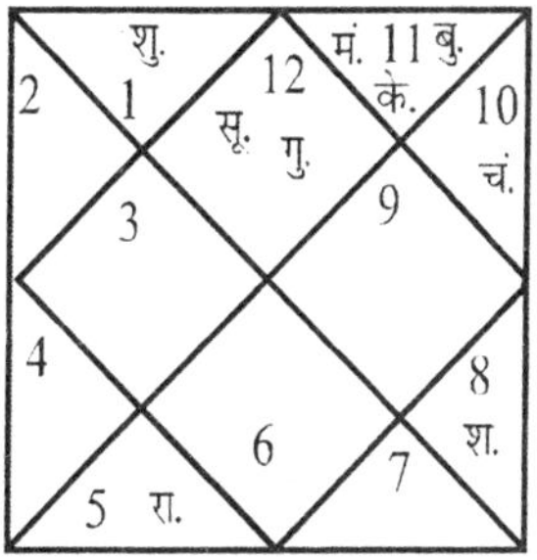

लग्नस्थ गुरु द्वारा प्रदत्त 'हसंयोग' है। मंगल, शनि का परस्पर स्थान परिवर्तन एवं बारहवें केतु ने उन्हें संन्यासी बनाया।

श्री उपेन्द्रनाथ अश्क

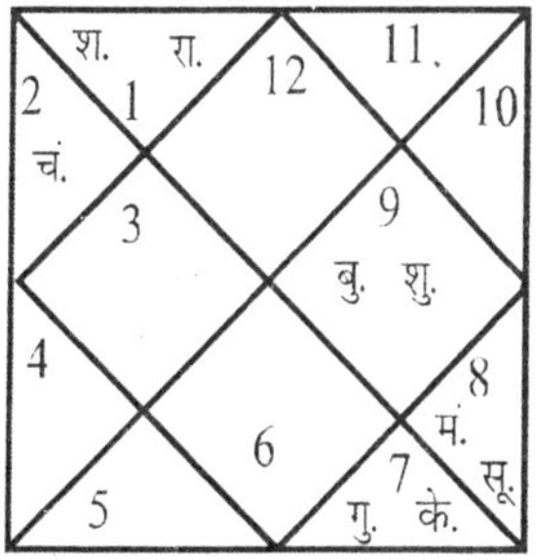

जन्म तिथि–14.12.1910, जन्म समय–13.10 बजे, जन्म स्थान-जालंधर। भारत प्रसिद्ध साहित्यकार, लेखक एवं कवि के रूप में उपेन्द्रनाथ अश्क ने विशेष ख्याति प्राप्त की है। अष्टम भावगत गुरु एवं केतु, द्वितीय भागवत् शनि और राहु के कारण वे सैदव आर्थिक विषमता से लड़ते रहे। उन्हें भौतिक सुख-सुविधा की प्राप्ति का नितान्त अभाव रहा।

श्रीमति ऐनी बेसेन्ट

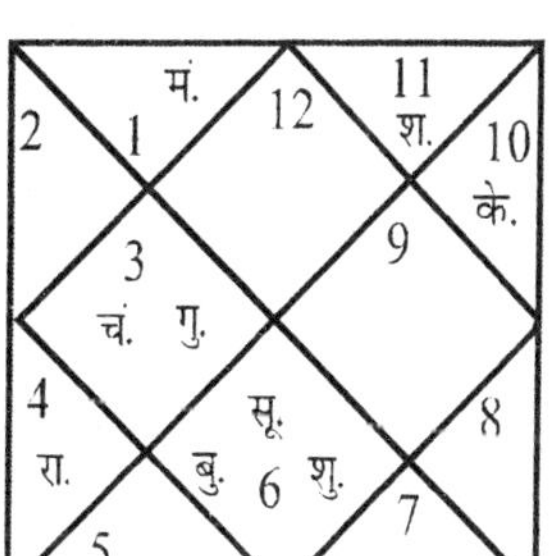

सुप्रसिद्ध समाज सेविका एवं प्रथम अध्यक्ष कांग्रेस पार्टी, श्रीमति ऐनी बेसेन्ट एक दयालु व परोपकारी विदेशी महिला थी। जिन्होंने अपने प्रखर व्यक्तित्व के कारण भारत की आजादी के आन्दोलन में महत्त्वपूर्ण योगदान दिया।

संत तुकाराम (महाराष्ट्र)

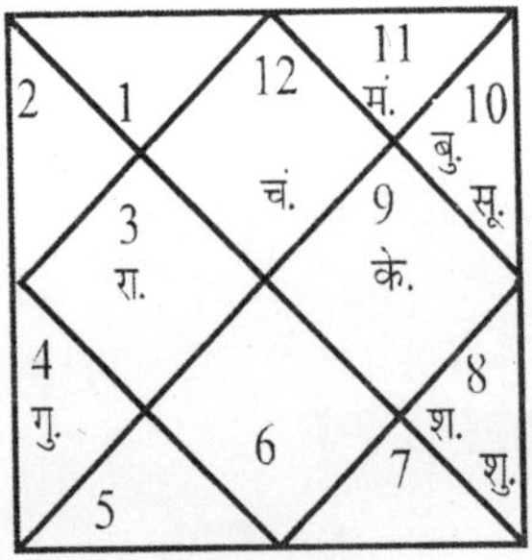

महान संत तुकाराम जी की कुण्डली में पंचमस्थ उच्च का गुरु आध्यात्मिक ज्ञान, पूर्वजन्म के पुण्यफल के रूप में उदित हुआ है।

भारत सम्राट श्री भरत

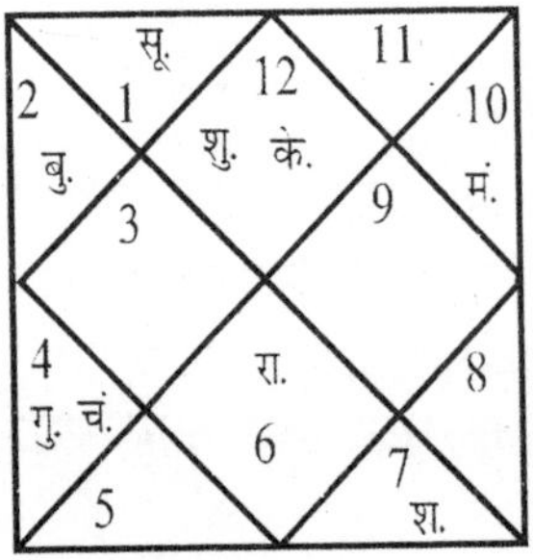

जन्म चैत्र शुक्ल नवमी। भगवान् श्रीराम की लघु भ्राता, भक्त शिरोमणि भरत की यह कुण्डली वाल्मीकी रामायण के आधार पर बनी है।

बाबू जगजीवन राम (पूर्व रक्षामंत्री, भारत सरकार)

जन्मतिथि–5.4.1908, जन्म समय–6.00 बजे प्रात, जन्म स्थान–भोजपुर (बिहार)। चंद्र+शुक्र की युति ने यहां 'किम्बहुनानामक राजयोग' बनाया। जिससे जातक का पराक्रम अद्वितीय रहा। आंशिक 'कालसर्प योग' के कारण जातक को कोई पुत्र नहीं हुआ। एक पुत्री हुई जिसका नाम मीरा था।

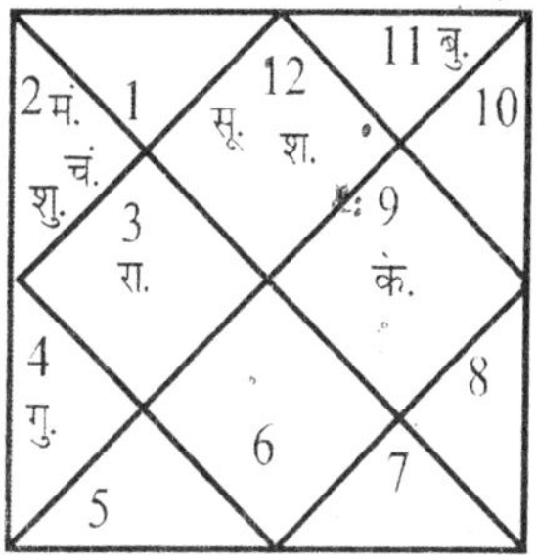

सम्राट जार्ज पंचम

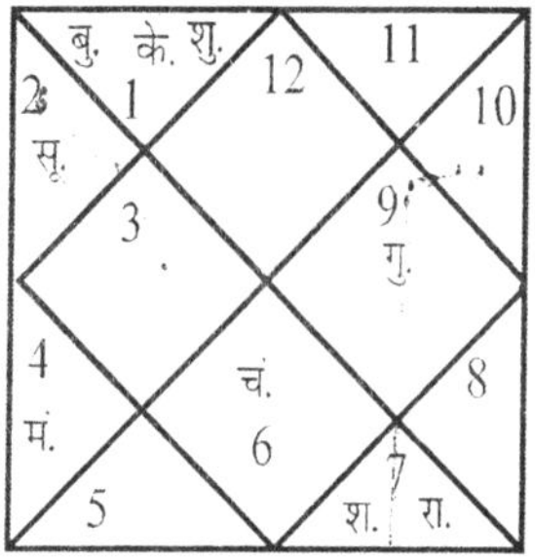

जन्मतिथि–3.6.1865, जन्म समय–13.30, जन्म स्थान–इंग्लैंड। इस कुण्डली में गुरु के कारण 'हंस योग' बना जो कि पंचमहापुरुष योगों में से उत्तम योग है। अष्टम स्थान में उच्च का शनि विमल नामक 'विपरीतराज योग' बनाता है। जिसके कारण ये सम्राट बने।

श्री भजनलाल पूर्व मुख्यमंत्री हरियाणा

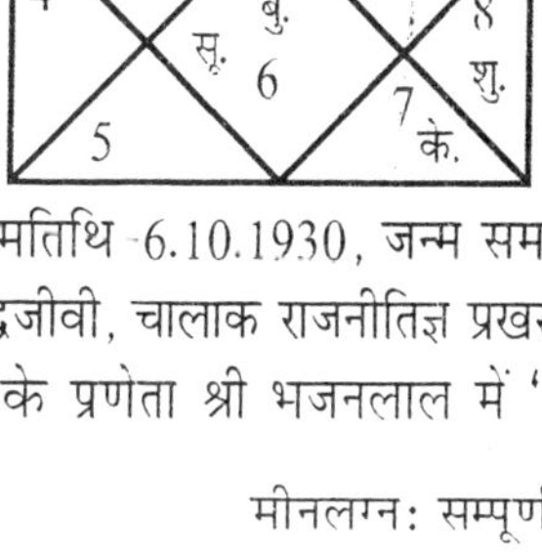

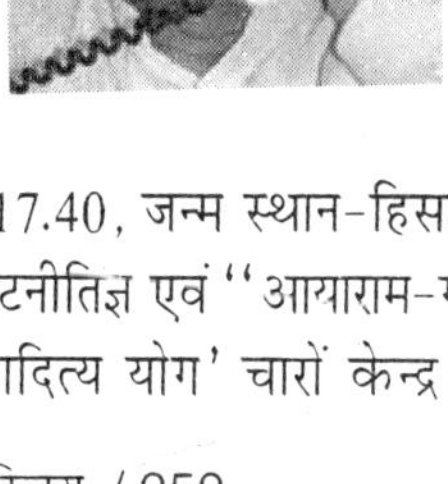

जन्मतिथि–6.10.1930, जन्म समय–17.40, जन्म स्थान–हिसार। भारत के प्रखर बुद्धिजीवी, चालाक राजनीतिज्ञ प्रखर कूटनीतिज्ञ एवं "आयाराम-गयाराम" की राजनीति के प्रणेता श्री भजनलाल में 'बुधादित्य योग' चारों केन्द्र भरे होने से

'आसमुद्रात् नामक राजयोग'। 'कुलदीपक योग', 'पद्मसिंहासन योग' एवं पंचमहापुरुषों में से एक 'भद्रयोग' पूर्ण रूप से मुखरित है।

सुधाकर राव, पूर्व मुख्यमंत्री (महाराष्ट्र)

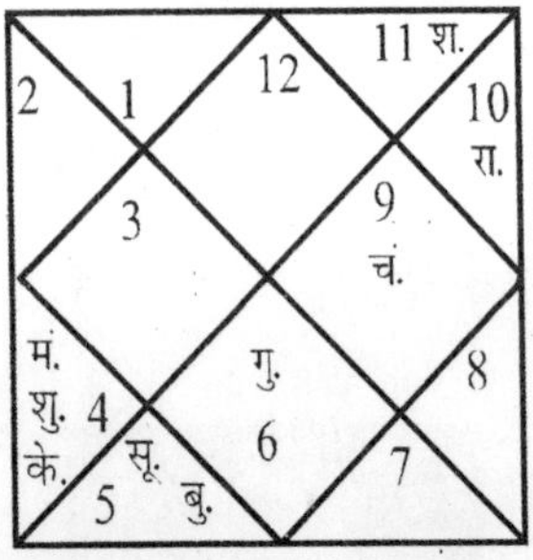

जन्मतिथि-21.8.1934, जन्म समय-20.30। महाराष्ट्र की राजनीति में सुधाकर राव नामक का नाम आदर से लिया जाता है। 'बुधादित्य योग', 'कुलदीपक योग', 'केसरी योग' 'पद्मसिंहासन योग' तथा विमल नामक 'विपरीतराज योग', हर्षनामक 'विपरीतराज योग', आंशिक 'कालसर्प योग' इनकी कुण्डली में प्रमुखता के साथ उभरे है।

श्री गोर्बोचोव, राष्ट्रपति रूस

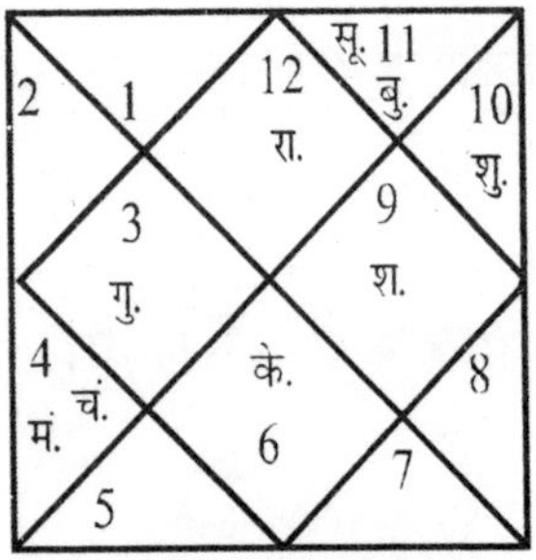

जन्मतिथि-2.3.1931, जन्मसमय-8.10 बजे प्रातः, जन्म स्थान-मास्को। इस कुण्डली में चंद्र+मंगल युति ने 'नीचभंग राजयोग' बनाया। बुधादित्य योग, केन्द्रवर्ती गुरु से 'कुलदीपक योग', 'केसरी योग' एवं 'पद्मसिंहासन योग' बनाया।

आईजन हॉवर

जन्मतिथि-14.10.1890, जन्म समय-5.15 बजे प्रातः, जन्म स्थान-डेनिसन, अमेरिका। बुध के कारण 'भद्र योग' बना जो कि पंच महापुरुष योगों में से उत्तम

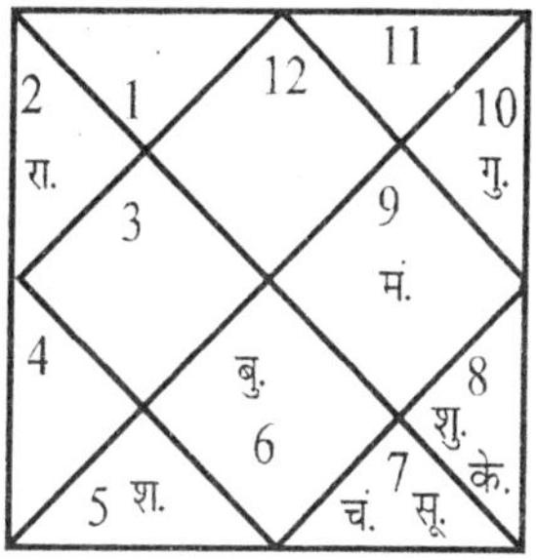

योग है व्ययेश शनि छठे भाव में जाने से 'विमलनामक' 'विपरीतराज योग' बना। जिससे आईजन हॉवन को राजकीय सम्मान, पद-प्रतिष्ठा वर्चस्व की प्राप्ति हुई।

श्री ओमप्रकाश चौटाला, मुख्यमंत्री-हरियाणा

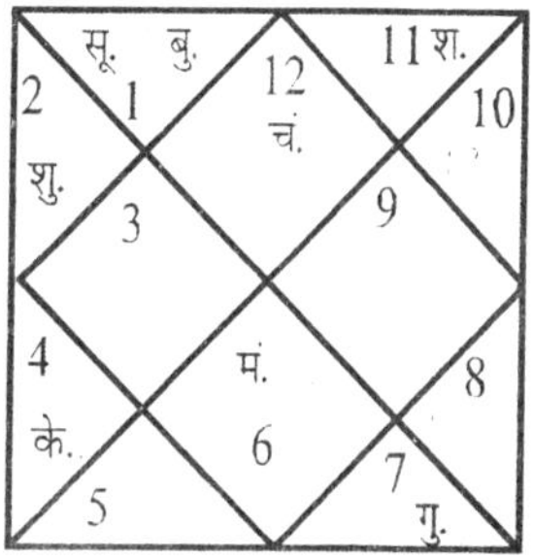

जन्मतिथि-29/30 अप्रैल 1935, जन्म समय- 4.15 बजे प्रातः, जन्म स्थान-फिरोजपुर। श्री ओमप्रकाश चौटाल की कुण्डली में उच्च के सूर्य के साथ 'बुधादित्य योग' बना। व्ययेश व्ययस्थान में स्वगृही होने से विमलनामक 'विपरीतराज योग' बना। जिससे श्री चौटाल को मुख्यमंत्री पद की प्राप्ति हुई।

श्रीमति मारग्रेट अल्वा

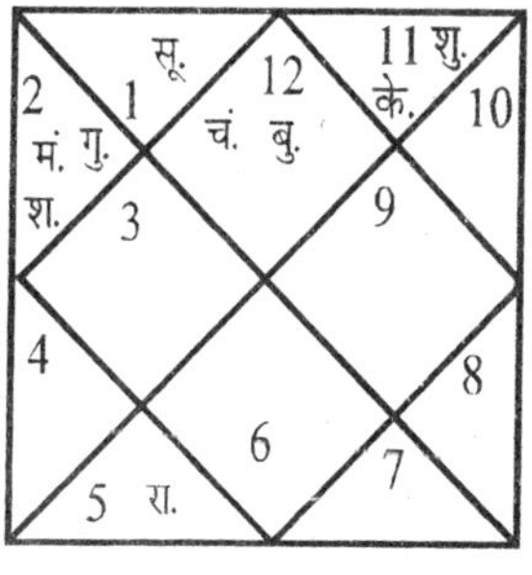

जन्म तिथि-14.4.1942, जन्म समय-6.00 बजे प्रातः, जन्म स्थाल मैंगलोर। भारतीय राष्ट्रीय राजनीति में मारगेट अल्वा एक जानी-पहचानी हस्ती है। जो कांग्रेस के राष्ट्रीय अध्यक्ष श्रीमति सोनिया गांधी के अत्यधिक करीबी व्यक्तियों में से एक है। लग्नस्थ बुध चंद्र की युति एवं तृतीय स्थान में तीन ग्रहों की युति ने इनका पराक्रम बढ़ाया। इस कुण्डली में द्वादशस्थ शुक्र ने सरल नामक 'विपरीतराज योग' बनाया है जो कि दृष्टव्य है क्योंकि शनि शुक्र के परस्पर राशि परिवर्तन किया है।

हितेश्वर सेकिया

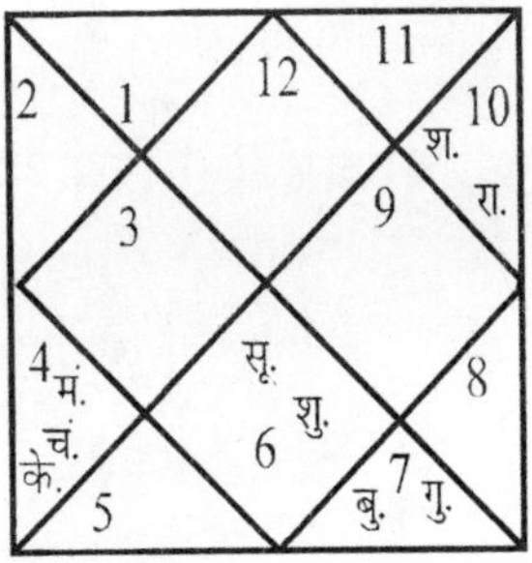

जन्मतिथि-3.10.1934, जन्म समय-16.30 बजे सायं, जन्म स्थान-शिवसागर (आसाम)। हितेश्वर सेकिया की कुण्डली में चंद्र+मंगल युति 'नीचभंगराज योग' बना रही है। शनि स्वगृही है। शुक्र एवं बुध ने परस्पर राशि परिवर्तन किया है जो विशेष रूप से दृष्टव्य है। कुण्डली में पूर्ण 'कालसर्प योग' होने के कारण परिश्रम का उतना फल नहीं मिला, जितना मिलना चाहिए।

श्री सुशील कुमारक शिन्दे, मुख्यमंत्री (महाराष्ट्र)

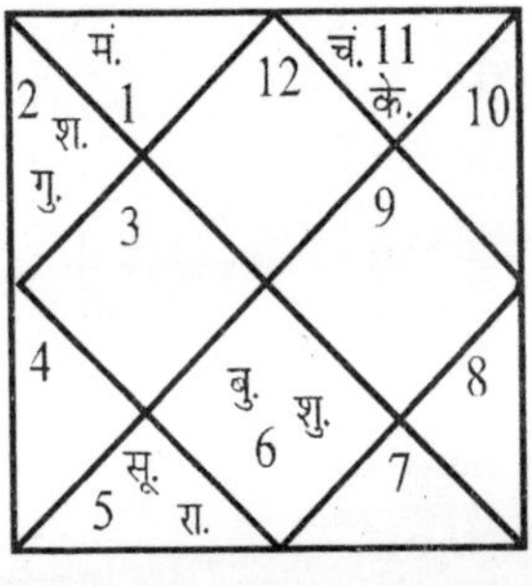

जन्मतिथि-4.9.1941, जन्म समय-19.30 बजे सायं, जन्म स्थान-शोलापुर। देशमुख के स्थान पर मुख्यमंत्री बनने वाले श्री सुशीलकुमार शिन्दे का महाराष्ट्र की

राजनीति में महत्त्वपूर्ण स्थान है। सप्तम भाव में उच्च के बुध से 'भद्रयोग', 'नीचभंगराज योग', सूर्य के कारण हर्षनामक 'विपरीतराज योग' ने उन्हें महाराष्ट्र के मुख्यमंत्री पद पर बैठाया। अत्यन्त गरीब एवं निम्न परिवार में जन्में आयकर विभाग के चतुर्थ श्रेणी के पद पर काम कर रहे श्री शिन्दे का महाराष्ट्र के सर्वोच्च पद पर आसीन होना ग्रहों की शक्ति का ही विलक्षण चमत्कार है।

एरियल शेरॉन, प्रधानमंत्री इजरायल

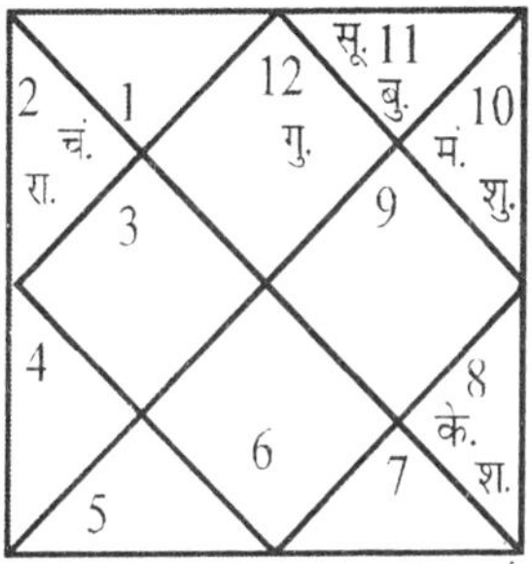

जन्मतिथि–26.2.1928, जन्म समय–7.49 बजे प्रातः, जन्म स्थान–कुफ्रमलाल। लग्नस्थ गुरु के कारण 'हंस योग', द्वादशस्थ सूर्य के कारण हर्षनामक 'विपरीतराज योग', 'बुधादित्य योग' पंचमेश चंद्रमा उच्च का होकर पराक्रम स्थान में, मंगल उच्च का होने से श्री एरियल शेरॉन इजरायल के प्रधानमंत्री जैसे महत्त्वपूर्ण पद पर पहुंचे। परन्तु 'कालसर्प योग' के कारण सारी कीर्ति नष्ट हो गई। इन्हें हिटलर का अंशावतार कहा गया है।

अडोल्फ हिटलर (विश्व प्रसिद्ध तानाशाह)

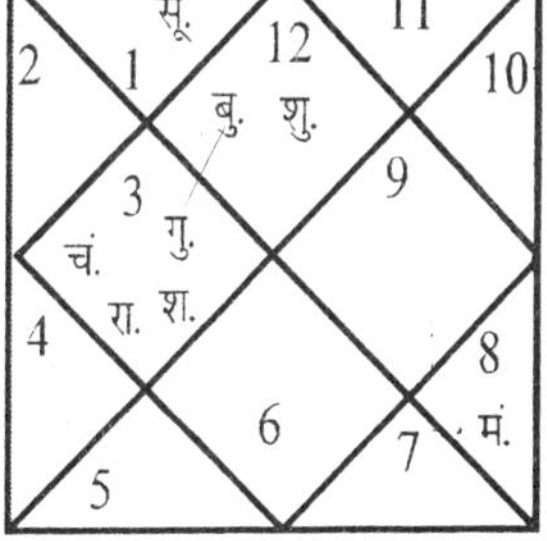

जन्म स्थान–जर्मनी। जनश्रुतियों के अनुसार यह उपलब्ध कुण्डली हिटलर की है। लग्न में 'मालव्य' नामक राज योग शुक्र के कारण बना। सूर्य उच्च का चतुर्थ

भाव में 'चतुष्ग्रह युति' ने उन्हें विश्वस्तरीय बड़ा नाम दिया परन्तु चंद्रमा शत्रुक्षेत्री तथा चंद्र राहु, शनि के प्रभाव में होने से उनकी मानसिकता व सोच विकृत रहा।

नीरो (रोम का शासक)

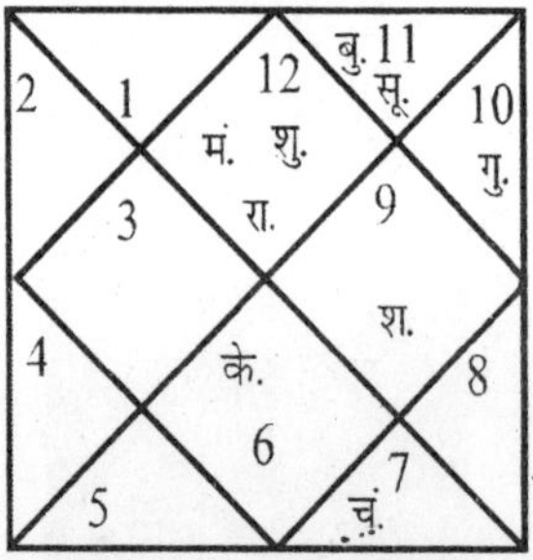

कहावत प्रसिद्ध है रोम जल रहा था तथा रोम का सम्राट नीरो महल छत पर खड़ा चैन की बंशी बजा रहा था। लग्नस्थ शुक्र द्वारा रचित 'मालव्य योग' ने उसे सम्राट बनाया पर लग्नस्थ मंगल+राहु युति ने उसे क्रूर बनाया। चंद्रमा अष्टम में विकृत मानसिकता का परिचायक है। शनि, गुरु का परस्पर राशि परिवर्तन यहां विशेष दृष्टव्य है।

राजकुमारी मार्गेट

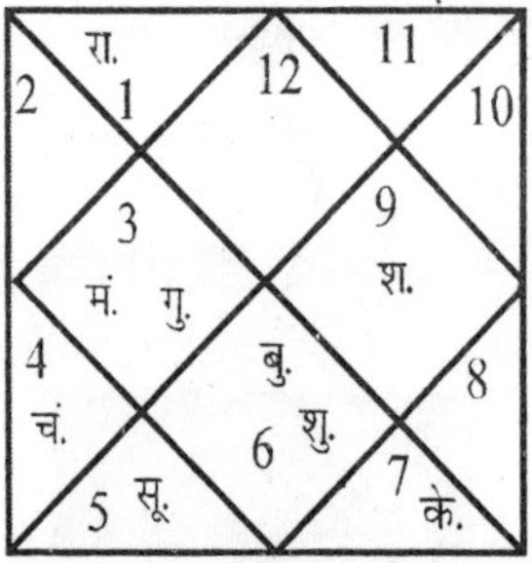

राजकुमारी मार्गेट की कुण्डली में सप्तमस्थ बुध ने 'भद्रयोग' शुक्र ने 'नीचभंगराज योग' के कारण बड़ा पद नाम दिया। सूर्य के कारण हर्षनामक 'विपरीतराज योग' बना। केन्द्रस्थ गुरु+मंगल की युति ने उसे ब्रिटिश सिहांसन की मालिका बनाया।

रोबर्ट कैनेडी (राष्ट्रपति अमेरिका)

राबर्ट कैनेडी विश्वप्रसिद्ध हस्ती है। उच्चस्थ शनि की स्थिति ने विमल नामक 'विपरीतराज योग' उनकी कुण्डली में बनाया। सूर्य की युति से 'नीचभंगराज योग' भी

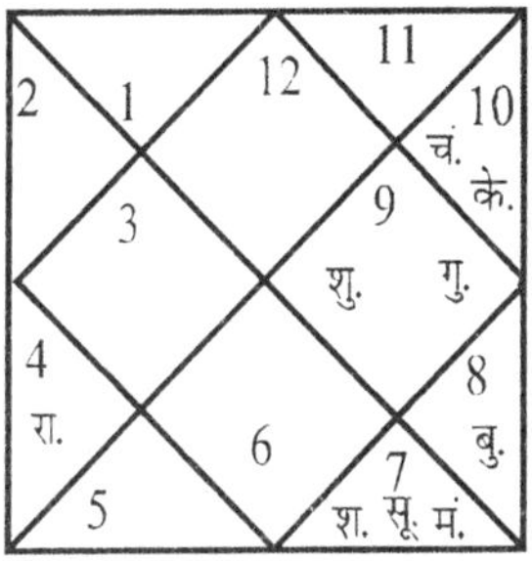

बना। केन्द्रस्थ स्वगृही गुरु ने 'हंस योग' की सृष्टि करके उन्हें अमेरिका का सर्वोच्च पद प्रदान किया। 'पूर्णकालसर्प योग' तथा अष्टम स्थान में शनि+सूर्य+मंगल की युति ने उनकी अकाल मृत्यु का संकेत भी दिया।

श्री चन्द्रबाबू नायडू (मुख्यमंत्री आंध्रप्रदेश)

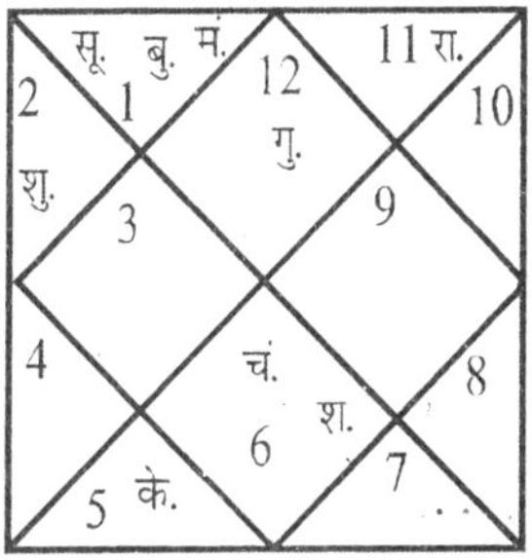

जन्म तिथि–2.4.1951, जन्म समय–5.00 बजे प्रातः। श्री चंद्रबाबू नायडू ने लग्नस्थ गुरु के कारण 'हंस योग' के कारण (आंध्र प्रदेश) के सर्वोच्च पद को प्राप्त किया। सूर्य+मंगल+बुध की युति ने 'किम्बहुना नामक राजयोग', 'बुधादित्य योग' की सृष्टि करके उनको राष्ट्रीय राजनीति में महत्त्वपूर्ण स्थान दिया है। वे भारत के प्रधानमंत्री बनाने में महत्त्वपूर्ण भूमिका निभाते हैं।

नेताजी सुभाषचंद्र बोस

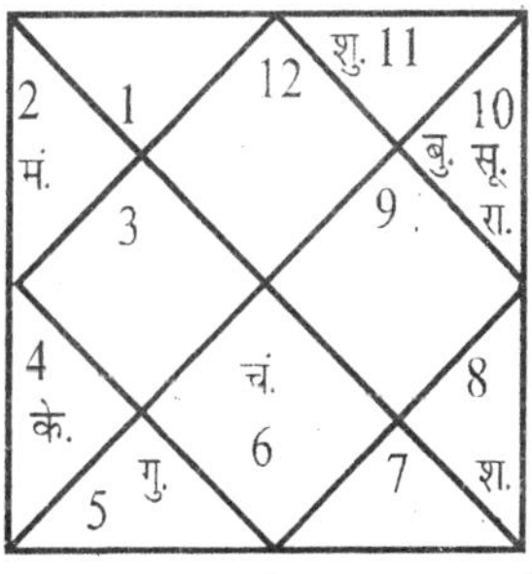

जन्म तिथि-23.1.1897, जन्म समय-9.50 बजे प्रातः। नेताजी सुभाषचंद्र बोस का नाम भारत की राजनीति में सर्वोच्च स्थान को प्राप्त है। परन्तु केन्द्र खाली होने से उन्हें सिंहासन नहीं मिला। लग्नेश गुरु खड्ड़े में गिरने से उनकी मृत्यु आज भी रहस्मय बनी हुई है। द्वादश शुक्र की स्थिति से सरल नामक 'विपरीतराज योग' तो बनाया। 'बुधादित्य योग' के कारण वे कांग्रेस के राष्ट्रीय अध्यक्ष भी रहे पर चंद्रमा शत्रुक्षेत्री होने के कारण उनकी किसी से बनी नहीं।

श्री टी.एन. शेषन

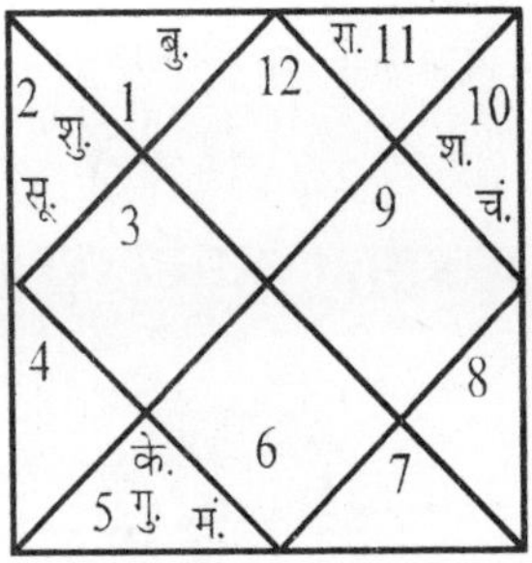

जन्म तिथि-15.5.1933, जन्म समय-3.30 बजे प्रातः, जन्म स्थान-पालघाट। पूर्व चुनाव आयुक्त टी.एन. शेषन अपने कार्यकाल में सर्वाधिक चर्चित व्यक्ति रहे। वे राष्ट्रपति पद के दावेदार भी रहे परन्तु केन्द्र खाली होने से वे राजनीति में कोई पद प्राप्त नहीं कर पाये। सूर्य+शुक्र की युति ने उन्हें शोहरत तो दी परन्तु द्वादशस्थ राहु के कारण वे सदैव विवादास्पद व्यक्ति रहे।

श्री गुलजारीलाल नन्दा

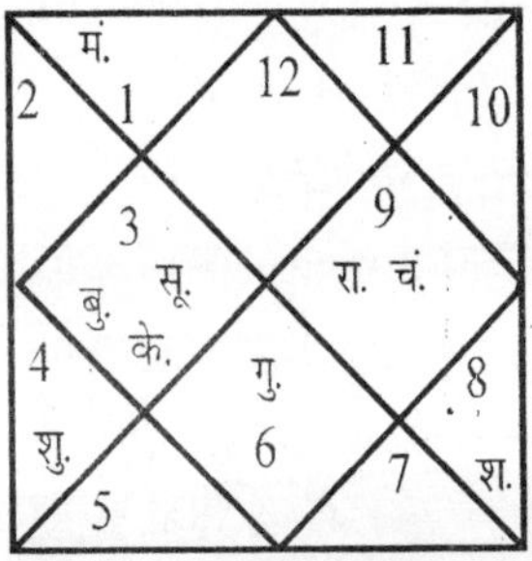

जन्म तिथि-4.7.1898, जन्म समय--0.30 बजे, स्थान-सियालकोट (पाकिस्तान)। श्री गुलजारीलाल नन्दा एक सात्विक एवं दीर्घजीवी व्यक्तित्व के धनी थे। चतुर्थ भाव

में स्थित बुध ने भद्रयोग एवं बुधादित्ययोग की सृष्टि करके उन्हें राजनीति में ऊंचा पद-प्रतिष्ठा दिलवाई। लग्नेश गुरु द्वारा लग्न को देखे जाने से ये दीर्घजीवी रहे।

फिल्म स्टार आमिर खान

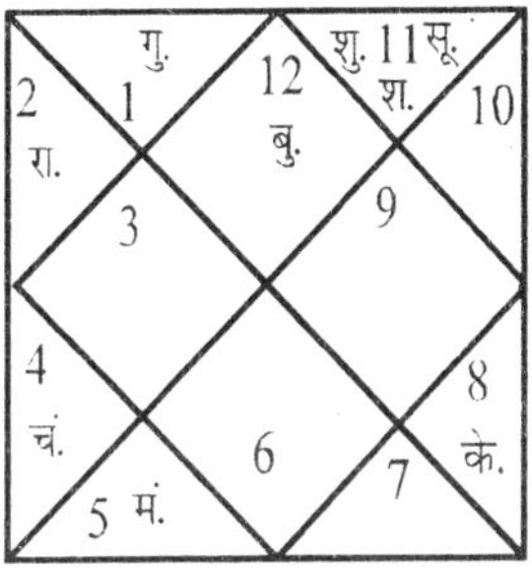

फिल्म स्टार आमिर खान अपनी पत्नी रीमा से तलाक को लेकर चर्चा में हैं। फिल्मी दुनिया में आमिर का प्रवेश 24 वर्ष की आयु में हो गया था। मीनलग्न की कुंडली में शुक्र की दशा 31.1.1993 से लगी और एक के बाद एक फिल्म हिट होती चली गई। शुक्र इनकी कुंडली में उच्चाभिलाषी होकर स्वगृही शनि के साथ है। शुक्र की महादशा में शुक्र का अंतर 1.6.1996 तक रहा और 1993 में राजा हिन्तुस्तानी पर श्रेष्ठ अभिनेता का पुरस्कार मिला

चंद्रमा इनकी कुंडली में स्वगृही है। पंचम भाव में है, बहुत बलवान है। चंद्रमा के कारण आमिर पूर्ण भावुक हैं, इनकी कल्पना शक्ति प्रखर है। चंद्र इनके जीवन में कीर्तिदायक है। चंद्रमा का अंतर 1999 में लगा और इसी वर्ष फिल्म 'सरफरोस' में इन्हें पुनः श्रेष्ठ अभिनेता का पुरस्कार मिला। फिल्म बॉक्स ऑफिस पर हिट हुई। आमिर खान के भाव बढ़ गए। फिर मंगल का अंतर आया। 2000 में इनकी पत्नी रीना के साथ विवाद बढ़े। थोड़ी पारिवारिक परेशानियां शुरू हुईं। पर आमिर ने अपना सारा ध्यान कैरियर बनाने में लगाया। 2002 में उनकी बहुचर्चित फिल्म 'लगान' का प्रदर्शन हुआ। 'लगान' बॉक्स ऑफिस पर हिट हुई, आमिर ने नया कीर्तिमान स्थापित किया। इतना ही नहीं, 'लगान' को ऑस्कर अवार्ड के लिए भेजा गया।

इसी बीच उन्हें राहु की दशा लग गई। राहु ने पत्नी रीना से तलाक दिलाया। चंद्रकुंडली में सप्तमेश शनि (आठवें भाव में) खड्डे में हैं। शत्रुग्रह सूर्य के साथ हैं। शनि+सूर्य और सूर्य+शुक्र परस्पर शत्रुग्रहों की युति ने कई मित्रों से मनमुटाव पैदा किया। 'सरफरोश' के निर्देश जॉन मैथ्यू से भी कुछ तनाव हुआ।

इन दिनों उनके प्रेम-प्रसंगों को फिर हवा मिल रही है। इनमें फिल्म समीक्षक और तलाकशुदा जेसिका हाइन्स का नाम जोरों पर है। रीना से तलाक के बाद

दोनों का साथ-साथ घूमना जारी है। ज्योतिष शास्त्र के हिसाब से अभी राहु की दशा 2.4.2003 तक है। इसके बाद आमिर पुन: शादी कर सकते हैं। लड़की शादीशुदा होगी और विदेशी होगी। ऐसा योग जन्म कुंडली के बारहवें भाव पर बैठे तीन ग्रहों की युति के कारण बन रहा है।

ऋतिक रोशन

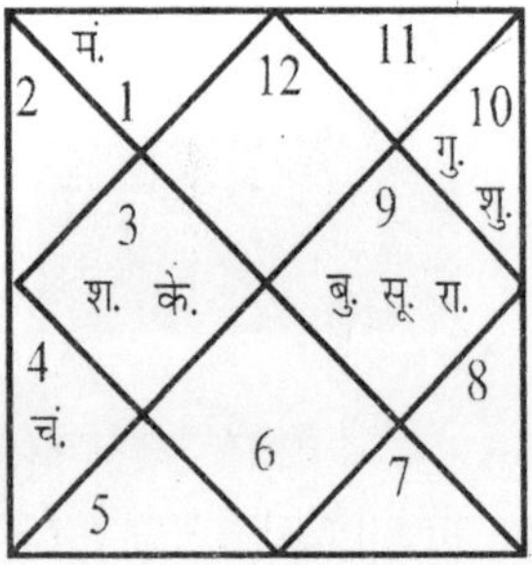

मीनलग्न और अश्लेषा नक्षत्र में जन्मे ऋतिक रोशन का जन्म नाम 'ड़ होता है, परन्तु भाग्य का सितारा चमकाने के लिए इनके माता-पिता के इनका नाम तुला राशि के शुक्र प्रधान सितारे पर रखा। लग्नेश गुरु लाभ स्थान में है, नीच राशि में है परन्तु शुक्र के साथ है, जो इन्हें सफल अभिनेता घोषित करता है। केन्द्र में बुधादित्य योग उन्हें सफलता की ओर बढ़ा रहा है। मंगल स्वगृही है। चंद्रमा पंचम भाव में स्वगृही है। चंद्रमा नवमांश में वर्गोत्तमी है। फलत: ऋतिक को धन की कमी उनके काम में बाधक नहीं रहेगी।

ऋतिक ने अपने पारिश्रमिक में 60 प्रतिशत की कमी कर दी है और आज वे निर्माताओं को काफी कम कीमत पर उपलब्ध है। इनकी कुण्डली में धनेश मंगल स्वगृही है अत: पैसे की तकलीफ का उन्हें कभी सामना नहीं करना पड़ेगा।

वर्तमान में ऋतिक को गुरु की दशा लग चुकी है। गुरु जो कि लग्नेश और राज्येश है तथा लाभ स्थान में बैठा हुआ है। पराक्रम भाव जमा पूंजी के स्थान पंचम भाव और गुप्त समझौते के स्थान, सप्तम भाव को पूर्ण दृष्टि से देख रहा है। फलत: 29 अक्टूबर 2002 से कुछ ऐसी दशा लगी है, जो 29 जून 2005 तक लगातार उन्हें सफलता की ओर अग्रसर करती रहेगी। इस समय विशेष में ऋतिक रोशन की फिल्में सफल होंगी।

रुपया और शोहरत दोनों उनके इर्द-गिर्द बरसते रहेंगे। जो भी उनके साथ जुड़ेगा, मालामाल होता रहेगा। इनका सप्तमेश बुध दशम भाव में सूर्य व राहु से युत है। फलत: ससुराल से इन्हें लाभ प्राप्ति के आसार हैं। मुख्य प्रतिद्वन्द्वी विवेक ओबेराय

को भी उनके सामने खड़े रहने से काफी तकलीफों का सामना करना पड़ेगा। ऋतिक रोशन की कुण्डली में मंगल स्वगृही है, अत: क्रोध अधिक आएगा।

संगीतकार रविशंकर

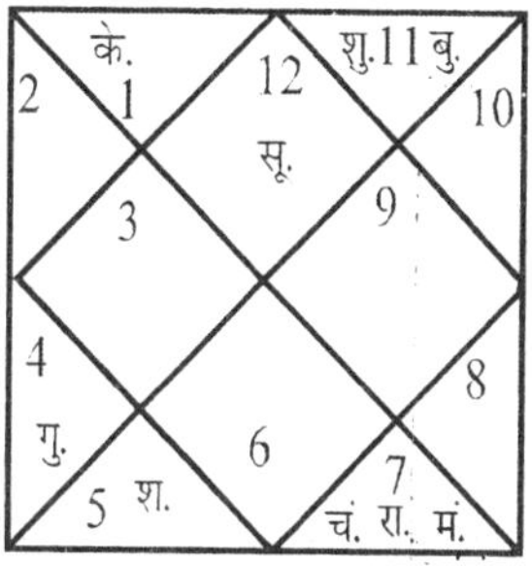

जन्म तिथि-4.4.1920, जन्म समय-6.00 बजे सायं:, जन्म स्थान-वाराणसी। पंचम भाव में उच्च का गुरु पूर्व जन्म में अर्जित पुण्यफल के रूप में आध्यात्मिक विद्या देता है। द्वादशस्थ शुक्र एवं षष्टस्थ शनि दोनों ही 'विपरीतराज योग' की सृष्टि कर रहे हैं। जिनके कारण इन्हें उच्च राजकीय (राष्ट्रीय) सम्मान मिला।

शाबाना आजमी

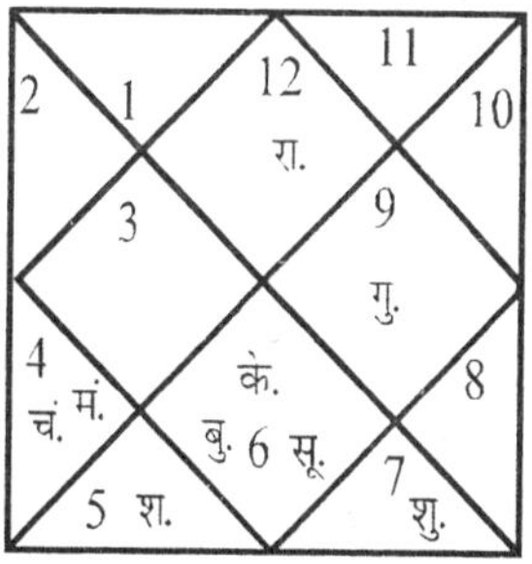

पंचमभाव में चंद्र+मंगल युति से 'नीचभंग राजयोग', सप्तम में बुध से 'भद्रयोग' के कारण शाबाना आजमी को राज्यसभा सदस्य जैसा महत्त्वपूर्ण पद मिला। अष्टमस्थान में अष्टमेश स्वगृही होने से सरलनामक 'विपरीतराज योग' ने इन्हें सफल अभिनेत्री बनाया।

डिम्पल कपाड़िया

जन्म तिथि-8.6.1957, जन्म समय-2.48 बजे प्रात:, जन्म स्थान मुम्बई। शुक्र केन्द्र में, सप्तम में चंद्रेश होने से डिम्पल कपाड़िया स्वयं खूबसूरत है तथा जीवन

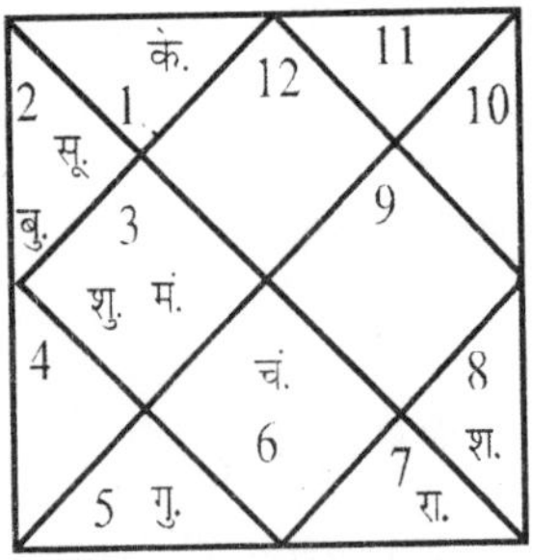

साथी भी खूबसूरत है। धनेश, भाग्येश केन्द्र में होने से वे जन्म से ही भाग्यशालर एवं धनी महिला है। बुधादित्य योग से इनको अभिनय क्षेत्र में सफलता मिली।

राहुल द्रविड़

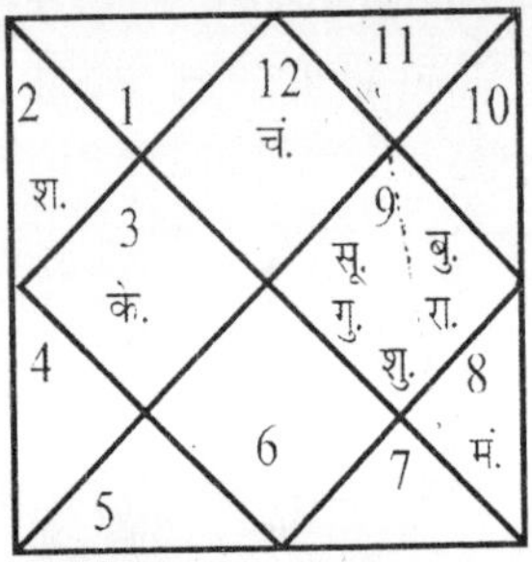

जन्म तिथि–21.1.1973। अपनी प्रतिभा के कारण क्रिकेट जगत पर छा जाने वाले राहुल द्रविड़ की सफलता का कारण दशम भाव में स्थित पंचग्रह युति, 'बुधादित्य योग', 'हंस योग' तथा चतुर्थेश बुध व दशमेश गुरु की युति केन्द्रगत होने से बना 'काहल योग' है। इन योगों में जन्मा व्यक्ति झुझारू व्यक्तित्व का धनी, प्रतिभाशली एवं साहसी एवं मान–सम्मान पाने वाला होता है।

श्री बी.एस. नागर, (डी.आई.जी)

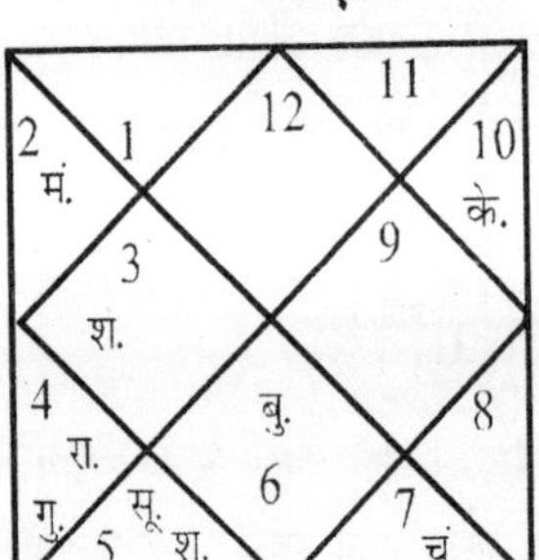

जन्म तिथि-4.9.1943, जन्म समय-20.31, जन्म स्थान-दिल्ली। प्रधानमंत्री स्पेशल सुरक्षाबल के डी.आई.जी. श्री बी. एस. नागर की कुण्डली में स्थित 'हंस योग' ने इस उच्च व प्रतिष्ठित पद पर पहुंचाया। पंचमस्थ उच्च के गुरु ने इन्हें पांच तेजस्वी पुत्र देने थे परन्तु दो पुत्र राहु ने नष्ट कर दिए। उनके तीन तेजस्वी पुत्र है। परन्तु पंचमेश खड्डे में होने के कारण अपने विवाह को लेकर वे परेशान है। पचंमस्थ गुरु के कारण वे स्वयं आध्यात्मक विद्या के ज्ञात, एवं बड़े तांत्रिक है।

पं. मगदत्त शास्त्री

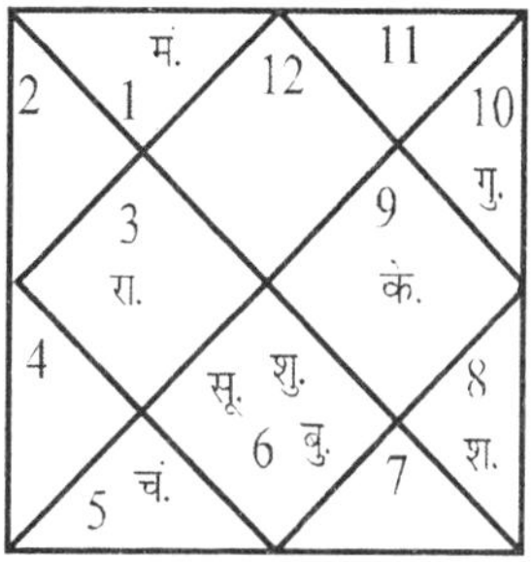

जन्म तिथि-3.10.1926, जन्म समय-17.50 बजे, जन्म स्थान-जोधपुर। इस कुण्डली में केवल सप्तम भाव 'नीचभंग राजयोग' बुधादित्य योग के कारण शक्तिशाली है। जातक पत्नी पक्ष से सौभाग्यशाली रहा। विवाह के बाद जातक का भाग्योदय हुआ। परन्तु गुरु में राहु की दशा में पत्नी का स्वर्गवास हो गया। पंचम भाव पर गुरु की दृष्टि से पांच पुत्र होते हैं। वर्तमान में जातक के चार पुत्र दो कन्या है। पंचम भाव पर गुरु की दृष्टि से जातक का संस्कृत व ज्योतिष शास्त्र का विद्वान् बनाया।

प. बाबूलाल दवे

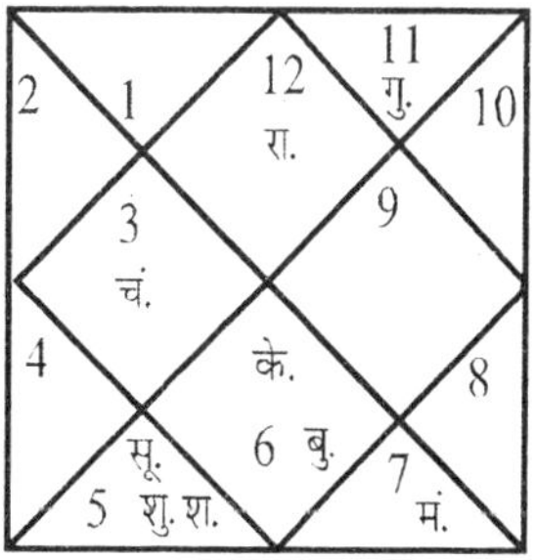

जन्म तिथि–7.9.1950, जन्म समय-20.00 बजे रात्रि, जन्म स्थान–बालोतरा। इस कुण्डली में केवल सप्तम भाव 'भद्रयोग' के कारण शक्तिशाली है। जातक ने विवाह के बाद उन्नति की एवं धनी ससुराल के कारण अपने परिवार में धनी व्यक्ति कहलाया। सूर्य स्वगृही होकर छठे साथ में होने से 'हर्षनामक' 'विपरीतराज योग' ने जातक को उच्च श्रेणी की सरकारी नौकरी दी। अष्टमेश छठे सरल नामक 'विपरीतराज योग' द्वादशेष छठे विमल नामक 'विपरीतराज योग' बना रहा है।

❑❑❑